林屋 著 刘均 绘

本纪传奇

少年读史记

人民文学出版社 天天出版社

目 录

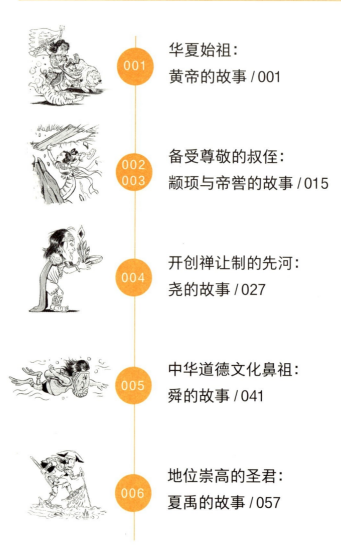

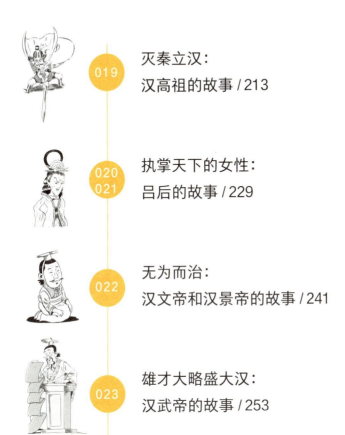

夏朝之前的五位部落联盟首领分别是黄帝、颛顼
（zhuān xū）、帝喾（kù）、尧和舜，他们前后相继，
史称五帝。

华夏始祖：黄帝的故事

《史记·五帝本纪》

《史记·封禅书》

《山海经》

黄帝又叫轩辕氏，是汉族祖先之一少典的儿子，从小聪明机智。当时的联盟首领神农氏势力衰微，诸侯互相攻打，其中蚩尤与炎帝最为残暴。黄帝先在阪泉之战中打败了炎帝，又在涿鹿之战中打败了蚩尤，从此取代神农氏，被诸侯奉为盟主。黄帝有二十五个儿子，其中昌意、玄嚣两人的后代最为昌盛，战国秦汉时期，不少国家、部族的人都被认为是他们的后裔，也有人说很多发明出自黄帝和他的大臣们之手，所以黄帝被后世视为华夏始祖、人文始祖。

征服炎帝与蚩尤

　　黄帝是少典氏的儿子。《史记·五帝本纪》说他姓"公孙"，代表他是诸侯的后人；名"轩辕"，其实"轩辕"并不是他的本名，只是说他住在轩辕之丘这个地方，所以也被叫作轩辕氏；又有说他建国于有熊，所以也叫有熊氏。

　　黄帝生下来就是个神童。据说他还是婴儿时就会说话，幼小时就聪明礼貌，再稍大时就纯朴明慧，成年后更是睿智练达。

　　当时的天子是神农氏，作为"三皇"中的最后一位，他的势力已经江河日下。这时候其他诸侯互相攻打，残害百姓，神农氏却无力征讨他们。这时黄帝果断站了出来，出兵攻打不朝贡的诸侯，使得四方诸侯都对神农氏俯首称臣。当然，天子、诸侯这些称呼都是周代才有的，是战国时的人们对过去历史的追述。

当时他们只能算是部落联盟盟主与部落首领。

不过，当时有个叫蚩尤的部落首领非常残暴，还有个叫炎帝的部落首领也想侵略诸侯。有人说蚩尤是黄帝的亲儿子；也有人说炎帝是黄帝的亲弟弟。面对强大的蚩尤和炎帝，四方部落进一步依附黄帝，希望保全自己部落的实力。

于是黄帝搞了一系列内政工作，包括修行德政、整顿军队、研究气候、种植五谷、安抚民众、度量土地等，还训练出熊、罴、貔貅、貙（chū）、虎这些猛兽。也有说是训练出了好比这些猛兽的勇士，还有说这些猛兽其实是某些部落的名称。总之，黄帝率领着他们和炎帝在阪泉的郊外作战，三战三胜。

当时还有一种说法：黄帝在南方打败了赤帝（炎帝），在东方打败了青帝，在北方打败了黑帝，在西方打败了白帝。从此居于天下之中，才被称为黄帝。

其实，青帝、赤帝、白帝、黑帝、黄帝的称呼，以及和东、南、西、北、中五方的对应关系，都是战国时五行学说的产物。这些部落首领或许在历史上有一定的真实原型，但这些与颜色有关的称呼也都是后人加上去的。而且这种说法具有较强的神秘色彩，所以司马迁并未采纳。

黄帝征服炎帝后，蚩尤又发动叛乱。于是黄帝再次集结军队，与蚩尤在涿鹿的郊外作战，将蚩尤抓获。这样一来，大家都尊奉黄帝为天子，正式取代神农氏。天下如果有不顺从的诸侯，黄帝就去征讨他，一直到他归顺为止。之后黄帝开山通路，巡

游全国，没有一刻是闲着的。

在《山海经》中，对黄帝战蚩尤有更为详细的记载。蚩尤制作兵器攻打黄帝，黄帝命令他的属下应龙在冀州的郊野抵御。应龙积蓄了很多水，于是蚩尤请来风伯雨师刮风下雨，使得应龙的积水对他无效。黄帝又请来天女女魃，女魃所到之处即干旱，蚩尤的风伯和雨师也无能为力，雨水停止之后，应龙趁势发动进攻，打败了蚩尤和蚩尤的臣子夸父。

这种说法神话色彩过于浓厚，同样也没被司马迁所采用。后世还有不少黄帝战蚩尤的传说，大都属于荒诞不经的神话。

五千年文明的开拓者

接下来黄帝巡游四方，向东到达大海，登上丸山、泰山；向西到达崆峒山，登上鸡头山；向南到达长江，登上熊山、湘山；向北驱逐戎狄、獯鬻（xūn yù）部落，在釜山和各部落核对联盟的契约，并在涿鹿山之下修建城邑。他迁徙往来的时候从来没有固定住所，只是依靠军队进行防卫。其实，在黄帝那个时代，一个人的行踪不可能这么宽广，这种说法大约反映的只是战国时期的华夏版图。

黄帝的百官都以"云"来命名，其中春官为青云，夏官为缙云，秋官为白云，冬官为黑云，他们分管礼仪、军事、司法、工程等方面；又有中官为黄云，大约是分管内务；他还任用风后、力牧、常先、大鸿四人管理人民；还设立左右大监，负责监察四方。各方诸侯都拥戴黄帝，积极参与黄帝主持的祭祀活动。

黄帝勤于思考和实践，能顺应天地阴阳、生死存亡之道，种植百谷草木，驯化鸟兽虫鱼，研究天文地理，使用水火矿物。在五行学说中，中央属土、东方属木、南方属火、西方属金、北方属水，所以黄帝被说是拥有土德①。因为有土德的祥瑞，而土的颜色大多为黄色，所以后人才把他叫作"黄帝"。

黄帝有二十五个儿子，其中十四人有后代。这十四人的后代分为十二姓，分别是姬、酉（yǒu）、祁、己、滕、葴（zhēn）、任、荀、僖、姞（jí）、儇（xuān）、衣，其中姬姓后代开创了周朝。黄帝的后代还发展出其他的姓，比如虞舜的姚或妫（guī）姓、夏朝的姒（sì）姓、商朝的子姓和楚国的芈（mǐ）姓。后来这些姓又各自发展出一些氏。所以后世的姓氏大多都可以追根溯源到黄帝。

黄帝的正室夫人是嫘（léi）祖，她是西陵氏之女。嫘祖生了两个儿子，一个叫玄嚣，又叫青阳，住在江水；一个叫昌意，住在若水，娶蜀山氏之女昌仆，生下了高阳。后来黄帝去世，葬在桥山，他的孙子高阳继任天子，高阳也就是颛顼。

关于黄帝的去向，司马迁在《史记·封禅书》中给了另外一个说法。

---

①古代将五行的相生相克与朝代的更替联系起来，历代王朝各代表一德。

公元前116年，方士公孙卿对汉武帝说，当初黄帝开采首山的铜矿，并在荆山之下铸鼎，宝鼎铸成后，有龙垂着长须从天而降，黄帝骑上龙，大臣嫔妃也有七十多人跟上，龙就飞天而走。剩下的小官们骑不上，只能抓住龙的胡须，结果龙须都被拽了下来，黄帝的弓也落了下来。百姓们只能抱着龙须和弓大哭。后世就把这里叫鼎湖，而把这把弓叫乌号。

这个黄帝升仙的传说明显是战国、秦汉时期神仙传说的产物，司马迁虽然不相信，但也将其借鉴在了《史记·封禅书》中。

后世把不少发明和创造都归功于黄帝与他身边的人。据说是黄帝发明了"轩冕之服"，也就是车辆和服饰的等级；还有说黄帝派遣大臣创造了天文历法，其中有羲和占日、常仪占月、臾区占星气、伶伦作音律、大挠作干支、隶首作算数，而容成把这些综合制定为历法。

此外，后人把文字、衣裳、饮食、宫室、舟车、鼓、指南车、铜镜等的发明也都算到了黄帝和他的臣子名下。据说黄帝的正妻嫘祖发明了蚕桑，黄帝的对头蚩尤发明了兵器。

黄帝其实就是一个"箭垛式人物"，因为他被奉为华夏始祖，所以各种发明创造也都集中在他一人身上。这些发明应该并非出自一时一人之手；有些也不是原始社会就有的，比如车辆；而有些发明者在早期传说中与黄帝无关，比如发明文字的仓颉，但后来也被算作黄帝的大臣。这些都是后人追溯华夏起源的不同看法。

其实，这也正与后人大都以黄帝为始祖、各地也都流传着黄帝的传说一样，这些故事都反映了黄帝在华夏民族心目中的崇高和伟岸。

触摸历史

■ [成语]

· 害群之马

出自《庄子·徐无鬼》，说的是黄帝向一个牧马的小孩请教治理天下的方法，小孩说治理天下就像放马一样，只要清除危害马群的马就行了。后比喻危害集体的人。

■ [文物]

· 马王堆帛书《黄帝四经》

出土于湖南长沙马王堆汉墓中的四篇帛书，分别是《经法》《十大经》《称经》《道原经》，是西汉初年托名黄帝所作的道家作品。

· 陈侯因资敦

民国时为收藏家刘体智收藏，是战国中期齐威王时的青铜器，铭文中记录齐威王以黄帝为始祖的说法，是最早明确记录"黄帝"二字的文物，今下落不明。

■ [遗迹]

· 黄帝故里景区

位于河南省新郑市，据说即有熊国所在地，设有中华姓氏广场、轩辕庙前区、轩辕庙、拜祖广场、轩辕丘与黄帝纪念馆区等景点，其中轩辕庙为全国重点文物保护单位。

· 黄帝陵

位于陕西省延安市黄陵县的桥山，现为全国重点文物保护单位。

· 黄帝铸鼎原

位于河南省灵宝市，据说是黄帝铸鼎升天之地。铸鼎原一带发现了新石器时代仰韶文化聚落遗址群，其中北阳平遗址为全国重点文物保护单位。

原典

炎帝欲侵陵诸侯，诸侯咸归轩辕[1]。轩辕乃修德振兵，治五气，艺五种，抚万民，度四方[2]，教熊罴貔貅貙虎，以与炎帝战于阪泉之野。三战，然后得其志。蚩尤作乱，不用帝命。于是黄帝乃征师诸侯，与蚩尤战于涿鹿之野，遂禽杀蚩尤[3]。

——《史记·五帝本纪》

大意

炎帝想侵略欺凌诸侯，诸侯都归附黄帝。黄帝于是修行德政、整顿军队，顺应四季气象，种植谷物，安抚万千民众，度量四方土地，训练出熊、罴、貔貅、貙、虎，驱使它们与炎帝在阪泉的郊野作战。经过多次战争后取得胜利。又有蚩尤作乱，不听黄帝的号令。于是黄帝征集诸侯军队，与蚩尤在涿鹿的郊野作战，于是擒杀了蚩尤。

002

颛顼与帝喾的名气虽然不及黄帝、尧、舜，但也是古史传说中的重要人物。因为后世认黄帝为始祖的，基本都是颛顼和帝喾的后人。

备受尊敬的叔侄：

颛顼与帝喾的故事

《史记·五帝本纪》

《国语》

《山海经》

颛顼和帝喾，分别是上古时期五帝中的第二帝和第三帝。其中颛顼是黄帝的孙子、黄帝次子昌意的儿子；也有一说，他是黄帝的曾孙、昌意的孙子、韩流的儿子。帝喾则是黄帝的曾孙、黄帝长子玄嚣的孙子、蟜（jiǎo）极的儿子，是颛顼的侄子或者堂弟。颛顼的后人有舜（田齐始祖）、禹（夏朝始祖）、祝融（楚国始祖），秦朝人也把母系追溯到颛顼，越人和匈奴又以夏朝为先祖，司马迁本人也自称祝融之后；帝喾的后人有尧（汉朝始祖）、后稷（周朝始祖）、契（xiè，商朝始祖）。

战共工 开天地

　　黄帝去世后，他的儿子们都没有即位，即位的是他的孙子、昌意的儿子高阳，高阳即位后，被称为帝颛顼。颛顼继承了黄帝的事业，他为人沉静，知识渊博又很有计谋，明练通达而知晓事理。他根据地利来种植草木，顺应上天来履行事务，制定祭祀的礼仪，用洁净的身心进行祭祀。在他的治理下，往北到达幽陵，往南到达交阯，往西到达流沙，往东到达蟠木，不管是动物还是植物，不管是大神还是小神，只要是日月照耀到的地方，没有不敬重归附于他的。

　　在《史记》之外，关于颛顼的记载还有很多，最有名的是颛顼与共工之战。《淮南子》说共工和颛顼争为帝，共工失败后怒而用头抵触不周山，使得支撑天地的柱子折断，天向西北方倒塌，日月星辰

全部移位；而地的东南角也缺了个洞，洪水尘埃全部从此涌出。后来幸亏女娲出来补天才恢复正常，制造水患的共工也被颛顼处死。

关于颛顼还有一个重要传说，就是有名的"绝地天通"。《国语·楚语》说，颛顼即位之初，人人都可以与神沟通，人神之间的关系比较复杂。颛顼就命令他的一个大臣南正重掌管天事，另一个大臣火正黎掌管地事，这样才将天和地分开，人和神恢复了原有秩序，同时也加强了王权。

战国时期也把颛顼称作玄帝，也就是黑帝；他与青帝太昊、赤帝炎帝、白帝少昊及黄帝一起被列为五行天帝。

虽然颛顼被列为五行天帝之一，他的儿子却让人大跌眼镜。他有个儿子桀骜不驯、胡作非为，被人称为"梼杌（táo wù）"。梼杌原本是一种虎身犬毛、人面猪牙的神兽，可见人们对它的厌恶。后来舜执政，将梼杌列为"四凶"之一，放逐到蛮荒之地。

也有说，梼杌就是大禹的父亲鲧（gǔn）。颛顼还有两个叫穷蝉和称的儿子，他们都默默无闻，不过穷蝉和称的子孙们却很有名，一个是舜，一个是楚国始祖祝融；颛顼还有个孙女女修，她后来成为秦国的母系始祖。

颛顼的"神童"侄子

颛顼去世后，他的儿子们没有继承天子的位置，反而由他的侄子高辛即位，高辛即位后被称为帝喾。帝喾是黄帝的曾孙、玄嚣的孙子、蟜极的儿子。

据说高辛生下来也是个神童，他生下来不久，就会说自己的名字——"夋（qūn）"。"夋"是个大有来头的人物，可以追溯到商朝甲骨文中的"高祖夒（náo）"，夒是商朝人最重要的始祖，"夋"正是

"夒"的误写。后来"夒"就被讹传为了两个人，一个是商、周的共同始祖帝喾，另一个就是《山海经》中大显神通的帝俊。

帝喾能广施恩泽，惠及万物，但却毫不利己。他非常聪明，既能明辨宏大，又能体察细微；既能顺应天道，又能知民所急。帝喾仁义威严而慈惠诚信，还能修身养性，使天下归服。他也能节用财物、教诲民众、掌管历法、尊奉鬼神。除此之外，他还面容恭敬，品德高尚；举止适时，衣着朴素；施加恩惠不偏不倚，宛如灌溉土地一般。这样一来，凡是日月所照、风雨所及的地方，没有不归顺于他的。

其实颛顼、帝喾的故事更多是来自儒家学者对于圣君的想象。在他们的观念里，颛顼、帝喾既然是处于黄帝与尧、舜之间的两个帝王，自然也有高尚杰出的人君品质，能够自动吸引四方诸侯归附。他们的功业甚至比黄帝还伟大，黄帝所至之处都还只是战国时的现实地区；而颛顼影响到的幽陵、交阯、流沙、蟠木，则已是战国时传说中的四极之地。比如蟠木，就是想象中太阳升起的地方，后世也叫扶桑。至于帝喾，那更是无所不及了。帝喾娶了四个妻子，生下四个儿子，分别是有邰（tái）氏之女姜嫄（yuán），生下后稷（jì，周朝人始祖）；有娀（sōng）氏之女简狄，生下契（商朝人始祖）；陈锋氏之女庆都，生下放勋；娵訾（jū zī）氏之女常仪，生下挚。帝喾去世后，由他的幼子挚即位。但帝挚在位时毫无功德，所以帝位由弟弟放勋接替，放勋也就是尧。

触摸历史

■ ［成语］

· 绝地天通

出自《国语·楚语》，说的是帝颛顼派南正重、火正黎分别掌管天事和民事，将天地分开。

■ ［文物］

· 秦公石磬残片

1976年出土于陕西省宝鸡市凤翔区春秋秦公大墓，该墓为春秋中期秦景公之墓。秦公石磬残片是中国发现最早刻有铭文的石磬，也是最早记录"高阳"字样的文物。

■ ［遗迹］

· 颛顼帝喾陵

在河南省安阳市内黄县梁庄镇三杨庄村，陵内设有颛顼、帝喾陵庙，现为河南省重点文物保护单位。

· 聊古庙遗址

在山东省聊城市东昌府区阎寺镇，本为祭祀颛顼之庙，现遗址为聊城市重点文物保护单位。

原典

　　帝颛顼高阳者，黄帝之孙而昌意之子也[1]。静渊以有谋，疏通而知事；养材以任地[2]，载时以象天[3]，依鬼神以制义[4]，治气以教化[5]，洁诚以祭祀[6]。北至于幽陵[7]，南至于交阯[8]，西至于流沙[9]，东至于蟠木[10]。动静之物[11]，大小之神，日月所照，莫不砥属[12]。

——《史记·五帝本纪》

注释：

　　1.昌意：黄帝、嫘祖之子，玄嚣之弟，颛顼之父；一说韩流之父，颛顼之祖。

　　2.材：百谷草木。

　　3.载：行，履行。

　　4.义：准则。

　　5.气：五行之气。

　　6.洁：洁净。

　　7.幽陵：地名，在北方，一说即古幽州，在今北京、天津、河北省北部、辽宁省西部一带。

8. 交阯：地名，又作"交趾"，在南方，一说在今越南北部。

9. 流沙：地名，在西方，一说在今西部沙漠地区。

10. 蟠木：地名，在东方，即扶桑，想象中的日出之地。

11. 动静之物：动物与植物。

12. 砥（zhī）：通"祗"，恭敬。

大意

帝颛顼高阳，是黄帝的孙子、昌意的儿子。他为人沉静，知识渊博又有计谋，明练通达又知事理；根据地利种植草木，顺应上天履行事务，尊奉神灵制定礼仪，调理五气教化民众，洁净诚心进行祭祀。他统治的范围往北到达幽陵，往南到达交阯，往西到达流沙，往东到达蟠木，不管是动物还是植物，不管是大神还是小神，只要是日月所照耀的地方，没有不恭敬归附于他的。

004

在《尚书》中，最早的篇章是《尧典》，最早的人物就是尧，似乎作者不太认可黄帝、颛顼和帝喾；而在《论语》里，最早的人物也是尧，尧还是孔子评价最高的圣贤，所谓"大哉，尧之为君也""唯天为大，唯尧则之"，意思是只有尧能效仿上天之大，可见在孔子心目中，尧的功德是多么崇高伟大。后世更是把尧、舜统治的时代渲染为中国历史上的"黄金时代"。

开创禅让制的先河：
尧的故事

《史记·五帝本纪》

《论语》

古本《竹书纪年》

《尚书·尧典》

《孟子》

《大戴礼记·五帝德》

《大戴礼记·帝系》

尧出生于陶唐氏，因此他也叫唐尧。他是黄帝的玄孙、帝喾和庆都的儿子，是五帝中的第四帝。他之前在位的本是弟弟挚，但帝挚在位的时候执政不善，这才由尧即位。尧即位后做了两件大事，第一件是派遣羲、和家族的两对兄弟观察天象，并颁布历法，指导农作；第二件是通过对舜的考核，将帝位禅让给他。尧这种牺牲小家、成全大家的精神为后人津津乐道。

让农耕飞速发展的历法

尧名叫放勋。据说他的仁德像天上的星辰一样浩瀚，智慧像神明一样高深。民众追随他好像追随太阳一样，望着他好像凝望祥云一般。他富裕而不骄纵，显贵而不傲慢，头戴黄色冠冕，身穿黑色礼服，乘坐红色车辆，驾驭白色骏马。他能团结族人，管理百官。在他的治理下天下融洽和睦。

尧在位时管理天文的官员都出自羲、和两大家族，尧就派遣羲家兄弟羲仲、羲叔与和家兄弟和仲、和叔四人一起去四方观察天象，并制定历法颁布给民众。

羲仲到达东方的旸（yáng）谷之地，确定了春分日，那天民众都分散去劳作，动物也出来繁殖了；羲叔到达南方的南交之地，确定了夏至日，那天民众都去田里除草，动物羽毛变得稀疏了；和仲到达西方的昧谷之地，确定了秋分日，那天，民众都去收割庄稼，动物羽毛也进行更换；和叔到达北方的幽都之地，确定了冬至日，那天，民众都在家里取暖，动物羽毛也变得厚重起来。

于是，尧以三百六十六日为一年，并设置闰月来调整四季，整顿百官。有了尧制定的历法，天下百事俱兴。

以上关于尧的故事出自《尚书·尧典》，因为《尚书》和《史记》的权威性，古人一直没有质疑过这段记载。随着近代一片牛肩胛骨的出现，大家终于发现了这段记载的来历。

这片牛肩胛骨今藏于中国国家图书馆，上面刻着商王武丁时的文字。这些文字记录了商朝人祭祀的四方主神与四方风神的名字。比如说"东方曰析，凤曰协"，意思就是东方的主神叫析，东方的风神叫协。当时只有"凤"字而没有"风"字，因为商朝人认为刮风是凤凰展翅所致。所以这纯粹是记录两个神的名字，没有其他含义。

到了战国，《尧典》的编写者对这些文字有不同的看法。在他看来，四方与四季对应，那么东方就是春天的景色，"人"就是"民众"，"析"就是"分析"，"凤"代表"鸟兽"，"协"就是"协和"，代表动物交尾。

所以，这个人就发明了四句话分别对应春分日、夏至日、秋分日和冬至日，其中春分日是"厥民析，鸟兽孳尾"。司马迁写《史记·五帝本纪》的时候就借鉴了这句话，将这句话改成"其民析，鸟兽字微"，基本含义没有变化。

不过他们的改造并非无中生有，其基本含义的确是符合自然和社会情况的。或许商朝人在给这些神取名的时候，本身也考虑了这方面的因素。

首次将帝位禅让

　　《史记·五帝本纪》中说道，尧问百官："谁能处理国家大事呢？"大臣放齐说："太子丹朱聪明练达，他可以胜任。"尧说："唉！他顽劣凶恶，不能任用啊。"尧又问："还有谁可以？"大臣讙（huān）兜说："共工能聚集民众，可以任用。"尧说："共工说话好听，做事却走了邪路。看似恭敬，实则傲慢，也不能任用啊！"

　　尧又对四方诸侯的首领四岳说："唉！四岳，滔天洪水，浩浩汤汤，包围高山，淹没丘陵，百姓忧心忡忡，有能派去治理的人吗？"四岳都说鲧可以。

　　尧不同意，说："鲧违反命令危害族人，不可以任用！"四岳却说："可以先试试看，不行再停止吧。"于是尧听从了他们的建议，任用鲧治水九年，但毫无功效。尧又对四岳感叹："唉！四岳，朕在位七十年了，你们谁能继承我的职位呢？"四岳都说：
"我们德行不够啊。"尧说："无论是你们显达富贵的
亲戚，还是隐居山野的疏族，只要是贤者，都可以
向我推荐！"

大家又说："有位单身汉在民间，他叫虞舜。"尧
说："我听说过这个人，他的能力怎么样呢？"四岳
说："他是个盲人的儿子，父亲顽劣，母亲狡诈，弟
弟傲慢，虞舜自己却能以孝道与他们和睦相处，让
他们不至于奸恶。"尧说："那我就试探一下他吧！"
于是尧就把两个女儿娥皇、女英嫁给舜，并让他的
九个儿子与舜相处，由此来观察舜的德行。

舜通过初步考核后，尧又让舜去推行关于父子、
君臣、夫妇、兄弟、朋友的五种人伦关系，让百姓
能够按照严格的道德标准行事；之后又将此类标准
推行到百官，让百官也能遵纪守法。之后还让舜在
四方国门迎接外宾，国门内外一片肃穆庄严的景象，
使者、诸侯和外宾都对舜表示敬佩。

为了进一步考察舜的能力，尧又让舜进入山林

川泽，当他遇到狂风暴雨的时候，也一样能够不迷路。经过一系列的考察之后，尧认为舜是被上天眷顾的，于是召见舜说："你谋事周全，说到做到，我已经观察你三年了，你登上帝位吧！"但舜认为自己德行不够，心中不安，坚决推让，并提出让尧的儿子丹朱继承帝位。但尧知道自己的儿子不贤，于是

对舜说："我不能让天下人受苦，而仅让丹朱一人得利啊！"

在尧的极力劝说下，正月初一，舜终于在祖庙接受了帝位，但名义上还只是摄政，尧去世后，老百姓很哀痛，好像丧失亲生父母一样。尧去世的三年中，天下都停止奏乐，以表示对他的哀悼。三年丧期过后，舜把帝位让给丹朱，自己避让到南河之南。但诸侯都朝见舜而不朝见丹朱，有纠纷也都找舜裁决。

舜认为这种情况是上天的旨意，这才登上帝位。

触摸历史

■ ［成语］

· 越俎代庖

出自《庄子·逍遥游》，说的是尧让位给许由，许由表示即使掌管膳食的庖人不做饭，负责祭祀的尸祝也不能代替。比喻超出自己业务范围去处理别人所管的事。

· 华封三祝

出自《庄子·天地》，说的是尧到华地巡视，华地的封人为尧祈祷长寿、富贵、多子，尧认为这三者不足以培养道德，所以推辞。比喻为人祈福。

■ ［文物］

· "四方风"牛肩胛骨

藏于中国国家图书馆，骨表面的文字刻于商王武丁时期，记录了商代祭祀的四方主神和四方风神名，推翻了《尚书》《史记》尧"观象授时"的记载。

· 郭店楚简《唐虞之道》

1993年出土于湖北省荆门市沙洋县郭店楚墓的一篇战国竹简，记录了尧舜禅让的故事，阐明了作者推崇禅让的思想主张。

■ ［遗迹］

· 尧帝陵

位于山西省临汾市尧都区大阳镇，现为全国重点文物保护单位；另有一尧庙，在临汾市尧都区城区，现为山西省重点文物保护单位。

· 尧陵

位于山东省菏泽市鄄城县富春乡，现为山东省重点文物保护单位。

原典

尧又曰："嗟[1]！四岳[2]，汤汤洪水滔天[3]，浩浩怀山襄陵[4]，下民其忧[5]，有能使治者？"皆曰鲧可[6]。尧曰："鲧负命毁族[7]，不可。"岳曰："异哉，试不可用而已。"尧于是听岳用鲧。九岁，功用不成。

——《史记·五帝本纪》

注释：

1.嗟：感叹词，表忧思。

2.四岳：四方诸侯之长，为四人；原型当为姜姓祖先神，为一人，也作"太岳"。

3.汤（shāng）：洪水浩大的样子。

4.怀：藏，此处指围绕。襄（rǎng），通"攘"，排除，此处指淹没。

5.下民：百姓，人民。

6.鲧：夏禹的父亲，崇国国君，又叫崇伯鲧，因治水失败为舜杀于羽山，一说因反对尧舜禅让被攻杀。

7.负：违背。族：族类。

大意

　　尧又说:"唉! 四方诸侯,浩浩汤汤的洪水滔天而来,包围了大山而淹没了丘陵,百姓们忧心忡忡,有能派出去治理的人吗?"诸侯们都说鲧可以。尧说:"鲧违反命令危害族人,不可用。"诸侯们说:"不是这样,试着不好用就停止吧。"尧于是听从诸侯们的意见任用鲧。鲧治水九年,也毫无功效。

005

孔子对舜的评价非常高，称"无为而治者，其舜也与。"意思是说，能够无所作为而治理天下的人，大概只有舜了，在他看来，舜应该是仅次于尧的上古圣君。战国的田齐、新朝的王莽就自认为是帝舜的后代。

中华道德文化鼻祖：舜的故事

本文的主角是舜，出生于有虞氏，也叫虞舜，是五帝中的第五帝。本文主要记录了关于舜的两件事。第一件事是在他即位之前，面对家人的种种刁难，却始终能尊敬父母、爱护弟弟，最终通过尧的考核，登上王位，他对家人的态度符合儒家的孝道；第二件事是他在位期间提拔了不少官员，君臣和睦，济济一堂，最终将帝位禅让给治水功劳最大的大禹，他这种贤德的行为又符合明君的作风。

民间的"天选之子"

　　《史记·五帝本纪》说，舜叫重华，他的父亲是瞽（gǔ）叟，瞽叟的父亲叫桥牛，桥牛的父亲叫句（gōu）望，句望的父亲叫敬康，敬康的父亲叫穷蝉，穷蝉就是颛顼的儿子。但从穷蝉开始一直到舜，颛顼的后代们都是庶民。舜出生在冀州，曾在历山耕种，在雷泽打鱼，在河滨制陶，在寿丘制作各类生活用品，还曾到负夏做过生意。可见他的出生和经历都带有社会底层庶民的色彩。

　　舜的父亲瞽叟是个盲人，舜的母亲去世后，瞽叟又娶妻生下象。瞽叟心地险恶，又宠爱后妻和幼子。而瞽叟的后妻强悍奸诈，幼子象傲慢无礼，三人经常想除掉舜。但心地善良的舜侍奉父亲、后母和弟弟。他持重谨慎，不失为子为兄之道，丝毫没有因为家人的态度而改变。

就这样，舜二十岁时即以孝顺闻名，三十岁时被四岳推荐给尧，尧将两个女儿嫁给他，并派九个儿子与他相处。两位妻子都懂得为妻之道，九位舅子也都纯朴厚道。舜在历山种田时，当地人都会谦让田界；在雷泽捕鱼时，当地人也会谦让住处；在河边制陶时，当地完全不会生产粗制滥造的陶器。他住过的地方，一年就发展成了村落，两年就发展成了城镇，三年就发展成了城市。

尧为了奖赏舜的功绩，赏赐给舜葛衣和琴，为他建筑粮仓，还赠予他很多牛羊。但他的父亲瞽叟仍旧心肠歹毒，处心积虑想要除掉舜。他故意让舜到粮仓上涂泥，自己在下面放火焚烧，舜用两个斗笠护住自己的身体才得以逃脱险境。之后，他又让舜去挖井，等舜到深处时，瞽叟和象往下填土。

听到井底下没有声音，瞽叟和象非常高兴，以为舜已经死了。象就提出舜的妻子和琴归自己，牛羊和粮仓归父母，还大摇大摆走进舜的房间，坐下来弹奏舜的琴。这时候舜却出现了，原来舜提前给

自己挖了一个逃生通道。象非常尴尬，只能说："我想念你，正伤心呢！"而后，舜却当作什么都没有发生一样，原谅了他的父亲和弟弟，对他们依然爱护有加。

由此可见，舜不但勤勉工作，而且谨遵

孝悌，所以尧对他非常满意，提拔他担任执政官。

舜执政后，展现出卓越的领导能力，整治官吏有方。颛顼有八个儿子，号称"八恺"，帝喾也有八个儿子，号称"八元"。他们十六族很有美德，但不被尧重用。舜就提拔"八恺"家族负责农业，"八元"家族掌管教化，十六族果然把事务都处理得井然有序。

当时的官员中还有不务正业的四大家族，分别是帝鸿氏的不肖子"浑沌"、少昊氏的不肖子"穷奇"、颛顼氏的不肖子"梼杌"、缙云氏的不肖子"饕餮（tāo tiè）"，舜把他们四大家族都发配到偏远地区，从此国家便没有了坏人。又有说舜惩罚了四位罪犯：其中共工被放逐到北方的幽陵，讙兜被放逐到南方的崇山，三苗被放逐到西方的三危，鲧被放逐到东方的羽山。舜严厉惩罚了这四大恶人，天下民众也都对他心悦诚服。

舜做完这些事后就接受了尧的禅让。之后他又观察天文，祭祀山川，并将玉制的礼器颁发给诸侯。

当年，舜又在春、夏、秋、冬四季分别到东、南、西、北四方巡视。他每到一个地方，就接见该诸侯国的君长，并同他们核对季节、月份和时日，统一音律和度量衡，制定各种礼仪，统一全国政令。之后，舜将天下划分为十二州，设置管理区域事务的十二州牧，通过分区来治理水灾。

舜在刑罚方面也进行了一些改革，他用图画的方式颁布了五种刑罚，同时对刑罚的适用性进行完善。关于这些刑罚的记录和流传也体现了儒家学者的慎刑思想。

大禹的"伯乐"

尧去世三年后，舜守丧期满，正式即位。当时他的身边有大禹、皋陶（gāo yáo）、契、弃、伯夷、夔（kuí）、龙、倕（chuí）、益等贤臣，在尧时虽然已经——任命，但却没有封地，也没受到尧的重用。

于是舜召集四岳，让他们推荐这些人的职位。经过四岳的推荐和自己的深思熟虑后，舜对他们的官职作了如下安排：大禹为司空，掌管治水；皋陶为士，掌管司法；契为司徒，掌管民众；弃为后稷，掌管农业；伯夷为秩宗，掌管礼仪；夔为典乐，掌管音乐；龙为纳言，掌管言论；倕为共工，掌管工程；益为虞，掌管山林，朱虎、熊罴为他的辅佐。对这些人以及十二州牧的事务，舜每三年考核一次，根据考查结果决定升迁或罢免。在舜的严格管理下，他们都顺利完成了自己的工作。

这些官员中功劳最大的是大禹。大禹开通了九座山脉之间的道路，疏通了九个湖泊，治理了九条江河，划定了九州疆域，并命令各州按照规定进贡特产。为了歌颂舜的丰功伟绩，大禹创作了一首名为《九招》的歌曲，演奏时招来各种珍奇异物，就连凤凰也翩然而至。

除了功劳最大的大禹之外，另外几人也大有成就。大禹是夏朝的肇建者，皋陶是周朝偃姓的始祖，契是商朝人的始祖，弃是周朝人的始祖，伯夷是周朝姜姓的始祖，益是秦朝人的始祖，彭祖是周朝彭姓的始祖。

由于当时不存在一个真正意义上强大广袤的国家，这么多大人物济济一朝的情况不太可能发生。这段记载是司马迁从《尧典》中借鉴而来。为什么《尧典》的编写者要这样讲述呢？

《尧典》的编写者把诸侯祖先纳入舜朝廷，其实是为了表明：既然各族祖先都可以在同一个朝堂任职。那么在即将统一的战国时代和宣告一统的秦汉王朝，大家也可以生活在同一个政权中，这种观念有助于消除当时的部族隔阂。

舜登上帝位后，仍然对父亲和弟弟保持敬重。朝见父亲时仍然十分恭谨，并把弟弟封在有庳（bì）氏。

回顾舜的一生我们可以看到，舜在二十岁时即以孝顺闻名，三十岁时被尧任用，五十岁时代理天子，六十一岁时正式即位。三十九年后到南方巡视，去世于苍梧的郊野，享年一百岁，被安葬在长江南边的九嶷（yí）山。

尽管舜有这么多丰功伟绩，舜的儿子商均却不太成器。所以在他八十多岁时，舜就举荐大禹为自己的继承人。舜去世后，大禹为他服丧三年，把帝位让给商均。但天下人民都表示只归顺大禹，大禹这才勉为其难登上天子之位。

触摸历史

■ ［成语］

· 一夔已足

出自《吕氏春秋·察传》，说的是夔被重、黎推荐给舜当掌管音乐的官员，之后重、黎又要推荐其他人，舜说有一个夔就足够了。后比喻某人足以担当某事。

■ ［遗迹］

· 九嶷山

位于湖南省永州市宁远县，据说舜帝南巡时在苍梧去世，葬于九嶷山。现九嶷山中有舜帝陵和舜帝庙考古遗址公园，为全国重点文物保护单位。

· 运城舜帝陵

位于山西省运城市盐湖区，陵区分为舜帝大道、舜帝广场、舜帝公园、舜帝陵庙四部分。现为全国重点文物保护单位。

· 虞帝二妃墓

位于湖南省岳阳市洞庭湖君山岛，为舜之妻子娥皇、女英之墓，两人去世后被当地人奉为湘江女神。现为湖南省文物保护单位。

原典

尧乃赐舜绤衣与琴[1]，为筑仓廪[2]，予牛羊。瞽叟尚复欲杀之[3]，使舜上涂廪，瞽叟从下纵火焚廪。舜乃以两笠自捍而下[4]，去，得不死。后瞽叟又使舜穿井，舜穿井为匿空旁出[5]。舜既入深，瞽叟与象共下土实井[6]，舜从匿空出，去。瞽叟、象喜，以舜为已死。

——《史记·五帝本纪》

注释：

1.绤（chī）：细葛布，当时的上等布料。

2.仓廪（lǐn）：粮仓。

3.瞽叟：舜、象的父亲，有虞氏人，因眼盲而有此称。周代也有盲人乐师称为瞽叟。

4. 捍：捍卫。

5. 匿：藏匿。空：空洞。

6. 象：瞽叟的儿子，舜的异母弟。

大意

　　尧于是赏赐给舜细葛衣和琴，为他建筑粮仓，并赠予牛羊。瞽叟又想除掉舜，让舜到粮仓上面涂泥，然后在下面放火焚烧粮仓。舜就用两个斗笠护住自己跳下，离开，幸免于难。后来瞽叟又让舜去挖井，舜挖井时挖了个可以从旁边离开的暗道。舜下到井的深处时，瞽叟和象一起往下填土，舜就从暗道出来，离开。瞽叟和象非常高兴，以为舜已经不在了。

006

夏王朝是中国历史上第一个世袭制王朝，也是古代
历史上最重要的朝代之一，"华夏"的"夏"就来
源于夏朝的"夏"。

地位崇高的圣君：
夏禹的故事

《史记·夏本纪》

《尚书·禹贡》

《尚书·皋陶谟》

《孟子》

《墨子》

上博简《容成氏》

夏禹，姒姓，名禹，也叫帝禹、大禹。他是帝颛顼的孙子、崇伯鲧的儿子。大禹的父亲鲧治水无功，被舜所杀，舜便提拔大禹为司空，继承父亲的事业。大禹任司空后，多年在外工作，孜孜不倦，三过家门不入，终于平定水土，并划天下为九州五服。之后大禹接受舜的禅让，建立夏朝。禹的平定水土之功，在后世受到无比景仰，后人把他称为与尧、舜齐名的圣君。西周人心中最古老、最崇高的人物就是夏禹。

三过家门而不入

尧在位时洪水滔天，为了治理洪水他听从四岳推荐，任用大禹的父亲鲧治水，但鲧九年都没有处理好洪水的问题。舜摄政后，以鲧治水失败为由，在东方的羽山将鲧处死。但舜仍然提拔了鲧的儿子大禹，让他继承父亲治水的事业，任命大禹为司空，负责平定水土。

大禹办事敏捷勤奋，品性不违正道，待人和蔼可亲，诚实守信，说话动听，举止严谨守法。可以说，他的一举一动在当时就是大家遵守的规范准则。

大禹和伯益、后稷一起，奉舜之命征集民夫，开始治理水土。因为伤痛父亲治水失败被杀，大禹劳神苦思，绞尽脑汁，发誓一定要治好洪水。

他治水路过涂山时，在此大会诸侯。他还娶了涂山氏的女娇为妻，但三天后就离开了家去治水。

大禹在外治水的时间共计十三年，为了专心治水，多次经过家门却没有进入。

大禹自己吃穿俭朴单薄，对祭祀却很看重。自己住所简陋破败，对水利沟渠的建设却花费不少。他走陆路的时候乘车，走水路的时候乘船，走泥路的时候乘橇，走山路的时候穿樏（jú）。他左手拿着测量的准绳，右手拿着绘画的规矩，用这些工具划分九州的疆土，开通九州的道路，修防九州的湖泽，度量九州的山脉。

同时，大禹让伯益发放稻谷，让民众在低洼且潮湿的地方种植；让后稷发放食物，调取有余粮的地方来补充穷困地区的不足，使得各地丰歉均衡。大禹还巡视了各地物产，考察了各地山川，制定了各地的贡赋制度。

大禹治水从冀州开始。他先治理了壶口，接着又治理好梁山、岐山、太原、岳阳等地区，后来又治理好衡漳水一带的河流。最后常水、卫水水流通畅，大陆泽周围的土地也可以耕作了。

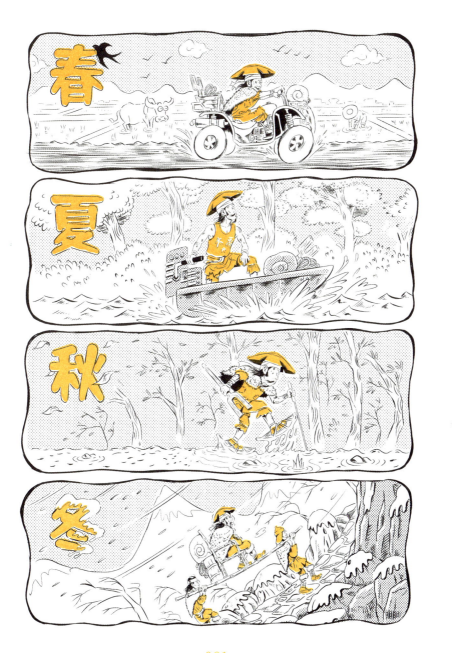

治理好冀州的水土之后，大禹先后到达兖州、青州、徐州、扬州、荆州、豫州、梁州、雍州，除了将这些地方的水土全部治理好，还分别确定了各个地区的赋税和贡品，这九个州就是后人常说的"九州"。九个地区全部加起来大约相当于战国后期的中国版图，所以后世也用"九州"代表中国。

其实，大禹治水到底是史实还是传说，也是存在争议的。第一，今天的大山大河基本都是自然形成的，没有人工开凿的痕迹，如果说这些山河是大禹治理水土的成果，那么他可真是施展鬼斧神工的天神了。第二，以大禹当时的社会形势来看，如果他只是中原地区的一位部落首领，不可能跑遍整个九州，这样的权力到了秦、汉时期的皇帝才开始有。

不管真实与否，大禹治水一直是中华历史文化中源远流长的传说。西周中期的青铜器"豳（bīn）公盨（xǔ）"内部铸有一篇铭文，其中有一句是"天命禹敷土，随山浚川"，意思是上天命令大禹部署和规划天下的土地，并顺应山势疏浚河川。

　　似乎在西周人心目中，大禹就是最古老、最重要的人物。后来尽管有了凌驾于大禹之上的尧、舜，但大禹因为治理洪水、划分九州的功劳，在后世仍然可以与尧、舜平起平坐。

　　治理好水土之后，大禹又推行了"五服"制度，在天子国都之外五百里的区域设置甸服，甸服内按每一百里的距离又划分为五等；甸服之外五百里的区域设置侯服，侯服内部也按照距离划分为三等；侯服之外五百里是绥（suí）服，绥服之外五百里是要服，要服之外五百里是荒服，绥、要、荒则按照距离内部各分为两等。在这些区域名称中，"服"的意思是服从、服侍，不同的"服"代表了天子这片区域承担的不同义务。一般来说，地区由近及远，义务也随之由重到轻。

　　此时，舜的势力范围往东深入到大海之中，往西覆盖在沙漠之下，北方和南方均以能到达的最远地区为边境，华夏声威传遍四海。为了奖赏大禹治水的功绩，舜赏赐给大禹一个黑玉制的圭，正式向天下宣布大禹治水大功告成。

夏朝的开国君王

《史记·夏本纪》接着说，大禹治水成功之后，有一天舜在朝廷召见大臣，大禹和伯夷、皋陶都到场一起讨论如何治国。皋陶主张大家要修养自身的品性，提出合理的建议，推举贤明的人才，团结一致辅佐天子，这样政治才会清明。

大禹却认为，天子想要知人善任、施惠于民是非常难的，自己能想到的只是孜孜不倦地工作；而天子应该小心谨慎，不要轻举妄动，这样才能治理好国家。舜和皋陶都表示赞同，经过这样一番讨论，舜也加深了对大禹的信赖。

大禹的名望达到巅峰之后，舜举荐大禹接任帝位。十七年后，舜去世，三年丧事完毕，大禹让位给舜之子商均，自己躲避在夏都阳城，诸侯却都主动来朝拜大禹。于是大禹迫于无奈登上帝位，建立夏朝。

　　大禹继位后，举荐皋陶为继承人，让他管理政务。但不久后，皋陶就去世了，皋陶的后人被分封到英、六、许等地。夏禹在位十年，巡守东方至会（kuài）稽山时去世，将天下交给皋陶的儿子伯益。

　　大禹三年丧事完毕后，伯益也有样学样，将帝位让给大禹的儿子启，自己避让到箕山的南边。伯益辅政时间不长，未能取得天下信服，而启贤明能干，有其父之风。于是诸侯都去朝拜启。

　　关于启的继位，战国人有不同看法。《战国策》说是启勾结党羽攻打益，这样才得到天下;《竹书纪年》说伯益威胁到了启的王位，所以被启所杀;《韩非子》则说伯益登上王位后拘禁了启，结果被启反杀。这些记录都出自后世不同人的讲述，当时真相如何也不得而知。

　　总之，启继承王位之后，"天下为公"的时代结束了，"天下为家"的时代正式开始。

触摸历史

■ ［成语］

· 满招损，谦受益

出自《尚书·大禹谟》，说的是舜时大禹征伐苗民有功，伯益提醒他自满会招来损失，谦逊会得到益处。

· 三过其门不入

出自《孟子·离娄下》，说的是大禹治水时多次经过家门，却都没有进入看望家人。后比喻公而忘私，勤劳国事。

· 下车泣罪

出自《说苑·君道》，说的是大禹出行时遇见一个罪犯，下车询问罪犯后哭泣，因为尧、舜时人民都有爱心，不会犯罪，而大禹认为是由于自己不如尧、舜才导致罪犯犯罪。后比喻为政宽仁。

■ ［遗迹］

· 会稽山

位于浙江省绍兴市，据说夏禹大会诸侯去世后葬于会稽山。今在绍兴市越城区有大禹陵，陵区设有禹陵、禹祠、禹庙等景区，现为全国重点文物保护单位。

原典

　　禹伤先人父鲧功之不成受诛，乃劳身焦思，居外十三年[1]，过家门不敢入。薄衣食，致孝于鬼神。卑宫室，致费于沟淢[2]。陆行乘车，水行乘船，泥行乘橇[3]，山行乘樏[4]。左准绳[5]，右规矩[6]，载四时，以开九州[7]，通九道，陂[8]九泽，度九山。

——《史记·夏本纪》

注释：

　　1.居外十三年：史书中也有大禹治水在外七年、八年、十年等说，乃传说之歧异。

　　2.淢（xù）：洫，水利沟渠。

　　3.橇：古代行于泥路的木制乘具。

　　4.樏（jú）：山行的一种工具，装在鞋子下，上山前齿短，下山前齿长。

5. 准：测量平面的工具。绳：测量直线的工具。

6. 规：画出圆形的工具。矩：画出正方形的工具。

7. 九州：冀州、兖州、青州、徐州、扬州、荆州、豫州、梁州、雍州，后为中国代称之一。

8. 陂（bēi）：修筑堤防。

大意

大禹伤痛父亲鲧治水不成被处死，于是劳身苦思，居住在外十三年，经过家门不敢进入。自己吃穿俭朴单薄，但尽力于鬼神祖先祭祀。自己住所简陋卑微，但花费于水利沟渠建设。走陆路的时候乘车，走水路的时候乘船，走泥路的时候乘橇，走山路的时候穿桦。左手拿着测量的准绳，右手拿着绘画的规矩，身上带着测量四时的仪器，用以划分九州的疆土，开通九州的道路，蓄积九州的湖泽，度量九州的山脉。

007

公元前 1600 年，商汤灭亡夏朝，建立商朝。不同于
之前的五帝时代和夏朝，商朝是中国第一个有考古
发现印证的王朝，商朝的建立标志着中国历史进入
信史时代。

暴君与仁君：夏桀与商汤的故事

夏桀，姒姓，名履癸，是夏禹的后人，也是夏朝最后一任国王。他为政暴虐，剥削百姓，天下民众苦不堪言；与此同时，东方的商国在商汤的领导下日益崛起。商汤，子姓，名汤，又叫天乙、太乙、唐、成汤等，是帝舜时官员司徒契的后人，商代甲骨文中也将商汤称作"高祖乙"。商汤在诸侯的拥护下，先后消灭了几个亲夏势力，最终在鸣条之战中一举击溃夏军主力，灭亡夏朝，建立商朝。夏桀被后世视为暴君的代表，与商纣、周厉王、周幽王齐名；商汤则被后世视为仁君的代表，与尧、舜、禹、周文王、周武王齐名。

残暴的末代君主

大禹建立夏朝四百多年之后，夏朝的帝位传到夏王孔甲。孔甲在位时，迷信鬼神，非常残暴。接着经历了夏皋、夏发两位帝王的统治后，背叛夏朝的诸侯越来越多。后来夏发的儿子（一说弟弟）夏桀即位，他也不修德行，剥削百姓，天下民不堪命。

与此同时，东方的商国开始崛起。商国的始祖据说是舜时的官员司徒契。夏桀在位时，商国的国王商汤迁都到亳（bó，今河南商丘，一说河南郑州），并作了《帝诰（kù）》一文。据说亳地是帝喾曾经居住过的地方，司徒契是帝喾之子，他的一系列行为向世人展示了他想要重振先王帝喾之伟业的想法。

商汤的行动果然引起了夏桀的警惕，于是夏桀召商汤来夏都相见。商汤自知当时的实力无法与夏桀对抗，为了消除夏桀的疑虑，他考虑再三，决定冒险前往。夏桀果然将他囚禁在监狱夏台。囚禁结束之后商汤回国，得到了贤臣伊尹的辅佐，开始修养德行，施惠于民。

传说中伊尹是一位厨师，他作为商汤妻子有莘氏的陪嫁臣仆，一直背负着鼎、俎等烹饪饮食器具，以烹饪调味的道理游说商汤，帮助他成为天下的圣王。

后来伊尹离开商国，作为间谍进入夏国。夏桀因为宠爱琬、琰两个妃子，把王后妹喜打入洛水的冷宫。伊尹趁机勾结妹喜，刺探夏朝的情报，同时摸清了夏桀骄奢的性格，于是让商国女工大量织造锦绣，用绣品交换夏国的粮食储备。

夏桀为人残暴、穷奢极欲，他修筑倾宫与瑶台享乐，浪费了百姓大量钱财，导致夏朝人发出同归于尽的愤怒之声。当时的大夫关龙逢苦心劝谏反而被夏桀所杀；太史终古也出奔商国。伊尹见到夏桀气数已尽，便离开夏国回到商国与商汤一同计划推翻夏朝。

推翻夏朝的一代明君

　　与夏桀的残暴形成鲜明对比，商汤贤德的名声传播得越来越广，他推翻夏朝的行动也得到越来越多诸侯的支持。商汤先后消灭了十一个国家，最终决定对夏桀发动总攻。他在出兵前发表了一番誓词，其中就提到了夏桀的罪状：在夏国肆意掠夺，破坏大家的生产，导致人心懈怠，天下民不聊生。宣誓之后，商汤自命勇武，号称武王，率领大批军队攻夏，在有娀（sōng）之墟大败夏桀，夏军溃败，夏桀逃奔到鸣条。商汤接着攻打三㚇（zōng），夺取了夏朝的礼器，宣告了夏朝的灭亡。夏朝灭亡后，被俘虏的夏桀也被流放到南巢。夏桀说道："我后悔当初没有在夏台除掉商汤，我当初的错误导致了今天的后果啊！"

　　打败夏桀后，商汤还想摧毁夏人的社稷，这是对夏人灭族的象征。他的想法遭到大臣们的集体反对。虽然夏桀无道，但夏族人实力犹存，他们既然已经归顺商汤，自然没有必要再赶尽杀绝。商汤最终也同意不对夏族人赶尽杀绝。

经此一役，商汤正式建立了商朝，他颁布了一系列改革措施。商汤以十二月为一年的正月；在此之前，夏朝的正月是一月；在此之后，周朝的正月是十一月、秦朝的正月是十月，直到汉武帝时才改回一月。这就是后世改朝换代常说的"改正朔"。同时，商汤规定商朝崇尚白色，车马器物都以白色为上等。

在商灭夏后长达五年的时间内，天下大旱颗粒无收。于是，商汤到桑林去祭祀，对着上天说："我一个人有罪，请上天不要波及万民；就算万民有罪也在我一人。不要因为我一个人的过失，让上天伤了民众的性命！"于是剪断头发，想以自身为祭品，自焚给上天。民众都被这位仁君的牺牲精神打动，就在此时，瓢泼大雨从天而降，大旱从此消失。

商汤推翻夏桀暴政的行为、勤政爱民的举措、知人善任的作风，在当时和后世都被视为一代明君的典范。

触摸历史

■ ［成语］

· 网开一面

出自《吕氏春秋·异用》，说商汤出行见到有猎人四面上网，于是下令收掉三面，只留一面，使得诸侯感动前来投奔。后比喻为政宽仁，或比喻给犯错的人一条生路。

■ ［文物］

· 叔夷镈

春秋中期齐灵公大臣叔夷铸造的青铜器，鼓部铸铭文494字，铭文中赞扬了伊小臣（伊尹）辅佐成汤取得天下的行为。

■ ［遗址］

· 二里头遗址

位于河南省洛阳市偃师区，一般认为即夏朝末年都城斟鄩（xún）的所在地。现为全国重点文物保护单位，遗址内建有二里头夏都遗址博物馆。

· **偃师商城遗址**

位于河南省洛阳市偃师区，一般认为即夏末商初时商汤陪都西亳所在地。现为全国重点文物保护单位，遗址内建有偃师商城遗址博物馆。

· **郑州商城遗址**

位于河南省郑州市管城区，为商朝早中期都城所在地，一说为亳都，一说为隞（áo）都。现为全国重点文物保护单位，遗址内建有郑州商城遗址公园。

原典

伊尹名阿衡[1]。阿衡欲奸汤而无由[2]，乃为有莘氏媵臣[3]，负鼎俎[4]，以滋味说汤[5]，致于王道。或曰，伊尹处士[6]，汤使人聘迎之，五反[7]然后肯往从汤，言素王及九主之事[8]。汤举任以国政。伊尹去汤适夏。既丑有夏，复归于亳[9]。入自北门，遇女鸠、女房[10]，作《女鸠女房》。

——《史记·殷本纪》

注释:

1. 伊尹名阿（ē）衡：伊尹，商初名臣，也叫阿衡、保衡，"阿""保"都有"保育"之义，或是其官名，"衡"是其本名。

2. 奸（gān）：干，请求，求取。

3. 有莘（shēn）氏：古族名，也作"有侁氏"，今地有河南伊川、山东曹县、陕西合阳等说，以伊川说为佳。媵（yìng）：陪嫁。

4. 俎：切割肉类或放置祭品的几形器物。

5. 说（shuì）：劝说。

6. 处士：德才兼备但隐居未做官的人。

7. 反：返，返回。

8. 素王：战国秦汉道家理想无为而治的上古帝王。九主：九种君主，据马王堆帛书《伊尹九主》，包括法君一、专授之君一、劳君一、半君一、寄主一、破邦之主二、灭社之主二，另外"九主"还有法君、专君、授君、劳君、等君、寄君、破君、国君、三岁社君以及三皇、五帝、夏禹两种说法。

9. 亳：商朝都城，一说在今河南商丘、山东曹县间，一说在今河南郑州。

10. 女（rǔ）鸠、女（rǔ）房：商初贤臣。

大意

伊尹名叫阿衡。阿衡想求见汤但没有门路，于是充当有莘氏陪嫁的臣仆，背负着鼎、俎等烹饪饮食器具，以烹饪调味的道理来游说汤，让汤实行王道。有人说，伊尹本是隐士，汤派人聘用他，前后五次才愿意过去，然后跟汤说上古素王之道和九种君主的优劣。汤就将国政授予他。伊尹离开商汤到了夏国。他既见到夏国的丑恶，又回到了商都亳。他从亳都北门入城，见到贤臣女鸠、女房，写下《女鸠女房》。

公元前约 1300 年，商王盘庚迁都于殷，故而商朝又被称作殷朝。1928 年开始发掘的殷墟遗址，就是商朝后期的殷都。

010

商朝的繁荣：

盘庚与武丁的故事

《史记·殷本纪》

《尚书》

盘庚和武丁两位商王是商朝中后期的重要君王。商朝人在商朝之前和商朝前中期不断迁徙，有"前八后五"之说。武丁是盘庚的侄子，他的在位时间大约是公元前1250年至公元前1152年。目前发现最早的一批殷墟甲骨文很多都刻写于他在位时期，其中记录了他在位时的大量政治、经济、军事、宗教活动。据说他年轻时生活在民间，因此深知民间疾苦。武丁即位后还任用甘盘、傅说等良臣，政治清明。总之，武丁是商朝一位有为的君主，谥号为"高宗"。

甲骨文中的秘密：迁都于殷

　　商汤建立商朝之后，商朝人仍像建国前一样，不断迁徙都城。据说商朝人在建国之前就曾迁都八次，在商朝前期又迁都五次。为什么商朝人这么喜欢迁徙呢？

　　商朝人迁都的原因可能有两种。建国之前迁都是因为生产力还不发达，每耕完一片土地就要换地方耕种；而建国后迁都是因为王室内部斗争。与后世的嫡长子继承制不同，商朝的继承制度是把"父死子继"和"兄终弟及"结合起来的新制度。如果现任君主有弟弟就传位于弟弟，没有弟弟的情况下才传给儿子。从商王中丁开始，王室内部经历了"九世之乱"，商朝的国势也从此走向了下坡路。到商王阳甲时，诸侯们都不来朝拜君主了。

　　大家可能会发现，商王的名字中都有个天干的符号。本文的主角是盘庚、武丁，这里又有中丁、阳甲，商汤同时也叫天乙。他们为什么要在名字中加入天干的符号呢？其实以上这些名字都不是他们活着时候的称呼，而是他们去世后别人取的称号。国王去世后子孙要祭祀，而祭祀就需要一个明确的日期。

商朝人在当时已经有一月三旬的概念了，他们把每旬分为甲、乙、丙、丁、戊、己、庚、辛、壬、癸十日。然后把先王按出生时间先后划入若干个旬，每旬就挑出一天来祭祀位于这旬的某位先王，这个日子就成为这位先王的"日名"。

至于"日名"前面的这个字，是为了区分不同的先王。后人祭祀完这旬的先王后，又开始祭祀下一旬的先

086

王们，直到全部祭祀完一遍，然后又从头开始。所以出生日期邻近的商王日名绝对不相同，因为他们一般处于同一旬，不会被安排到同一天祭祀。

087

《史记·殷本纪》说盘庚在位时，商朝原本定都在黄河以北的邢（今河北邢台），但盘庚想要带领商朝人迁徙到黄河以南的故都亳。但商朝在建国后已迁都五次，国人都非常烦恼怨恨，不愿意再度迁徙。

盘庚就告诉诸侯和大臣说："过去先王成汤跟你们的先祖一起定天下，他的法律是可以遵循的，因此我们迁徙到他们之前设立的都城也是正确的决定，如果舍弃他的规定又不努力，又怎么能治理好国家呢？"于是盘庚率领国人渡河南迁，定都于商汤的故都亳，并重新启用商汤的法则来治国。从此之后，百姓安宁，国家强盛。

不过，有些文献也有其他说法，像古本《竹书纪年》就说，盘庚是从奄（今山东曲阜）迁到殷的。据记载，殷在距离邺城三十里的地方。邺城在今天河北临漳西到河南安阳的北郊一带，那么殷地就在安阳一带了。安阳虽然属于河南省，但其实是在黄河以北。这样一来，当时商朝迁都的方向就不是从黄河以北迁到黄河以南，而是从黄河以南迁到黄河以北了。

到底哪种说法正确呢？二十世纪最伟大的考古发现之一——殷墟给出了答案。

1899年，清朝国子监祭酒、金石学家王懿荣发现家里的中药"龙骨"上有刻字，于是对上面的图形文字进行了深入研究，他成为中国发现和收藏甲骨文的第一人。后来，学者刘鹗收藏了五千多片甲骨，并编成《铁云藏龟》一书，这是我国第一部著录甲骨文的著作。学者罗振玉也开始搜集甲骨文，他还把这些甲骨文的出土地点锁定在安阳的小屯村，并且断定甲骨文为商朝王室之物。1928年，考古工作者在这里发现了商朝后期都城遗址，命名为殷墟。新中国成立后至今，殷墟考古一直在有条不紊地进行。

整个殷墟遗址分为殷墟宫殿宗庙遗址和殷墟王陵遗址两大部分。殷墟出土了大量的甲骨、青铜器、玉器、陶器等，这些文物足以证明这里就是盘庚迁殷之后的殷都所在地。其中信息量最大的就是刻在甲骨上的文字，它不但直接证明了商朝的存在，还广泛记录了商朝的政治、经济、军事、宗教等活动，极大地弥补了史书记载的不足。不过，甲骨文因为书写载体限制，只能算是商朝的简化字，青铜器上的金文才算是当时的正式文字。

此外，宗庙遗址北边还有个洹（huán）北商城遗址。不过这个商城遗址并非当时的殷都遗址，而是商朝中期的都城，但也被纳入广义的殷墟遗址中。

虽然盘庚是最早迁于殷都的商王，但殷墟遗址中的文物并没有记录关于他的确切信息。甲骨文和青铜器的可靠记录从盘庚的侄子武丁时期开始出现。

三年都不说话的君王

盘庚之后由弟弟小辛即位，商朝又开始走向衰落。小辛之后是弟弟小乙，小乙之子就是武丁。据说武丁年轻的时候，曾经在民间劳作，和底层民众交往，所以深知民情。他即位之后，想复兴商朝，却没有找到合适的助手。所以他即位三年之内都不说话，国家政事都由当时的事务总管冢宰决定，自己则暗中观察国情。

有一次，武丁梦见自己得到一位名叫说的圣人辅佐朝政。他凭借梦中的形象对照群臣百官的面孔，但都不是梦中圣人的样子。于是他就派人去民间访求，果然在名叫傅险（一作岩）的地方找到了说（yuè）。当时说是个在当地服役的刑徒。

画工把他带回来之后，武丁一见面就说自己的梦中圣人正是此人，于是提拔说为相国。说和另一个贤臣甘盘一起，把商国治理得井井有条。因为说出身底层，连姓氏都没有，武丁就以傅险作为他的姓氏，为他取名叫傅说。

有一次，武丁去祭祀成汤，第二天却有野鸡飞来站在鼎上叫，武丁认为是凶兆，非常害怕。大臣祖己则对他说："大王您不用忧愁，先搞好政事要紧！上天观察下民，主要看下民的行为是否合理；上天赐给人的寿命长短，取决于人的行为是否合理。如果行为不合理，再等到上天安排命运时就已经迟了！大王应该谨慎对待民事，祭祀的礼仪不要不合理！"

在众多贤臣的辅佐下，武丁改善政治，布施恩惠，天下人都非常欢欣，商朝国势又重振起来。祖己为记录这件事，写下《高宗肜（róng）日》和《高宗之训》，以高宗作为武丁的谥号。

不过在《尚书》的《高宗肜日》篇中，祖己劝谏商王时说的是，不要对亲近的先人祭祀太隆重。似乎是当时商王祭祀先王的频率特别高，所以祖己劝他对旁系先王也要雨露均沾，这样才能有利于团结他们的后人。另外，"肜"也并非第二天的意思，在甲骨文中是一种祭名。祖己的名字在甲骨文中也有出现，被称作"小王祖己"，也就是文献中的"太子孝己"，在武丁在位时已去世。后世传说孝己是被武丁的后妻放逐而去世，天下人为其悲哀。但从"小王祖己"称呼看，祖己在武丁在位时，享受的祭祀待遇已经很高了。

触摸历史

■ [成语]

·高宗刻象

出自《尚书·说命》，说商王武丁梦见一个贤人，醒来后按照梦中形象刻成雕像去寻找，之后在傅险的郊野找到和梦中贤人长相一致的傅说，就任命他为相国。

■ [文物]

·殷墟甲骨文

最早由学者王懿荣于1899年发现。1928年至今，殷墟发掘出大量甲骨，其上的甲骨文是我国已知的最早的成系统的文字，其文字内容不仅证明了商王朝的存在，也反映了不少商代历史。

·司母戊鼎

一作"后母戊鼎"，或作"姤戊鼎"，是武丁王后司母戊（妇姘）的随葬品，于1939年出土于殷商王陵东面，是目前中国考古发现最重的古代青铜器，现藏于中国国家博物馆。

■ [遗址]

· 妇好墓

　　位于殷墟宫殿宗庙遗址西南角，于1976年被发掘，是武丁王后妇好（司母辛）的墓葬，出土了青铜器、玉器等随葬品共1928件。妇好墓是殷墟唯一完整保存下来的商代王室墓葬，妇好也叫"司母辛"。

· 殷墟王陵遗址

　　位于殷墟宫殿宗庙遗址西北6千米左右，此处相继发现了13座大墓和2000多座陪葬墓、祭祀坑，出土了大量青铜器、玉器、石器、陶器。

原典

　　武丁夜梦得圣人，名曰说[1]。以梦所见视群臣百吏，皆非也。于是乃使百工[2]营求之野，得说于傅险中[3]。是时说为胥靡[4]，筑于傅险。见于武丁，武丁曰是也。得而与之语，果圣人，举以为相[5]，殷国大治。

故遂以傅险姓之，号曰傅说。

——《史记·殷本纪》

注释：

1. 说（yuè）：通"悦"，即傅说，其本为傅地刑徒，商王武丁将他提拔为相。

2. 百工：一指百官，一指工匠，此处或指画工。

3. 傅险：一作"傅岩"，在今山西省运城市平陆县东。

4. 胥靡（xū mí）：服劳役的奴隶或刑徒。

5. 相：相邦（国），帝王的辅佐，但商代并无此官职。

大意

武丁晚上梦见得到了圣人，圣人名叫说。武丁凭借这个梦来对照群臣百官，但都不是这个人。于是他就派画工百官去民间访求，果然在傅险这个地方找到了说。当时说还是服役的刑徒，在傅险筑路。他见到武丁，武丁说就是他。武丁和他交谈，果然是一位圣人，就提拔他为国相，把国家治理得非常好。所以武丁就用傅险的地名作为说的姓氏，于是就叫他傅说。

011

周朝是中国历史上存在时间最长的朝代，也是古代历史上最重要的朝代之一，后世很多法律制度、思想观念、文化习俗等均来自周朝。可以说，周朝在一定程度上奠定了中华文明的文化基调。

圣君典范：周文王的故事

《史记·周本纪》

《史记·殷本纪》

《诗经》

古本《竹书纪年》

上博简《容成氏》

周文王是周武王的父亲，姬姓、名昌，曾担任商王朝的西方诸侯之长，因此也被叫作"西伯昌"。周文王因被商纣王猜忌而监禁于羑（yǒu）里监狱，他在监狱里在伏羲八卦的基础上推演出六十四卦，并在回归周国后正式称王，起兵反商。周文王爱戴百姓、礼贤下士、发展生产，最终形成"三分天下有其二"的局面。尽管他本人并非开国国君，但后人一般认为周文王才是周朝的真正肇建者，是圣君的典范。

反商建周

　　周朝人据说是后稷弃的后人。在舜时期，弃的后人不窋（zhú）还生活在先秦时西北方的非华夏部落，到公刘时才定都豳（今陕西彬州）。周朝人在周太王统治时迁都岐山周原（今陕西岐山、扶风一带），从此，周部落进入早期国家阶段，同时开启了灭亡商朝的道路。后来周太王的儿子王季继位，他被商王文丁任命为掌管牧马和牧地的牧师，成为西方诸侯的首领"西伯"。但后来王季又因权重遭忌被文丁囚禁，他的儿子昌继承了西伯一职，因此周文王被人们称为西伯昌。

　　为了替父报仇，刚刚即位两年的西伯昌便要攻打商朝。但当时他还很不成熟，缺乏政治和军事经验，最终被商朝军队击败，不得不继续向商王低头臣服。

这次失败之后，他逐渐改变了原本急躁冒进的性格，开始踏踏实实地施行仁义之道，还能尊老爱幼，礼贤下士。即使在吃饭时有贤士来访，西伯昌也马上放下碗筷去迎接，所以他周围的贤人慢慢归附于他。其中有来自孤竹国的王子伯夷、叔齐兄弟以及被称为"文王四友"的太颠、闳（hóng）夭、散宜生、南宫适（kuò），还有鬻（yù）熊、辛甲、尹佚（yì）等人。除了赏识贤士，周文王对自己的族人也团结友爱，两个弟弟虢（guó）仲、虢叔都受到他的重用。

此时，商王文丁、帝乙先后去世，在位的是帝乙之子商纣王。当时商朝周围有九侯、鄂侯和西伯昌三大诸侯，残暴的商纣王因意见不合对九侯施以残忍的惩罚，西伯昌听说后暗中感叹了一声。崇国（今河南嵩县）的国君崇侯虎听说西伯昌的反应之后，马上向商纣王打小报告，称西伯昌对商纣王的做法表示不满，还说其他诸侯都归附于西伯昌，如此下去西伯昌的存在将对商朝不利。

　　于是商纣王大怒，召见西伯昌并将其囚禁在监狱羑里。闳夭等大臣担心西伯昌的安危，于是找来有莘氏的美女、骊戎出产的骏马、有熊氏的九驷（一驷为一辆战车所需要的四匹马）等献给商纣王。

　　商纣王看到一堆美女和宝物非常开心，说："这些东西中只要有一件就可以让我放了西伯昌，哪里还需要你们找来这么多呢？"于是商纣王赦免了西伯昌，并赐给他象征权力的弓箭和斧钺，恢复了他西伯的职位，希望西伯昌可以代替商纣王讨伐不臣服于自己的诸侯。不但如此，商纣王向他透露说："当初向我说你坏话的就是崇侯虎！"

西伯昌平安回国后，把洛水以西的土地献给商纣王，并请求废除商朝的炮烙之刑。商纣王答应了他的请求，不再施行炮烙之刑。西伯昌用自己的土地请求商纣王废除刑罚的事为他自己积累了美名。

除此之外，西伯昌还暗中行善，其他诸侯都请他裁决是非。当时虞国和芮（ruì）国（均在今陕西陇县）有案件纠纷，两国的当事人就一起来到周国都城岐邑请见西伯昌。但是刚进入周国后，他们就发现周国种田的人都礼让田界，百姓都会谦让长者。虽然他们还没见到西伯昌，但已经感到非常惭愧，他们发现自己争论的事情正是周国人引以为耻的小事，那自己为什么还要去找西伯昌裁决？于是两人回国都进行了退让，和平解决了案件纠纷。诸侯们听说这件事后，都认为西伯昌就是天命所受的君王。也正是在本年，西伯昌正式称王，史称周文王，同时追封父祖为王，制定了新的历法，表示周国与商朝势不两立。

当时周国附近有个叫犬戎的部落一直是周国人的心腹大患。周文王为了解决后顾之忧，第一个攻打的就是犬戎。又过了一年，密须国（今甘肃灵台）攻入阮、共两国，并入侵周国，周文王果断反击，缴获了密须的战鼓和战车，最终平定了周国的邻近地区，东进也再无后顾之忧。

接下来，周文王将目标对准了中原的黎国（今山西黎城），攻下黎国后又攻下邘（yú）国（今河南沁阳），这两个国家在黄河北边，表明当时周文王的军队已经逼近黄河以南的商朝腹地了。不过，周文王还有个很大的敌人没解决，那就是死对头崇侯虎所在的崇国。崇国位于中岳嵩山一带，国内既有雄伟的山脉，又有高大的城墙，易守难攻。当时周文王动用了不少攻城的武器和工具，比如"钩"（有钩的兵器）、"援"（有刃的兵器）、"临"（居高临下的攻城车）、"衝"（从旁边冲破城墙的车），历经艰难终于攻入崇国，崇国民众也全部归降。

灭亡崇国后，周文王将都城从岐迁到丰（今陕西西安西南），准备以此作为据点，调动大军攻打商朝，但第二年周文王就去世了。周文王的长子叫伯邑考，但周文王却没有把王位传给他，反而让次子发登上太子之位，他就是后来的周武王。

而藏于上海博物馆的战国竹简《容成氏》给了我们一个不一样的故事版本，说到周文王被囚禁在姜里时，丰、镐、舟、石、邘、鹿、黎、崇、密须九国反叛商纣王，于是周文王在狱中感叹说："虽然国君无道，但大臣能不侍奉国君吗？虽然父亲无道，但儿子能不侍奉父亲吗？"商纣王听说后，就把周文王释放出来，让他代表自己征伐九国。

周文王施行仁道，使得舟、石、邘、鹿、黎、崇、密须七国都归服于周国，唯有丰、镐两国不服。于是周文王就出兵攻打丰、镐，三次击鼓就进军，三次击鼓又撤退，行军规模非常小。众人不解，周文王解释说，丰和镐两国国君无道，但百姓并没有罪，为什么要展开大规模的杀戮呢？就这样，丰、镐两国民众也都投降于周国。

《容成氏》完全把周文王刻画为一位仁君，称他自始至终都未背叛商纣王，这一记录其实不太可靠。在当时的情况中，这些小国应该是周国的敌人而非商朝的敌人，周文王代替商朝进攻这些小国主要也是为了扩张周国的国土。周文王并非完全以德服人，很大程度上也需要依靠武力使其他诸侯国降服。

狱中推演六十四卦

　　周文王在位大约五十年，据说他被囚禁在羑里时，将上古时期伏羲发明的《易》中的八卦推演为六十四卦。《易》最早是记录占筮（shì）的书，在商朝甲骨文中也有占筮的记录。但占筮与占卜不同，占卜是通过烧裂甲骨、观察纹路来推断未来凶吉祸福的活动，而占筮是通过排列蓍（shī）草来预测未来凶吉祸福的活动。商朝人习惯用甲骨占卜，而周朝人习惯用蓍草占筮，《易》其实就是介绍占筮方法的读本。

《易》在周朝有很多版本，周文王所作这本就叫《周易》。"周"既有周国国名之义，又有周而复始之义。《易》中有阴"▬▬"和阳"▬"两个基本符号，这两个符号又叫"爻（yáo）"。三个爻互相组合，形成乾（☰）、坤（☷）、离（☲）、坎（☵）、艮（☶）、兑（☱）、震（☳）、巽（☴）八卦。周文王又把八卦互相组合，形成了六十四卦。《周易》中就记录了六十四卦的卦辞和三百八十六爻的爻辞，展示了占筮中蓍草的不同排列组合所对应的结果。

《周易》记录了从商末到周初的占筮内容，虽然未必全部出于周文王之手，但周文王应该是这本书重要的整理者。考古学者在周文王的根据地岐邑发现了周原遗址，其中就出土了大量的甲骨文。甲骨文上面有不少关于占卜的记录和当时的史实，比如周文王祭祀商纣王父亲帝乙，以及楚国国君前来归附于周国，还出现了"王季"的名字，这些都可以与史书对照，并补充史书记录的不足。

周原甲骨文的发现表明，周朝已经开始使用文字，且已经有了较高的文明发展水平，这也都是周文王在位时的杰出贡献。

触摸历史

■ ［成语］

· 天作之合

出自《诗经·大雅·大明》的"文王初载，天作之合"。说的是周文王即位初与有莘氏之女太姒的婚姻被人们认为是上天安排的美满的婚姻。后比喻婚姻美满。

■ ［文物］

· 上博简《周易》

收藏于上海博物馆的一种战国竹简，为至今发现的最早《周易》版本，内容残缺不全，与传世本《周易》有不少不同之处，最大的特色是有经无传。

· 马王堆帛书《周易》

出土于马王堆汉墓的一卷帛书，相对于传世本《周易》没有太大区别，只是经的部分顺序和卦名不同，而传的部分有一些新资料。

· 周原甲骨文

出土于陕西省宝鸡市岐山县、扶风县交界处周原遗址的西周甲骨，收藏于宝鸡市周原博物馆，其中大多是周朝的占卜记录，文字内容或许与周文王占卜有关。

■ [遗迹]

· 羑里城遗址

位于河南省安阳市汤阴县，考古发现新石器时代遗址、商朝遗址以及周朝遗址，据说是周文王作《周易》之处。现有后人修建之文王庙和伯邑考墓。为全国重点文物保护单位。

· 丰镐遗址

位于陕西省西安市长安区，为西周都城所在地。周文王在沣水以西建立丰京，周武王又在沣水以东建立镐京。现为全国重点文物保护单位，遗址内建有丰镐遗址车马坑陈列馆。

· 周陵

位于陕西省咸阳市渭城区周陵镇，内有周文王陵和周武王陵，清代陕西巡抚毕沅为其题名，但也有现代考古学者将其认定为秦陵。现为陕西省重点文物保护单位。

原典

西伯阴[1]行善，诸侯皆来决平[2]。于是虞、芮之人有狱[3]不能决，乃如[4]周。入界，耕者皆让畔[5]，民俗皆让长。虞、芮之人未见西伯，皆惭，相谓曰："吾所争，周人所耻，何往为，只取辱耳。"遂还，俱让而去。诸侯闻之，曰："西伯盖[6]受命之君。"

——《史记·周本纪》

注释：

1.阴：暗中。

2.决平：裁决是非。

3.虞、芮（ruì）：商末小国名。狱：案件。

4.如：去到。

5.畔：田地的界限。

6.盖：大概。

大意

　　西伯昌暗中做善事，诸侯都来请他裁决是非。当时虞、芮两国有人纠纷不能裁决，他们就到了周国来。进入国境后，见到种田的人都礼让田界，民众风俗都谦让长者。虞、芮两国人还没见到西伯，就都非常惭愧，互相说："我们所争论的，是周人引以为耻的，为什么还要去呢？只不过自取其辱罢了。"于是两人回国，各自退让而去。诸侯们听说这件事，都说："西伯大概就是那天命所授的君王啊！"

012

史料中常常把商纣王勾画成一副十恶不赦的亡国之君形象。不过古今一直有人怀疑史书对商纣王记载的真实性，认为他的罪恶是后人经过不断地夸张讲述积累而成的。总之，商朝的灭亡是内外矛盾相互作用所致，并非商纣王一人倒行逆施的后果。

残酷不仁的一代暴君：

商纣王的故事

《史记·殷本纪》

《论语》

《楚辞》

《吕氏春秋》

《韩非子》

商纣王，子姓，名受，又叫帝辛，是商汤的后人，也是商朝最后一位君王。他在史书中的罪行可谓罄竹难书，与夏桀共同被认为是古代暴君的代表，合称为"桀纣"。商纣王奢侈残暴，在他的统治下不少贤臣被陷害或者投奔周国，未被陷害的臣子只能靠装疯卖傻生存。他一味相信自己有天命庇护，最终却落得众叛亲离的境地，在牧野之战中被周军打得一败涂地，只得逃回都城朝歌（今河南淇县）自取灭亡。

令人闻风丧胆的暴政

商王武丁一度中兴商朝，但从他的儿子祖甲开始，商朝又逐渐走向衰败。到商王文丁时，西方的周国开始崛起。文丁之子帝乙即位后，商朝的国力更加衰弱。

帝乙共有三个儿子，分别是微子启、微仲和受。微子启和微仲是庶出，而受的母亲是王后，所以受被立为太子。帝乙去世后，受即位，他就是商纣王。后世说"纣"是他的谥号，其实"纣"与"受"通假，所以"纣"也正是他的名字；而他的日名是辛，所以也叫"帝辛"。

商纣王既勇武又聪明。他的勇武可以让他徒手和猛兽搏斗，他的聪明可以让他反驳大臣的劝谏。所以他经常向大臣们自夸，认为天下人都不如自己，大臣们也无法说服他。

商朝的宗庙和陵寝在殷墟一带，不过在商纣王时，商朝的行政中心已经搬到南边的朝歌了。商纣王非常贪财，为了充斥朝歌的钱库和粮仓，下令加重各种税收。又用大量钱财扩大沙丘（今河北广宗）行宫的园林，并增建亭台楼阁，搜集大量奇珍异兽安置于此。此外，还在沙丘用水池盛酒，在树林挂肉，商纣王在其中通宵达旦地饮酒享乐。

商纣王有个非常宠爱的妃子叫苏妲己，商纣王对她言听计从。此外，商纣王的宠臣也非常多，其中费仲负责主持政务，他善于阿谀奉承，并且经常贪污受贿；恶来负责为商纣王敛财，喜好说人坏话；师涓是乐师，为商纣王制作了很多低俗的歌曲与舞蹈。

商纣王倒行逆施，导致百姓非常怨恨，诸侯也相继背叛。但他不反思自己的不足，只一味加重刑罚，还发明了非常残酷的炮烙之刑。

商纣王手下的三大诸侯分别是九侯、鄂侯和西伯昌。九侯曾把他的女儿嫁给商纣王，但因为九侯

的女儿拒绝与商纣王同流合污，商纣王愤而惩罚了九侯。鄂侯因为此事与他据理力争，同样被商纣王惩罚。西伯昌听说此事后暗中叹息了一声，结果被崇侯虎当作西伯昌背离商纣王的证据报告给商纣王。商纣王把西伯昌囚禁在羑里，不过后来还是释放了他。

商纣王的行为越来越疯狂，兄长微子启屡次劝谏都无效，于是他和乐师大师疵、少师强两人合谋投奔了周国。当时商朝的忠臣比干却坚持认为，臣子不能不以死相谏，于是极力去劝谏商纣王。商纣王被比干惹恼了，残忍地处死了比干。

此时周文王已去世，在位的是周武王。他听说此事后决定攻打商纣王。商纣王带兵在牧野迎战。公元前1046年二月甲子日，商纣王被周武王率领的诸侯联军击败，逃入都城朝歌。最终，商朝灭亡。

为了安抚商国人，周武王到监狱释放了箕子，亲自去比干墓祭拜，还前往商容居住的闾巷大门对其进行表彰，连商纣王的太子武庚也被封为商国国君。

换个角度了解商纣王

以上主要是《史记》中对商纣王种种罪恶的叙述，古今一直有人怀疑这些记载的真实性。

《尚书》也收录了一部分周朝初年的官方文件，不过其中并没有提到商纣王的这些罪状。根据学者总结，《尚书》中提到的商纣王最大的罪名不过是酗酒，至于其他的罪名可以分为两大类：一类是不用贵族、重用小人和听信后宫，另一类是相信天命、不留心祭祀。这些罪名其实都比较笼统，但主要说的还是商纣王贪酒误事，最终把国家社稷给丢了。

不过，商纣王毕竟是前朝的亡国之君，周朝人自然经常编派他的故事，把他作为反面教材来劝谏当时在位的诸侯和国君。这样一来商纣王的罪名也就越来越多，成了我们之前说过的"箭垛式人物"。只不过，黄帝是华夏始祖，所以后世把各类发明都添附在他身上；而商纣王却是亡国昏君，所以后世把各种罪恶也都强加到他身上。

从其他线索我们也可以发现，商纣王并非像《史记》所说这样，完全不思进取。

当时，除了周国这个西方的敌人，商国还有东方的敌人——东夷。东夷由诸多方国和部落组成，实力非常强大，是商朝的心腹大患。学者们通过研究甲骨文发现，商纣王九年春，东夷作乱，大举进攻商朝；十年，商朝开始反攻东夷；十一年春天，商朝军队才凯旋班师。整个战争持续两年之久，可见过程之激烈残酷。在征伐东夷的战争中，作册（负责掌管简册，宣告王命的官员）般立下汗马功劳。商纣王为了表彰他，赏赐了一些贝壳。他为了记录这件事，制作了一件青铜甗（yǎn）来纪念自己的父亲。商纣王还赏赐过他一只鼋（yuán），他按照这只鼋的模样又制作了一件青铜鼋来纪念自己的亡母。这件青铜鼋上说，当时商王射中这只鼋的同时，他旁边辅助的官员也射中了三箭，商王就把这只鼋赏赐给了作册般。

　　学者认为，这件文物上反映的"射礼"与周礼是一脉相承的。如此看来，商纣王可能也还有守礼懂法的一面，而并非文献中的一味荒淫无道、胡作非为。无奈当时商朝内外交困，气数已尽，商纣王也就只能为这六百年的大商王朝殉葬，并且背上这三千年来洗不干净的骂名。

触摸历史

■ ［成语］

· 酒池肉林

出自《史记·殷本纪》，说商纣王荒淫无道，以酒为池，以肉为林。后比喻奢侈荒淫的生活，也用于形容酒肉之多。

· 靡靡之音

出自《韩非子·十过》，说师延作曲让商纣王萎靡不振，师延去世之后水中仍有靡靡之乐传出。后指令人颓废、丧志的音乐，现泛指低级趣味的音乐。

■ ［文物］

· 作册般甗

商纣王时期的一件青铜甗，系作册般为了纪念攻打东夷胜利、商纣王赏赐自己贝壳的事情，为自己的父亲所作。现藏于中国国家博物馆。

· 作册般鼋

商纣王时期的一件青铜鼋，系作册般为了纪念商纣王赏赐给自己一只甗的事情，为自己的母亲所作，其造型在青铜器中独一无二。现藏于中国国家博物馆。

■ ［遗迹］

· 摘星台公园

位于河南省鹤壁市淇县，据说是商纣王和妲己游玩之台。公园内有比干摘心台，台内有考古发现的新石器时代龙山文化至殷商文化遗址。现为河南省重点文物保护单位。

· 比干庙

位于河南省卫辉市，庙区设有大殿、比干墓、孔子剑刻碑等景区。现为全国重点文物保护单位。

· 朝歌文化园

位于河南省鹤壁市淇滨区淇河北岸，文化园内有鹿台阁和鹿台遗址，鹿台遗址内有考古发现的新石器时代龙山文化至两汉文化遗址。现为河南省重点文物保护单位。

· 纣王之墓

位于河南省鹤壁市淇县淇河西岸，墓葬之北还有姜王后墓和苏妲己墓。现为河南省重点文物保护单位。

原典

微子数谏不听¹，乃与大师、少师谋²，遂去。比干³曰："为人臣者，不得不以死争。"乃强⁴谏纣。纣怒曰："吾闻圣人心有七窍。"剖比干，观其心。箕子惧，乃详狂为奴，纣又囚之。殷之大师、少师乃持其祭乐器奔周。

——《史记·殷本纪》

注释：

1. 微子：即微子启，纣王长兄，后投奔周武王，被分封于宋国。数（shuò）：屡次。

2. 大师、少师：即大（一作太）师疵、少师强，商朝乐官的正、副长官，后投奔周。

3. 比干：即王子比干，商代宗室，因劝谏被商纣王所杀。

4. 强（qiǎng）：竭力，极力。

大意

　　微子屡次劝谏商纣王都不听，于是微子和大师疵、少师强两人商量，就离开了商国。比干说："做臣子的，不能不以死相谏。"于是极力去劝谏商纣王。商纣王生气说："我听说圣人的心脏有七个孔。"就杀了比干，观看他的心脏。箕子害怕，于是假装癫狂去当奴隶，商纣王又把他囚禁起来。商朝的大师，少师也带着他们的祭器和乐器投奔周国。

周武王与父亲周文王一起,被后世视为圣君的典范。关于周武王的故事很多,其中武王伐纣的故事在明代被演绎为小说《封神演义》。

替天行道的明君：

周武王的故事

《史记·周本纪》

《尚书》

《逸周书》

《吕氏春秋》

周武王，姬姓，名发，是周文王和太姒的儿子，也是周朝第一位天子。周文王去世后，周武王即位，他重用吕尚、周公旦、召公奭等贤臣，继承周文王伐商的事业。公元前1046年的二月甲子日，周武王率领诸侯联军在牧野之战中击败商朝主力军队，攻入商朝都城朝歌。从此商朝灭亡。之后周朝建立，周武王分封了一批上古帝王的后裔。

武王伐纣

周武王即位后，任命岳父吕尚担任太师，弟弟周公旦担任太傅，族人召公奭担任太保。这三人作为周武王最为信赖的"三公"辅佐朝政。周武王还自称有"乱臣十人"，这里的"乱"其实是反义词"治"的意思。这十人里，除了三公之外，还有文王"四友"太颠、闳夭、散宜生、南宫适，以及荣公、母亲太姒和弟弟毕公高。

周武王在毕地（今陕西西安、咸阳的渭水北岸地区）的郊野祭祀周文王后，就开始率领大军东征。周武王虽然已经即位，却仍然自称太子发，在军中设置周文王牌位，表示是以父亲名义征伐。当时也仍然采用周文王纪年。《史记·周本纪》说本年是"九年"，一般认为并非周武王九年，而是从周文王称王开始算的第九年，也就是周武王在位的第二年。

周武王率领大军抵达黄河边的盟津渡（今河南洛阳）后，向司马、司徒、司空等官员们展开动员宣誓，他说："大军要小心谨慎，说到的事要做到！我年轻无知，全靠先王遗留的贤臣辅佐。现在既然继承先王功业，我也要致力于公正赏赐和惩罚，这样才能巩固功业！"身边的太师吕尚也下令说："集合你们的部下，带上你们的船只，有迟到者，一律斩首！"于是周军开始渡河。等到船只经过河中央时，突然有一条白鱼跳进周武王船中。商朝人崇尚白色，白鱼跃入周武王船中就象征着商朝为周人所取。于是周武王捡起这条鱼，用它来祭祀祖先。等到军队成功渡河之后，又有一个火团从天而降，发出巨响，落到周武王屋顶上，原来这个火团是一只红乌鸦。周朝人崇尚红色，这只赤乌就象征着武王伐纣是上天的旨意。当然，这些都是战国五行学说兴起后好事者编派出来的传说，《史记·周本纪》之前是没有此种说法的。

　　此时，八百诸侯不约而同到达盟津，大家都认为已经到了讨伐商纣王的时机。但周武王认为，现在还为时过早，所以下令班师回周。又过了两年，商纣王变得更加昏庸残暴，大师疵、少师强也投奔周国。这时周武王才向诸侯宣告说："商朝人犯下大罪，不可不合力讨伐啊！"于是率领战车三百辆、禁卫军三千人、甲士四万五千人，东进伐商。军队再次渡过盟津，各路诸侯也都来参与作战。

按照《史记·周本纪》的说法，周武王与诸侯联军两次在盟津相会。不过，有学者怀疑第一次的盟津相会并不存在。因为这件事在之前的历史文献中根本没有提到过。而且周武王如此大张旗鼓会合诸侯，居然一句话就撤退了，这个行动不但向商纣王暴露了自己的计划，也会打击诸侯伐商的士气。所以第一次盟津相会的经过应该合并在第二次盟津之会中。

公元前1046年二月甲子日清晨，周武王率领联军，抵达商都朝歌郊外的牧野（今河南新乡）。周武王左手举起黄色的钺，右手握着白色牦牛尾装饰的

旗帜，对着诸侯和部属进行宣誓。诸侯联军的战车共有四千辆之多，在牧野摆好阵型等待商军。商纣王听说周武王前来，也发兵七十万抵抗。周武王先派吕尚和百夫长进行挑战，初战告捷，又以最精锐的禁卫军和战车冲锋。商朝军队虽然人数多，却无心作战，反而渴望周武王前来讨伐商纣王。不少商军甚至反戈相向，攻打商纣王。最后周武王下令全军出击，商军溃不成军。

　　周武王带领诸侯进入商都，第二天，周武王下令清扫商都道路，整修商国人的社稷和宫室，然后在大臣拥簇下进入商都，正式向世人宣告商朝灭亡。

　　在《史记·周本纪》的记载中，武王伐纣的过程似乎非常顺利。不过其他文献却透露出当时作战的过程并不是那么顺利。孟子就说，全相信《尚书》，还不如没《尚书》呢！我对于《武成》篇，取信两三片竹简而已。仁者无敌于天下，以最仁而讨伐最不仁，怎么会让鲜血多得漂起木棒呢？孟子的这种说法说明当时就流传着武王伐纣时"血流漂杵"的说法。

　　1976年出土于陕西省西安市临潼区的利簋记录了武王伐纣这一重大事件。器内的底铸铭文中讲到，当时周国军队在清晨与商朝军队作战，当天晚上就攻入了商都。铭文中的故事与文献记录基本一致，可见整个战争还算比较顺利。

灭商建周

虽然商纣王已死，但商国人实力仍在，周武王就把商民分封给商纣王的太子武庚，同时派三个弟弟管叔鲜、蔡叔度、霍叔处名为辅佐、实为监视他，他们三人号称"三监"。之后，周武王又释放了被商纣王陷害的箕子，表彰了在世的商容与去世的比干。并且将商朝之前征收的钱财和粮食散发给百姓。做完这些安抚商朝人的举措之后，周武王才撤兵回到周国。

《史记·周本纪》中说，回到周国后周武王又分封了很多功臣谋士，将师尚父封于齐国、周公旦封于鲁国、召公奭封于燕国。但这种说法是有问题的，周武王当时只平定了商朝故地，而齐、鲁、燕等地当时仍在东夷、戎狄之手，诸侯大分封实际上要到周公东征之后才会发生。

周武王回到周国后却彻夜不眠。周公旦来到周武王住处问道:"您为什么不睡?"周武王说:"我还没真正得到上天保佑,怎么有时间睡觉呢?"后来周武王还想要加强对中原的统治,于是在伊洛流域营建都城洛邑(今河南洛阳)。这里是当年夏人的住所,位于天下之中。伐纣成功之后周武王放马于华山之南,放牛于桃林之野,表示不再用兵。

1963年出土于陕西省宝鸡市的青铜器何尊,记录了武王伐纣后计划在"中国"定都的事。这个"中国"并非后世政治、文化概念的中国,更多还只是地理概念,意为中央的城池、疆域,不过也算是"中国"一词在历史上的最早记录。

周武王在伐纣成功后的第四年去世,太子诵即位为成王。不过,当时成王年幼,周朝由周公旦摄政。武庚联合"三监"的叛乱也被周公旦平定。之后周公旦一路东征,降服了更远的东夷和戎狄。

触摸历史

■［成语］

·白鱼入舟

出自《史记·周本纪》，说的是武王伐纣渡过黄河时，有白鱼跳入周武王舟中，周武王以白鱼祭祀神灵祈福。后比喻用兵必胜的吉兆。

·偃武修文

出自《史记·周本纪》，说的是周武王灭商后，为了表达停止战争、修行文教的想法，把马放养到华山之南，把牛放养到桃林之野。

·玩物丧志

出自《尚书·旅獒》，说的是武王伐纣后，西旅之长贡献獒犬供周武王娱乐，召公奭劝谏周武王说："玩人丧德，玩物丧志。"比喻沉湎于爱好而丧失志气。

■［文 物］

· 利簋

1976年出土于陕西省西安市临潼区，记录了甲子日清晨武王伐纣这一重大事件，也是目前发现最早的有铭文的周朝青铜器。现收藏于中国国家博物馆。

· 何尊

1963年出土于陕西省宝鸡市陈仓区，记录了武王伐纣后计划在"中国"定都、成王营建洛邑城的事情，是目前发现最早记录"中国"二字的文物。现收藏于宝鸡市中国青铜器博物院。

· 清华简《保训》

清华大学藏战国竹简的一篇，记录了周文王在位五十年时，周文王在弥留之际对周武王的遗嘱，讲述了治国方法以及中庸、德政的内容，为战国时期儒家所作。

■［遗 迹］

· 同盟山

在河南省新乡市获嘉县，据说是牧野之战前周武王誓师之处，设有武王庙、诸侯演武场、诸侯井、周武王饮马池、姜太公校阅台等，其中武王庙为河南省重点文物保护单位。

原典

武王追思先圣王，乃褒封神农之后于焦[1]，黄帝之后于祝[2]，帝尧之后于蓟[3]，舜之后于陈[4]，大禹之后于杞[5]。于是封功臣谋士，而师尚父为首封[6]。封尚父于营丘[7]，曰齐。封弟周公旦于曲阜[8]，曰鲁。封召公奭于燕[9]。封弟叔鲜于管[10]，弟叔度于蔡[11]。余各以次受封。

——《史记·周本纪》

注释：

1.焦：周代封国，在今河南三门峡。

2.祝：周代封国，一作"铸"，在今山东宁阳。

3.蓟（jì）：周代封国，一作"黎"，在今北京市区。

4.陈：周代封国，始封君为陈胡公，在今河南淮阳。

5.杞：周代封国，始封君为杞东楼公，在今河南杞县。

6.师尚父：即齐太公吕尚，姜姓，名望，又叫牙，字尚父，在周初担任太师一职，被封于齐国，都临淄（今山东淄博）。

7.营丘：齐国早期都城，在临淄附近。

8. 周公旦：姬姓，名旦，文王之子，武王之弟，在周初担任太傅一职，被封于鲁国，都曲阜（今山东曲阜）。

9. 召（shào）公奭（shì）：姬姓，名奭，文王族人，在周初担任太保一职，被封于燕国（今北京房山区）。

10. 叔鲜：姬姓，名鲜，文王之子，武王之弟，"三监"之一，被封于管（今河南郑州），后叛乱身死除国。

11. 叔度：姬姓，名度，文王之子，武王之弟，"三监"之一，被封于蔡（今河南上蔡），后因叛乱被流放。

大意

周武王追怀古代的圣王，因而嘉封神农的后人于焦，黄帝的后人于祝，尧的后人于蓟，舜的后人于陈，夏禹的后人于杞。接着又分封功臣谋士，第一个受封的是太公望。周武王封太公望于营丘，为齐国。封弟弟周公旦于曲阜，为鲁国。封族人召公奭于燕国。封弟弟叔鲜于管国，弟弟叔度于蔡国。其他人也依次受封。

014

周厉王常常与夏桀、商纣、周幽王一起作为暴君、昏君的代表。他昏庸无道，最后被国都中的民众逐出都城。

傲慢无情的昏君：

周厉王的故事

《史记·周本纪》

古本《竹书纪年》

《系年》

周厉王（？—前828），姬姓，名胡，周武王的后人，他在位时周朝国势已经江河日下。《史记·周本纪》对他的叙述取材于《国语·周语》，说他即位后任用荣夷公推行"专利"政策，不听大臣芮良夫劝谏，反而提拔荣夷公为卿士。国都非议他的人越来越多，他就派卫国巫师监视民众。这样一来，国都的人都只敢在道路上通过传递眼神交流。大臣召公虎劝谏说，防民之口甚于防川，他仍然不听，最后国都里就没有人敢再说话了。

面对批评选择"掩耳盗铃"

　　周武王之后的成王、康王的年代，是周朝国力最强盛的时期，史称"成康之治"。然而，在康王之后，周朝的国势就开始走下坡路。后来周夷王在诸侯的拥戴下即位，他为了表示感谢，居然下台阶接见诸侯。这在当时是违礼之举，但周夷王为了自己能够顺利执政必须去讨好诸侯。可见，当时周朝天子的权威已大不如前，居然还要看诸侯脸色行事。

　　周夷王去世后，儿子胡即位，他就是后来的周厉王。周厉王贪婪好利，在他即位三十年（一说十三年）时，不少国都外的土地山川都被贵族占据，为了敛财，他亲近大臣荣夷公，让他来帮自己谋取利益。

　　此时，大臣芮良夫劝谏周厉王："王室恐怕要衰落了吧！这个荣夷公，他擅长垄断财利，却不知道已经大祸临头了！财利本就属于自然生长的万物，天生万物是供大家所取，怎么可以垄断呢？作为民众的大王，应该开发财源、遍施恩惠，让世间万物各得其所。先王就是这样才让周朝延绵至今。现在大王却一心想着垄断财利，普通人垄断财利尚且叫盗贼，大王垄断财利的话，百姓可就不愿意依附您了！如果重用荣夷公，周室必然衰败啊！"

面对芮良夫的苦心劝谏，周厉王不但不听，反而提拔荣夷公为卿士（当时类似宰相的职位），来推行所谓的"专利"制度，规定百姓无论干什么事情都需要交纳税款。

周厉王为人暴虐傲慢，国都里的民众都暗中非议他。召公虎是开国功臣召公奭的后代，他劝谏周厉王说："民众已经受不了大王的政令了！"周厉王大怒，找来卫国的巫师监视民众。这样一来，对于周厉王的批评减少了，诸侯也不愿意来朝见周厉王了。

到周厉王三十四年（一说十四年）时，周厉王对言论的管控更加严格。国都里的人都不敢说话，在道路上遇见就只用目光进行交流。周厉王非常得意，

告诉召公说："我能够消除世间对我的非议，百姓都不敢说话了！"召公却给他泼了一盆冷水，说："这是因为您把他们的嘴堵起来了，堵塞民众的嘴，比堵塞水流还要危险啊！如果水流被堵塞会泛滥决堤，如果民意被堵塞后果也不堪设想！所以管理水流要对水流加以疏导，而管理民众则要让民众畅所欲言。如果把他们嘴都堵上了，国家如何能长久呢？"

周厉王还是不听劝谏，继续执行暴政，楚国国都再也没有人敢说话。三年后，国都人发动叛乱，袭击周厉王。周厉王猝不及防，逃亡到霍国的彘邑（今山西霍州）。这场祸乱史称"国人暴动"。

中国历史确切纪年的开始

如果我们站在周厉王立场去看，就会发现他的所作所为并非完全没有合理性。所谓"溥天之下莫非王土",在当时的社会环境下,土地山川本来就是天子所有。只不过随着周朝的不断发展,逐渐强大的贵族势力已经将这些地方占为己有。而周厉王想要复兴王室、加强王权,就要收回这些本来就属于自己的东西。但他在推行政策的过程中,多少还是有一些过激之处,所以最终落到被放逐的下场。

国人暴动时,太子静躲在召公家里,叛乱者围困住召公的家,要求召公交出太子。召公说:"从前我屡次劝谏大王,大王不听才遭此大难。如果现在太子被杀的话,大王会认为是我在用他的儿子泄愤吧!侍奉君主的人,就算处于危难中也不能记仇,就算有怨气也不能发泄,何况我是侍奉天子的人呢?"于是召公就把自己的儿子代替太子交给叛乱者,太子静幸免于难。

国不可一日无君,发动暴乱的国人最终商定由召公虎和周定公共同执政,称为"共和"。共和十四年,等到周厉王在彘地去世,召公虎和周定公才找出太子静,扶立他为周宣王。

共和元年是公元前841年，这年在中国历史上有一个特殊意义，它是中国历史确切纪年的开始。因为从这年开始，周天子才有了明确的在位时间，同时司马迁还编了《十二诸侯年表》，诸侯的在位时间也从本年开始明确起来。

　　不过，关于《史记·周本纪》中的"共和行政"，历史学者们对此还存在一定争议。

　　虽然周公旦、召公奭是西周初年两位重臣，也是周武王、周成王的左膀右臂，但他们的后代并没有一直世袭太师或太保的高级职务，而仅仅是担任"周公"和"召公"两个封君。也就是说在周厉王时期，他们的实力并不强大，不太可能由他们执政。

　　另外，他们两个人共同执政的说法在《史记·周本纪》之前并不存在。而战国时期比较流行的一种说法是，"共和"实际上是一个叫"共伯和"的人，共伯和在周朝担任军事长官，也叫"师和父"，他可能就是国人暴动中军队的主要领导者。因为共伯和是共国国君，名和，所以后人也称他为"共和"。

触摸历史

■ ［成语］

· 道路以目

　　出自《国语·周语上》，说的是周厉王任用荣夷公推行"专利"政策，被民众非议，周厉王又派卫国巫师监视民众，发现有议论自己的百姓就抓捕处死，以至于民众在道路上只能用目光交流。形容人民对残暴统治的憎恨和恐惧。

■ ［文物］

· 厉王簋

　　1978年出土于陕西省宝鸡市扶风县的一件青铜器。周厉王名㝬（胡），故此件青铜器又称"㝬（胡）簋"，系周厉王十二年向先王祈福所作。现藏于宝鸡青铜器博物院。

原典

王行暴虐侈傲，国人谤王[1]。召公谏曰[2]："民不堪命矣。"王怒，得卫巫[3]，使监谤者，以告则杀之。其谤鲜矣[4]，诸侯不朝。三十四年，王益严，国人莫敢言，道路以目。厉王喜，告召公曰："吾能弭谤矣[5]，乃不敢言。"

——《史记·周本纪》

注释：

1.国：国都，指镐京。谤：议论，批评。

2.召（shào）公：一作邵公，姬姓，名虎，谥穆，又叫召公虎、召穆公，召公奭的后人。

3.卫：卫国，都今河南省淇县，始封君为周武王弟康叔封。

4.鲜（xiǎn）：少。

5.弭（mǐ）：平息，消灭。

大意

周厉王暴虐、奢侈、傲慢，国都人都非议他。召公虎劝谏说："民众不堪您的政令了。"周厉王大怒，找来卫国的巫士，派他监视非议的人，报告上来就抓捕。这样一来非议就减少了，而诸侯也不来朝见周厉王了。到周厉王三十四年时，监督更加严格，导致国都人都不敢说话，在道路上以目光示意。周厉王非常得意，告诉召公说："我能够消除非议，他们不敢说话了。"

关于周幽王最有名的故事莫过于"烽火戏诸侯"，人们也常常说是"烽火戏诸侯"导致了西周灭亡。但西周灭亡的直接原因是周幽王伐申失败，根本原因则是当时周王室内外矛盾的不断激化。

自取灭亡的帝王：周幽王的故事

《史记·周本纪》

古本《竹书纪年》

清华简《系年》

周幽王（？—前771），姬姓，名宫涅（shēng），周宣王之子，也是西周王朝的亡国之君。他为了取悦褒姒母子，不惜废嫡立庶，将王后申后废黜、太子宜臼流放，甚至还弄出一场"烽火戏诸侯"的闹剧，以至于太子出奔母家申国。申国联合缯（zēng）国、犬戎攻打镐京，周幽王被杀死在骊山下。太子宜臼则在诸侯护驾下东迁进入东都洛邑，开启了东周王朝。

悲观的迷信与传言

　　周宣王即位前期，周王朝对外战争接连告捷，一度出现"宣王中兴"的局面。然而，周宣王晚年时又开始专断独行，导致国家的兵力财政严重短缺，周王室再次进入风雨飘摇的状态中。

　　公元前782年，在位四十六年的周宣王去世，太子宫湦即位，他就是周幽王。周幽王上台之初就和执政的卿士皇父发生争执，皇父一怒之下离开镐京搬到了洛邑。皇父的离开让本就不稳定的政局更加摇摇欲坠。

　　周幽王即位的第二年，国都附近的泾水、渭水、洛水地区发生了地震，大家都认为这是一个非常不祥的预兆。太史伯阳父说："周室要灭亡了吧！天地二气，不能失去秩序。如果失去秩序，就是人为造成的。阳气潜伏于地下，为阴气所阻不能上升，这样才产生了地震。现在泾、渭、洛三川皆震，水源一定会被堵塞。水源被堵塞的话，国家就灭亡了！只有水源通畅，民众才能得到财利。从前夏朝因为伊水、洛水的枯竭而灭亡，商朝因为黄河的枯竭而灭亡，现在周朝的情况已经如同当年夏朝和商朝的末年。建立国都必须依山傍水，水源枯竭必然引起山陵崩摧。如此下来，不超过十年就要亡国了！"

就在当年，泾水、渭水、洛水果然枯竭，就连被当作周朝人起家之地的岐山也因为地震崩塌了。

严重的自然灾害对周朝的社会生产和百姓生活带来了巨大损害。但周幽王对此完全不以为意。即位的第三年，周幽王得到了美女褒姒，褒姒为他生下儿子伯服。周幽王极其宠爱褒姒母子，甚至废黜了原皇后申后和太子宜臼，将褒姒母子扶上王后与太子之位。伯阳父感慨说："周朝的灾祸已经来了，而且谁都没有避免灾祸的办法！"

为什么伯阳父这样悲观呢？原来当时流传一个关于褒姒身世的传说。

夏朝末年孔甲在位时，有两条自称是褒国的君主的神龙降落到孔甲的庭院。孔甲对此奇事占卜后得到的结果是既不能杀，也不能驱逐，还不能留下，但可以把神龙的涎沫收藏起来。于是孔甲向神龙祷告，果然得到了涎沫，他把涎沫盛在匣子里保存了起来。夏朝灭亡后，这个匣子传到了商朝。商朝灭亡后，这个匣子又传到了周朝，但一直没人敢打开这个匣子。

周厉王偏偏不信邪，他就要打开匣子一探究竟。结果刚一打开，涎沫就漫延到庭院，怎么扫都扫不干净。于是周厉王就让妇女们对着涎沫呼叫，涎沫瞬间化作一只黑鼋（yuán）钻进了周厉王的后宫。当时有个七岁的宫女触碰到了这只黑鼋，后来宫女生了一个孩子，但孩子不知所踪。

周宣王在位时，有一次偶然听到有童女唱民谣："檿（yǎn）弧箕服，实亡周国！"意思是说有桑木弓箭和箕木箭袋的人，就是灭亡周国的人。于是周宣王下令通缉带有这两种物品的人。当时有一对夫妇正在贩卖这两种物品，听到通缉的消息之后就马上逃跑了。在逃亡的路上，他们听到路边有婴儿在哭，心生怜悯，于是收养了这个婴儿。而这名女婴就是当时周厉王的宫女所生的婴儿。

这对夫妇一直逃到褒国，褒国人是夏朝人的后代，国君为姒姓，所以他们为女婴取名为褒姒，褒姒长大后变成一位倾国倾城的美女。后来褒国国君得罪了周幽王，为了请罪就将褒姒献给周幽王。

周幽王想尽一切办法哄褒姒开心，但褒姒生性冷漠，不爱笑，这让周幽王非常愁。于是他上演了一出"烽火戏诸侯"的闹剧。

"烽火戏诸侯"的闹剧

当时周朝的都城镐京设有很多烽燧和大鼓。烽燧是用于军事预警的一种通信工具，"烽"一般指白天燃放的烟，而"燧"指晚上施放的火，一般也叫"烽火"。有一次周幽王无意中举起烽火，诸侯远远望见烽火燃起，以为大事不好，连忙前来救驾。但到来后却发现根本没有敌人。看着面面相觑的诸侯们，褒姒终于忍俊不禁，捂住嘴笑了起来。周幽王发现这个方法可以让褒姒高兴，就多次为褒姒举起烽火。这样一来，诸侯们屡次被玩弄，后来再见到烽火时就干脆不来了。

周幽王又任用虢（guó）石父为卿士，让他辅佐自己处理国事。可虢石父为人谄佞巧诈，他善于阿谀奉承，还贪财图利，镐京人都非常怨恨他，周幽王重用虢石父的举动加剧了臣民的怨恨。此时肆无忌惮的周幽王又废黜了申后，放逐了太子，太子只好逃到母家申国。申国国君申侯听闻周幽王的昏庸罪行后非常生气，就和缯国、犬戎联合起来进攻镐京。

周幽王见到有寇来犯，又举起烽火征调军队，可是这次不再有诸侯发兵了，大家都以为周幽王只

是在和褒姒闹着玩。没有诸侯的帮助，周幽王根本不是申人、缯人、犬戎联军的对手，只得放弃都城镐京往东奔逃，结果在骊山之下遭捕，他的宠妃褒姒也被俘虏。

周幽王死后，诸侯们共同前往申国拥立前太子宜臼即位，宜臼就是后来的周平王。周平王为了避开戎人，将国都东迁至洛邑，东周王朝从此建立。从周平王开始，周王室走向衰微，东周的诸侯们互相攻击、兼并，最后产生了齐、楚、秦、晋四大诸侯，他们成为春秋时代的主角。

《史记·周本纪》中西周灭亡、东周建立的故事就这样结束了。根据《史记·周本纪》的讲述，西周的灭亡是由于一场"烽火戏诸侯"的闹剧。但其实这个故事可能彻头彻尾都是虚构的。

首先就是里面的重要道具"烽火"，其实烽火是在战国晚期才在边塞使用防备匈奴的军事工具，西周时期并不存在；其次，周王室抵御戎狄主要还是依靠镐京一带的卿大夫，而不是靠千里迢迢之外的诸侯们；最后，"烽火戏诸侯"的说法在《史记》之前并不存在，《吕氏春秋》中有类似的故事，但故事中只有大鼓没有烽燧。

那到底是什么导致西周的灭亡呢？

另外一些史书透露了西周灭亡的经过，如古本《竹书纪年》和清华大学藏战国竹简《系年》中都有提到这样的故事。当时太子宜臼迫于周幽王的迫害出奔申国，申侯即尊奉宜臼为王，与周幽王分庭抗礼。怒不可遏的周幽王决定讨伐申国，申侯与周平王据守抵抗。而就在此时，犬戎裹挟了本来中立的缯国，从周军的侧翼发动袭击。周幽王被犬戎击败而逃。申侯趁机与犬戎、缯国合兵追击周幽王。

这样看来，周幽王被杀的直接原因并不是"烽火戏诸侯"，而是周幽王攻打申国失败。当然，从更深层次来说，当时的周王室内部已经崩溃，周朝的贵族大臣中并没有多少人支持周幽王。所以镐京面对戎人的攻打一触即溃，周幽王根本没有防御的机会。

《史记·周本纪》的故事还有个漏洞，既然申国与犬戎算是周平王的拥立者，为什么周平王建立西周后反而要避开他们，在诸侯的支持下东迁呢？

原来，周幽王去世后，虢国国君虢公翰联合了一些忠于周幽王的卿大夫，拥立周幽王的弟弟余臣即位，余臣就是携惠王，史称周携王。周王朝再度进入二王并立的局面。在众多诸侯中，最初支持周携王的人较多，毕竟周平王在当时算是弑君弑父的谋逆之人，后来诸侯们却纷纷转向支持周平王。直到十一年（一说二十一年）后，晋文侯发兵击败周携王，结束了周王朝二王并立的局面。最后，周平王在晋文侯、郑武公的护驾下才进入洛邑即位。

遗憾的是，这段时期史料阙载，具体发生了什么，我们今天也无从知晓。这位一度称王的周携王，在《史记·周本纪》中居然没留下一个名字，也着实令人唏嘘。

触摸历史

■ ［遗迹］

·洛阳东周王城

位于河南省洛阳市。周成王时营建东都洛邑，成为东周的唯一都城。现为全国重点文物保护单位，内建有王城公园、周王城天子驾六博物馆。

原典

幽王以虢石父为卿[1]，用事，国人皆怨。石父为人佞巧善谀好利，王用之。又废申后，去太子也，申侯怒，与缯、西夷犬戎攻幽王[2]。幽王举烽火征兵，兵莫至。遂杀幽王骊山下，虏褒姒，尽取周赂而去[3]。于是诸侯乃即申侯而共立故幽王太子宜臼，是为平王，以奉周祀。

——《史记·周本纪》

注释:

　　1.虢石父：虢国国君，姬姓，字石父，一作石甫。卿：卿士，周代高级爵称，相当于宰相。

　　2.缯：缯国。西夷犬戎：即犬戎，又称西戎、犬夷。

　　3.赂：财物。

大意

　　周幽王任用虢石父为卿士，主持国事，国都人都怨恨他。虢石父为人谄佞巧诈、阿谀奉承和贪财图利，周幽王却任用他。周幽王又废除了申后，并放逐了太子。申侯生气，和缯国、犬戎一起进攻周幽王。周幽王举起烽火征调军队，军队都不来。于是他们就在骊山之下处死周幽王，掳走褒姒，并将周人的财物洗劫一空。诸侯就到申侯那里共同拥立周幽王原来的太子宜臼，就是平王，来保持周朝的祭祀。

秦始皇是首次完成中国大一统的君主，他开创了中国历史上第一个专制主义中央集权王朝，被称为"千古一帝"。但秦始皇同样有残酷暴戾、刚愎自用和迷恋权势的一面，他的这些缺点也为秦朝埋下了祸根。

一统天下：秦始皇的故事

《史记·秦始皇本纪》

《史记·秦本纪》

秦始皇是秦昭襄王的曾孙，嬴姓、名政，于公元前259年出生于赵国邯郸。公元前247年，秦王嬴政即位，并于公元前230年开始相继灭亡韩、赵、魏、楚、燕、齐六国，统一中国。秦王嬴政登基成为始皇帝，定都咸阳（今陕西咸阳、西安一带），在全国推行废分封、行郡县、车同轨、书同文、统一货币和度量衡等一系列政策。他还派兵北击匈奴，南征百越，修筑万里长城、灵渠等工程。为了加强专制统治以及寻求长生之术，他于公元前220年开始进行了五次全国大巡游，在最后一次巡游过程中病逝于沙丘（今河北广宗）。

灭六国 平天下

　　据说秦朝人的祖先是帝舜时的虞官伯益。商朝末年时，伯益的后人恶来助纣为虐，被周武王所灭。周穆王时，恶来的后人非子因养马有功，被分封到秦地（今甘肃张家川）建立秦国。两周之际，因非子的后人秦襄公救驾有功，秦国才正式被册封为诸侯国。春秋中期，秦穆公开始参与中原事务，但因为晋国的压制无法东进，只能专心经营西方的领地。由于国家实力雄厚，秦国成为"春秋五霸"之一。

　　战国前期，秦孝公迁都到咸阳，并任用商鞅进行变法改革。经过一系列改革，秦国国力迅速提升，成为"战国七雄"之一。之后，秦惠文王又灭亡巴、蜀二国，巩固了大后方，秦国实力继续高涨。到秦昭襄王时，秦国又先后在垂沙之战大败楚国，在济西之战大败齐国，在长平之战大败赵国。至此，秦国已经一家独大，有了一统天下的趋势。

　　秦昭襄王有个孙子叫子楚，当时在赵国做人质，娶妻赵姬。公元前259年，赵姬生下儿子政。公元前256年，秦昭襄王灭亡西周国（当时周王室分裂为西周国和东周国），寄居在西周国的最后一任周天子赧王去世，周朝灭亡。公元前251年，秦昭襄王去世，太子即位为秦孝文王。秦孝文王去世后，子楚即位为秦庄襄王，任命吕不韦为相邦。赵姬母子也被接回秦国，赵姬成为王后，她的儿子政成为王太子。公元前249年，秦庄襄王又派吕不韦灭亡了东周国。

　　公元前247年，秦庄襄王去世，太子政即位为秦王，当时秦王嬴政才十三岁。

　　此时，秦国的最高权力掌握在秦王嬴政的嫡祖母华阳太后、生祖母夏太后和母亲赵太后三人手上。其中华阳太后是秦孝文王的王后，出自楚国公族，在秦国势力最大；赵太后是秦庄襄王王后、秦王嬴政的生母，也拥有较大的势力；夏太后是秦庄襄王生母，势力相对较小。公元前240年，夏太后去世，她的势力也随之瓦解。

这时赵太后勾结大臣嫪毐，以此来壮大自己的权势，以至于嫪毐敢与吕不韦分庭抗礼。公元前238年，在二十二岁的秦王嬴政去故都雍城举行成人礼时，嫪毐趁机发动叛乱，调动军队进攻雍城的蕲（qí）年宫。秦王嬴政派吕不韦、昌平君和昌文君率军反攻嫪毐。两军在咸阳交战，结果嫪毐战败被擒。

嫪毐死后，秦王嬴政剥夺了母亲的太后身份，打发她到故都雍城去居住。这事也牵连到了吕不韦，因为嫪毐当年正是吕不韦的臣属。所以秦王嬴政又罢免了吕不韦的相邦职位，勒令他回封地洛邑养老。后来吕不韦全家又被流放到蜀地，吕不韦则因为害怕日后被秦王嬴政追究，在路上自己了断了性命。

因为嫪毐与吕不韦的原因，秦王嬴政下达了一项逐客令，命令将外国来的宾客一律遣返原籍。大臣李斯在此时上奏《谏逐客书》，说服秦王收回政令，并建议秦王嬴政说，可以从最弱的韩国开始统一天下。

此时魏国人尉缭也到达秦国，他建议秦王嬴政贿赂六国权臣，破坏他们联盟的计划，然后逐个击破。在秦国的离间下，公元前231年，韩国国君韩王安无可奈何地献上南阳郡，请求成为秦国臣属，秦王嬴政派遣内史腾接受。公元前230年，南阳郡守腾顺势攻打韩国，韩王安毫无招架之力，战败被俘。韩国领土被并为秦国的颍（yǐng）川郡。就在此年，华阳太后去世，秦王嬴政最大的掣肘也就不复存在了。

　　尝到了灭敌国的甜头后，秦王嬴政发动了灭亡六国的总攻。

　　公元前228年，秦国名将王翦灭亡赵国，抓获赵王迁。赵王迁的庶兄公子嘉逃到赵国北边的代地，自立为代王，与燕国国君燕王喜联盟互保。公元前227年，燕太子丹派遣刺客荆轲刺杀秦王嬴政，结果功败垂成。愤怒的秦王嬴政派遣王翦、辛胜打败燕国和代国军队。公元前226年，王翦又攻下燕国都城蓟城。燕王喜往东逃奔至辽东郡，为秦王嬴政送上太子丹头颅，秦王嬴政这才同意王翦暂且退兵。公

元前225年，王贲攻灭魏国，次年，秦王嬴政又召回已退休的王翦，起用他攻打楚国。王翦不负厚望，一口气攻下楚国，并俘虏了楚王负刍（chú）。公元前222年，王翦继续南下，平定了长江以南的百越部落。同年，秦王嬴政又派王贲进攻燕国，抓获了燕王喜；王贲回军时又进攻代国，抓获了代王嘉。公元前221年，王贲从代地南下进攻齐国，齐相后胜接受了秦国贿赂，怂恿齐王建不战而降，齐国灭亡。至此，秦国完全统一天下。

奠定封建专制格局

秦王嬴政统一天下后，认为自己的功绩已经超越了"三皇五帝"，所以改称自己为"皇帝"。他还认为谥号是儿子议论父亲、大臣议论君王的，所以废除了谥号，自称始皇帝，并规定他的子孙后代称号用数字计算，就叫二世、三世乃至万世。

根据战国流行的"五德终始说"，拥有火德的周朝被秦朝所灭，所以秦始皇认为秦朝应该是胜火的水德[①]。因为水在五行中对应黑色，所以秦始皇又规定衣服、旌旗的颜色都以黑色为先，还把黄河改称"德水"，百姓改称"黔（黑）首"。此外他还规定数字统一以六为上，如符节六寸长、法冠六寸高、车

[①]古代将五行的相生相克与朝代的更替联系起来，历代王朝各代表一德。在五行学说中，木克土，土克水，水克火、火克金、金克木，因此秦朝是水德。

轮六尺宽、驾车六匹马。

之后，秦始皇又把天下划分为三十六个郡，在每个郡设置守、尉和监三种职位，分别掌管郡内的行政、军事和监察。为了防止天下人造反，秦始皇下令将民众的兵器没收，将没收来的兵器铸成十二铜人以及各类乐器安置于宫中。最后，秦始皇统一了全国的法律、度量衡、车轮距离和文字。

为了加强对帝国的统治，秦始皇开展了全国范围的巡行。公元前219年，秦始皇到达泰山、梁父山进行封禅；之后又到达琅琊山，并派方士徐市（fú，一作福）带领童男童女数千，去寻找三仙山和长生不老的秘方。后来又派遣方士卢生继续寻找秘方，卢生带回一部写着"亡秦者胡也"的书，秦始皇认为"胡"就是匈奴，于是派将军蒙恬带兵三十万进攻匈奴，夺回了河套地区，并修筑万里长城防御北方边疆；之后又派兵攻下岭南的越地，设置了桂林、南海、象郡三郡管辖岭南地区。这样一来，秦朝的疆域面积达到了当时的巅峰。

此时，掌管图书典籍和人才培养的博士淳于越向秦始皇建议推行分封制，但左丞相李斯认为，之前的分封制度并不值得效仿，反而会影响到帝王权威。秦始皇采信了李斯的观点，下令禁止百姓以古非今，推行了残酷的"焚书"政策，将六国史书以及民间所藏的《诗经》《尚书》和诸子百家著作一律焚毁。

"焚书"之后，秦始皇又进行了"坑儒"。当时方士卢生、韩生批评秦始皇贪恋权势，秦始皇大怒，下令彻查咸阳方士的不法行为。

秦始皇的生活非常奢侈，早在灭亡六国的过程中，他就仿效六国宫殿，在渭水北岸建造新宫，耗费大量的人力修建了很多宫室楼宇、空中栈道和阁道。之后，秦始皇又在渭水南岸修建秦王陵庙、章台和上林苑，还在骊山修建陵墓。他下令修建的关中、关外宫殿共竟有七百座之多。

虽然秦始皇一直在派人寻找长生不老的秘方，但死亡的阴影仍然一直在他头顶盘旋。公元前211

年，有一颗陨石落到秦朝东郡，有人在陨石上刻了"始皇帝死而地分"的字样。秦始皇没有找到刻字者，就把附近的居民全部抓走。在同一年，秦始皇的使者路过华阴时，有人突然出现对使者说"今年祖龙死"，说完此人就不见了。秦始皇得知此消息后，认为这人口中的"祖龙"说的正是自己。于是去占卜预测自己的运势，最终卦象显示，如果秦始皇去巡游的话，运势就会变得好起来。因此，在公元前210年，秦始皇展开了第六次全国大巡游，希望通过这次巡游驱除灾害。当秦始皇巡游至平原津时却意外病倒了，而且路途中他的病情越来越重。最终，秦始皇在七月病逝于沙丘平台。一代雄主就此去世，享年50岁。

触摸历史

■ ［文物］

· **阳陵虎符**

　　相传出土于山东省枣庄市，是秦始皇颁发给阳陵守将使用的青铜兵符，虎符右半边存皇帝处，左半边存守将处，两半兵符合上时方可发兵，现藏于中国国家博物馆。

■ ［遗迹］

· **郑国渠首遗址**

　　位于陕西省咸阳市泾阳县。秦王嬴政时水工郑国开凿郑国渠，引泾水灌溉渭水农田。现遗址内仅存渠首，为全国重点文物保护单位。

· **坑儒遗址**

　　位于陕西省西安市临潼区韩峪乡，据传秦始皇在此进行"坑儒"，遗址内立有"秦坑儒谷"石碑。

· **秦直道遗址**

　　位于陕西省咸阳市、延安市，甘肃省庆阳市，内蒙古自治区鄂尔多斯市等处，是秦始皇为方便用兵建设的直道遗址，为全国重点文物保护单位。

· 灵渠

位于广西壮族自治区桂林市兴安县，是秦始皇为了沟通湘江、漓江水系建设的水利工程遗址，现为全国重点文物保护单位。

· 秦长城遗址

位于宁夏回族自治区固原市、内蒙古自治区包头市固阳县等处，是秦始皇为了防御匈奴建设的城墙遗址，为全国重点文物保护单位。

· 秦咸阳城遗址

位于陕西省咸阳市，秦国自秦孝公时迁都咸阳，至秦朝灭亡时一直定都于此，为全国重点文物保护单位。

· 秦皇古驿道风景区

位于河北省石家庄市井陉县，景区内有贯穿于太行山的古驿道，为秦始皇下令修筑的驿道的一部分，为全国重点文物保护单位。

· 沙丘宫平台遗址

位于河北省邢台市广宗县，秦始皇东巡返回时病逝于此。

原典

分天下以为三十六郡[1]，郡置守、尉、监[2]。更名民曰"黔首[3]"。大酺[4]。收天下兵[5]，聚之咸阳[6]，销以为钟镶[7]，金人十二[8]，重各千石[9]，置廷宫中。一法度衡石丈尺[10]。车同轨[11]。书同文字[12]。

——《史记·秦始皇本纪》

注释：

1.郡：起源于春秋后期，为统县一级行政区划。秦统一后有三十六郡，平定南越后又设三郡，据史书则多至四十余郡。

2.守：郡守，掌管全郡行政的长官。尉：郡尉，掌管全郡军事的职官。监：郡监，掌管全郡监察的长官。

3.黔首：普通民众，即庶民、黎民，战国时即有此称呼，与水胜火的五行学说有关。黔：黑色。

4.酺（pú）：官方命令许可的大聚饮。

5.兵：兵器。

6.咸阳：秦朝都城，秦孝公时都于此，在今陕西西安、咸阳一带。

7. 镶（jù）：一种像钟的乐器。

8. 金人：铜人。

9. 石：重量单位，三十斤为一钧，四钧为一石。

10. 衡：秤。石：此处代指重量单位。丈尺：此处代指长度单位。

11. 轨：车轮之间的距离，秦统一为六尺。

12. 文字：战国时六国文字异形，秦用大篆，秦始皇统一为小篆。

大意

秦始皇把天下划分为三十六个郡，每个郡设置郡守、郡尉和郡监。把百姓更名叫"黔首"。命令天下欢聚宴饮。收集天下的兵器，集中在咸阳，熔炼成钟、镶等乐器，又铸造了十二座铜人，每一个各重一千石，安置在宫廷中。统一法律和度量衡。车轮用相同的轨宽。书写用相同的文字。

017

秦二世即位当年，楚人陈胜、吴广在大泽乡起义，
之后项羽、刘邦也加入义军。公元前 207 年，刘邦
军逼近咸阳，除掉秦二世，立子婴为王。子婴在位
仅四十六天就投降刘邦，从此秦朝灭亡。秦二世是
秦朝灭亡的直接责任者，但从根本上说，秦朝二世
而亡是专制皇权的恶果。

葬送一个王朝：秦二世的故事

《史记·秦始皇本纪》
北大汉简《赵正书》

秦二世是秦始皇的幼子，名胡亥，出生于公元前230年。秦二世深得秦始皇宠爱，秦始皇巡行天下时也被秦始皇带在身边。公元前210年，秦始皇去世，秦二世即位。《史记·秦始皇本纪》中说秦二世的即位是赵高与李斯的阴谋，而北大汉简《赵正书》却说秦二世即位是秦始皇的遗令。总之，秦二世即位后，为巩固自己的统治进行全国大巡行，继续修筑阿房宫、骊山陵墓等，耗费了大量的人力、财力和物力，百姓赋税和劳役非常沉重。

听谗言 害忠臣

　　秦始皇在平原津病倒后，自知时日无多，写了一封命令长子扶苏回咸阳处理丧事的诏书，诏书的实际含义就是让长子扶苏即位。写好之后，秦始皇将诏书交给掌管玉玺的中车府令赵高，但还没等赵高将诏书发出，秦始皇就病逝于沙丘。左丞相李斯怕皇子争位，下令秘不发丧，秦始皇去世的消息只有随行的幼子胡亥、赵高和李斯等几个贴身的侍从知道。

　　赵高曾为胡亥教授文字和法律，和胡亥的关系比较亲近。赵高就和胡亥、李斯合谋销毁了秦始皇的诏书，诈称秦始皇留了立胡亥为嗣君的遗诏。之后胡亥一行带着秦始皇的遗体继续前进，因为正值盛夏，秦始皇的车辆中都已散发出臭味，李斯和赵高就让随从官员每车装一石咸鱼来遮掩尸体的

185

味道。

胡亥一行人回到咸阳后，公布了秦始皇去世的消息。胡亥即位为君，史称为秦二世。

对于秦二世即位的过程，《史记》中的记录与北京大学藏西汉竹简《赵正书》中的记录完全不同。《赵正书》中说，秦始皇本来就打算让胡亥即位，不存在别人篡改诏书的记录。此外，在湖南省益阳市兔子山出土的秦简《秦二世元年诏书》中，秦二世也自称是奉诏即位。

秦二世把秦始皇葬在骊山陵墓后，征调民夫和刑徒建设陵墓和阿房宫，导致民众苦不堪言。

公元前209年，秦二世认为自己刚即位，百姓还不能归附，于是决定效仿秦始皇进行全国巡行。在秦二世巡行过程中，右丞相冯去疾、左丞相李斯、御史大夫德一直随他同行。秦二世到达碣石后，沿海一路到达会稽，在之前秦始皇所立的石刻上又添加了秦二世即位诏书。

秦二世巡游结束后，在赵高的怂恿下除掉了一批不归附于自己的大臣，甚至连有手足之情的哥哥姐姐都不放过，苦心进行劝谏的大臣也都被秦二世认为是诽谤朝廷，朝廷的臣子们只能靠谄媚讨好生存。

秦朝二世即灭亡

在秦二世的统治下，天下百姓苦不堪言。公元前209年七月，阳城（今河南登封）人陈胜率先在大泽乡起义，六国遗民纷纷响应，他们集体发起针对秦二世的造反活动。起义的消息传到秦朝宫殿，秦二世非常生气，将传递消息的使者判入监狱。新的使者为了自保，骗他说起义的人只是一群盗贼，这些盗贼已经被郡守和郡尉全部追捕完毕，自欺欺人的秦二世这才喜笑颜开。

公元前208年，陈胜的部下周章攻入函谷关，到达骊山之下的戏水。秦二世这才开始慌张起来，命令少府章邯带领军队出兵镇压。章邯一路东进，击败了周章、陈胜和齐王田儋、魏王魏咎、楚将项梁等义军首领。秦二世终于松了一口气。但此时，赵高却开始施展阴谋。

赵高对秦二世说，皇帝不应该和大臣在朝廷上议事，这样会暴露自己的短处。于是秦二世就住在后宫，将政务交给朝廷大臣执行。冯去疾、李斯和将军冯劫劝谏，但秦二世认为自己的做法没有问题，反而把冯去疾、李斯、冯劫三人送进监狱。

冯去疾、冯劫在狱中自尽，成为丞相的赵高也将李斯陷害致死。此时章邯已经将赵王歇围困在巨鹿，与楚国的上将军项羽对峙。秦二世却派人责备章邯，章邯只得投降项羽。

战争前线已经崩溃，赵高却还想着夺权。他害怕群臣不听自己的话，于是就先做了一个试验，赵高带着一头鹿献给秦二世，说："这是马。"秦二世笑道："丞相搞错了吧？把鹿说成马。"赵高又问左右的

大臣，大臣有的保持沉默，有的奉承赵高，迎合着
说这是马。还有的人比较耿直，坚持说这是鹿，而
说鹿的这些人不久之后都被赵高陷害。于是秦二世
身边再也没有敢说话的人了。

　　公元前207年，楚国的沛公刘邦攻入武关，直逼
咸阳。秦二世这才恍然大悟，派使者责问赵高。赵

高一不做，二不休，派弟弟郎中令赵成、女婿咸阳令阎乐冲入二世所在的望夷宫。阎乐在望夷宫内历数秦二世的罪状。绝望的秦二世请求面见赵高，阎乐不允许；秦二世又请求只留给自己一个郡，阎乐也不允许；秦二世又请求只让自己做一个万户侯，阎乐还是不允许；最后秦二世只能请求让自己和妻子、儿女去做平民百姓，阎乐仍然不允许。眼看着自己命不久矣，秦二世最终自行了断。

秦二世死后，赵高立子婴为秦王。关于子婴的身份，有子婴是秦始皇之弟、秦始皇之子和秦始皇之孙三种说法，其中比较可信的是子婴是秦始皇之弟的说法。子婴即位后迅速除去赵高，但面对进攻的义军已经无力回天，只能向刘邦投降。秦王子婴在位共四十六天，从此秦朝灭亡。

触摸历史

■ ［成语］

· 指鹿为马

出自《史记·秦始皇本纪》，说的是丞相赵高想篡位，在秦二世前指着一头鹿说是马，有敢说是鹿的大臣都被赵高报复陷害，之后就没人敢反对他了。后表示颠倒是非、混淆黑白。

■ ［文物］

· 北大汉简《赵正书》

北京大学藏汉代竹简中的一篇，其中提到秦二世即位是秦始皇遗诏中的命令，此说法与《史记·秦始皇本纪》记载相异。

■ ［遗迹］

· 秦阿房宫遗址

位于陕西省西安市，是秦始皇在渭水以南修建的阿房宫遗址，遗址包括阿房宫前殿遗址、上林苑遗址等，为全国重点文物保护单位。

原典

　　八月己亥，赵高[1]欲为乱，恐群臣不听，乃先设验，持鹿献于二世，曰："马也。"二世笑曰："丞相误邪[2]？谓鹿为马。"问左右，左右或默[3]，或言马以阿顺赵高[4]。或言鹿，高因阴中诸言鹿者以法。后群臣皆畏高。

——《史记·秦始皇本纪》

注释：

　　1.赵高：秦国大臣，秦始皇时为中车府令，与左丞相李斯共同拥立秦二世即位。后害死李斯与右丞相冯去疾，自己出任丞相，又逼死秦二世，最后为秦王子婴所杀。

　　2.邪（yé）：同"耶"，疑问词。

　　3.或：有的。

　　4.阿（ē）顺：阿谀顺从。

大意

　　八月的己亥日，赵高想发动叛乱，害怕群臣不听自己的话，于是就先做了一个试验，带着一头鹿献给秦二世，说："这是马。"秦二世笑道："丞相搞错了吧？把鹿说成马。"问左右的大臣，大臣有的保持沉默，有的说是马来阿谀顺从赵高。还有的人说是鹿，赵高就暗中用法律陷害那些说是鹿的人。之后群臣都畏惧赵高。

项羽在巨鹿之战大败秦军后，进入咸阳除掉了秦王子
婴。接着他立楚怀王为"义帝"，分封十八路诸侯，
自命为西楚霸王。项羽虽然不是名义上的皇帝，却是
当时实际上的最高统治者。

西楚霸王：

项羽的故事

《史记·项羽本纪》

《汉书·陈胜项籍传》

项羽（前232—前202），名籍，字羽，下相（今江苏宿迁）人。项羽是楚将项燕的孙子，由叔父项梁养育成人。公元前210年，项梁起兵反秦，立熊心为楚王。后来，秦将章邯击杀项梁，并将赵王歇围困在巨鹿。楚怀王命令宋义和项羽救援赵国，刘邦西进攻取咸阳。等项羽大败秦军攻至函谷关时，发现刘邦已灭秦。于是项羽设下鸿门宴宴请刘邦，但对杀刘邦之事犹豫不决，刘邦趁机逃脱。后因分封诸侯加以战略决策失误，项羽被汉军围困垓下，楚歌四起，他最终在突围后自刎于乌江。

八尺男儿的"励志"传奇

　　项羽小时候在学习识字、写字的过程中半途而废，学习击剑的时候也无法坚持下来。他认为识字和剑法都不值得学习，真正需要学的是能抵抗万千人的本事。于是项梁就教他兵法，项羽粗略了解兵法之后也没有认真学习下去。后来，项梁带着项羽到会稽郡吴县（今江苏苏州）避仇。由于项梁经常主持徭役和丧葬，在当地人气很高，身边渐渐聚集了一批宾客和子弟，这些人就是后来的江东子弟兵。

　　据说项羽身高八尺，力气大到可以双手举鼎，因此他在吴县子弟中颇有声望。秦始皇南巡路过会稽时，项梁和项羽一起去观看。项羽就指着秦始皇说："彼可取而代之！"项梁被项羽的言论吓了一跳，赶紧捂住他的嘴，让他不要胡说八道。由此可见，项羽从小就志向非凡。

秦二世元年（前209），陈胜起义。会稽郡守殷通召见项梁，命令项梁起兵反击。但项梁不愿服从命令，反而派项羽除掉郡守殷通。之后，项梁自封为会稽郡守，任命项羽担任他的副将。

　　陈胜部将召平得知此消息后，假托陈胜命令封项梁为高级统帅上柱国，并命令他西进攻秦。项梁大喜，带领项羽和八千子弟兵出发，中途又收编了英布、蒲将军等部队，还攻灭了另一个自称楚王的景驹。之后项梁派项羽进攻襄城（今河南襄城）。

　　项梁驻扎在薛县时听说了陈胜去世的消息，于是召集各路将领前来开会，和项梁同月起兵的刘邦也在此时会见项梁。项梁采用谋士范增的计策，立楚王后裔熊心为楚怀王，建都盱眙（xū yí）。但项梁因为轻敌，在定陶被秦将章邯攻灭。

　　章邯认为楚人不足为患，就北上攻打赵国。驻守长城的王离也率军南下，把赵王歇围困在巨鹿。楚怀王任命上将军宋义为主将、项羽为次将，命令他们率军救援赵国。

项羽建议宋义迅速攻打秦国军队。宋义却认为楚军应该按兵不动，让秦、赵拼个你死我活，楚军便可坐收渔利。可项羽根本不听他的，直奔营帐杀了他，并向众人宣布宋义谋反。将领们无人敢反抗他，只得拥立他为统帅。楚怀王也顺水推舟，任命项羽为上将军。

项羽夺回兵权后，派英布和蒲将军率军救援赵国。取得前期的胜利后，项羽率领全军渡河，凿沉船只、砸破炊具、烧毁营帐，只带三天口粮，誓与秦军决一死战。项羽一到巨鹿就围困住王离，九战九胜，在决战中将王离擒获。

项羽率领的楚军勇猛无比，个个以一当十，威猛震天。前来营救的诸侯将领都只敢在壁垒后观战，人人都被项羽天神般的气魄所震慑。战后项羽召见诸侯将领时，诸侯都跪地膝行，不敢抬头仰视。项羽由此成为诸侯联军的领袖。

西楚霸王的诞生

　　章邯也被项羽的气势所震慑，正犹豫是否要出兵时，被项羽突袭打败。无奈之下，章邯率领二十万秦军投降。但项羽担心投降后的秦军难以控制，于是在路过新安（今河南新安）城南时，又命令英布和蒲将军将俘虏杀害，只留下章邯、司马欣和都尉董翳三人。他的残忍也导致项羽日后不得秦地民心。

　　项羽继续攻秦，到达函谷关时却得知刘邦的军队已经攻入咸阳。项羽大怒，派英布攻下函谷关，全军到达戏水西岸的鸿门驻扎。刘邦的左司马曹无伤暗中派人通知项羽，说刘邦想在秦地称王，并立子婴做丞相。项羽更加生气，决定在次日清晨对刘邦发动进攻。此时项羽拥有联军四十万，刘邦只有楚军十万，军力强弱对比悬殊。

此时，韩国相邦张良在刘邦的军营，他一直与项羽叔父项伯关系友善。项伯得知项羽想要攻打刘邦的消息后，连夜赶到刘邦军营劝说张良离开。于是张良马上带项伯面见刘邦。刘邦与项伯约为儿女亲家，并声明自己不敢背叛项羽，明天一早就去给项羽道歉。项伯回到军营后，把刘邦的话原原本本告诉项羽。在项伯的劝说下，项羽答应不攻打刘邦。

次日，刘邦果然前往鸿门请罪。项羽有点过意不去，就留刘邦一同饮酒。酒席上，范增示意项羽族人项庄在舞剑过程中趁机刺杀刘邦，但项庄被项伯阻挡。刘邦用上厕所的借口离开宴席，并派张良将玉璧献给项羽，将玉斗献给范增。

过了几天，项羽带兵进入咸阳，打败秦王子婴，立楚怀王为义帝，并主持分封十八路诸侯。这十八路诸侯中有的是原来的东方诸侯，有的是跟随项羽入关的诸侯将领。其他不服从项羽的诸侯干脆没有得到分封，旧诸侯和新诸侯之间的矛盾由此产生。

其中最不服的是刘邦，按照楚怀王的约定，先入关者为秦王。项羽却把他封为汉王，定都在秦岭以南的南郑（今陕西汉中），而把关中封给章邯等三个秦将，号称"三秦"（雍王、塞王、翟王）。

项羽自封为西楚霸王，定都于彭城。一位姓韩（《汉书》作蔡）的儒生建议项羽定都关中，项羽却认为，如果富贵不还乡的话，就像穿着锦衣在夜晚行走，锦衣再好看也无人欣赏。韩生说："有人说楚人像是猕猴戴人帽，现在看来果然如此！"项羽听说后大怒，把韩生抓了起来。

英雄自刎于乌江

刘邦刚就国不久就任命韩信为大将军，回军平定了三秦，之后一路东进。此时齐国、赵国均背叛了项羽。公元前205年，刘邦率领五十六万大军攻陷彭城，项羽带三万兵回救。当刘邦还沉浸在胜利的喜悦中时，他的军队被项羽打败。最后刘邦带领几十人侥幸逃脱，父亲刘太公和妻子吕雉都被项羽俘获。

后来，刘邦在荥阳（今河南荥阳）驻扎了下来，并修建了一条粮道。公元前204年，项羽出兵攻击刘邦的粮道。刘邦采用陈平的计策，用离间计让项羽猜忌范增，使得范增含恨病死，项羽唯一有用的谋士就这样被除去了。但荥阳依然抵挡不住项羽的攻击，刘邦只得留下纪信冒充自己，自己则带领几十个骑兵逃到成皋。公元前203年，项羽又继续攻打成皋，刘邦此时无兵可用，夺取了韩信和张耳的兵符，派彭越打游击战骚扰项羽的军队。项羽回军打败彭越，刘邦又趁机夺回成皋，楚汉两军在广武对峙。

彭越屡次偷袭楚军粮道，项羽担心自己军队的后勤得不到保障，于是把刘邦父亲太公押出来放在砧板上，说："如果你不赶快投降，我就会伤害你的父亲！"刘邦说："我们曾结为兄弟，我父亲就是你父亲！"项羽无奈，逼迫刘邦决战。刘邦却说自己斗智不斗力，坚决不肯正面决战。

此时，韩信已攻下齐、赵。项羽非常恐慌，派策士武涉游说韩信保持中立，韩信不听。彭越继续捣乱，断绝了楚军的粮道。项羽留大司马曹咎守卫成皋，吩咐他千万不可与刘邦决战，等到自己十五天击败彭越后就返回成皋和他一同面对刘邦。项羽刚走，刘邦就用激将法让曹咎出兵，果然楚军渡汜水时被汉军击败。

项羽听说成皋失守，只能率兵回救。项羽虽然百战百胜，但他的士兵长期奔波，又缺少粮草供给，已经是强弩之末。相反刘邦虽然屡战屡败，他的军队却一直没有断粮，士兵也越打越多。于是刘邦派侯公劝说项羽放回父亲妻子，自己愿意以鸿沟为界平分楚汉。项羽答应了刘邦的要求，率军东归。但陈平、张良建议刘邦不要养虎为患，于是刘邦又返回追击项羽。

公元前202年，刘邦会合韩信、彭越、刘邦族人刘贾，四路大军在垓下将楚军包围。夜晚，项羽听到四面都有汉军唱着楚歌，大为震惊。知道自己已山穷水尽的项羽起身饮酒消愁。项羽有个宠幸的美人叫虞姬，还有一匹经常骑着作战的乌骓马，于是他慷慨悲歌："力拔山兮气盖世，时不利兮骓不逝。骓不逝兮可奈何，虞兮虞兮奈若何！"据说虞姬也跟着唱和："汉兵已略地，四方楚歌声。大王意气尽，贱妾何聊生！"项羽不禁泪如雨下，侍从也都低头哭泣。

绝望的项羽决定突围，但等到他渡过淮水时，军队只剩下一百多人。项羽到达阴陵时，问路边一位老农，老农诓骗他往左走，结果项羽陷入一片沼泽中。等到达东城时，军队只剩二十八人了。项羽不禁感慨："这是上天要亡我，不是我用兵的过错啊！"之后他又一口气击败了上百名汉军战士，再次突破包围，带着仅剩的二十六人到达乌江。乌江亭长把船靠在岸边，希望帮助项羽渡回江东。项羽却认为，自己率领的八千子弟兵几乎全军覆没，自己已经无颜见江东父老。于是他把乌骓马送给亭长，让骑兵下马与汉军短兵相接。项羽又一口气击败了数百人，但自己也受了十多处伤。此时的项羽自知无法幸免，最终在江边自刎。为时五年的楚汉战争就此落下帷幕。

虽然司马迁对项羽的勇武给予了赞扬，但同时也理智地对项羽的短处进行了批评。他认为，项羽放弃关中并放逐义帝时就已经难以控制局势了。而项羽还自我夸耀功勋，希望靠武力维系天下。项羽不好好反省自己的错误，还说是天要亡自己，这难道不是荒谬至极吗？

触摸历史

■ ［成语］

· 力能扛鼎

出自《史记·项羽本纪》，说的是项羽力大无穷，能够双手举起大鼎。比喻力气特别大。

· 破釜沉舟

出自《史记·项羽本纪》，说的是项羽渡河攻打秦军时，让全军凿毁炊锅和船只。后比喻下定决心，义无反顾地做某事。

· 项庄舞剑，意在沛公

出自《史记·项羽本纪》，说的是项羽在鸿门宴请刘邦，项庄在宴会上表面上舞剑，实际上计划行刺刘邦。后比喻说话和行为的真实意图别有所指。

· 衣锦夜行、沐猴而冠

出自《史记·项羽本纪》，说的是韩生劝说项羽定都关中，项羽认为富贵不还乡如同穿着锦衣夜行，韩生认为项羽的想法好比是猕猴戴着人帽，改变不了本质。

· 四面楚歌

出自《史记·项羽本纪》，说的是项羽被围攻在垓下时，夜晚听到四面八方都是楚人的歌声。后比喻遭受各方面攻击，陷入孤立窘迫的环境。

■ ［遗迹］

· 项王故里

位于江苏省宿迁市宿城区，据说是项羽故乡下相所在地，今建有项府、项园、将署、项羽故居、项家宗祠、霸王古今馆、虞家老宅等景点。

· 项王营景区

位于陕西省西安市临潼区，据说是项羽摆下鸿门宴招待刘邦之处，今建有鸿门宴遗址，现为西安市重点文物保护单位。

· 霸王祠

位于安徽省马鞍山市和县乌江镇凤凰山，为安徽省重点文物保护单位。

原典

项王则夜起，饮帐中。有美人名虞[1]，常幸从；骏马名骓[2]，常骑之。于是项王乃悲歌忼慨[3]，自为诗曰："力拔山兮气盖世，时不利兮骓不逝[4]。骓不逝兮可奈何，虞兮虞兮奈若何！"歌数阕[5]，美人和之[6]。项王泣数行下，左右皆泣，莫能仰视。

——《史记·项羽本纪》

注释：

1. 名虞：据《汉书·陈胜项籍传》，美人姓虞而非名虞，后世称为"虞姬""虞美人"。

2. 骓（zhuī）：毛色青白相杂的马，后世称为"乌骓"。

3. 忼（kāng）慨：慷慨。

4. 逝：往，去。此处为奔驰，行进。

5. 阕（què）：终了，歌曲或诗词一首为一阕。

6. 和（hè）：跟着唱歌。

大意

　　项王夜间起来，就在营帐饮酒。有一位叫虞的美人，得到项王宠幸而常伴身边；有一匹叫骓的骏马，经常被项羽骑着行军作战。于是项王慷慨悲歌，作诗唱道："力能拔山啊气能盖世，时运不利啊骓不前进。骓不前进啊怎么办，虞啊虞啊我怎么办！"唱了好几遍，美人和他一起唱。项王泪下数行，左右侍从都低头哭泣，无人忍心抬头仰视。

公元前 202 年，刘邦一统天下，以洛阳为都建立了汉朝，随后又迁都长安。刘邦基本继承了秦朝的政治制度，同时顺应形势，推行分封制与郡县制并行的体制。刘邦创立的汉朝是中国历史上第一个由布衣君臣建立的政权。

灭秦立汉：汉高祖的故事

《史记·高祖本纪》

《汉书·高帝纪》

西汉开国皇帝刘邦（前256或前247—前195），他名邦、字季，生于楚国沛县丰邑，在秦朝时任沛县泗水亭长。公元前209年，刘邦在沛县响应陈胜起义，次年奉楚怀王为君。公元前206年，刘邦攻入咸阳，灭亡秦朝。楚国上将军项羽入关后，分封十八路诸侯，刘邦被封到汉中为汉王。但刘邦不甘居于汉国，回国后不久即攻击关中，之后又一路东出并袭击项羽。经过相持五年的楚汉战争，刘邦最终击败项羽，建立西汉。

"沛公"与"鸿门宴"

　　刘邦的父亲叫刘太公，母亲叫刘媪。据说刘邦长着一副真龙天子的模样，他有着高高的鼻梁、丰满的额头和漂亮的胡须，左腿上还有七十二颗黑痣。但他年轻时不愿意从事劳动，而是跟随魏国人张耳做游侠。

　　秦朝统一全国后，张耳被通缉，刘邦也回到老家出任沛县的泗水亭长，负责维护泗水亭的治安。他平时爱好喝酒，经常光顾王媪、武负的酒家，但每次都不给钱只赊账。不过刘邦的人气很高，每次喝酒都能给酒馆带来不少生意。所以每到年底的时候，两位店主就会帮他销掉欠条。

　　刘邦有一次到咸阳服徭役，见到驾车出巡的秦始皇时，他感慨道："大丈夫当如此！"虽然这句话相较于项羽的"彼可取而代之"少了一股狠劲儿，但同样表明刘邦也一直有远大的志向。

刘邦有次组织沛县男丁去骊山服役，但大家都不愿意去，没走多远就有人逃跑。到达丰邑西边大泽时，刘邦估摸着到终点时人都走光了，干脆就宣布原地解散，让大家各自回家。不料刘邦回家时遇到一条大蛇，于是他借着酒意，一剑将大蛇斩为两截。当时有人说这条大蛇是白帝子，刘邦是赤帝子。白在西方属金，赤在南方属火，南火胜西金，可见刘邦斩蛇的行为预示着楚国的刘邦要取代秦朝。刘邦就聚集了上百人，躲在了芒砀山中。

秦二世元年（前209）陈胜起义，沛县县令想起兵响应，但是当时的郡县长官都是旧秦人，号召力不够，属下萧何和曹参就建议县令去找刘邦，依靠刘邦的名望胁迫大家加入。于是县令派吕后的妹夫樊哙去找刘邦。樊哙刚走，县令就反应过来，志向高远的刘邦并不会甘愿受自己的控制。于是他下令关闭城门，想除掉萧何、曹参。二人听到消息，慌忙逃走去投靠刘邦。刘邦得知消息后，用弓箭将一

封信射入城中，号召城里人起义，于是民众共同推举刘邦为沛县县令。当时楚国的县令又叫"公"，所以刘邦也被称为沛公。

成为"沛公"后，刘邦又在丰邑招揽了一大批子弟兵攻打丰邑，但没有攻下，只能退回沛县。此时宁君、秦嘉在留县立景驹为楚王，刘邦就去投奔他们。但不久宁君、秦嘉就被项梁消灭，刘邦又投靠了项梁。项梁拨给刘邦五千兵，让他和项羽西进。

项梁被章邯击败后，项羽和刘邦撤回盱眙。此时赵国被困，楚怀王命令宋义、项羽救赵，同时命令刘邦向西进攻关中，并和项羽、刘邦约定说，先入秦者为王。刘邦一路西进，有胜有败，遇到强大的敌人时往往都避开绕走。此时赵高已经背叛了秦二世，想与刘邦约定，由两人在关中分地称王。刘邦没有上钩，而是采用张良的计策，派郦食其（lì yì jī）、陆贾游说秦将，自己则趁机攻克武关（今陕西丹凤），进军霸上（今陕西西安东），秦王子婴无奈投降。

刘邦召集关中各县的父老，宣布废除秦朝的严刑苛法。秦地百姓都不堪秦政严苛，听到消息后争着送酒食来慰劳楚军，但刘邦不肯接受。民众们更高兴了，都希望刘邦称王。刘邦也正有封锁函谷关称王的想法，不料函谷关被项羽迅速攻破。刘邦只好前往鸿门向项羽道歉，依靠张良、樊哙才得以脱身。

暗渡陈仓与四面楚歌

刘邦受封汉王后，项羽只拨给他三千兵，却有几万人自愿跟随刘邦前往封地。大军越过秦岭之后，刘邦将栈道全部烧毁，防止诸侯军偷袭自己的同时表明自己无东进之意。这时不少将士后悔逃跑，韩信就劝刘邦说，既然大家渴望东归，不如就趁机东进吧！等到天下安定，您也就用不上他们了。刘邦采取了韩信的建议，从原路返回关中，在陈仓（今陕西宝鸡）袭击了雍王章邯，章邯被迫逃到都城废丘（今陕西兴平）据守。之后，刘邦留下韩信围攻章邯，自己则率领大军一路东进。此时，项羽分封的塞王司马欣、翟王董翳、河南王申阳、魏王豹、常山王张耳、殷王司马卬（áng）纷纷投降，韩王郑昌也被消灭，刘邦又封原韩国王族信为韩王。

刘邦路过新城时，乡官三老董公告诉他义帝去世的消息。刘邦下令为义帝哭丧三天，并号召诸侯攻打项羽，为义帝报仇。接着，刘邦趁着项羽北伐的时候偷袭了彭城，结果被项羽回军大败，诸侯们见状又纷纷背叛刘邦、投靠项羽。

不过刘邦也有点成就，第一是派使者随和劝降了九江王英布，剪除了项羽一个重要帮手；第二是汉军攻破废丘，解除了后顾之忧。刘邦命令韩信、张耳东进，先攻入魏国，俘虏了魏王豹；又攻下赵、代两国。

但刘邦自己形势并不好，驻扎的荥阳被项羽断了粮草。刘邦趁着夜色，放出两千多名身穿铠甲的女子，又让纪信假扮自己吸引楚军，自己则带领几十名骑兵跑回武关。屡屡失败让刘邦非常头疼，此时，一位姓袁（一作辕）的儒生建议刘邦不用速战，而是等待韩信攻下北方再说。

此时彭越在梁地大败楚将项声，项羽回军去攻打彭越，刘邦趁机进入成皋。项羽击败彭越后，回头攻下了荥阳，并把成皋包围。刘邦只好逃到韩信、张耳军中。此时韩信攻灭了齐国，彭越驻扎在梁地。项羽留大司马曹咎守成皋，自己北上攻打彭越。刘邦用激将法逼曹咎出兵，大败楚军，曹咎自尽。项羽返回后，希望与刘邦约定平分天下。刘邦又采用张良计策，封韩信为齐王、彭越为梁王，召集两人出兵攻打项羽。刘邦族人刘贾与英布进攻寿春，招降楚大司马周殷，然后四支军队在垓下会师。

汉王刘邦五年（前202），韩信率领三十万大军与楚军正面对阵，孔聚（cóng）在左，陈贺在右，刘邦领大军随后，周勃、柴武各领一军跟随刘邦，项羽的军队大约十万。韩信先率军出击，却首战不利，稍作退却。孔聚、陈贺左右包抄，楚军不敌，韩信再次出击。汉军大败楚军。

当晚，汉军在楚军四面唱起楚歌，楚军以为楚地已经全部被汉军占领，内心全面崩溃，项羽则连夜逃走。刘邦又派灌婴一路追击。项羽穷途末路，自刎于乌江边。项羽原为楚国的鲁公，刘邦就以鲁公之礼将其下葬。

开国皇帝汉高祖

正月，在诸侯将相的拥戴下，刘邦在汜水北面即位称帝，后世称为太祖高皇帝，西汉王朝正式开始。刘邦采用的是郡县制与分封制相结合的政策，以韩信为楚王、彭越为梁王、韩王信为韩王、吴芮为长沙王、英布为淮南王、臧荼为燕王、张敖为赵王。此外，刘邦还分封了一批列侯。

之后刘邦将都城从洛阳迁至长安，修建了长乐宫和未央宫。定都关中后，刘邦就开展了剪除异姓诸侯王的行动。汉高祖十二年（前195），刘邦亲征英布，英布败走。刘邦率军返回都城时路过老家沛县，于是在沛县宫殿摆设酒宴，把父老乡亲召来饮酒，又选出儿童一百二十人，教他们唱歌。酒酣耳热之时，刘邦击着筑①，自己作诗唱了起来："大风起兮云飞扬，威加海内兮归故乡，安得猛士兮守四方！"

这么大的国家如何治理呢？此时，异姓诸侯王除了最弱的长沙王外，已经挨个被刘邦铲除。当时还没有在全国推行郡县制的条件，地方土地只能交给刘邦自己的同姓人员治理。于是刘邦封长子刘肥为齐王、三子刘如意为赵王、四子刘恒为代王、五子刘恢为梁王、六子刘友为淮阳王、七子刘长为淮南王、幼子刘建为燕王、弟刘交为楚王、二哥刘仲

---

①古代弦乐器，外形像琴，有十三根弦，用竹尺敲打发声。

之子刘濞（bì）为吴王。

刘邦攻打英布时被箭射中，回来的路上箭伤发作。但刘邦认为自己命运取决于上天，于是不让医生为自己治病。当年四月，刘邦去世，葬于长陵。

与对项羽的评价相反，虽然司马迁描写了不少刘邦的无赖习性，却充分肯定了他的伟大功绩。他认为，周朝过分遵守礼仪，使得百姓不勤恳。可秦朝不但没有更改周朝的弊病，反而制定了更加残酷的法律。汉朝既能改变秦朝这样严苛的法律，又能克服周朝那种百姓的懒惰，可以说刘邦建立西汉是符合天道了。

触摸历史

■ ［成语］

· 约法三章

出自《史记·高祖本纪》，说的是刘邦进入咸阳后宣布废除秦法，只规定三条法令。后比喻约定好简单的条款以便遵守。

· 秋毫无犯

出自《史记·项羽本纪》，说的是刘邦对项伯称自己入函谷关后，连秋天鸟兽的羽毛都没有触碰过。比喻军纪严明，丝毫不侵犯民众利益。

· 大逆无道

出自《史记·高祖本纪》，说的是刘邦与项羽在广武涧对话时，刘邦指责项羽杀害楚义帝是"大逆无道"，指严重不合某种观念和道德的行为，也作"大逆不道"。

· 高屋建瓴

出自《史记·高祖本纪》，说的是大臣田肯对刘邦说，在关中建都发兵诸侯时，好似居高临下倒水一样不可阻遏。后比喻对事物把握全面、了解透彻。

■ [遗迹]

· 汉兴园

位于河南省商丘市永城市芒山镇，据说是汉高祖斩白蛇之处，原名"斩蛇园"，后改名"汉兴园"，意为汉文化肇始之园，有明代所立"高祖斩蛇碑"。

· 汉长安城遗址

位于陕西省西安市未央区，城内主要建筑有长乐宫、未央宫、桂宫、北宫、明光宫、武库等，城西墙外有建章宫，城南有礼制建筑群。现为全国重点文物保护单位。

原典

高祖还归，过沛[1]，留。置酒沛宫，悉召故人父老子弟纵酒，发沛中儿得百二十人，教之歌。酒酣，高祖击筑，自为歌诗曰："大风起兮云飞扬，威加海内兮归故乡，安得猛士兮守四方！"令儿皆和习之。高祖乃起舞，慷慨伤怀，泣数行下。

——《史记·高祖本纪》

1.沛：沛县，在今江苏沛县。

大意

　　汉高祖率军归还，路过沛县，停留下来。在沛宫摆设酒宴，把沛县的故人父老子弟都召来纵情饮酒，又挑选出沛县儿童共一百二十人，教他们唱歌。酒喝到酣畅之时，汉高祖击着筑，自己作诗唱了起来："大风卷起啊白云飞扬，威震海内啊回到了故乡，怎能得到猛士来镇守四方！"让儿童们都跟着学唱。汉高祖又跳起舞来，感慨伤怀，泪下数行。

吕后统治期间，汉朝奉行休养生息的政策，社会生产恢复发展，国力也得到提升，为"文景之治"打下了坚实基础。

执掌天下的女性：吕后的故事

《史记·吕太后本纪》

《汉书·高后纪》

吕后（？—前180），名雉，字娥姁，单父（今山东单县）人，父为吕公。她是汉高祖刘邦的皇后，也是中国历史上第一位皇后，同时还是第一位临朝称制的女性。汉高祖去世后，汉惠帝刘盈即位。但汉惠帝生性仁弱，国家大权遂掌握在吕后手中。为了巩固自己的权力，吕后除掉刘邦宠爱的赵王母子。汉惠帝厌恶母亲残忍，便沉迷享乐，不理朝政，最终英年早逝。之后，吕后立惠帝太子少帝为国君，因少帝年幼，吕后临朝称制，行使着如同皇帝一般的权力。

令人闻风丧胆的太后

　　吕后的父亲吕公因避仇搬至沛县后，将她嫁给了刘邦。吕后生下了汉惠帝刘盈与鲁元公主。后来刘邦起兵，吕氏家族成为刘邦集团的核心力量，吕后大哥吕泽、二哥吕释之都是刘邦的部属。

　　刘邦被封汉王后，又娶了定陶的女子戚姬。戚姬备受刘邦宠爱，生下了三子刘如意，还经常在刘邦身边日夜啼哭，想让刘邦立刘如意为太子。相比起来，吕后则很少见到刘邦，两人感情就越来越疏远，吕后对戚姬也心生怨恨。刘邦先立刘如意为赵王，甚至好几次想改立他为太子，因大臣极力劝谏才作罢。

　　后来，太子刘盈即位，吕后成了太后，戚夫人母子再也无法与之抗衡。吕后对戚夫人母子的怨恨终于爆发，把戚夫人关押在宫廷监狱永巷，同时派使者召刘如意入京。赵国国相周昌拒绝了使者，他说："高帝把赵王托付给我，而我听说太后怨恨戚夫人，想把赵王除掉，我不能让赵王去。况且赵王身体抱恙，请恕我不能接受诏命！"

汉惠帝也知道母后想要除去弟弟的心思，于是亲自动身将刘如意带到宫中与自己同住，使吕后没有机会下手。直到一天清晨，汉惠帝一大早去射箭，留下刘如意独自睡觉，吕后便见缝插针暗中派人除掉了刘如意。

刘如意死后，吕后又派人囚禁了戚夫人。汉惠帝知道自己母亲的残忍行径后，惊吓不已，大哭病倒，一年多无法起床。汉惠帝对母后的残暴非常绝望，派人跟吕后说："这不是人做的事。儿臣作为太后的儿子，终究不能治理天下啊！"从此以后，汉惠帝沉迷享乐，不问朝政，身体也每况愈下。

刘邦还有一个庶长子叫刘肥，被分封到最富庶的齐国，他同样深受吕后忌惮。汉惠帝二年（前193），刘肥进京朝见，汉惠帝安排他宴饮，按照家

人礼仪，刘肥坐于上座。吕后看到后勃然大怒，认为刘肥没有君臣之礼。汉惠帝害怕吕后加害刘肥，于是主动为刘肥开脱。后来，刘肥装醉离开了酒席，回去后马上把齐国城阳郡作为鲁元公主的封邑献给太后，并尊鲁元公主为齐王太后，认自己这个异母妹妹为母亲。吕后这才高兴起来，也放过了刘肥。

临朝称制第一人

汉惠帝七年（前188），汉惠帝去世，太子即位。太子真名不详，也无正式的谥号，一般称他为少帝。由于少帝年纪太小，吕后临朝称制，行使着如皇帝一样的职权。

吕后召集大臣商议立吕氏族人为王的事宜。右丞相王陵坚持原则，拿出汉高祖立下的"白马之盟"：非刘氏而王，天下共击之。吕后又问左丞相陈平和周勃。陈平和周勃比较圆滑，便说："汉高祖平定天下封的是刘氏子弟，现在吕后称制，封吕氏子弟又有什么不可以呢？"吕后听到后很满意，罢免了王陵的右丞相，让陈平接替，又封宠臣审食其为左丞相。从此，吕后提拔吕氏族人便再无障碍。

吕后的女儿鲁元公主嫁给了开国功臣张耳的儿子张敖，并生下了儿子张偃和女儿张嫣，吕后就让汉惠帝娶了自己的外甥女张嫣为皇后。但张皇后一直没有生育，她担心自己地位不保，就把后宫妃子的孩子抱过来，宣称是自己儿子。后来这个孩子成为汉少帝，得知自己并非惠帝皇后之子的真相后，说长大一定要造反。

吕后听说少帝口中有怨言，马上将他囚禁在永巷，对外宣布皇帝病重，久治不愈。后来，吕后干脆废了少帝，又立汉惠帝另一个儿子常山王刘义为帝，改名叫作刘弘。刘弘没有谥号，一般也称作少帝。吕后继续临朝称制。

吕后八年（前180）七月，吕后病重，任命赵王吕禄为上将军，统领北军，任命梁王吕产为相国，统领南军。吕后叮嘱二人一定要握紧兵权，保卫皇宫。不过吕后终究掌控不了身后之事，她去世后，刘氏宗室和军功集团进行反扑，吕氏家族也从此灰飞烟灭。

　　虽然司马迁历数吕后专权乱政的事迹，但同样肯定她"无为而治"的功绩。汉朝建立之初，百废待兴，民众需要休养生息。而在汉惠帝和吕后执政期间，西汉的社会经济得到发展，罪刑罕见，天下安宁。吕后可谓是中国历史上一位杰出的女政治家。

触摸历史

■ ［成语］

·面折廷争

出自《史记·吕太后本纪》，说的是陈平、周勃认为在朝廷上直言进谏、据理力争，两人不如王陵；但论到保存社稷，王陵不如两人。

■ ［文物］

·西汉皇后之玺

1968年出土于陕西省咸阳市韩家湾。长宽2.8厘米，重33克，以新疆和田羊脂白玉雕成，玺面刻有"皇后之玺"四字，学者认为可能是吕后所用。

·张家山汉简《二年律令》

1983年至1984年出土于湖北省荆州市张家山汉墓的一篇汉简，是吕后临朝称制第二年颁布的法律，内容涉及汉初政治、经济、军事、社会等方面。

■ ［遗迹］

·长陵

位于陕西省咸阳市渭城区，为汉高祖刘邦与汉高后吕后的合葬墓。现为全国重点文物保护单位。

原典

吕后最怨戚夫人及其子赵王[1]，乃令永巷囚戚夫人，而召赵王。使者三反[2]，赵相建平侯周昌谓使者曰[3]："高帝属臣赵王[4]，赵王年少。窃闻太后怨戚夫人，欲召赵王并诛之，臣不敢遣王。王且亦病，不能奉诏。"吕后大怒，乃使人召赵相。赵相征至长安，乃使人复召赵王。

——《史记·吕太后本纪》

注释：

1.戚夫人（？—前194）：也称戚姬，刘邦宠姬，赵王刘如意母。赵王：即刘如意（前205—前194），刘邦第三子。刘邦去世后，

238

母子皆为吕后所害。

2.三：三次，或泛指多次。反：返，往返。

3.周昌：沛（今江苏沛县）人，西汉开国功臣，任赵国相国、建平侯。

4.属（zhǔ）：嘱，托付。

大意

吕后最怨恨戚夫人和戚夫人之子赵王刘如意，就让永巷官员将戚夫人囚禁起来，然后召见赵王。使者三次前往赵国，赵国相国建平侯周昌对使者说："高帝将赵王托付给我，赵王年龄还小。我暗地听说太后怨恨戚夫人，想召赵王去一起除掉，我不敢派遣赵王去。而且赵王也有病，不能接旨。"吕后大怒，就让人征召周昌。周昌被征召到长安后，吕后就让人再次召赵王入京。

021

汉文帝是一位勤政爱民的好皇帝，在位期间他改革法
律制度，废除了连坐制度、诽谤罪、肉刑、农业税等。
汉文帝的生活也非常节俭，天灾时还会节约政府开支，
开仓救济百姓。后人把汉文帝作为上古三代以来的贤
君典范。汉景帝不如汉文帝宽宏大度，但能继承汉文
帝时的政策，汉朝由此走向"文景之治"的黄金时代。

无为而治：
汉文帝和汉景帝的故事

022

《史记·孝文本纪》
《史记·孝景本纪》
《汉书·文帝纪》
《汉书·景帝纪》

汉文帝（前203—前157），即刘恒，谥号孝文，庙号太宗。汉文帝是汉高祖刘邦的第四子，母为薄姬，汉高祖时受封代王，他即位初就下令诸侯返回封国，并将齐、淮南两大王国分割为若干小王国。汉景帝（前188—前141），即刘启，是汉文帝刘恒的太子，母为汉文帝窦皇后。汉景帝即位后，任用晁错进行削藩，导致七国叛乱。平定叛乱后，汉景帝又剥夺诸侯王、列侯任免官员的权力，打破"非军功不得为侯"的规则，任命了汉朝第一位非军功集团出身的丞相。

节俭一生的贤帝

公元前179年，刘恒正式即位，封赏了一批铲除吕后亲信的功臣，还分封了一批诸侯王，其中齐王刘襄的两个弟弟刘章、刘兴居因拥立有功，分别被封为城阳王、济北王。汉文帝刚刚即位，就平定了一系列的诸侯叛乱。

刘兴居是西汉第一个反叛的诸侯王，汉文帝平定叛乱后，把齐国一分为六，分别封给他的另外六个弟弟，极大程度削弱了齐国的势力。

淮南王刘长是汉高祖的第七子，是汉文帝唯一在世的兄弟。但他宫室居所远超过诸侯王标准，车马仪仗也都比拟天子，还擅自制定法令，勾结陈武世子陈奇准备造反，甚至派人出使闽越和匈奴。汉文帝得知后，废除了刘长的王位，将其流放蜀郡，刘长在路途病逝。汉文帝又将淮南国一分为三，封刘长三个儿子为王，从整体上削弱了他们的势力。

除了一系列削弱诸侯王势力、加强中央集权的措施外，汉文帝也有不少勤政爱民的举措。他在位期间有几项重要的法律改革。

第一是废除连坐制度。过去有人犯罪，父母妻子兄弟往往也被判决有罪，汉文帝认为这样的法令不仅不公正，还是加害于民的行为，于是将连坐制度直接废除。

第二是废除诽谤罪。过去诅咒皇帝或对朝廷不满的人往往会被判处死罪，汉文帝认为如果随意处死议论朝廷的民众，会让皇帝无法了解自己的过失，于是下令废除诽谤罪。

第三是废除肉刑。有一次齐国太仓令淳于意犯罪，按照法律应该被施以残酷的身体刑罚。淳于意的女儿淳于缇萦提出以被收为官府奴婢为条件来折抵父亲的刑罚。汉文帝被淳于缇萦的行为感动，于是下令废除肉刑。

第四是废除农业税。汉文帝认为农业是天下根本，不能让农民辛苦生产还要交高额税款，便下令废除农业税。除此之外，汉文帝还下令减少赋税，裁撤中央军，马匹交给各地驿站使用。

　　汉文帝在位的二十三年间，皇室的宫殿、园林、狗马、服饰、车驾等都没有增加。如碰到天灾，汉文帝还诏令诸侯不用进贡，解除民众开采山林湖泊禁令，减少宫中服饰、车驾和狗马，裁减官吏，救

济百姓。汉文帝平时爱穿光滑厚实的普通衣服，即便是他宠幸的慎夫人，也不准穿拖地的衣服，不准用绣花的帘帐。汉文帝修建自己的陵寝时也都使用瓦器，坚决不用金、银、铜、锡等贵金属作装饰，也不修筑高大的坟堆。

汉文帝对大臣和外邦都很宽容。袁盎劝谏言语尖锐，汉文帝能够宽容采纳。张武接受贿赂，汉文帝反而赏赐他，让他内心羞愧。吴王刘濞称病不朝，汉文帝赐给他长者用的木几和手杖，并免去朝见之礼。南越王赵佗称帝，汉文帝却赏赐他在汉朝的兄弟，赵佗主动取消帝号，对汉文帝俯首称臣。汉与匈奴和亲，匈奴多次入侵，汉文帝也只下令防御反击，从来不主动出击。汉文帝用这种宽容贤德的政令减少了兵灾，保障了百姓安居乐业。

文景之治下的太平盛世

汉文帝后元七年（前157）六月己亥，汉文帝在未央宫病逝，在位23年，享年47岁。汉文帝去世后，太子刘启即位，即汉景帝。

汉景帝即位后，任用晁错为御史大夫，晁错查找诸侯王的罪过，削除他们的封地，将他们国下的郡收归中央，这就是著名的"削藩策"。晁错的削藩迅速导致了诸侯王的反击。汉景帝前元三年（前154），吴王刘濞、楚王刘戊、赵王刘遂、胶西王刘卬、济南王刘辟光、淄川王刘贤和胶东王刘雄渠反叛，打着"诛晁错，清君侧"的旗号，起兵西进，这次叛乱史称"七国之乱"。

七国起兵之后，汉景帝开始慌张了。为了安抚他们，只能除掉晁错，并派与晁错素来不和的太常袁盎通告诸侯。但吴王和楚王没有退兵，继续西进，包围了梁国。梁王是汉景帝的弟弟梁孝王刘武，他将联军抗拒在梁国都城睢阳外。汉景帝同时派大将军窦婴、太尉周亚夫出兵，终于平定了叛乱。

七国之乱后，汉景帝借此机会剥夺了诸侯王、列侯任免官员的权力。这样一来，诸侯王、列侯在封国只能收租而不能治民，再也无法对抗中央。王国的规模相当于郡，侯国的规模相当于县。至此，汉帝国的大一统才基本完成。

汉景帝除了进一步加强中央集权外，还继续施行汉文帝时轻徭薄赋、劝课农桑的政策。汉景帝后元三年（前141）正月甲子，汉景帝去世，在位17年，享年48岁。

司马迁认为，汉文帝以德治感化臣民，因而天下富足，礼义兴盛。班固也说，周秦之弊在于法网严密，违法作乱屡禁不止。汉朝建立以来，与民休养生息。汉文帝勤俭节约，汉景帝遵循不变，使得西汉在建国短时间内就达到移风易俗、民风淳朴的境地，"文景之治"堪与周朝的"成康之治"媲美。

触摸历史

■ ［成语］

· 沾沾自喜

出自《史记·魏其武安侯列传》，说的是窦太后想封侄子窦婴为丞相，后因为汉景帝认为他"沾沾自喜"而作罢。比喻自以为不错而得意的样子。

■ ［遗迹］

· 霸陵

位于陕西省西安市灞桥区凤凰嘴南江村大墓，为汉文帝陵寝，陪葬有薄太后陵、窦皇后陵等，现为全国重点文物保护单位。

原典

尝欲作露台[1]，召匠计之，直百金[2]。上曰[3]："百金中民十家之产[4]，吾奉先帝宫室，常恐羞之，何以台为！"上常衣绨衣[5]，所幸慎夫人，令衣不得曳地，帏帐不得文绣，以示敦朴，为天下先。治霸陵皆以瓦器，不得以金银铜锡为饰，不治坟，欲为省，毋烦民。

——《史记·孝文本纪》

注释：

1. 尝：曾经。露台：露天的平台。

2. 直：值，价值。百金：一百斤黄金。

3. 上：皇帝，指汉文帝。

4. 中民：普通人家，中等收入人家。

5. 绨（tí）：一种光滑厚实的丝织品。

大意

　　汉文帝曾经想建造一个露台，召来工匠计算，造价需要一百斤黄金。汉文帝说："百斤黄金相当于十户中等人家的产业，我享受先帝的宫室，还经常害怕辱没于先帝，还建造露台干什么呢？"汉文帝经常穿着光滑厚实的粗丝衣服，对所宠幸的慎夫人，也命令她衣服不准拖地，帘帐不准绣花，来表示俭朴，为天下人作表率。修建自己的霸陵都用瓦器，不准以金、银、铜、锡装饰，不修高大的坟，希望能够节省，不得烦扰百姓。

汉武帝是汉朝在位时间最长的皇帝。在他的统治下，
西汉王朝进入全盛时期。

雄才大略盛大汉：汉武帝的故事

《史记·孝武本纪》
《汉书·武帝纪》

汉武帝（前156—前87），即刘彻，在位54年。汉武帝在位期间独尊儒术，加强中央集权，他发动了一系列战争，收复了西南、东南、岭南地区，为汉朝开疆拓土。但是汉武帝本人穷奢极欲，百姓也背负着沉重的赋役。

罢黜百家 独尊儒术

汉初奉行"黄老无为"的国策，虽然经济得到恢复发展，但不少农民为了逃税而隐瞒户籍，官僚地主阶层也得到膨胀，加上匈奴骚扰，此时就需要一个强有力的中央政权，而儒家"大一统"思想是最符合统治需要的。

汉武帝设置"五经"博士，专门传授《诗》《书》《礼》《易》《春秋》五部儒家经典，后来又设置专门培养博士的太学。汉武帝不像秦始皇"焚书坑儒"这么激烈，而是把学习儒经与求取功名结合起来，让社会上自然而然地形成"独尊儒术"的氛围。

另一方面，汉武帝并非完全采用儒家思想，而是推崇以儒为皮，以法为骨的"外儒内法"策略。当时最有名的儒家大师董仲舒，实际上没有官居要职；而能被汉武帝重用的，反而大多是做实事的法吏，甚至酷吏。可见，汉武帝更尊崇实用主义。

在儒家大一统思想的指导下，汉武帝又推行了一系列措施。

第一是建立年号。公元前113年，有人在汾阴发现一件宝鼎，汉武帝根据儒家的符瑞说，确定当年

为元鼎四年，而把之前在位的24年分为建元、元光、元朔、元狩4个年号，每个年号分别占6年。从此以后，历代帝王都使用年号纪年法。

第二是封禅天地。封禅是传说中古代帝王祭祀天地的重大典礼，秦始皇当年举行过，但封禅在汉初被荒废了。公元前110年，汉武帝依据儒家学者倡导的古制，率领十万大军北上，向匈奴炫耀兵力，休兵后到达泰山举行祭天，又到泰山附近的梁父山祭地。

第三是太初改制。公元前104年，汉武帝宣布以正月为岁首、色尚黄、数用五，改变了秦朝以来以十月为岁首、色尚黑、数用六的制度。汉武帝此举，表明汉朝要改弦更张。

影响深远的政治改革

除了"罢黜百家，独尊儒术"的治国思想，汉武帝在政治制度方面也有重要改革。

一是设置中外朝制度。在汉武帝之前，朝廷的最高长官是外朝的丞相，皇帝政令都要通过丞相才能执行，皇权被限制在皇宫内。于是汉武帝在皇宫内设置了直属皇帝的大将军、尚书等职务，形成了中朝。这样一来，中朝成了真正的决策部门，皇权至此达到了巅峰。

二是实行推恩令。汉景帝将诸侯王的庶子分封为王，而汉武帝则将诸侯王的庶子分封为侯。虽然表面来看都是分割诸侯王土地，但侯国与县平级，要受到所属郡的管辖。等到诸侯们实力越来越弱，汉武帝又找各种借口将他们废除，封国直接收归中央。

三是建立刺史制度。秦朝统一天下后，设置了郡、县两级地方行政单位。汉武帝将地方郡县划分为冀、幽、并、兖、徐、青、扬、荆、豫、益、凉、交趾、朔方十三个州部，中央在每个州设立一名刺史，专职监察地方事务。

四是建立新的选官制度，其中主要包括察举和征召。察举就是让郡国每年在辖区推荐两位"孝廉"，也就是以孝顺和廉洁著称的人，做不到的郡县长官要被罢免；征召则是自上而下，由汉武帝直接选拔有所专长的人才；此外，儒家博士子弟也能通过经学考试获得担任官员的机会。

在整顿内政的同时，汉武帝也开始对外用兵。在汉武帝之前，汉朝对匈奴一直妥协，实行和亲的政策。汉武帝上台之初，为了加强与西域各国联系，断绝匈奴臂膀，汉武帝派张骞出使月氏（zhī）部落。公元前129年，汉武帝正式开展对匈奴的反击。公元前119年，名将卫青、霍去病基本将匈奴驱逐出大漠以南地区，汉武帝在河西走廊设置酒泉、张掖、敦煌、武威四郡。除了与匈奴的战争，汉武帝也着手经略南方。东南和岭南分布着东瓯、闽越、南越三国，时而称臣、时而反叛。公元前138年，闽越攻打东瓯，汉武帝将东瓯内迁于江淮地区。公元前112年，南越丞相吕嘉反叛，公元前111年，闽越国王余善反叛，均被汉军打败。公元前109年，汉武帝又派兵消灭东北的卫氏朝鲜，并设置乐浪、玄菟、真番、临屯四郡。

与秦始皇一样，汉武帝的物质欲望和权力欲望也非常旺盛，他不但大兴土木建造宫室，还企图用求仙的方法使自己长生不老。汉武帝对大臣也非常暴虐，在他任下的丞相，大部分都被处死或免职，很少能够在丞相一职上做到善终的。

汉武帝后元二年，汉武帝去世，谥号孝武，庙号世宗，在位54年，享年70岁。

汉武帝与秦始皇非常相似，他们均是雄才大略的皇帝，在开疆拓土、制度建设方面对后世有重大贡献，但他们本人却又穷奢极欲、暴虐无常。秦始皇之后的秦帝国迅速灭亡，但是因为汉武帝继承了文景之治的基础，晚年又及时改弦更张，发布"轮台罪己诏"，使得汉朝的社稷顺利地传承了下去。

触摸历史

■ ［成语］

· 金屋藏娇

出自《汉武故事》，说的是汉武帝小时候称，如果表妹陈阿娇能成为他的妻子，一定要建造黄金屋让阿娇居住。后比喻以华丽的房屋让宠爱的妻妾居住。

· 倾国倾城

出自《汉书·孝武李夫人传》，说的是乐工李延年为向汉武帝推荐妹妹李夫人，唱道："北方有佳人，绝世而独立，一顾倾人城，再顾倾人国。"后比喻女子容貌绝美。

· 夜郎自大

出自《史记·西南夷列传》，说的是滇王和夜郎王接见汉朝使者时，发出"汉孰与我大"的疑问。后比喻骄傲无知的肤浅自负或自大行为。

· 雄才大略

出自《汉书·武帝纪》，班固评论汉武帝是个"雄才大略"

的人物，有着汉文帝景帝的恭俭，还为百姓造福很多，《诗经》《尚书》中的上古帝王的功绩都超不过他的功绩。

■ ［文物］

· 西汉鎏金马

1981年5月出土于陕西省兴平市茂陵陪葬坑阳信墓南，长76厘米、通高62厘米，重26千克，具有西汉时期典型的大宛马特征，现藏于茂陵博物馆。

■ ［遗迹］

· 茂陵

位于陕西省兴平市，为汉武帝刘彻陵寝，附近有李夫人英陵、卫青墓、霍去病墓、金日（mì）䃅（dī）墓等陪葬墓，现为全国重点文物保护单位，今建有茂陵博物馆。

原典

其来年冬[1]，上议曰："古者先振兵泽旅[2]，然后封禅[3]。"乃遂北巡朔方[4]，勒兵十余万[5]，还祭黄帝冢桥山，泽兵须如[6]。上曰："吾闻黄帝不死，今有冢，何也？"或对曰："黄帝已仙上天，群臣葬其衣冠。"既至甘泉[7]，为且用事泰山[8]，先类祠泰一[9]。

——《史记·孝武本纪》

注释：

1.来年：明年，指元封元年（前110）。

2.振兵：振奋军队，指用兵。泽（shì）旅：解散士兵。泽，通"释"。

3.封禅：古代帝王祭祀天地的大型典礼，"封"一般是指在泰山上祭天，"禅"一般是在梁父山上祭地。

4.朔方：汉郡名，汉武帝元朔二年（前127）置，辖今内蒙古河套西北部及后套地区。

5.勒兵：带兵，指挥军队。

6.须如：地名，今地不详。

7. 甘泉：甘泉宫，在今陕西淳化。

8. 泰山：即东岳泰山，在今山东泰安。

9. 类：通"禷（lèi）"，古代因特殊事情祭祀天神。祠：祭祀。

泰一：天神名，又称东皇太一。

大意

第二年冬天，汉武帝提议说："古代帝王先要用兵和收兵，然后再进行封禅。"然后就向北出巡朔方郡，率领军队十多万，回来时在桥山祭祀了黄帝陵，然后在须如解散了军队。汉武帝说："我听说黄帝不死，现在却有陵墓，这是为什么呢？"有人回答说："黄帝已经成仙上天，群臣把他的衣冠埋葬在这里。"就到了甘泉宫，为了将要上泰山封禅，先特地祭祀泰一神。

图书在版编目（CIP）数据

少年读史记. 本纪传奇 / 林屋著；刘均绘. -- 北京：天天出版社，2023.5
ISBN 978-7-5016-2051-7

Ⅰ.①少… Ⅱ.①林… ②刘… Ⅲ.①中国历史—古代史—纪传体②《史记》—少年读物 Ⅳ.①K204.2-49

中国国家版本馆CIP数据核字(2023)第065465号

责任编辑： 崔旋子　郭　聪　郭剑楠　　　**美术编辑：** 邓　茜
责任印制： 康远超　张　璞

出版发行： 天天出版社有限责任公司
地址： 北京市东城区东中街42号　　　　**邮编：** 100027
市场部： 010-64169902　　　　　　　　**传真：** 010-64169902
网址： http://www.tiantianpublishing.com
邮箱： tiantiancbs@163.com

印刷： 三河市博文印刷有限公司　　　　**经销：** 全国新华书店等
开本： 880×1230　　1/32　　　　　　　**印张：** 43.75
版次： 2023年5月北京第1版　　**印次：** 2023年5月第1次印刷
字数： 630千字

书号： 978-7-5016-2051-7　　　　　　　**定价：** 135.00元

林屋 著 刘均 绘

诸侯争霸

少年读史记

人民文学出版社　天天出版社

目　录

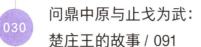

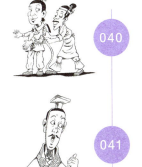

郑国于前 806 年受封，始封君为周宣王弟郑桓公。西周灭亡时，郑国东迁到中原的新郑（今河南新郑）。春秋初期，郑国一度强盛。随着晋、楚两大国崛起，郑国夹在中间，成为两大国主要的争夺对象。前 375 年，郑国为韩国所灭。

张弛有道的军事家：
郑庄公的故事

《史记·郑世家》

《左传》

清华简《郑武夫人规孺子》

郑庄公（前757年—前701年）是周代郑国第三位国君，姬姓，名寤生，于前743年到前701年在位。父亲为郑武公，母亲为武姜。因其出生时难产，不为母亲所喜。即位后，平定母亲武姜与弟弟段的叛乱。之后郑庄公联合东方齐、鲁两大国，相继打败中原的卫、宋、陈、蔡、南燕、息、许等国，并战胜入侵的北戎，还击败天子周桓王，取得"春秋小霸""春秋初霸"的地位。

郑伯克段

西周灭亡后，周平王迁都至洛邑（今河南洛阳）。周天子的实力和威望一落千丈，无法再约束诸侯，于是大诸侯吞并小诸侯，天下进入"礼乐征伐自诸侯出"的春秋时代。郑武公因为拥立平王东迁有功，被周天子任命为卿士（相当于宰相），经常为天子发号施令，在诸侯中声望很高。郑武公夫人是申国的公主武姜。前757年，武姜生长子时难产，孩子先出脚再出头。于是武姜将长子取名为"寤生"。"寤"通"牾"，就是倒着出生的意思，表达了母亲对他的厌恶。三年以后，武姜又生下次子段。因为次子是顺产，武姜非常喜欢他，想立他为太子来取代寤生。郑武公是明白人，知道废长立幼不好，所以一直不同意。这也成为矛盾的开始。

前744年，郑武公去世，寤生即位，就是郑庄公。武姜曾对郑庄公说："你父亲在位时，凡国家大事都会和大臣们商量。现在你父亲去世了，你也不需要亲政，让大臣们来治国就行。作为母亲，我会管理好后宫，不再过问朝堂之内的事。你也好好向大臣们学习，他们如果干得好，你就会得到一批贤臣；如果干得不好，他们的罪过自然会昭告天下。你只要向先君祷告，让他保佑国家就行了。"表面来看，武姜希望大儿子与大臣共同治国，而且保证自己绝不干政。然而，如果郑庄公真的放弃权力，武姜自然就可以趁机宫斗，为小儿子攫取更多的政治资源。

当年只有十四岁的郑庄公无法拒绝母亲，只好答应这种无理请求，把政事全部交给大臣。很快一年过去，大臣边父急了，他对郑庄公说："君上您对什么事都不发言，我等真是惶恐啊！我们只是被先君提拔起来，辅佐您的臣子而已。"郑庄公听后表示自己还得遵从母意并为先君守丧。这种对权力极度平静的态度，让武姜松了口气。

接着武姜请求把次子段封到制（今河南荥阳），

制的地势非常险峻，就是后世大名鼎鼎的虎牢关所在地。如果段占据此地造反，将会易守难攻。所以郑庄公果断拒绝了，理由是当年虢叔曾经战死在此处，不吉利。武姜又请求封到京城（今河南荥阳东南），这个京城不是都城，"京"本义是高土堆，说明也是一处险要的地方。郑庄公没有理由再拒绝，只好答应了。

　　大夫祭足提醒郑庄公："京城易守难攻，会给国

家带来危害。"郑庄公淡淡地说:"我母亲就要这样,我有什么办法呢?"祭足说:"她才不会就这样满足的!"郑庄公仍然淡定自若,说:"多行不义必自毙,您等着瞧吧!"祭足是个老狐狸,听到这种回答就知道庄公有所部署,也就不再说话了。

不久,段命令郑国西、北部边境的城邑同时听从自己。大臣公子吕也坐不住了,他对郑庄公说:"您要么就让位给他,我们就去听他的,要么就除掉他,以绝后患。国家哪能这样分裂呢?"郑庄公还是那个不咸不淡的回答:段会自食其果。之后段干脆把两地直接收为自己的封地,并且将势力范围扩大到边境的廪延(今河南延津北)。郑庄公依然淡定。

前722年,段终于决定发兵,联合武姜作为内应。而郑庄公早已探听到了他的发兵日期,迅速命令公子吕率领二百辆战车进攻京城。段只好逃奔去鄢地(今河南鄢陵),郑庄公又赶到鄢地击败段。段只好逃到共国(今河南辉县),终生没有再回郑国。

郑庄公扑灭叛乱,接着把母亲安置在城颍(今河南临颍西北），发誓说："不到黄泉，不再相见！"
但不久又后悔了。毕竟郑庄公是天子卿士，作为诸
侯表率，一举一动都被大家盯着。放逐母亲，行为
不孝，容易落人口实。

　　颍谷的封人（边疆长官）考叔献给郑庄公礼物。
郑庄公赏他饮食。他把肉留下来，说是要孝敬母亲。
郑庄公感叹自己却没有母亲可送。颍考叔明白其中
原委，就建议他挖地见到泉水，与母亲在隧道相会，
不就不算违背誓言了吗？郑庄公听从了这个建议，母
子二人终于和好。当然，武姜不会再有任何权力了。

　　段的儿子公孙滑后来逃奔到卫国（今河南淇县），
向卫桓公哭诉。卫国是中原老牌强国，对郑国这个
新兴势力早就看不顺眼。于是卫桓公下令攻下廪延。
郑庄公没有与卫国硬碰硬，而是巧妙利用天子卿士
的职务之便，调动王师与西虢国（今河南三门峡）军
队前往，轻松击败卫国。中原列国混战的序幕从此
拉开。

春秋初霸

　　前719年，卫、宋（今河南商丘）、陈（今河南淮阳）、蔡（今河南上蔡）、鲁（今山东曲阜），五国联军击败郑国。郑庄公寡不敌众，心里却有了主意。虽然面对多国联盟不是对手，但可以等他们散了再各个击破啊！至于较远的齐（今山东淄博）、鲁两大国，应该多多拉拢，搞好关系。这也算是"远交近攻"的战略雏形。

　　前718年，郑庄公攻打卫国，卫宣公命令南燕国（今河南延津东北）攻打郑国。郑庄公亲自率领大军，与南燕军对峙，同时派遣公子曼伯与公子突偷袭南燕军后方，南燕军大败。当时战争讲究堂堂正正，不击鼓不出战，这是中国军事史上第一次有记载的迂回包抄搞偷袭的案例，郑庄公可谓是吃螃蟹的第一人。

　　之后郑庄公又一次以天子卿士的名义，调动王师

和邾国（今山东曲阜南）军队，打到宋国外城。第二
年又击败陈国。此时，齐僖公出来调停，齐、宋、卫、
郑四国签订盟约，承认了郑庄公在中原的小霸地位。

接下来，郑庄公又联合齐僖公、鲁隐公，攻打
许国（今河南许昌）。许国很快被灭，齐僖公、鲁隐
公希望郑庄公占领许国，而郑庄公审时度势，认为
不如让许国大夫百里辅佐国君管辖许国东部，郑国
大臣公孙获管辖许国西部，通过分裂的形式控制许
国更划算。

不过，郑庄公以天子卿士名义假公济私的行为，
让周桓王非常不满。周、郑矛盾从周平王时代就有

了，当时周平王为了分郑庄公的权，将一部分朝政交给西虢公处理。郑庄公表示不满，周平王矢口否认。郑庄公提出与周平王互换儿子作为人质，周平王需要仰仗郑庄公，只能隐忍答应。

周平王去世，他的孙子即位，就是周桓王。周桓王年轻气盛，根本不忍郑庄公，继续扶持西虢公。郑庄公大怒，派兵割了王城郊外的庄稼示威。周桓王也不怕，直接任命西虢公为卿士，与郑庄公并驾齐驱。这下郑庄公没辙，也不想撕破脸，反而去朝见周桓王，套套近乎。

周桓王乐了，干脆宣布免除郑庄公的卿士，以西虢公一人担任卿士。这下惹恼了郑庄公，他宣布不再朝见。而周桓王等的就是这一天，立刻下令进攻郑国，陈、蔡、卫纷纷响应。两军在繻（xū）葛（今河南长葛）相遇。

周桓王把军队分为三军，自己率领中军，西虢公率领右军（包括卫、蔡），周公率领左军（包括陈）。因为陈国国君是弑侄篡位，军心不稳，所以郑庄公采用公子突的建议，先攻击左军，左军一退就接着攻击较弱的右军。当时战争讲究荣誉，一般是地位最高的中军在前，左右在后，步兵又在车兵之后。郑庄公却调整阵形为左右在前，中军在后，并把步兵配置在战车缝隙中。

不出郑庄公所料，周桓王左、右军接连败退，中军孤掌难鸣，连周桓王本人都被郑国的祝聃射中肩膀，只好下令撤退。祝聃还想追击，被郑庄公制止了。当晚，郑庄公派祭足去慰问周桓王，周桓王无话可说。

从此郑庄公真正打遍中原无敌手。正是郑庄公的随机应变，又深谙张弛之道，才能在春秋前期大放异彩。不过，郑庄公打败周桓王，却是个两败俱伤的结果，虽然让天子颜面扫地，却失去了天子这面令旗，霸业也就注定不能长久了。

触摸历史

■ [成语]

· 多行不义必自毙

出自《左传》，说的是武姜让郑庄公将弟弟段封在京城，祭足建议郑庄公及时干预叛乱的苗头，郑庄公认为他们做多了不合道义的事情，一定会自我毁灭。

· 其乐融融

出自《左传》，说的是郑庄公与母亲武姜在地道相会，郑庄公作诗"大隧之中，其乐也融融"，武姜回诗"大隧之外，其乐也泄泄"，表示快乐和谐的景象。

· 处心积虑

出自《穀梁传》，作者认为郑庄公是"处心积虑成于杀也"，指郑庄公谋划了很长时间杀死弟弟段，后多用于贬义。

· 冒天下之大不韪

出自《左传》，本为"犯五不韪"，说是息国国君犯了五种错误，还去攻打郑庄公，结果大败而归。后"冒天下之大不韪"表示不顾舆论去干坏事。

▣［文物］

· 清华简《郑武夫人规孺子》

清华大学藏战国竹简的一篇，记录了武姜为了扶植段的势力，劝导郑庄公将权力放给卿大夫，可视为"郑伯克段于鄢"的前传。

▣［遗迹］

· 邻国故城遗址

在河南新密曲梁乡大樊庄古城角寨村。邻国传说为祝融之后建立，春秋初年，郑国东迁灭亡邻国。现为河南省重点文物保护单位。

· 郑王陵博物馆

在河南新郑郑韩故城东城西南部，郑国贵族墓地北侧，包括已发掘的一号和三号车马坑、郑公中字形大墓、郑国大夫墓部分大中型墓葬马坑等。

原典

　　于是庄公迁其母武姜于城颍[1]，誓言曰："不至黄泉[2]，毋相见也。"居岁余，已悔思母。颍谷[3]之考叔[4]有献于公，公赐食。考叔曰："臣有母，请君食赐臣母。"庄公曰："我甚思母，恶负盟，奈何？"考叔曰："穿地至黄泉，则相见矣。"于是遂从之，见母。

　　　　　　　　　　　　　　——《史记·郑世家》

注释：

　　1.城颍：郑国地名，在今河南临颍西北。

　　2.黄泉：黄土下的泉水，代指人去世后的世界。

　　3.颍（yǐng）谷：郑国地名，在今河南登封西南，或与城颍为一地。

　　4.考叔（？—前712年）：郑国颍谷封人（镇守边疆之地方长官），又称颍考叔，在伐许之战中被公孙阏暗杀。

大意

　　于是郑庄公把母亲武姜迁居到城颖，并立下誓言："不到黄泉，不再相见。"过了一年多，郑庄公思念母亲，很后悔这样做。颖谷封人考叔表示有东西献给郑庄公，郑庄公就赐给他饮食。考叔说："臣有母亲，请求国君将这些食物赐给臣的母亲。"郑庄公说："我也很想念母亲，却不想违背发过的誓，怎么办呢？"考叔说："您挖一条能见到地下水的地道，也就是'黄泉'，不就可以相见了吗？"于是郑庄公听从了他的意见，就这样重新见到了母亲。

西周时代，鲁国一直是东方强国。春秋初期，齐国崛起，鲁国长期受制于齐国，于是常联合楚国或晋国与齐国抗衡。春秋中后期鲁国贵族"三桓"把持朝政，国君沦为摆设。传至鲁顷公二十四年（前256 年）时，鲁国为楚国所灭。

抗衡与突围：鲁庄公的故事

《史记·鲁世家》
《左传》

鲁庄公（前706年—前662年）是春秋前期鲁国较有作为的国君，姬姓，名同，于前693年—前662年在位。父亲为鲁桓公，母亲为齐国公主文姜。齐襄公杀死鲁桓公，鲁庄公即位后，也遭到齐襄公压制。齐襄公去世，鲁庄公送齐公子纠回国即位，没想到齐桓公捷足先登。之后鲁庄公任用曹刿（guì）在长勺打败齐军，任用公子偃在乘丘打败宋军。但齐鲁终究实力悬殊，鲁庄公不得不臣服于齐国。

鲁国人特别讲究周礼，比较认血缘等级，所以重用贵族。相应的是鲁国北边的齐国，更多重用功臣。西周时期，齐、鲁差距还不太大。进入春秋时代，鲁国实力就显得不如齐国了。

前694年，鲁桓公带着夫人文姜回齐国娘家，文姜的哥哥齐襄公早就想控制鲁国，于是趁机将鲁桓公灌醉杀死。年仅十三岁的太子同即位，就是鲁庄公。鲁庄公年少，母亲文姜偏向齐国，加上鲁国实力不济，所以即使父亲被杀，也不敢声讨舅舅齐襄公。后来文姜还为鲁庄公求娶了齐襄公的女儿哀姜为夫人。齐、鲁两国一时倒也表面和睦。

前686年，齐襄公被堂弟公孙无知杀死，公孙无知又被齐国大夫雍廪杀死。齐襄公没有儿子，齐国最高权力出现真空。齐襄公在位时，他的弟弟公子小白在鲍叔牙的辅佐下逃奔莒国。齐襄公被杀时，他的另一个弟弟公子纠又在管仲和召忽的辅佐下逃奔鲁国。

次年春季，齐国大夫约鲁庄公会盟，商议送公子纠回国即位。此时鲁庄公已经二十二岁，早已开始亲政。他感觉机会来了，于是亲自带兵护送公子纠回国。可没想到的是，公子小白却捷足先登，即位成了齐桓公。齐桓公派鲍叔牙带兵迎战鲁军，两军在齐国都城临淄西南的乾时作战，鲁庄公被打得大败，一路逃回鲁国。鲍叔牙紧追不舍，大军直压鲁国边境，请求杀掉公子纠，并交出管仲、召忽。鲁庄公只好照办。

不过齐国并没因此放过鲁国，第二年齐桓公就发兵攻打鲁国，想彻底征服鲁庄公。鲁庄公正踌躇无奈之际，曹刿请求献策。曹刿见了面就问鲁庄公："您对外作战的底气是什么？"鲁庄公说："有吃有穿，我不会独自享受，一定分给大家！"曹刿听了后说："这些小恩小惠能发给几个人呢？多数百姓不会听您的！"鲁庄公又说："我祭祀用的牛羊玉帛，从不擅自增减，祈祷一定反映真实情况。"曹刿说："这一点诚心能代表什么呢？难道您打仗还指望神明赐福吗？"鲁庄公想了想说："国内大大小小的

案件，我虽然不能完全探明真相，但也会合情合理地去办！"曹刿终于满意地说："您这才是为百姓尽力啊，凭这点，您就可以对外作战！"

当时的"百姓"与后世的平民百姓不同，而是指国内各大家族。这些家族都有一个属于自己的"姓"，所以被统称为"百姓"，也被称作"国人"，是国家务农和作战的基本力量。鲁庄公能够尽量公正断案，证明国人基本都会支持他，国内上下一心，也就不畏惧敌人了。

鲁庄公与曹刿同乘一辆战车，在曲阜北边的长勺与齐军相遇。鲁庄公准备击鼓作战，却被曹刿阻止了。等到对面的齐军已经打了三通鼓时，曹刿才说："可以出战了！"结果齐军大败，溃不成军。鲁庄公准备追杀，又被曹刿劝阻。曹刿跳下战车，仔细察看齐军的车轮印，又登上车前横木远望，这才说："可以追了！"于是鲁军追击齐军，又杀了一阵。

战胜以后，鲁庄公问曹刿取胜的缘故。曹刿说："所谓一鼓作气、再而衰、三而竭。他们的士气没有了，而我们的士气刚振作，所以就战胜了他们。大国的情况难以捉摸，怕有埋伏。我发现他们的车轮印已经散乱，又望见他们的旗帜已经倒下，这才判断他们是真的战败撤退。"

当年夏季，不甘心的齐桓公又联合宋闵公进攻鲁国。鲁国公子偃指出："宋军军容不齐，可以先攻打他们，等到他们战败，齐军必然回国。"鲁庄公开始不同意，公子偃急了，他不希望风头都被曹刿抢走，于是他私自带兵出击。鲁庄公见到公子偃出战，也就率军朝宋军所在的乘丘（今山东兖州）进击。公子偃的战术让宋军被迅速击溃。宋军大败，齐军果真撤退了。

当时宋国有一位大将南宫长万，有万夫不当之勇。鲁庄公虽然年轻，却是一个神箭手，他张弓搭箭，一箭射中南宫长万。南宫长万被俘虏后，居然还很佩服鲁庄公。后来被放回国，还一直吹嘘鲁庄公的勇武。前683年，宋闵公再次攻打鲁国，希望复仇。宋军还没摆好阵势，在宋鲁之间的鄑（zī，在今山东汶上县南）地被鲁军再次击败。鲁庄公又一次获得了胜利。

虽然鲁庄公多次取得对齐国、宋国的胜利，但这只是战术上的胜利，并不能改变鲁国弱于齐国的局势。尤其是齐桓公任用管仲改革后，国力迅速上升，鲁国也就更加无法与之抗衡。所以，在后来的齐桓公会盟活动中，鲁庄公也都积极参与，拥护齐桓公的盟主地位。

前622年，鲁庄公去世。一直不受他待见的夫人哀姜勾结鲁庄公的二弟庆父作乱，派圉（yǔ）人荦（luò）杀死鲁庄公指定的继承人公子斑，另立鲁闵公，但不久庆父又杀死鲁闵公，打算自己做国君。最终鲁庄公的四弟季友在齐桓公的支持下，平定庆父之乱，立鲁庄公的儿子申为鲁僖公。这场混乱才结束。

触摸历史

■ ［成语］

· 一鼓作气

出自《左传》，说的是曹刿对鲁庄公说作战取胜秘诀，第一次击鼓奋发士气，第二次士气就衰微了，第三次士气就竭尽了。后比喻鼓足干劲一口气做完某事。

· 庆父不死，鲁难未已

出自《左传》，说的是齐国大夫仲孙湫向齐桓公报告，说庆父不死的话，鲁国的灾难不会消停。后比喻不清除罪魁祸首，祸乱就不会安宁。

■ ［遗迹］

· 曲阜鲁国故城

在山东曲阜市区及东、北面，面积约10.45平方千米，分为内外双城，发掘墓葬200余座。现为全国重点文物保护单位、国家考古遗址公园。

原典

初，庄公筑台临党氏[1]，见孟女[2]，说[3]而爱之，许立为夫人，割臂以盟。孟女生子斑[4]。斑长，说梁氏女，往观。围人荦[5]自墙外与梁氏女戏。斑怒，鞭荦。庄公闻之，曰："荦有力焉，遂杀之，是未可鞭而置也。"斑未得杀。

——《史记·鲁周公世家》

注释：

1.党氏：鲁国家族，任姓。

2.孟女：即孟任，名不详，党氏之女，生鲁庄公长子斑和一女。

3.说：通"悦"，喜爱。

4.斑（？—前662年）：《左传》作"般"，鲁庄公与孟任之子，鲁庄公去世后即位，同年为围人荦所杀。

5.围人荦：鲁国围人，掌管养马放牛，名荦。

大意

　　当初，鲁庄公建造的高台靠近党氏家。鲁庄公因此见到并爱上党氏的庶长女孟任，割破手臂立下盟誓，许诺要娶她为夫人。后来孟任为鲁庄公生下公子斑。斑长大后，喜欢上梁氏的女儿。有一次去看她，竟见到养马人荦正从墙外与梁氏女嬉戏。斑十分愤怒，因此鞭打荦。鲁庄公听说后，说："荦孔武有力，既然如此，不如将他杀掉以绝后患，不可以鞭打就作罢。"不过，斑最终没杀荦。

齐国于周成王时期受封，始封君为姜子牙。西周时代，齐国一直是东方强国。春秋初期齐桓公成为第一位诸侯霸主，之后晋国兴起，齐国常与晋国争霸。春秋后期国家大权落入大夫陈氏之手。齐康公十九年（前386年），齐国为陈氏取代。

春秋第一霸主：

齐桓公的故事

《史记·齐世家》

《左传》

《管子》

齐桓公（？—前643年）是春秋时期"春秋五霸"之首，姜姓，名小白，于前685年—前643年在位。哥哥齐襄公被杀后，齐国大夫拥立他即位。因为不计前嫌，任用政敌管仲为执政，齐国迅速强大。之后齐桓公打着"尊王攘夷"的旗号，相继救助了被戎狄侵略的燕国、邢国、卫国，并维护了周太子郑的地位。太子郑即位为周襄王后，赐给他胙肉，承认他的诸侯霸主地位。后世对齐桓公的评价颇高。

不计前嫌，用人不疑

齐国都临淄，始封君是周武王的岳父、周初名臣太师吕尚，也就是大名鼎鼎的姜子牙。据说，吕尚到达齐国后，按照土著风俗简明周礼，并利用渤海的鱼盐之便发展工商业，齐国很快繁荣起来。

春秋前期，齐襄公灭亡东边的纪国（今山东寿光），齐国实力大增。不过，齐襄公因为施政暴虐，导致堂弟公孙无知叛乱，齐襄公被杀。前面说到过，齐襄公无子，两个逃奔在外的弟弟纠和小白成为继承人的竞争者。

齐国掌权的两大家族是高氏和国氏，小白一直与两位族长高傒（xī）和国子关系不错。等到公孙无知被杀，高傒和国子就暗中请躲在莒（jǔ）国的小白回国即位。鲁庄公得知消息，也派兵护送投奔鲁国的公子纠回齐国。

公子纠的师父管仲则另外带一支部队，在莒国通往齐国道路上埋伏，一箭射中小白的衣带钩。小白装死瞒过管仲，管仲派人报告鲁国，结果导致鲁军放松警惕慢慢行军，用了六天才到达齐国。而此时小白早已到达，高傒立他为国君，也就是齐桓公。

齐桓公在乾时之战击败鲁庄公，又派鲍叔牙继续行军，逼迫鲁庄公杀掉公子纠，交出管仲。但鲍叔牙一到齐国境内就将管仲释放，并向齐桓

公极力举荐管仲，认为只有任用管仲才能让齐桓公真正称霸。

齐桓公听从了意见，让管仲与鲍叔牙、隰（xí）朋、高傒等共同治国。齐桓公虽然之前与管仲是仇人，但既然任用了管仲，就非常信任他，这也让管仲深受感动。在管仲的打理下，齐国更加蒸蒸日上。

成为春秋五霸之首

终齐桓公一生，共与诸侯会盟二十二次。他用这种方式确定诸侯之间的权利义务，并维系自己的霸主地位。

前681年，宋国内乱。次年，齐桓公借此召集鲁、宋、陈、蔡、邾等国国君在北杏（今山东东阿）会见，商量干预宋国内乱的事，并于当年冬季在柯

齐桓公

地（今山东阳谷）结盟。这是齐桓公第一次大会诸侯，也是为了借机试探诸侯的态度。随后他先灭了不来参会的遂国，又请示周天子，率领诸侯击败撕毁盟约的宋国。

前680年，齐桓公召集宋、卫、郑三国在鄄（juàn）地（今山东鄄城）会见，周惠王派代表单伯参加，算是认可齐桓公的征伐大权。第二年，齐桓公又召集宋、卫、郑、陈四国在鄄地第二次会见。这两次鄄地之会，被认为是齐桓公称霸的开始。

除了会盟与征战，齐桓公选择扶持小国，同时做好"尊王"的表率。尊天子在他这里是一种很好用的借口，对小国可以树立自己守礼的形象，对大国可以作为用兵征讨的借口，同时也能取得周天子的支持，用得动诸侯联军，可谓一举多得。

前664年，山戎攻打燕国，燕国向齐国告急。齐桓公救助燕国，征讨山戎，一直进攻至孤竹（今河北卢龙）。战争结束后，燕庄公为齐桓公送行，一直送到了齐国境内。齐桓公说："除非是天子，否则诸侯相送不能出境。"于是挖沟为界，割让燕庄公所到之处给燕国，也要求他像过去一样向周王室纳贡。诸侯听到这件事，都表示信服齐国。

前661年，赤狄进攻邢国（今河北邢台），齐桓公出兵救援。第二年，狄人又进攻卫国，邢国地处北面，率先溃散。卫懿公战死，大臣丢弃都城逃走。齐桓公又果断带领诸侯联军，驱逐了狄人，并帮助邢国在夷仪（今山东聊城西南）、卫国在楚丘（今河南滑县）重建。燕国、邢国、卫国三个国家，都倚仗齐桓公而延续了下来。

楚国是位居南方的大国，楚成王与齐桓公争夺中原的郑国。于是齐桓公盘算一番决定向楚国用兵。

前657年，齐桓公先找了个借口把夫人蔡姬赶回娘家。蔡穆侯觉得很没面子，就把蔡姬改嫁了。这正合了齐桓公的心意。第二年，他率领齐、鲁、宋、陈、卫、郑、许、曹（今山东菏泽定陶区）八国军队以此为借口攻打蔡国，小小的蔡国当然迅速溃败。齐桓公马上露出了真正的意图，带领联军继续进攻楚国。

　　没想到，楚成王早有防备，派遣使者前来应对。楚国使者说："齐楚两国本是风马牛不相及，为什么楚国要攻打齐国？"管仲此时找的理由就是楚国对周天子不敬，他指责楚国不进贡特产，又说是来为死在汉水的周昭王问罪的。

　　其实，管仲在避重就轻。楚国扩张的时候，消

灭了不少姬姓国家，这些行为都无法辩解。但管仲选择了贡品这种小事以及时间久远谁也说不清的凶案，这是特意给楚国找台阶下，因为齐国没把握战胜楚国，他想要的只是楚国的臣服。最终楚国与诸侯签订了盟约，代表楚国服从齐国。放眼天下，齐桓公已经再无敌手。

任用小人，晚景凄凉

随着管仲的离世，齐桓公的霸业也就到头了。前645年，管仲病重，齐桓公问管仲："您去世后，易牙、开方、竖貂能辅佐我吗？"管仲认为，易牙为国君杀害儿子，开方为了国君背叛家人，竖貂更加过分，为了国君居然自宫做近臣。可见这三个人都没有人性，绝对不能任用。可齐桓公没有听，依然重用了这些献媚的小人。

果然在齐桓公去世后，易牙、竖貂等多个势力为了立国君而互相攻杀，导致齐桓公的尸体腐坏，直到六十七天后才下葬。《韩非子》更透露出，其实在齐桓公病重时，易牙、开方、竖貂等人就发动政变，关闭宫殿，将齐桓公活活饿死。

齐桓公虽然是一代霸主，但自身缺点也不少，多亏有管仲、隰朋、鲍叔牙等一干贤臣辅佐，才能成就一番霸业。但没有了这些贤臣在身边，自己就迅速被奸臣腐蚀，齐国陷入诸子争位的内乱，霸业也就告一段落了。

触摸历史

■ [成语]

· 老马识途

出自《韩非子》，说齐桓公攻打孤竹返回途中迷路。管仲说老马认识路，大部队跟随老马前行才找到方向。后比喻有经验的人对于某种事情比较熟悉。

· 勿忘在莒

出自《吕氏春秋》，说齐桓公与臣下饮酒，鲍叔牙提醒齐桓公不要忘记在莒国避难的事。齐桓公说如果大家都不忘记过去的苦难，齐国未来就能兴盛。后比喻富贵时不忘艰苦的过去。

· 得心应手

出自《庄子》，说的是匠人轮扁认为齐桓公读的圣贤书都是糟粕，不如自己用斧头削车轮，心中怎么想手中就怎么做。后比喻技艺纯熟或做事顺手。

· 风马牛不相及

出自《左传》，说的是齐桓公率领联军进攻楚国，楚成王派使者说齐国在北、楚国在南，正如马和牛不会互相吸引。后比喻事物毫不相干。

■ [遗迹]

· 临淄齐国故城

在山东淄博临淄区，面积约16平方千米，分为内外双城，现为全国重点文物保护单位，并公布为国家考古遗址公园。今有桓公台等遗存。

· 后李文化遗址

在山东淄博临淄齐陵街道后李官村，包括新石器时代文化、两周文化和晚期文化遗存三大阶段，其中有大型春秋车马坑一座，并建有中国古车博物馆。

原典

二十三年，山戎[1]伐燕[2]，燕告急于齐。齐桓公救燕，遂伐山戎，至于孤竹[3]而还。燕庄公遂送桓公入齐境。桓公曰："非天子，诸侯相送不出境，吾不可以无礼于燕。"于是分沟割燕君所至与燕，命燕君复修召公[4]之政，纳贡于周，如成康[5]之时。诸侯闻之，皆从齐。

——《史记·齐太公世家》

注释：

1. 山戎：部族名。一说在燕山山脉，一说在太行山山脉。

2. 燕：周代国名，一说为周代初年召公奭的封国，即北燕，在今北京、河北北部、辽宁西部一带，于燕王喜三十三年（前222年）灭于秦；一说为南燕，在今河南延津，为黄帝之后姞姓国。

3. 孤竹：古国名，在今河北卢龙。

4. 召（shào）公：即召公奭，西周初年任太保，封于燕国。

5. 成康：周成王和周康王。

大意

　　齐桓公二十三年，山戎攻打燕国，燕国向齐国告急。齐桓公出兵征讨山戎，救助燕国，一直打到孤竹才返回。燕庄公送别齐桓公，一直送到了齐国境内。齐桓公说："不是天子的话，诸侯相送是不能出境的，我不能对燕国失礼。"于是挖沟为界，割让燕庄公所到的地方给燕国，又要求燕庄公奉行当年燕召公的德政，像周成王、周康王时一样，向周王室纳贡。诸侯听到这件事，都表示信服齐国。

宋国于周成王时期受封，始封君为商纣王长兄微子启。西周时，宋国是中原强国。春秋初期，郑国崛起，宋国受到压制。之后宋国先后倒向齐国、晋国，偶尔归属楚国。春秋中期公族开始掌权，战国时发生"戴氏取宋"事件。至前286年，宋国为齐国所灭。

屡败屡战：宋襄公的故事

《史记·宋微子世家》

《史记·齐太公世家》

《左传》

宋襄公（？—前637年）是春秋前期宋国国君，子姓，名兹甫（父），于前650年—前637年在位。齐桓公去世前，对宋襄公较看重；齐桓公去世后，宋襄公想继承霸主地位，无奈实力不济，得不到太多诸侯响应。他希望以武力震慑诸侯，在与楚国的盟会中，却遭到楚人绑架。前638年宋楚泓水之战，宋襄公不听从司马的意见，坚持等到楚人过河布阵完毕才发动进攻，结果惨败。第二年，宋襄公伤重去世，霸主梦也随之灰飞烟灭。《史记索隐》以齐桓公、宋襄公、晋文公、秦穆公、楚庄王为"春秋五霸"，但宋襄公最名不副实。

西周时，宋、卫两国是中原最强的国家。进入春秋时代，郑国异军突起，宋国、卫国均受到压制。尤其是宋殇公与郑庄公十年里就打了十一仗，臣民苦不堪言，宋殇公也因政变被杀死。郑庄公扶植宋庄公即位，此时宋国依附他国初见端倪。后来宋国又遭遇了内乱，国力更衰。到了宋庄公之子宋桓公即位之后，更需要依附强国。所以无论是齐桓公召开的国际盟会，还是主导的军事行动，宋桓公都积极追随。

前651年，宋桓公去世，宋襄公即位。他比前两代人对强国更加殷勤，当时宋桓公还没有下葬，宋襄公就前往参与诸侯的盟会。之后齐桓公主持的行动，宋襄公也都积极配合。

到前644年时，宋国发生两件奇怪的事。第一件是宋国上空坠落了五块石头，今天我们知道那是陨石，当时人认为是星星坠落；第二件是六只水鸟——鹢（yì）倒退着飞过宋国国都，这其实就是风太大的缘故。不过，当时不少人都喜欢把反常的事件与政事利弊联系起来。

周朝的内史叔兴正在宋国访问，宋襄公向他咨询这两件事代表什么兆头。叔兴回答说："今年鲁国有丧事，明年齐国有动乱，您会得到诸侯拥护，却不能保持到最后！"叔兴退下后，悄悄对人说："这是属于自然现象，与人事吉凶没有关系。吉凶由人的行为决定，我这样说，只不过是顺着国君罢了。"

也就是说，叔兴看得很清楚，宋襄公一定会有祸患，但都是自己造成的，与自然现象没有关系。

宋襄公对此不以为意。因为齐桓公很欣赏他，还把公子昭托付给他，他认为接下来的霸主就是自己。第二年，齐桓公去世，公子无亏即位，公子昭逃到宋国。宋襄公果然古道热肠帮助他率领联军攻打齐国。齐国人被逼杀死无亏，公子昭即位为齐孝公。可宋襄公一走，齐孝公又被诸公子赶下台，再次逃到宋国。宋襄公又与齐国作战，齐国也是一盘散沙，居然再次被宋襄公击败。齐孝公复位，齐桓公这才得以下葬。

拥立了齐孝公的宋襄公，不禁飘飘然起来。前641年，宋襄公召集诸侯会盟，在会上，他拘捕了不服从自己的滕国（今山东滕州）国君滕宣公，又命邾文公杀死鄫国（今山东兰陵）国君，用他祭祀土地神，想通过这种方式震慑东夷。

　　他的哥哥子鱼对此表示反对，子鱼说："古代祭祀都不杀大牲口，何况用人做祭品呢？祭祀本就是为了人，百姓正是神的主人，杀人祭祀给什么神享用？齐桓公曾恢复被灭的燕、卫、邢三国，仍然被人说德行浅薄，您却在一次会盟上伤害两个国君，还用来祭祀邪恶的鬼神，这样来谋取霸业，能善终就怪了！"

　　可宋襄公沉迷在霸主梦中，对这番话置之不理。同年，他又不听劝说地发兵包围不肯顺服的曹国，果然没能成功。虽然攻打曹国虎头蛇尾，但宋襄公依然狂妄。前639年，宋襄公居然约齐、楚两大国会盟，并异想天开地要求臣服楚国的诸侯臣服自己，楚成王假意应允。

宋襄公更加膨胀，同年，他又与楚、陈、蔡、郑、许、曹等国君在盂地（今河南睢县）相会，这次楚成王在会上绑架了宋襄公，想作为筹码攻打宋国。不过大概宋襄公不肯低头，子鱼又充分备战，楚成王觉得捞不到好处，就释放了宋襄公。当然，宋襄公仍然没有吸取教训。前638年，郑文公访问楚国，

宋襄公怒而向郑国发兵，楚成王果然再次找到机会对宋发兵。

十一月初一，宋襄公与楚军在泓水（今河南柘城北）两岸对峙。宋军在北岸排成队列，但楚军却没有全部渡河。司马说："敌众我寡，趁他们没全部渡河时，请国君下令攻击！"宋襄公却认为不行。等到楚军渡河后还未布阵，司马又把情况报告宋襄公，宋襄公仍然认为不行。一直等到楚军摆好了阵势，宋襄公才下令进攻。结果宋军完全不是楚军敌手。这也成为一个流传千年的笑话。

宋军大败，国人纷纷责怪他。宋襄公却自有一套道理，他认为："君子不追杀受伤的敌人，不捉拿头发花白的老人，不能以关塞险阻取胜，也不会攻击没有准备好的敌人。"

子鱼感叹说："国君真是不懂战争啊！作战目的就是为了多杀敌人。敌人受伤没有死，为什么不追击？如果爱惜敌人，一开始就不应该打仗。打仗要利用有利条件，攻击没有准备好的敌人，有什么不可以呢？"

第二年春季，齐孝公趁火打劫，出兵包围宋国缗（mín）地（今山东金乡），声讨宋襄公不参加会盟。夏季，又气又病的宋襄公终于一病不起，结束了他荒诞的一生。

可以发现，宋襄公还是老一套的战争观念，与之前的郑庄公、曹刿形成鲜明的对比，失败自然也是可以预料得到的。其实从宋襄公逮捕滕国国君、杀害鄫国国君、攻打曹国国君来看，也谈不上为人有多仁义。因为宋国是亡国殷商之后，宋襄公又闹出这种笑话，连累了宋国人被编派成寓言故事，如揠苗助长、守株待兔、智子疑邻等，主角都是宋国人。

触摸历史

■ [成语]

· 宋襄之仁

出自《左传》，说的是宋襄公与楚军泓水之战，宋襄公非要等楚军渡河布好阵，然后才发动攻击，结果遭到惨败。后比喻对敌人仁义的可笑行为。

■ [遗迹]

· 宋国故城

在河南商丘睢阳区，面积约10.2平方千米，分为内外双城，现为全国重点文物保护单位，并公布为国家考古遗址公园。今有商祖祠、阏伯台、燧皇陵等遗存。

原典

　　楚人未济[1]，目夷[2]曰："彼众我寡，及其未济击之。"公不听。已济未陈[3]，又曰："可击。"公曰："待其已陈。"陈成，宋人击之。宋师大败，襄公伤股。国人皆怨公。公曰："君子不困人于阨[4]，不鼓不成列。"子鱼曰："兵以胜为功，何常言[5]与[6]！必如公言，即奴事[7]之耳，又何战为？"

——《史记·宋微子世家》

注释：

1.济：渡河。

2.目夷：即公子目夷，字子鱼，宋桓公之子，宋襄公庶兄。据《左传》，说此话的人为"司马"，一说为公孙固。

3.陈：通"阵"，排兵布阵。

4.阨（è）：阻塞，障碍。

5.常言：空谈。

6.与：通"欤"，语气助词。

7.奴事：像奴隶一样侍奉。

大意

　　楚国人还没渡完河，目夷说："楚国人多，我们人少，应该趁着他们还没完全过河时发起进攻。"宋襄公不听。等到楚军全部渡河，还没布阵，目夷又说："现在可以进攻了。"宋襄公说："得等他们布好阵。"楚军布阵完毕，宋军才发动攻击。结果宋军大败，宋襄公的大腿也受伤了。宋国人都因此怨恨宋襄公。宋襄公却说："君子不会乘人之危，打仗的时候，敌方没有布阵击鼓，就不应该进攻。"目夷说："战争的目的是取胜，您说什么空话呢！要像您这样说，就当奴隶去侍奉他人好了，何必打仗呢？"

晋国于周成王时期受封，始封君为周成王之弟唐叔虞。西周时代，晋国一直是河东强国。春秋初年，晋国陷入长达67年的"曲沃代翼"内乱中。之后晋献公规定晋无公族，权力落入异姓之手。至晋烈公十三年（前403年），晋国韩、赵、魏三家独立为诸侯。晋静公二年（前376年），晋国被三家彻底灭亡。

从流亡到称霸：晋文公的故事

《史记·晋世家》

《左传》

《国语》

晋文公（前697或前671年—前628年）是公认的"春秋五霸"第二位，姬姓，名重耳，于前636年—前628年在位。父亲为晋献公，母亲为大戎狐姬。晋献公听信骊姬谗言，重耳与弟弟夷吾流落别国。后来夷吾回国即位为晋惠公，重耳继续流亡。晋怀公即位后，重耳在秦穆公帮助下夺位。之后他平定周王室王子带之乱，又率领诸侯在城濮之战击败楚国令尹子玉。晋文公在践土大会诸侯，被周襄王册封为诸侯霸主。

被流放和迫害的少年

晋献公晚年宠幸骊姬，骊姬想让儿子奚齐上位。在她的怂恿下，前666年，太子申生被外放到曲沃、年仅六岁的公子重耳被外放到蒲城（今山西隰县西北）、更小的公子夷吾被外放到屈地（今山西吉县）。其他公子也全部住在边境。只有骊姬和儿子奚齐、骊姬妹妹和她的儿子卓子跟随晋献公住在都城绛城，那里距离翼城、曲沃不远，在今天山西临汾一带。

就这样过了十一年，骊姬见三位公子在外活得好好的，这对她来说是一个隐患。于是她趁晋献公外出打猎，骗太子申生说晋献公梦见申生去世的母亲齐姜，让他赶紧回曲沃祭祀。申生祭祀完毕，把酒肉献给晋献公。骊姬趁机在酒肉中下毒，狗与宦官试吃后都被毒死，骊姬一口咬定是申生所为。不知是绝望还是想自证清白，申生不愿意逃跑和反抗，自杀身亡。

骊姬想赶尽杀绝，又说重耳、夷吾也有参与，怂恿晋献公攻打重耳，重耳只好又逃到白狄，夷吾则逃到梁国（今陕西韩城）。

前651年，晋献公去世。大夫里克、丕郑杀死奚齐、卓子和骊姬，想迎接重耳回国即位。重耳的舅舅狐偃比较谨慎，认为此时的重耳很难成功坐稳王位，重耳就辞谢了使者。而与此同时，吕甥和郤（xì）称也派使者去迎接夷吾，夷吾的智囊郤芮则鼓

励夷吾接受。吕甥、郤芮为了让夷吾顺利即位，还去向秦穆公求助。最后夷吾顺利即位，就是晋惠公。后来晋惠公太子圉和女儿妾被送到秦国做人质，秦穆公把女儿嫁给了圉。秦国势力也就进入了河东。

再来看重耳，他在白狄一住十二年，期间还娶了赤狄妻子季隗（wěi）。虽然曾共患难，但不怎么仁义的晋惠公为了稳固王权，派寺人披去刺杀重耳，重耳无可奈何，接受赵衰等人的建议，打算前往齐国投靠齐桓公。

被命运推动的流亡路

重耳经过卫国五鹿（今河南濮阳南）时，向当地乡人要饭，乡人却只给他一块土。重耳大怒，想鞭打此人，狐偃连忙说："这是上天要赐土地给公子啊！"重耳明白过来，如果此时冲动暴露身份，很可能小命就没了。他连忙叩头接受，一行人顺利到了齐国。

齐桓公对待重耳不错，给他娶宗室女齐姜为妻。重耳觉得齐国生活舒适，就不想走了。但第二年齐桓公就去世了，齐姜劝重耳不要贪图安逸，应当继续寻找有力庇护，重回晋国。重耳死活不肯。齐姜就与狐偃将重耳灌醉运走。重耳醒来大怒，拿起长戈追杀狐偃，但也无可奈何。

重耳回到卫国，卫文公当时忙着和狄人、邢人作战，无暇顾及重耳。重耳在卫国碰了钉子，就又去了曹国。曹共公就更过分了。他听说重耳肋骨密得连成一块，居然就趁他洗澡时偷看。重耳见曹共公无礼，知道也不能在曹国久待，于是又出发去了宋国。

宋国司马公孙固与重耳友善，劝宋襄公礼遇重耳。可宋襄公忙着争霸，只送给重耳一些马匹，也没太理会重耳。后来宋襄公败于泓水之战，重耳见

宋国没实力，又离开宋国前往郑国。郑文公也不愿意搭理他，大夫叔詹劝郑文公要么礼遇重耳，要么干脆杀了他，郑文公还是不听。重耳就又去了楚国。

楚成王盛宴款待重耳，并问他如何报答。重耳不卑不亢地说："如果我们两国发生战事，那么我一定退避三舍（一舍为三十里）。如果还得不到和解，再和您较量一下。"令尹子玉听后认为这人是个隐患，于是请求杀掉重耳，楚成王不听。

前637年，晋惠公去世，太子圉惧怕其他兄弟争位，不向秦穆公请示，擅自逃回晋国，即位为晋怀公。秦穆公恼怒，于是想到让重耳取代他成为新国君。正好楚成王将他送到秦国。秦穆公非常高兴，把包括怀嬴（晋怀公私自回国没有带走的夫人，秦穆公的女儿）在内的五个秦女送给重耳，其中文嬴成为重耳正妻。

第二年春季，秦军就护送重耳杀往晋国，晋国大夫纷纷背叛晋怀公，与重耳结盟。重耳即位为晋文公，赏赐了一批跟随他逃亡的人，连中途携款而逃的头须都得到了宽恕。国内支持他的人当然也得到赏赐，追杀他的寺人披也没有被追究。这些做法充分地彰显了晋文公的仁德，笼络住了人心。

善用谋士，成就霸业

晋文公刚即位，马上迎来一个扬名机会。周襄王的弟弟甘昭公叛乱，周襄王被击败，逃到郑国汜地（今河南襄城）。在狐偃的劝说下，晋文公把握机会，剿灭叛军、迎接周襄王回朝。周襄王也赐给晋文公河内（今河南北部）的阳樊、温、原、攒（cuán）茅等田地。从此晋国进出中原更方便了。

不过，被赐给晋国的阳樊和原国的人可不服晋文公。为了使这两国人真心臣服，晋文公极力表现自己宽仁有信誉的一面。比如听说阳樊的仓葛认为他不能以武力强取，晋文公就撤了包围圈。在进攻原国时，大张旗鼓地宣称只携带三天口粮，三天后就离开。等到第三天时，即使间谍说城内余粮不多了，晋文公也下令撤兵，这一举动果然使得原国人感动而归顺。

晋文公的称霸之路少不了绝顶聪明的谋士的计策。最精彩的要数起源于救援宋国的这场行动，其中著名的城濮之战，是晋楚两国争霸的关键之战，也是晋文公成为春秋霸主的决定性之战。

宋襄公去世后，中原诸侯纷纷倒向楚国，只有顽固的宋国和较强的齐国不服。前633年，楚成王攻打宋国，宋成公派公孙固到晋国告急。晋国下军佐先轸（zhěn）建议攻打楚国那两个并不牢靠的盟友曹、卫，从而让楚国自动撤兵。

卫成公是个墙头草。晋文公先向卫国借路攻打曹国，卫成公本来不答应，等晋文公攻下他的五鹿，齐昭公也赶来与晋文公结盟。卫成公这时才反悔，但晋文公又不乐意了。没办法，他又想继续投靠楚

国，结果卫国人反而起来造反将他赶跑。鲁僖公本来派公子买帮助镇守卫国，也马上见风使舵，杀了公子买讨好晋国，并骗楚国说公子买擅自离岗才被杀。卫国自顾不暇，晋国迅速击败曹国，俘获了曹共公。

此时，宋成公又派门尹般前来告急。晋文公采取先轸的对策，让宋国去给齐、秦送礼，让两国出面请求楚国对宋撤兵。同时，晋国再把先前占领的曹、卫土地分给宋国。因为楚国不肯放弃曹、卫，自然不会答应齐、秦的调解。果真如先轸所料，被拒绝的齐昭公、秦穆公都很生气，派兵参与援救宋国。

盟军瓦解，对手又增加了有力的援军，局势发生反转。楚成王让令尹子玉撤退，子玉不肯。不过，子玉也派使者去和谈，希望让曹、卫两国复国，并答应楚军从宋国撤退。晋文公继续依照先轸谋略，先扣押住楚国使者宛春，同时私下答应曹、卫复国。这样，曹、卫都因感激而与楚国绝交，而子玉又被彻底激怒。

子玉攻打晋军，晋文公按照当年流亡时的承诺退避三舍。四月初一，两军在城濮（今山东鄄城西南）相遇。宋、齐、秦三国与一些戎狄部落虽然有参战，但主力仍然是晋军。楚军也汇集了陈、蔡和一些蛮夷部队。下军佐胥臣把马蒙上虎皮，率先攻击陈、蔡所在的楚国右军，陈、蔡的战斗力极差，右军迅速崩溃。中军将先轸、上军将狐毛则夹击楚

国左军，左军也迅速崩溃。中军主帅子玉下令收兵，晋国大获全胜。

前632年的践土之盟上，晋文公向周襄王献俘，被周襄王册封为诸侯霸主，中原各国也纷纷从属晋国。

晋文公本人的缺点其实不少，前半生非常不顺，但能历经坎坷，终于成就一番霸业。这与士大夫的辅佐是分不开的。当然，相应的结果就是晋国后来不存在公族。晋文公明确规定，所有的公子成年后，一律外放到其他国家。同时晋国建立"三军六卿"制，三军统帅同时又是执政卿士，这样一来，晋国的行政权和军权实际上就被卿大夫们瓜分。国家大权也逐渐落入了卿大夫之手，并最终导致了后来的三家分晋。

触摸历史

■ [成语]

· 志在四方

出自《左传》，重耳妻子齐姜对文公说，听说你有"四方之志"，将要离开齐国。"四方之志"又作"志在四方"，比喻志向远大。

· 行就将木

出自《左传》，重耳妻子季隗说自己已经25岁，再等晋文公25年就要进棺木了。比喻人临近死亡。

· 退避三舍

出自《左传》，说的是楚成王问重耳即位后如何报答自己，重耳说两国对抗时，晋军后退三舍（共九十里）来表示敬意。后比喻退让之义。

· 贪天之功

出自《左传》，说的是介子推认为晋文公即位是天意，但是随从都认为是他的功绩。介子推反驳说偷人家的东西都是盗，何况将上天的功劳贪为自己的功劳呢?

·师直为壮

出自《左传》,说的是城濮之战时晋文公下令退避三舍,将士不满意,狐偃说师出有名则气壮,我们退避三舍楚军还不退,我们就有理了。比喻师出有名,士气旺盛。

·兵不厌诈

出自《韩非子·难一》,说的是城濮之战前晋文公问敌众我寡怎么办,狐偃说君子以忠信待人,但领兵打仗不嫌狡诈欺骗的方法多。比喻作战时各种迷惑敌人的方法。

·竭泽而渔

出自《吕氏春秋·义赏》,说的是狐偃主张兵不厌诈,雍季反驳说把沼泽的水弄干,能捕获很多鱼,但明年就无鱼可捕了。比喻贪图眼前利益,不顾长远利益。

·困兽犹斗

出自《左传》,说的是城濮之战后晋文公仍然有担忧,臣下问打赢了为什么还忧虑呢?晋文公说因为被围困的野兽尚且还要挣扎搏斗,何况子玉这位大国的令尹呢?

■ [文物]

· 清华简《晋文公入于晋》

清华大学藏战国竹简的一篇，记录了晋文公即位之后治理国家的内容，其中论晋国兵制填补了史料空白。

■ [遗迹]

· 晋祠

在山西太原晋源区晋祠镇，是纪念晋国始祖唐叔虞与母亲邑姜的祠堂。内有难老泉、侍女像、周柏号称"三绝"，现为全国重点文物保护单位、全国二级博物馆。

· 侯马晋国遗址

在山西侯马西北部，是晋景公迁都后的晋国都城所在地，面积约50平方千米，现为全国重点文物保护单位，遗址上修建有晋都博物馆。

· 曲村—天马遗址

在山西曲沃和翼城交界处，为西周晋侯墓地遗址，有8组17座晋侯及夫人墓葬等，现为全国重点文物保护单位，遗址上修建有晋国博物馆。

原典

介子推[1]从者怜之，乃悬书宫门曰："龙欲上天，五蛇为辅。龙已升云，四蛇各入其宇[2]，一蛇独怨，终不见处所。"文公出，见其书，曰："此介子推也。吾方忧王室，未图其功。"使人召之，则亡。遂求所在，闻其入绵上[3]山中，于是文公环绵上山中而封之，以为介推田，号曰介山，"以记吾过，且旌善人"。

——《史记·晋世家》

注释：

1.介子推：一作介之推，晋文公大臣，追随文公流亡，文公即位隐居不仕，后世传说被烧死。

2.宇：房屋。

3.绵上：地名。通说在今山西介休，一说在今山西万荣，以后者为佳。

大意

　　介子推的随从同情他，就把一幅字悬挂在宫门上，上面写着："龙想要上天，五条蛇帮助了它。现在龙已经如愿了，四条蛇也各自入住它们的房子，只剩下一条蛇独自哀怨，到现在也找不到住的地方。"晋文公见到字幅，说："这说的是介子推啊。我之前操心国事，还没来得及报答他。"于是派人召见介子推，介子推知道后就逃跑了。于是晋文公开始找他，听说他去了绵上的山中，就将绵上山附近的土地封给介子推，作为介子推的禄田，命名为介山，说："用这个办法来记住我的过失，同时表彰介子推的功劳。"

秦国于周孝王时期受封，始封君是为周孝王养马的非子。两周之际，秦襄公因护送周平王东迁有功，被册立为诸侯。战国前期经过商鞅变法，秦国迅速崛起，有统一天下之势。

大秦帝国的前身：秦穆公的故事

秦穆公（？—前621年）是春秋时期"春秋五霸"之一，一作"秦缪公"，嬴姓，名任好，于前659年—前621年在位。父亲为秦德公，兄长为秦宣公、秦成公。秦成公去世后，秦穆公即位。秦穆公积极参与东方事务，帮助晋惠公和晋文公即位，并参加城濮之战和围郑之战。晋文公去世后，秦穆公派孟明视东出伐郑，被晋军伏击，从此在河西被晋国压制。在百里奚、由余的辅佐下，秦穆公转而经营西方，成为西方霸主，受到周天子的赏赐。在秦穆公去世后，以177人殉葬，为国人所批评，也是《诗经·秦风·黄鸟》一诗的由来。

仁义宽厚的收获

　　秦穆公即位后亲自率军攻打晋国茅津（今山西平陆茅津渡），取得胜利，表示了他东出争霸的决心。前656年，秦穆公娶晋献公女儿伯姬，两国联姻修好。次年，晋献公灭虞、虢，俘虏虞国国君和大夫百里奚①，把百里奚作为陪嫁奴隶送到秦国。百里奚从秦国逃到楚国宛县（今河南南阳），被楚人抓获。秦穆公听说百里奚贤能，又怕重金赎百里奚太明显，就提出只用五张黑羊皮赎回他。楚国人果然不在意，将百里奚交出。百里奚此时七十多岁，被秦穆公任命为相邦，号称五羖（gǔ）大夫。百里奚又向秦穆公推荐了朋友蹇（jiǎn）叔。

---

①所有"百里奚"的记载，都只见于《左传》后的文献，我们这里也是按《史记·秦本纪》叙述。但《左传》没有"百里奚"这个名字，只有"百里"和"百里孟明视"。如果单从《左传》看，"百里"就是"孟明视"。

　　前651年，晋献公去世，晋国陷入内乱。公子
夷吾向秦穆公请求护送他回国即位，并承诺将河西
八城割让。但顺利即位的晋惠公出尔反尔，不肯履
行对秦的承诺，还杀了迎接自己回国的里克和丕郑。
丕郑的儿子丕豹逃亡到秦国，怂恿秦穆公攻打晋惠
公。秦穆公认为晋惠公能坐稳国君之位，就是百姓
拥护的表现，不宜出兵攻打，但暗地里重用了丕豹。

　　前647年，晋国大旱，来秦国借粮，丕豹又劝说
秦穆公不要借，应趁机发兵攻打晋国。百里奚认为，

虽然晋惠公得罪秦穆公，但百姓是无罪的。最后秦穆公采取百里奚的意见，船载车运粮食，从秦都雍城到晋都绛城络绎不绝，号称"泛舟之役"。

转眼第二年，轮到秦国大饥荒，可晋国捂紧口袋不肯借粮。在晋大夫虢射怂恿下，晋惠公落井下石攻打秦国。前645年，秦穆公与晋惠公在晋国韩原作战，晋军包围秦穆公，眼看秦穆公即将被俘，却被三百乡野之人所救。

原来当初秦穆公丢失了骏马，被岐山下土著人抓住吃掉。秦穆公不但赦免了他们，还赏赐他们美酒。他们为了报答，踊跃从军，从而救了秦穆公一命。秦穆公反而俘虏了晋惠公。

后来晋惠公献上河西之地，并将太子圉、女儿妾送上作为人质。至此秦国算是征服了晋国。

西方的唯一霸主

前636年周襄王被弟弟甘昭公驱逐到郑国，向秦、晋求救。《史记·秦本纪》说秦穆公协助晋文公护送周襄王回国，实际上《左传》说晋文公劝退了秦穆公，独自率军救驾。不过，秦穆公也没有闲着，他南下攻打鄀（ruò）国（今河南淅川），楚国的两个县公斗克、屈御寇前来救援。秦人却假装与楚人歃（shà）血为盟引起误会，鄀国人一见，只好开城投降。结果秦穆公兵不血刃，不但攻下了鄀国，还轻松俘虏了两个楚国县公。这是秦穆公对楚国的第一次大胜。

之后，秦穆公又协助晋文公进行城濮之战，联合起来包围郑国。郑文公派烛之武去劝退秦军，烛之武先以两国地理形势分析，又承诺郑国会作为秦国东出通路上的主人，为秦的使臣提供便利，从而说服了秦穆公退兵，晋文公也随之撤退。三国维持了一段时间的和平。

等到郑文公、晋文公相继去世，烛之武退秦师时，秦穆公留在郑国的三个将领向秦穆公建议偷袭郑国。秦穆公征求蹇叔、百里奚的意见，两人都表示反对，认为千里偷袭很难占到便宜。

秦穆公不听，反而免除两人的官职，并派百里奚之子孟明视、蹇叔之子西乞术和白乙丙出兵。秦三帅东进，到达滑国①（今河南洛阳偃师区），碰到郑国商人弦高。弦高发现这一军事行动后大吃一惊，随即灵机一动，以郑穆公名义献上自己的牛。三帅以为行动被发觉，只能顺道消灭了滑国，整顿补充，打算返回。

新即位的晋襄公收到消息，为了立威，以秦军趁丧攻打晋国同姓为理由，派中军将先轸在崤山（在今河南三门峡）堵截秦军。秦军全军覆没，三帅被擒。幸亏晋文公夫人即秦国公主文嬴求情，晋襄公

---

① 《史记·秦本纪》说滑是晋国的边邑，其实应该是一个国家。

才释放三帅。秦穆公也非常后悔，认为是自己没有听从百里奚、蹇叔的意见才导致这样的结果，于是又恢复了他们的官职。

东进一筹莫展，此时西边的戎国首领派大臣由余出使秦国。秦穆公看出来这人有辅佐之才，于是根据内史廖的建议，一面赠送歌女给戎王，一面扣押由余，不让他回国。等到一年后，才放回由余，而这时戎王已沉迷酒色，听不进由余的劝谏了。秦穆公再趁机向由余抛出橄榄枝，由余就投奔了秦国。

由余果然是个能臣，前623年，秦穆公采用他的计策讨伐戎族，兼并了十二个戎人部落，开拓了千里的土地，终于称霸西戎。周天子派召公过赐给他金鼓等礼器。但秦穆公只能算是西方霸主，并未在中原称霸，这个"霸主"的称呼是要打折扣的。

前621年，秦穆公去世，陪葬的有177人，其中有贤臣子车氏三子。秦人非常哀痛，为三子作《黄鸟》之歌，后收入《诗经·秦风》。当时人评论秦穆公做不了霸主是活该，因为他去世后还要让贤臣和好人陪葬。

秦穆公生前仁义宽厚，死时却让活人殉葬，不得不说是他的一个污点。但从出土的秦公1号大墓来看，他的后辈秦景公陪葬人数多达186人。可见，人殉制度可能更多是当时秦国的落后习俗，并非秦穆公的个人意愿。

触摸历史

■ [成语]

· 牝牡骊黄

出自《列子·说符》，说的是相马师九方皋为秦穆公相中一匹黄母马，秦穆公取到后发现是黑公马，秦相马师伯乐认为他注重精神而非外表。比喻非本质的表面现象。

· 东道主

出自《左传》，说的是秦晋两军包围郑国。郑国人烛之武对秦穆公说，不如退兵保存郑国，让郑国作为秦国使者在东方的主人。后表示邀请或接待客人的人。

· 救灾恤邻

出自《左传》，说的是晋国遇到灾荒，大夫百里认为救助灾荒、抚恤邻国是符合道义的，秦穆公就卖给晋国大批粮食。后表示困难时期邻国互相帮助。

· 百身何赎

出自《诗经·秦风·黄鸟》"如可赎兮，人百其身"，说的是秦穆公去世以贤臣子车氏三子殉葬，当时人写诗说愿意用百人生命去赎他们中的一人。后表示对死者悼念。

■［遗迹］

· 秦雍城遗址

在陕西宝鸡凤翔区南郊，为秦德公至秦献公都城所在地，总面积约31.56平方千米，分为雍城城址区、秦公陵园区和国人墓葬区，现为全国重点文物保护单位。

· 秦穆公墓

在陕西宝鸡凤翔区凤翔博物馆内，清陕西巡抚毕沅考证为秦穆公的墓葬，现代考古发现只是秦国雍城内的一处高台，现为陕西省重点文物保护单位。

原典

晋旱，来请粟。丕豹说缪公勿与，因其饥而伐之。缪公问公孙支[1]，支曰："饥穰[2]更事[3]耳，不可不与。"问百里傒[4]，傒曰："夷吾得罪于君，其百姓何罪？"于是用百里傒、公孙支言，卒与之粟。以船漕车转，自雍[5]相望至绛[6]。

——《史记·秦本纪》

注释：

1.公孙支：《左传》《国语》作"公孙枝"，字子桑，晋国人，后入秦。据《韩非子》《吕氏春秋》，百里奚由公孙支推荐给秦穆公。

2.穰：丰收。

3.更事：常事，交替出现的事。

4.百里傒：一作"百里奚"，楚国人，后入秦为相，是秦穆公称霸的重要辅佐。

5.雍：秦国都城，在今陕西宝鸡凤翔区。

6.绛：晋国都城，在今山西翼城。

大意

晋国大旱，来秦国求借粮食。丕豹劝说秦穆公不但不要借粮，反而应该趁着饥荒讨伐晋国。秦穆公问公孙支怎么办，公孙支说："饥荒和丰收都是交替出现的常事，哪国都会遇到，不可以不给。"秦穆公又问百里奚的意见，百里奚说："晋国国君夷吾得罪了您，可晋国的百姓又有什么罪过呢？"于是秦穆公听从了百里奚、公孙支的意见，最终借了粮食给晋国。那些粮食用船载车运，从秦国雍城能够一路排到晋国绛城。

楚国于周成王时期受封，始封君为周文王大臣鬻熊的曾孙熊绎。西周末年，熊渠子将三子封王，与周天子对峙，后又取消王号。至春秋初年，楚武王再度称王，开启进攻中原的计划。至战国中期，楚国基本统一南方，成为诸侯国中领土最大的一个。至楚王负刍五年（前223年），楚国为秦国所灭。

问鼎中原与止戈为武：

楚庄王的故事

《史记·楚世家》

《左传》

《说苑》

楚庄王（？—前591年），一作楚臧王，芈姓，名旅，于前613年—前591年在位。父亲为楚穆王。楚庄王即位后，因为若敖氏掌权，不得不韬光养晦。后来楚庄王问鼎周郊，有图谋天下之志，并平定令尹斗椒的叛乱，尽诛若敖氏。前597年，楚庄王在邲之战中击败晋国中军将荀林父，后又收服宋国。虽然楚庄王没有接受周天子册封，但一般认为也是"春秋五霸"之一，因其击败晋国战功显赫，同时也有"止戈为武"的主张。楚庄王去世后两年，余威犹在。楚公子婴齐在蜀地大会诸侯时，有多达十二国参与。

一鸣惊人的历史真相

在《史记》的记录中，楚庄王即位三年，从未向国内发布过政令，日夜寻欢作乐，还下令处死敢劝谏的人。结果真有个不怕死的去进谏，他就是伍举。当时，楚庄王左手抱着郑姬、右手抱着越女，坐在一堆歌舞演员中间。伍举也没有直言进谏，而是说了个脑筋急转弯。他说，有一只鸟落在土山，三年不飞不鸣，这是什么鸟？楚庄王知道他指自己，就说这只鸟三年不飞，一飞冲天；三年不鸣，一鸣惊人啊！你下去吧，我知道你的意思了。

楚庄王因此改正了吗？没有。反而更加放纵。

大夫苏从又进宫劝谏，楚庄王说："你没听到我的号令？"苏从说："舍身而能让您贤明，是我的愿望啊！"楚庄王大受感动，开始处理政务，杀了几百名罪人，提拔了几百位功臣，任用伍举、苏从管理政务，举国上下都非常拥护楚庄王。

　　这件事转折得有点莫名其妙，应当不是历史事实。在《左传》中，楚庄王亲信的大臣是伍举的父亲伍参，而伍举活跃在政坛时已经是楚庄王的孙子楚灵王时代了。而且，在比《史记》更早的《韩非子·喻老》中，劝谏楚庄王的也不是伍参，而是右司马;《吕氏春秋·重言》里，劝谏的人物又是成公买。比《史记》稍晚的《新序·杂事》中，劝谏的人物又

成了士庆。而在《史记·滑稽列传》中，又说是淳于髡（kūn）劝谏齐威王。

不过，在《左传》中，楚庄王即位后确实三年没有发号施令的记录。

楚庄王刚即位时就爆发了内乱。当时令尹成嘉和太师潘崇出征，派公子燮（xiè）和斗克留守。结果留守的两人发动叛乱，挟持楚庄王离开郢都，但所幸被庐戢（jí）梨和叔麇（jūn）设计诱杀，年轻的楚庄王捡回一条命。

如果"一鸣惊人"的传说是真实的话，大约楚庄王因此次政变遭到惊吓，当时以成嘉为首的若敖氏势力比较大。所以楚庄王想暗中观看政治风向。当他发现不少大臣支持自己时，才开始振作起来。

危机重重

前611年，楚国闹饥荒，戎人乘机进攻楚国，庸国（今湖北竹山）率领蛮人背叛，麇国（今湖北郧县）也率领濮人准备进攻楚国，一时间楚国四面皆敌。楚国大臣商议迁都，只有蒍（wěi）贾力排众议。他说："我们能去的地方，敌人也能去，不如攻打背叛我们的庸国，敌人不是认为我们缺少粮草吗？如果能够出兵证明实力，他们必然害怕。"刚一发兵，濮人果然撤退。

楚军先锋部队示弱，故意七战七败，让庸军骄傲自满。庸国人果然认为楚军不堪一击，不再设防。等楚庄王大军到来后，分兵两路进攻庸国，蛮人们纷纷投降，楚军就顺势灭了庸国。

灭亡庸国之后，楚庄王开始北上。前606年，楚庄王先攻打洛邑西南的陆浑戎（今河南嵩县），然后顺势到达洛邑城外，阅兵示威。周定王派王孙满犒劳楚庄王，楚庄王居然问象征王权的九鼎轻重和大小，野心昭然若揭。王孙满却不卑不亢，答复说："鼎的大小轻重，在德不在鼎本身。周朝虽然德行衰微，天命却没有改，鼎的轻重是不能询问的！"楚庄王心里也明白，周王朝不是这么好消灭的，于是退兵而还。

　　前605年，楚庄王又遇到上台后的另一大危机——令尹斗椒叛变了。在令尹成嘉去世之后，由斗

般接任令尹、斗椒担任司马。成氏和斗氏都属于若敖氏，在楚国权势极大。楚庄王则一直利用蔿贾制约若敖氏。

蔿贾诬陷斗般，楚庄王心知肚明，乘机处死斗般。由斗椒接任令尹、蔿贾接任司马。斗椒知道下一个轮到自己，他也清楚是蔿贾在充当帮凶，干脆杀了蔿贾并率领若敖氏叛乱。楚庄王听说若敖氏叛乱，心里也很没底，开始他提出用三代子孙作为人质，请求斗椒退兵。斗椒不接受。于是楚庄王也发兵，两军在皋浒（今湖北襄阳襄樊区西北）作战。斗椒先用箭射楚庄王，箭飞过车辕、穿过鼓架、射在铜钲上；又一箭，飞过车辕，透过车盖。两支箭威力这么大，楚军非常害怕，楚庄王见状就派人大喊："当年楚文王灭亡息国，得到三支宝箭。斗椒只偷到两支，他已经没可用的了！"然后下令击鼓进军，群情振奋，终于消灭了若敖氏。

北上征伐

楚国的政令得到空前的一统，楚庄王终于可以安心继续北上了，首要目标当然是郑国。不过郑国比较圆滑，楚国来了就听楚国的，晋国来了就听晋国的，随风两边倒。前598年，楚庄王北上，收服了郑国。才过了一年，郑国再度倒向晋国，等被楚庄王击败，郑国又投降讲和。而此时，晋军六卿倾巢出动，来救郑国，集聚了所有名将，声势非常浩大。

不过，晋军内部存在严重的矛盾。晋国军队分上中下三军，中军将荀林父虽然作战经验丰富，为人忠厚老实，但缺乏威望，指挥不动下属，尤其是他的副手、先轸的后人先縠（hú）。荀林父听说郑国已经与楚国讲和，打算全军撤退。先縠却认为这非大丈夫所为，就率自己的军队先渡黄河。可如果先縠全军覆没，荀林父也得负责任。荀林父只好全军跟上。

这边楚庄王本来也不敢和晋军硬拼。伍参却积极怂恿一战，因为他看出了晋军内部不和。他说楚庄王作为国君在晋国大臣前逃跑，这是耻辱。楚庄王也觉得对，于是下令左中右三军等待与晋军开战。

为了麻痹晋军，楚庄王先派使者去和谈。荀林父答应了，并约定结盟日期。晋国的魏锜（qí）和赵旃（zhān）请求出使和谈，荀林父同意了。但二人心怀鬼胎，因为魏锜没有做到公族大夫，赵旃没有做到卿，所以想方设法搞事情求战功。二人果然向楚军请战，结果不堪一击，一战就逃。楚军继续追杀，荀林父不知所措，居然宣布先往回渡河的有赏，结果中军、下军争先恐后逃命，竟然互相砍断战友攀上船舷的手指。

到黄昏时，楚军驻扎在邲（bì）地（今河南荥阳东北），而晋军已溃不成军，连夜才全军渡河，留在岸上的尸首无数。楚将潘党非常高兴，建议把尸首堆成一个"京观"（大坟堆）来纪念战功。

这个提议却被楚庄王否决，他认为"止戈为武"，"武"的意思就是要停止干戈。当然，从"武"字的本义来说，其实"止"是脚趾的意思，拿着戈走动，正是作战的意思。不过楚庄王赋予了它更有价值的内涵。他认为，征讨只是为了追求安定，没有德行而与诸侯相争，将无法调和大众。于是，楚军祭祀完河神就撤退了，晋国也暂时不敢再打郑国的主意。

楚庄王仁德的故事在《说苑·复恩》中也有记载，楚庄王曾大宴群臣，灯烛熄灭，有人拉扯楚庄王美人的衣服，美人将他的帽缨扯断，并让楚庄王来查找此人。楚庄王却命群臣都把帽缨拉下，然后才点上灯，君臣继续畅饮。三年之后，晋楚作战，有一位楚将奋勇拼杀，最终战胜晋军。楚庄王询问，才知道就是当年那位失礼的将军。楚庄王怀有仁德，宽待下属，上下一心，取得大胜也就不意外了。

楚庄王接下来的目标是宋国。萧国（今安徽萧

县）是宋国的附庸，要进攻宋国，先要拿下萧国。萧国弱小，仅用一天时间，楚庄王就攻下了萧国。可见此时楚军的实力。

前594年，楚庄王进攻宋国，宋国使者向晋国救助，晋国大夫伯宗认为，楚国势头正盛，晋国不能与之抗争。于是晋景公派解扬去宋国，说晋军已经出发，想借此骗宋国撑住。可解扬在路上被郑国人抓住送给楚军，楚庄王就贿赂他，让他劝宋国投降。解扬嘴上答应，但面对宋国人时，又改口说晋军会来救援。楚庄王大怒，不过认为解扬是忠信之臣，又放他回了晋国。

后来申叔时劝楚庄王在城外建房种田，做出长期作战的样子。宋文公果然害怕，不过楚庄王不想逼迫太急，于是退兵三十里，给足了宋国面子讲和，晋国执政华元亲自入楚作为人质。宋国就这样被收服了。

楚庄王虽然没有被周天子册封为霸主，但在邲之战大败晋国，中原两大国郑、宋也相继臣服于楚国。而且楚庄王能够审时度势，见好就收，所以后世一般也把他视为"春秋五霸"之一。这也说明"霸"这个字，从"霸主"走向"霸道"了。

前591年，楚庄王去世，楚共王即位。

触摸历史

■ [成语]

· 一鸣惊人

出自《韩非子·喻老》，说的是右司马问南山一只鸟，为何三年不动不飞不鸣？楚庄王说，不飞则已，一飞冲天；不鸣则已，一鸣惊人。后比喻默默无闻的人建立惊人业绩。

· 问鼎中原

出自《左传》，本为"问鼎"，说的是楚庄王在洛邑附近阅兵，天子派王孙满犒劳楚军，楚庄王问象征王权之九鼎大小轻重。后比喻觊觎王位或争夺政权。

· 剑及屦及

出自《左传》，说的是楚庄王听说申舟被宋国杀死，跳起来不及穿鞋就跑出屋子，送鞋子的人在院子里才赶上他，送剑的人在门外才赶上他。后比喻迫不及待的心情。

· 鞭长莫及

出自《左传》，说的是楚庄王围攻宋国，晋大夫伯宗认为鞭子虽长却打不到马肚子，不能与强盛的楚国争斗，故劝说晋景公不要救宋。后比喻力量达不到。

尔虞我诈

出自《左传》，说的是楚庄王与宋国签订城下盟约，盟约内容为"尔无我诈，我无尔虞"。意为我们不要互相欺骗。后以"尔虞我诈"表示互相欺骗。

原典

庄王即位三年，不出号令，日夜为乐，令国中曰："有敢谏者死，无赦！"伍举[1]入谏。庄王左抱郑姬，右抱越女，坐钟鼓之间。伍举曰："愿有进。"隐[2]曰："有鸟在于阜[3]，三年不飞不鸣，是何鸟也？"庄王曰："三年不飞，飞将冲天；三年不鸣，鸣将惊人。举退矣，吾知之矣。"

——《史记·楚世家》

1.伍举：楚国人，伍参之子，伍子胥之祖父，又称椒举。但据《左传》，楚庄王时参政为伍参，伍举主要活动于庄王孙灵王时。

2.隐：隐语，谜语。

3.阜：土山。

大意

楚庄王即位三年，不仅不对政务发号施令，反而日夜寻欢作乐，并且对全国下令说："有敢进谏的人就立即处死，不赦免！"伍举入宫劝谏。楚庄王此时左手抱着郑姬，右手抱着越女，坐在乐器之间。伍举说："我有话说。"然后对楚庄王打谜语，"有鸟在土山之上，三年之间不飞不叫，这是什么鸟呢？"楚庄王说："三年不飞，飞起来要冲天；三年不鸣，叫起来会惊人。你退下吧，我知道了。"

晋国自晋文公开始，确定了"三军六卿"的军政体制，卿大夫成为晋国真正的统治者。晋景公即位后，几乎将权贵赵氏灭门。晋悼公去世后，晋国六卿展开更残酷的内讧，最终在前453年，韩、赵、魏三家胜出，晋君完全被架空。

敌外不敌内：晋厉公的故事

《史记·晋世家》

《左传》

《国语》

晋厉公（？—前573年）是晋景公的儿子，姬姓，名州蒲，又名寿曼，于前580年—前573年在位。晋景公去世前传位给晋厉公。他即位后，继承父亲的遗志，着手恢复晋国霸业，在麻隧之战击败秦国，又在鄢陵之战击败楚国。此后晋、楚两国再无大战。后来晋厉公又提拔近臣，想要铲除权贵郤氏，但被栾书、中行偃所杀。晋厉公之死代表晋国国君最后一次集权失败。

晋国自家难念的经

前面讲楚庄王的故事中说到晋国六卿因为不合，在邲之战中败于楚庄王，罪魁祸首先縠被清洗。不过邲之战之后，尤其楚庄王去世后，楚国发展势头变缓。当时晋国执政的荀林父、士会等中军将都比较正直纯良，晋国恢复稳定的秩序。

前594年，晋国攻灭赤狄的潞国。同年，又在辅氏（今陕西大荔东）击败秦国。次年，攻灭赤狄的甲氏、留吁、铎辰三国。前589年，又在鞍地（今山东济南西北）打败齐国，次年攻灭赤狄最后一个国家廧（qiáng）咎（gāo）如。前585年，晋国在绕角（今河南鲁山东南）小胜楚国。前583年，晋国甚至第一次攻入楚国本土。

晋景公对外作战连连胜利，对内也开始与卿大夫夺权。此时晋国第一权贵赵氏家族族长赵括与他的哥哥赵同二人嚣张跋扈。他们的侄子赵朔死了，但赵朔之妻赵姬与赵括的弟弟赵婴齐有私情。于是，赵同和赵括一起驱逐了赵婴齐，这让赵姬很生气，就去晋景公处诬告赵括和赵同谋反。晋景公自然想铲除赵氏，中军将栾书也配合做伪证。于是赵同和赵括二人被杀，赵姬与其年幼的儿子赵武被送入宫中生活。赵氏家族几乎被晋景公灭门，这是晋君夺权的一次胜利。

前581年，晋景公病重，传位给太子州蒲，就是

晋厉公。后来的故事有些离奇，说晋景公梦见赵氏的祖先来向自己索仇，巫师占卜说晋景公吃不到来年的新麦子，也就是预言晋景公快死了。晋景公听了又惊又气，于是格外注意保养，还请了名医来治病。好不容易熬到第二年麦子收获的时候，晋景公得意地让厨师煮新麦子，以为自己战胜了不靠谱的预言。可等麦子煮好，准备吃时，他却突然肚子痛，跑去上厕所，结果掉进茅坑死得莫名其妙。晋景公一生有为，但因这事被人嘲笑千年，不过也不排除是后世人的编派。

中原大混战

晋、秦、楚三国在这个时候互相争霸。晋厉公即位之后，先提出与秦国议和，但秦桓公没什么诚意，暗中拉拢楚人与狄人，希望能一起对付晋国。晋厉公也转头在前579年与楚国结盟。起因是宋国夹在晋、楚中间，两国相争它倒霉，被打得几乎亡国，宋国非常希望和平，所以出面调停关系。不过根本原因是晋厉公和楚共王心知肚明，两国已进入势均力敌的状态，谁也灭不了谁，再打下去也是白白损耗。于是晋、楚两国代表在宋国西门外结盟，约定两国就此休兵。郑、宋这些小国也就算是认了两个大哥。

与楚国已经讲和，就可以全心全意对付秦国了。前578年，晋厉公先派吕相出使秦国，送上了一封与秦国绝交的书信。书信从晋献公与秦穆公那代人说起，中心思想是强调晋国有恩于秦国，秦国却一直对不起晋国。晋厉公指责一通后，率领诸侯联军攻打秦国，在麻隧（今陕西泾阳北）之战中大败秦军。秦国暂时被打服了。

不过即使晋国和楚国结盟，实际上谁也不服谁。前576年，楚共王又开始对中原用兵，入侵郑国和卫国。不过楚共王没有灭了郑国，反而向郑国割地议和。这种反向操作令郑成公大受感动，就成为了楚

国的跟班。

第二年，郑国在楚国的支持下对老冤家宋国用兵。卫国知道郑国打完宋国后，自己迟早要被打，干脆先下手为强攻打郑国，中原三国开始混战。晋厉公看到这背后楚国的影子，认为不能再坐视不理，最终他决定也去打郑国，并派人去齐、卫两国请求援军。而郑成公马上跑去向楚国求救。

晋、楚两国加入战局，终于爆发了晋楚之间的第三次直接大战——鄢陵（今河南鄢陵）之战。我们来回顾一下：城濮之战是晋君与楚相打，晋国胜；邲之战是楚君与晋相打，楚国胜。而这场战争，晋厉公和楚共王两位国君都亲自参加。两军在鄢陵相遇，打了一整天，楚共王被射瞎了一只眼睛。当晚，晋军又故意放话出来说明天要继续战斗。楚共王更没了斗志，于是下令全军撤退。不过，郑成公仍然不肯背弃楚国。所以虽然鄢陵之战表面上晋国胜利了，但晋厉公的战略目标仍然没有达到。

更残酷的内讧：与卿大夫的殊死搏斗

得胜回国的晋厉公，暂时消除了外部的威胁，准备对国内威胁到君权的卿大夫们下手。他有一批身份较低的亲信大夫，于是想让他们取代当权的卿大夫。

当时晋国最嚣张的卿大夫是号称"三郤（xì）"

的郤锜（qí）、郤至和郤犫（chōu），与晋厉公亲信胥童、长鱼矫和夷阳五等人都有矛盾。同为卿大夫的栾书也与郤至不睦，他让楚国俘虏诬陷郤至想另立国君，正好郤至又在打猎时故意射死晋厉公心腹孟张，晋厉公大怒，发动群臣攻打郤至为首的"三郤"。"三郤"没有做好抵抗的准备，被长鱼矫设计全部杀死。

胥童马不停蹄地在朝堂劫持了栾书和上军将中行偃，长鱼矫建议晋厉公干脆也杀死二人。晋厉公也想除去二人，但不敢操之过急，怕引起卿大夫的集体反弹。于是说一天之内已经杀了三个卿大夫，不忍心再杀。长鱼矫见劝不动，预料到之后卿大夫势力反扑，一定不会放过晋厉公和自己，于是逃到狄人那里去了。

晋厉公释放栾书和中行偃，让他们各复其位，又提拔了胥童做卿大夫。应该是意图从长计议。栾书和中行偃表面上感恩戴德，实际起了杀心，当年就趁机囚禁了外出游玩的晋厉公。然后，二人给胥童安上奸臣的罪名，先杀了他。第二年正月初五，被囚禁的晋厉公也被杀死。此后，晋国国君再也无法与卿大夫抗衡。

触摸历史

■ [成语]

· 病入膏肓

出自《左传》，说的是晋景公生病，梦见两个小孩对话，一个说躲在膏（心尖脂肪）和肓（心脏与膈膜）之中。后来医生果然说景公病入膏肓，已经无法治疗了。

· 勠力同心

出自《左传》，说的是晋厉公派吕相出使秦国，送上与秦国绝交的书信，其中提到从前晋献公与秦穆公"勠力同心"。表示互相友好，合力同心。

· 好整以暇

出自《左传》，说的是晋楚鄢陵之战时，晋国的栾鍼（qián）派人送酒给楚国的公子婴齐，公子婴齐认为晋军"好整以暇"，即形容军队严整又从容不迫的样子。

· 楚才晋用

出自《左传》，说的是蔡国大夫声子认为不少楚国人才逃到晋国，帮助晋国取得城濮之战、鄢陵之战等的胜利，表示人才外流。

■ [文物]

· 王子婴次炉

据说1923年出土于河南新郑李家楼，可能是公子婴齐所铸青铜炉，于鄢陵之战遗失于郑，高11.3厘米、口纵45厘米、口横36.6厘米，现藏于中国国家博物馆。

■ [遗迹]

· 侯马晋国遗址

在山西省侯马市西北部，是晋景公迁都后的晋国都城所在地，面积约50平方千米，现为全国重点文物保护单位，遗址上修建有晋都博物馆。

原典

十二月壬午，公令胥童以兵八百人袭攻杀三郤。胥童因以劫栾书[1]、中行偃[2]于朝，曰："不杀二子，患必及公。"公曰："一旦[3]杀三卿，寡人不忍益也。"对曰："人将忍君。"公弗听，谢栾书等以诛郤氏罪："大夫复位。"二子顿首曰："幸甚幸甚！"公使胥童为卿。

——《史记·晋世家》

注释：

1.栾书：谥武，又称栾武子、栾伯，晋厉公时任中军将，与苟偃合谋杀晋厉公。

2.中行偃（？—前554年）：字伯游，谥献，又称中行献子、中行伯，因中行氏出自荀氏，故又称荀偃，晋厉公任上军将，与栾书合谋杀晋厉公，晋悼公时任中军将。

3.一旦：一天。

大意

十二月壬午日，晋厉公命令胥童带领八百名士兵杀死郤锜、郤至和郤犨三人。胥童又趁机在朝堂上劫持了栾书和中行偃，说："不杀掉这两个人，总有一天会及国君。"晋厉公说："一天内已经杀了三个卿士，我不忍心再多杀了。"胥童说："可别人对您下手时不会心软。"晋厉公不听，告诉栾书等人郤氏被诛杀的罪名，并宣布："大夫们各复原职吧！"栾书、中行偃拜首说："万幸啊！万幸啊！"同时，晋厉公又命胥童担任卿士。

楚庄王去世后，楚国霸业开始衰落。晋国在景公、厉公两代努力下，于鄢陵之战战胜楚国，但楚国仍然没有失去盟友郑国，双方旗鼓相当。之后晋国陷入内乱，晋厉公被卿大夫杀死。楚共王、楚康王则被东方崛起的吴国牵制，无力北上争雄。之后，楚国与晋国进行第二次弭兵会盟，两国近四十年不再有干戈。

狂傲无礼遭众叛：楚灵王的故事

《史记·楚世家》
《左传》
《墨子》

楚灵王（？—529年），芈姓，名围，于前541年杀死侄子郏（jiá）敖篡位。为人狂傲无礼，有夺取天下之心。他逼着晋国让出一半的霸主席位，却不礼遇诸侯，甚至灭亡了陈、蔡二国，对内也得罪不少家族、大臣。又因为在北方布下重兵，导致国都空虚。前529年，楚灵王带兵攻打吴国，各路反对势力联络起来，趁机反叛。

楚康王去世后，他的弟弟公子围杀死楚康王之子郏敖篡位，即位为楚灵王。楚灵王得位不正，即位之后的所作所为更是荒诞。通过史书的这些记载，我们也能看出作者对这样破坏礼法的人的批判态度。

楚灵王这人很有野心，不惜去破坏国家几十年的和平。当初楚康王与晋平公第二次弭兵会盟时，约定双方共同为霸主，近四十年两国相安无事。但到了楚灵王就不愿意了，他想要楚国自己做霸主。前538年，楚灵王要求晋平公同意楚国单独召集诸侯，意思就是要独霸。晋平公本来不想答应，大臣司马侯搬出来老天爷，让晋平公让步，他诡辩说晋国应该满足楚灵王的欲望。如果楚灵王是胡作非为，那上天自会降下惩罚。当然啦，上天也可能站在他那边让他得以善终。可无论谁称霸，那都是天意，没必要你争我夺的。晋平公最终应允。可见，实际上是晋国因为君权涣散，无法与楚国争霸了。

刚一开始，楚灵王征战之路非常顺利。他在申地大会诸侯，但扣押了来参会的徐国（今安徽泗县、江苏泗洪）太子，以人家母亲是吴国人，可能会存二心为由，带领诸侯联军进攻吴国，擒获吴国大夫庆封，并将他斩首示众。

之后，楚灵王又消灭了赖国（今河南息县）。赖国国君自己反绑双手，嘴里叼着玉璧，让大臣光着膀子抬着棺材跟在后面，前来投降。楚灵王见这阵仗，完全不懂怎么应对，但实际上这算是人家投降表诚心

的一种"礼数"，模仿的是过去许国向楚国投降的场景，正确的做法是楚灵王得陪着把当年的场景再重现一遍。多亏大臣伍举站出来解释说，当年楚成王攻克许国，许僖公就是这样。楚成王亲手解开他的捆绑，然后接受玉璧，最后烧毁棺材。楚灵王按他说的一步步做了，才算了结。随后楚灵王将赖国迁到鄢地，同时想把许国迁到赖地，方便控制，接着派斗韦龟和弟弟公子弃疾去筑城。芋尹申无宇认为楚国的祸难将会由此开始，因为楚灵王事事如意，百姓却不能安居乐业，等他们到不能忍受的时候，自然就会作乱。

前537年，楚灵王和晋国联姻，要娶晋国公主，晋国中军将韩起亲自作为使者护送公主，大夫羊舌肸（xī）作为副手。楚灵王不但不按照礼数去迎接，还在朝堂上说想砍掉韩起的脚让他当看门人，让羊舌肸当内宫宦官，以此来羞辱晋国。大臣听了都不敢说话，只有太宰薳（wěi）启强表示反对，楚灵王最终也被说服了。当然，也有可能他从一开始就是过嘴瘾，作为国君在朝堂上拿国家大事胡说八道，可见楚灵王有多么狂妄和轻浮。

两年以后，楚灵王建造章华台和章华宫，收容逃亡的奴隶。等到章华台建成，楚灵王希望诸侯都来参加落成典礼，但只有鲁昭公参加。楚灵王一高兴把大屈之弓送给鲁昭公。但劲头一过，又反悔了。于是派薳启强出面恐吓鲁昭公，说齐、晋、越一直想得这把弓都没得到，祝贺您得到了。鲁昭公一听果然害怕，怕这些国家借此来攻打鲁国，赶紧退回大弓。楚灵王这想一出是一出的耍无赖，和之前那些霸主的形象迥然不同。

前533年，楚灵王又派弟弟公子弃疾把许国迁到夷地，又把城父的人迁到陈地，把濮地、夷地西部的土田补给陈地，把方城山外边的人迁到许地。通过一系列迁徙来打散原有势力，加强自己统治。但民众不是棋盘上的棋子可以今天摆这里，明天摆那里，他们的生活一再被破坏，过得苦不堪言。

前531年，楚灵王又灭了蔡国，还杀了人家的国主和太子，任命公子弃疾做蔡公。申无宇反对，他认为大人物不能在边境，小人物不能在朝廷。楚灵王不听。

次年，楚灵王亲自率军攻打吴国，驻扎在乾溪。反楚灵王的政变终于在此时爆发。蒍居、许围、蔡洧（wěi）、斗成然等人先联合起来，并诱导越国大夫常寿过发动叛乱，很快攻下息舟。这可谓是一场"复仇者联盟"，我们来看看这几人与楚灵王的恩怨——

蒍居：楚灵王篡位之前杀了司马蒍掩，即位后又夺取他的土田。

许围：楚灵王下令许国迁徙时，曾抓他做人质。

蔡洧：虽然受到楚灵王的宠信，但父亲死于灭蔡之战，心中怨恨，心大的楚灵王还让他驻守郢都。

斗成然：楚灵王夺取了他的封地，他自然非常不满。

当年观起被楚康王所杀，儿子观从逃到蔡国，侍奉蔡国的国君，他认为此时正是蔡国复国的大好时机。于是他假借蔡公弃疾名义骗来他的两个兄弟公子比和公子黑肱（gōng），然后强迫他俩攻打蔡地。蔡公弃疾一见不妙，赶紧逃走。观从就号称蔡公弃疾与公子比、公子黑肱三人盟誓，准备起兵反叛。蔡公弃疾只好入伙，一同杀入楚国。

进入国都后，他们杀了楚灵王的俩儿子：太子禄和公子罢敌。然后这三兄弟按年龄排位：公子比做楚王、公子黑肱做令尹、公子弃疾做司马。观从又去联系跟随楚灵王驻扎在乾溪那边的楚军，告诉他们先回去的可以既往不咎，后回去的就要受割鼻之刑了。楚灵王的军队果然就此溃散，接着楚灵王又收到儿子们的死讯，又惊又气，当场摔倒在车下。

到了这步田地，楚灵王反倒像是突然看清了自己。右尹子革劝他去国都外等待，观察国内人的选择。他说自己已经众叛亲离；子革又劝他去占领大城，并请求诸侯出兵。他也知道不会有诸侯响应；子革又劝说他逃到别的诸侯国寻求庇护。他认为不过是自取其辱，没人会帮他。最后楚灵王沿汉水而下，打算去鄢地。前面写到的故事里像预言家一样的申无宇的儿子申亥收留了他，最后绝望的楚灵王在申

亥家上吊而死。

　　楚灵王从名义上也算是个霸主，但没人将他列入"春秋五霸"之一，也许就是因为他太过荒唐，下场也非常悲惨。《墨子》说他好细腰，臣子们每天都只吃一顿饭，站立都要扶墙，这与君主的畸形审美分不开。其实，楚灵王完全可以趁晋国内乱时有一番作为，但他狂妄自大、自以为是，把能得罪得着的人全部得罪了个遍，终于毁灭了自己，后人应引以为鉴。

触摸历史

■ [成语]

· 上下其手

出自《左传》，说的是楚国穿封戌俘虏郑国皇颉，公子围与他争功。伯州犁往上指公子围，往下指穿封戌，皇颉就说自己被公子围所俘。表示玩弄手段，暗中作弊。

· 尾大不掉

出自《左传》，说的是楚灵王征集大批人力修筑边城，申无宇认为树枝大而树干小就容易折断，牛马尾巴太大就不容易摇动。后表示下级势力大而不容易指挥。

■ [遗迹]

· 龙湾遗址

在湖北潜江龙湾镇东，考古发现在遗址东南部有十余座春秋战国宫殿基址。一般认为就是楚灵王所建之章华台。现为全国重点文物保护单位。

楚皇城城址

在湖北宜城郑集镇皇城村，城址面积约2.2平方千米，一说为春秋楚国鄢都所在地，一说为战国鄢郢所在地。现为全国重点文物保护单位。

原典

初，灵王会兵于申[1]，僇[2]越大夫常寿过，杀蔡大夫观起。起子从亡在吴，乃劝吴王伐楚，为间[3]越大夫常寿过而作乱，为吴间[4]。使矫[5]公子弃疾命召公子比于晋，至蔡，与吴、越兵欲袭蔡。令公子比见弃疾，与盟于邓[6]。遂入杀灵王太子禄，立子比为王，公子子皙为令尹，弃疾为司马。

——《史记·楚世家》

注释:

1.申:楚县，在今河南南阳。

2.僇(lù):侮辱。

3. 为间：挑拨。据《左传》，挑拨常寿过作乱的主要是楚国人蒍居、许围、蔡洧、蔓成然等人。

4. 间：间谍。

5. 矫：假托。

6. 邓：蔡邑，在今河南漯河市郾城区东南。

大意

当初，楚灵王在申地与诸侯相会，会上侮辱了越国大夫常寿过，并杀死蔡国大夫观起。观起的儿子观从流亡到吴国，劝说吴王攻打楚国，并挑拨常寿过作为吴国的间谍，联合吴越一起反叛楚灵王。观从让人假冒公子弃疾的命令，将公子比从晋国召到蔡国，接着让吴、越两国军队准备袭击蔡国，逼迫公子比、公子弃疾在邓地结盟，然后一起进入楚国杀死楚灵王的太子禄，立公子比为楚王，封公子黑肱为令尹、公子弃疾为司马。

吴国始祖据说是周文王的伯父太伯、仲雍，为让位给周文王父亲季历而南下建立吴国。周武王时，册封仲雍的曾孙周章为诸侯。到春秋中期吴王寿梦时，吴国在晋国扶持下崛起，与楚国敌对，至吴王阖闾时攻破楚国都城。吴王夫差征服越、齐、晋，但穷兵黩武导致国内空虚，于前473年被越王勾践灭亡。

宝剑的锋芒：吴王阖闾间的故事

《史记·吴太伯世家》
《左传》

吴王阖闾（？—前496年），《荀子》将其列为"春秋五霸"之一，姬姓，名光，于前514年—前496年在位。"阖闾"为其尊号，或作"阖庐""盖庐"。吴王诸樊（一作余眜）之子，在吴王僚时代多有战功。后在楚国亡臣伍子胥帮助下，派鱄（zhuān）设诸刺杀堂弟（一作叔父）吴王僚，自己登上王位。之后在伍子胥、孙武等大臣辅佐下，于前506年在柏举之战大败楚军，并一举攻破郢都，威震天下。前496年，吴王阖闾在攻打越国时战败受伤而死。吴王阖闾去世后据说以三千宝剑下葬，就在今天的苏州虎丘剑池。

从公子光成为吴王阖闾

吴国始祖据说是周文王的伯父太伯、仲雍。因为周太王中意少子季历，所以太伯、仲雍出奔到江南建立吴国。周朝建立时，吴国国君是仲雍曾孙周章，被周武王册封为诸侯。不过，西周时期吴国与中原没有太多交往，直到春秋中期才明确进入史册。前601年，楚庄王与吴、越两国结盟，这表示当时吴、越两国与中原为敌。

不过，楚庄王去世后，楚国大夫屈巫因政治斗争，逃到晋国。在屈巫的建议下，晋景公命屈巫出使吴国，教吴人使用战车和布阵，并怂恿吴王寿梦背叛楚国。从此，吴国又重新与华夏连为一体。

吴王寿梦有四个嫡子：诸樊、余祭、余眛、季札，寿梦比较喜欢幼子季札，想立他为继承人，季札不同意，于是诸樊即位。诸樊在吴楚巢之战中战死，老二余祭即位。余祭又被越国战俘所杀，老三余眛即位。到前527年，余眛去世，谁来继承王位，就出现了问题。

最理想的继承人当然是季札，但是季札从一开始就明确不即位。于是余眛之子州于即位，就是吴王僚。但这样一来，就会有人不满，这个人就是诸樊的长子光，本篇故事的主角。因为如果按照嫡长子继承制，那么继承王位的应该是他。也就是因为这个继承制的逻辑，吴王僚对公子光很忌惮，也曾设局想要除掉公子光，只是没有成功。

前522年，楚国大夫伍奢、伍尚父子被楚平王冤杀，伍奢次子伍子胥投奔吴国，劝说吴王僚进攻楚国。公子光知道伍子胥能力非凡，不想让他成为吴王僚的得力干将，于是连忙劝吴王僚说伍子胥想公报私仇，要远离这个人。伍子胥是聪明人，知道公子光的意图，于是到国境边隐居种地，并寻觅到勇士鱄设诸，将他推荐给公子光。

前515年，吴王僚趁楚平王刚去世，派掩余和

烛庸两个心腹弟弟进攻楚国潜地（今安徽六安），并派叔叔季札出使中原。掩余、烛庸两人被楚军截击，无法撤退。国内名望最高的季札又已离开，公子光知道自己机会来了，于是他承诺鱄设诸，为他赡养母亲、照顾儿子，意思就是让鱄设诸没有后顾之忧地做刺杀吴王僚的死士。

接着公子光宴请吴王僚，暗地里埋伏甲士。不过吴王僚也提防公子光，从座席到大门口一路都布满自己的亲兵，要求上菜的人进门换衣服，也就是安检，然后被剑士挟持着才能进入。等到安排好的鱄设诸要进来时，公子光假装脚痛离开。鱄设诸把剑藏在鱼腹中，趁机一剑刺死了吴王僚。当然，鱄设诸很快也被吴王僚的亲兵杀死，但刚刚躲出去的公子光马上带领甲士杀回，控制住了局面。

公子光登上王位，就是吴王阖闾。此时季札返回，也表示支持他。吴王阖闾又任命伍子胥为行人（相当于宰相），鱄设诸的儿子担任卿士。至于吴王僚的两个弟弟掩余和烛庸，一个逃亡到徐国，一个逃亡到钟吾国（今江苏新沂）。吴王阖闾命令两国交出二人，二人又只好逃到楚国，被楚昭王安置在养地（今河南桐柏）。《史记·吴太伯世家》说楚昭王将二人安置在舒，于阖闾三年被吴军攻杀，但《左传》没有记录他们的结局，只说前512年，吴王阖闾攻灭徐国和钟吾国，剪除了楚国的侧翼。

一生征战的军事天才

前511年，吴军进攻楚国的一些小地方，等到楚军跑来救援，吴军又迅速撤退。在这样的疲楚战术下，楚军被折磨得苦不堪言。第二年，吴王阖闾进攻越国，击败越军，震慑住了越君允常。解决了背后这个定时炸弹，吴王阖闾开始准备全力对付楚国。

前508年，桐国（今安徽桐城）背叛楚国，吴王阖闾派舒鸠国（今安徽舒城）引诱楚军，趁楚军攻打舒鸠国时，拿下桐国。楚国令尹囊瓦听说是吴国的计谋，就没有理会，而是进攻吴国驻扎在豫章的战船。没想到，这是吴王阖闾的计中计，他早就暗中在巢地集结部队。不但囊瓦自己在豫章被吴军大败，巢地守将公子繁也被吴军俘虏。

前506年冬季，曾被囊瓦扣押结仇的唐成公、蔡昭侯联合吴王阖闾进攻楚国。有了唐国、蔡国作为

144

向导，吴军顺利绕过与楚国长年打拉锯战的江淮地区，直接到达汉水以东。左司马沈尹戌建议囊瓦先在汉水西边与吴军对峙，自己北上调动方城山以北的重兵南下，然后包抄歼灭吴军。

这本来是个很好的主意，但囊瓦受到部下的怂恿，不想让沈尹戌抢功。于是他带领楚军渡过汉水和吴军开战，结果三战三败。囊瓦惊慌失措，想要逃跑，他的部下史皇认为既然已经战败，不如拼死一战来消除罪过。于是吴、楚两军在柏举（今湖北麻城）摆开阵势。

吴王阖闾的弟弟夫概认为囊瓦不仁不义，推测他的部下没有决心死战，吴军应该迅速进攻，大部队再跟上，一定能够取胜。于是夫概带着五千士兵抢先进攻，囊瓦军队果然不堪一击，被吴军大败。囊瓦逃往郑国，史皇战死。没有主帅的楚军更加溃散，纷纷往郢都逃跑。吴军渡过汉水，又追杀了一阵，直追到清发水。夫概趁着楚军渡河过半时，突然发动攻击，再次打败楚军。之后趁着楚军做饭又进攻，继续在雍澨（shì）打败楚军。

　　这一番作战五战五胜，一直打到楚国郢都。都城的精锐部队被囊瓦挥霍一空，楚昭王无心抵抗，带着妹妹和一干大臣逃跑。鍼（zhēn）尹固在大象

尾巴上点火把，阻挡了吴军一阵子。但最终吴军进驻郢都，吴王阖闾入住王宫，夫概入住令尹府。郢都就这样被吴军占领。

楚昭王逃到了郧（yún）地（今湖北安陆），郧

公斗怀的父亲是斗成然，当年被楚平王所杀，斗怀的弟弟斗辛就想杀楚昭王报仇。斗怀不同意，他护送楚昭王逃到附属的随国（今湖北随州）。吴军进攻随国，随侯抵住压力，不肯交出楚昭王，吴军也只好撤退。楚国大夫申包胥立志恢复楚国，跑到秦国去请救兵，七天不喝一口水，让秦哀公大为感动，决定出兵相助。

前505年，吴楚战争发生了逆转。楚国的盟友越国进攻吴国，申包胥也带着秦军到达，秦楚联军击败了夫概，并灭了唐国，断掉吴军的补给。夫概被击败后，趁机逃跑回国，自立为王。秦楚联军再次击败吴军，楚国的公子启以火攻吴军，吴军又败。吴王阖闾听说弟弟跑回家称王，只好放弃楚国，赶紧带兵回吴。楚昭王终于得以返回郢都。夫概终究还是嫩了点，被吴王阖闾击败逃到楚国。

前504年，吴王阖闾又派太子终累击败楚军，俘虏了潘子臣、小惟子和七个大夫。楚国人大为恐惧，生怕吴军再次打来，连忙迁都于鄀（ruò）。此时吴王阖闾年事已高，暂缓发动战争，但还是没放下攻城略地的心。

前496年，吴王阖闾趁越君允常新死攻打越国，刚即位的越王勾践在檇（zuì）李（今浙江嘉兴）抵御吴军。越王勾践派三行罪犯在阵前自杀，没见过这场面的吴军大为震惊，越军趁机进攻，吴军大败。混战中，越国灵姑浮用戈击中吴王阖闾的脚趾。吴王阖闾退兵，在离檇李七里远的陉（xíng）地伤重去世。

触摸历史

■ ［成语］

·螳螂捕蝉，黄雀在后

出自《说苑·正谏》，说的是吴王想攻打楚国，一个小孩子说后花园有螳螂想捕蝉，黄雀准备捉螳螂，自己拿弹弓准备打黄雀。比喻贪图利益而不顾后患。

■ ［文物］

·吴王光带钩

浙江绍兴西施山越国遗址曾出土若干件，为吴王阖闾所铸青铜衣带钩，当为"吴钩"原型，大概在吴亡后被带入越，其中有一件藏于浙江绍兴越文化博物馆。

·吴王光剑、吴王光戈

出土有若干件吴王光青铜剑、青铜戈，其中一件剑、一件戈藏于上海博物馆，剑铭文为"攻吴王光自作用剑"，其剑身长77.3厘米，为出土吴剑中最长的一件。

■ ［遗迹］

· 吴都阖闾城遗址

在江苏无锡滨湖区与常州武进区之间，分为东西二城，城墙周长约4公里，被认为是吴王阖闾时吴都所在。现为全国重点文物保护单位，建有阖闾城遗址博物馆。

· 苏州古城

在江苏苏州姑苏区，过去一般认为是阖闾时吴都所在，其中齐门、平门、阊门、胥门、将门、蛇门、盘门等城门均与吴王阖闾有关，不过现在一般认为是汉代所建。

· 虎丘风景名胜区

在江苏苏州姑苏区。据说是吴王阖闾与三千宝剑埋葬之地，相传吴王阖闾去世后宝剑之精化为白虎立在墓上，故称虎丘。

原典

吴王阖庐弟夫概[1]欲战，阖庐弗许。夫概曰："王已属[2]臣兵，兵以利为上，尚何待焉？"遂以其部五千人袭冒楚，楚兵大败，走。于是吴王遂纵兵追之。比[3]至郢[4]，五战，楚五败。楚昭王亡出郢，奔郧[5]。郧公弟欲弑昭王，昭王与郧公奔随[6]。而吴兵遂入郢。

——《史记·吴太伯世家》

注释：

1.夫概：又称夫概王，吴王阖闾弟，姬姓，清华简《系年》称为王子晨。在吴楚柏举之战中突击楚军，取得大胜。之后回国自立为王，为吴王阖闾驱逐奔楚。

2.属（zhǔ）：嘱，嘱托，嘱咐。

3.比：等到。

4.郢：楚国都城，旧说在湖北荆州纪南城，现在一般认为郢是楚都通称，至战国时才定都纪南城。

5.郧：楚国郧县，在今湖北安陆一带。

6.随：随国，一作曾国，姬姓，在今湖北随州一带，楚国的附庸。

大意

　　吴王阖闾的弟弟夫概打算出战，吴王阖闾不答应。夫概说："大王既然已经把士兵托付给我，战事应当以有利为上，还等什么呢？"于是带领五千人袭击楚军，楚军大败逃走。吴王阖闾带领大军追逐，一直追到郢都。吴楚交战五次，楚军五战五败。楚昭王逃出郢都，奔至郧县。郧公的弟弟想杀楚昭王，楚昭王只得和郧公一起逃到随国。吴军则占领了郢都。

越国始祖据说是夏王少康的儿子无余。春秋中期，晋国扶持吴国与楚国敌对，楚国则扶持越国与吴国敌对。越王勾践灭亡吴国，被周元王册封为霸主，至前306年越国被楚国灭亡，百越部落沦为楚国的附庸，至前222年百越又降秦。

一生之敌：吴王夫差与越王勾践的故事

《史记·吴太伯世家》

《史记·越王勾践世家》

《左传》

《国语》

古本《竹书纪年》

清华简《越公其事》

吴王夫差（？—前473年），姬姓，名终累，春秋后期吴国国君，于前495年—前473年在位。越王勾践（？—前464年），姒姓，一作句（gōu）践，又名菼（tǎn）执，春秋后期越国国君，于前496年—前464年在位。

　　前494年，吴王夫差在夫椒之战大败越王勾践，越王勾践求和。之后吴王夫差北上，征服齐、晋两大国，被周天子册封为霸主。

　　与此同时，越王勾践偷袭吴国都城姑苏。前473年，越王勾践灭亡吴国，吴王夫差自尽。越王勾践北上，大会诸侯于琅琊，被周天子册封为霸主。

吴越的世仇

据说，越国始祖是夏王少康的庶子，被封至会稽（今浙江绍兴），守卫大禹的陵寝。之后传了二十多代到越君允常，与吴王阖闾相互争战。允常去世后，他的儿子勾践即位，称位越王。不过，这个说法是《史记》里才有的。在《史记》之前，还没有这种说法，倒是有史料说越国是周人或楚人的分支，这些说法都未必可靠。越国王室最大的可能是土生土长的越人。

前601年，楚庄王与吴、越两国在滑汭结盟，这是越国有史书记录的开始。后来，吴国在晋国的拉拢下，背叛楚国投靠晋国，但越国一直追随楚国。前544年，吴王余祭进攻越国，砍去越人俘虏的双脚，让他担任看守船只的奴隶。等吴王余祭视察船只时，这个俘虏奋起一刀，刺死了他。从此，吴越两国有了血海深仇。前面提到楚灵王攻打吴国，越国大夫常寿过也随从，就是这个缘由。

前一个故事说到前496年，吴王阖闾攻打越国，被越王勾践用诈术击败，吴王阖闾重伤，去世前嘱咐一定不要忘记和越国的血海深仇。吴王夫差即位后，派属下站在院子里，自己经过院子，属下都要大声说："你忘记越王杀了你父亲吗？"吴王夫差就恭敬回答："不敢忘记！"以此来激励自己。

吴王夫差日夜练兵的消息，传到了越王勾践的耳中。他决定先发制人，大夫范蠡劝谏，可越王勾践不听。结果在夫椒（今太湖）之战被吴军击败。吴王夫差顺势率军追击，一路攻入会稽。越王勾践带领五千甲士退守会稽山，并派大夫文种去向吴国求和。

吴王夫差打算接受求和，伍子胥却认为不能放走越王勾践，因为吴越两国世代仇敌。吴王夫差不听，伍子胥私下和别人说："如果放虎归山。恐怕越国人会用十年时间休养，再用十年时间练兵。二十年以后，吴国的宫殿恐怕要被越国变成池沼了。"

《左传》的记录内容较为简略。不过到后世的文献中，具体内容就变得丰富起来。《国语》有《吴语》《越语上》和《越语下》三篇，均记录了越王勾践向吴国求和的过程，比《左传》更为详细，也更加夸张。

《吴语》说求和的是越国大夫诸稽郢，他提出由越王勾践将自己的子女送到吴国，与吴国联姻并作为人质。《越语上》说文种去求和，答应越国的国君和大臣，都把女儿嫁给吴国国君和大臣；但同时也威胁夫差，如果不答应，越国将拼死抵抗。甚至越王勾践本人都跑去侍奉吴王夫差，充当马夫。《越语下》更加夸张，说文种求和不成，越王勾践与范蠡都进入吴国做人质。

总体来说，这几篇之间有一条明显的发展线索，就是不断突出越王勾践的卑微与吴王夫差的傲慢。《史记·吴太伯世家》《史记·越王勾践世家》和《史记·伍子胥列传》也都记录了这段历史，也是说文种

160

代表越王勾践求和，内容与《越语上》较为接近，但没有说越王勾践本人侍奉吴王夫差，表示司马迁也不相信这点。但在后来的《越绝书》《吴越春秋》中，就传得越来越夸张了，还说越王勾践与夫人、范蠡一起到吴国做奴仆，甚至还说他为吴王夫差尝粪便，观察病情。这些都不足为信。

无论如何，最终越王勾践被吴王夫差释放回国，吴国收兵，越国成了吴国的盟友。

吴王夫差图谋中原势如破竹

征服越国的吴王夫差，开始图谋中原，继续父亲的霸业。第一站就打下陈国。楚国大夫非常恐惧，害怕他继续进攻楚国。令尹公子申指出，当年吴王阖闾艰苦朴素，与百姓同甘共苦，大家才愿意拼命；

而这个吴王夫差却享受珍宝美女，无休止地滥用民力，一定自取失败。话放在这儿，算是又一个预言。

前493年，吴王夫差又对早就投靠了吴国的蔡国下手。他让泄庸假装去蔡国送礼，趁机占领蔡国，逼迫蔡国迁都到州来，方便直接控制。

接下来，吴王夫差就正式北上了。前488年，鲁国攻打邾（zhū）国（今山东邹城），邾国大夫茅夷鸿向吴王夫差求援。次年，吴王夫差发兵进攻鲁国，攻下鲁国武城、东阳等地。鲁国刺客微虎带着七百死士，想连夜刺杀吴王夫差。吴王夫差知道后也有点心虚，就向鲁国求和，两国重归于好。

吴王夫差刚回去，齐悼公又前来请求他出兵鲁国。原来是齐悼公曾经流亡到鲁国，娶了鲁国执政季孙斯的妹妹季姬。等他回国即位，留在鲁国的季姬却与族叔私通。齐悼公知道了后要季姬回齐国，季孙斯怕他杀了妹妹，不敢放人。齐悼公得知鲁、吴的矛盾，这才联络上吴王夫差，想让他替自己恐吓鲁国。

吴王夫差当然乐意，这回轮到鲁国心虚，很快将季姬送到齐国。齐悼公表示满意，转头通知吴王夫差退兵。可请神容易送神难，齐悼公这一番反复无常，正好落下口实。吴王夫差说："一会儿东一会儿西的，我都不知道该听什么了，所以我还是亲自去贵国听你说啥吧！"于是吴王夫差开始修建沟通长江与淮水的邗（hán）沟，并通知鲁国一起攻打齐国。

　　前485年，吴王夫差会合鲁哀公、邾国和郯国攻打齐国。齐国上下乱成一团，贵族发动政变，杀死齐悼公，希望平息吴王夫差的怒气，请他退兵。吴王夫差此时摆出霸主的架子，先为齐悼公大哭三天，表达哀思，然后派水军从海上出击，结果被齐军击败。吴王夫差也就暂时退兵。到第二年，吴王夫差再次会合鲁哀公发兵进攻齐国，这场大战以齐军惨败告终，吴军缴获战车八百辆，砍下三千齐军首级。

　　打败齐国这个老牌大国的吴王夫差，更加不可一世，他又在橐（tuó）皋（今安徽巢湖）展开诸侯会盟，这次想收服的是卫国。卫出公虽然去了，但暗中与鲁哀公和宋国代表结盟。吴王夫差很生气，派兵包围卫出公馆舍，多亏卫国的子贡能言善辩，吴王夫差才释放卫出公。卫国经过此事，也只得臣服。

放眼中原，吴王夫差只有最后一个敌人——晋国了。当然，晋国太强大，又是老牌霸主，直接交锋不现实。于是吴王夫差就召集晋定公、鲁哀公在黄池（今河南封丘南）会盟，周敬王也派代表单平公到场。吴王夫差想用这种手段让晋国尊自己为盟主。

吴王夫差的故事先暂告一段落，他能如愿以偿吗？我们转头看越王勾践在做什么。

越王勾践蛰伏十二年终破吴

越王勾践回国后的经历，《左传》里没有说明。《国语》和清华简《越公其事》均有提到。《史记·越王勾践世家》说他接受大夫逢同建议，与齐、楚、晋三国结为友好关系。

就在吴王夫差率领大军北上会盟时，隐忍十二年的越王勾践终于出兵，分兵两路攻打吴国。吴国的太子友、王孙弥庸都被俘杀，越王勾践顺势攻破吴都。吴王夫差知道后，异常震惊，他害怕消息泄露，甚至连续杀死七个前来报信的使者企图掩盖消息。

等到吴、晋正式会盟的时候。吴王夫差提出吴太伯是周文王的伯父，所以应该由吴国做盟主。晋国人却说姬姓一直是由晋国做盟主，这个不能改。双方争执不下。《左传》《史记·秦本纪》《史记·晋世家》《史记·赵世家》中说最后吴王夫差让晋定公先歃血，承认了晋国的盟主地位。不过，《国语·吴语》《公羊传》《史记·吴太伯世家》又都说最后吴王夫差为盟主。

其中以《国语·吴语》写得最详细：当时吴王夫差将三万大军分为三个方阵，一个方阵全部红旗红盔甲，看上去像火一样；一个方阵全部白旗白盔甲，看上去像荼（茅草穗）一样；一个方阵全部黑旗、黑盔甲，看上去像漆一样。晋国人就此被震慑，将霸主之位让给吴王夫差。吴王夫差也取消王号，称为吴公。

从当时形势看，《吴语》说法比较可靠。吴王夫差腹背受敌，只有拼死取得霸主，才能维持军心不散。果然，越王勾践同意讲和。吴越两国重归对峙状态。

不过吴王夫差这个人心理素质不好，能享受成功却不能接受失败。黄池之盟之后，他看上去完全丧失了斗志。前478年，越王勾践再次进攻吴国，两军在笠泽（今吴淞江）交战，吴军大败。三年后，越王勾践再次包围吴都姑苏（今江苏苏州）。前473年，姑苏终于沦陷。吴王夫差派王孙雄请和，越王勾践心软想答应，范蠡却坚决要求灭吴。越王勾践虽然最后下决心灭吴，但也愿意把吴王夫差送到甬东（今浙江舟山）去养老。此时的吴王夫差，受不了一世称

王称霸到了老年却要对宿敌俯首称臣，于是选择自尽。盛极一时的吴国就此灭亡。

之后，越军横行于长江、淮水以东，军事实力很强。越王勾践带兵向北渡过淮水，与齐、晋等诸侯在齐邑徐州（今山东滕州南）相会，并向周天子纳贡。周元王派人赐他胙（zuò）肉，任命他为伯主。越王勾践把淮上的土地献给楚国，把吴国过去侵略宋国的土地还给宋国，割让泗水以东百里土地给鲁国，以示与周边诸国友好。于是诸侯也都来祝贺他号称霸王。前464年，越王勾践去世。

到这个时候，春秋霸主已经走向穷途末路，尊王攘夷不再是他们的目标，而是开始以武力争夺天下。

触摸历史

■ ［成语］

· **如火如荼**

出自《国语·吴语》，说的是吴王夫差在黄池之盟上命令三万部队分为白色、红色、黑色方阵，白色望之如荼、红色如火、黑色如墨，后比喻不可遏制的势头。

· **卧薪尝胆**

出自《史记·越王勾践世家》，说的是越王勾践被吴王夫差释放回国后，在座位边放置苦胆一颗，提醒不要忘记战败的耻辱。苏轼《拟孙权答曹操书》中也提到"卧薪尝胆"。

■ ［文物］

· **越王勾践剑**

1965年出土于湖北江陵望山楚墓，全长55.6厘米，系名气最大的吴越地区铸造青铜器，现藏于湖北省博物馆。

■ ［遗迹］

·印山越国王陵

在浙江绍兴柯桥区兰亭镇印山，是目前正式发掘并确定的第一座越王陵，系木质结构陵寝，一般认为是越君允常的陵寝。现为全国重点文物保护单位。

·越王城遗址

在浙江杭州萧山区的城山之巅，城址面积约2万余平方米，城墙全长约1091米，是迄今为止国内保存最好的古城墙遗址。现为浙江省重点文物保护单位。

原典

勾践已平吴，乃以兵北渡淮，与齐、晋诸侯会于徐州[1]，致贡于周。周元王[2]使人赐勾践胙[3]，命为伯[4]。勾践已去，渡淮南，以淮上地与楚，归吴所侵宋地于宋，与鲁泗东方百里。当是时，越兵横行于江、淮东，诸侯毕贺，号称霸王。

——《史记·越王勾践世家》

1.徐州：在今山东滕州南。

2.周元王（？—前469年）：姬姓，名仁，周敬王之子，春秋末期周天子，于前476年—前469年在位。

3.胙：祭祀用的肉，周代祭祀完毕，把胙肉赠给他人，表示分享祖先的祝福。

4.伯：即霸，又作伯主、霸主，诸侯的领袖。

大意

勾践已经灭亡了吴国，接着带兵向北渡过淮水，和齐、晋等国诸侯在徐州相会，向周天子纳贡。周元王派人赐勾践胙肉，任命他为伯主。勾践离开徐州，渡过淮水南边，把淮上的土地给楚国；把吴国以前侵略宋国的土地还给宋国；割让泗水以东方圆百里的土地给鲁国。在那个时候，越军横行于长江、淮水以东，诸侯都来祝贺他号称霸王。

春秋后期，晋国王室逐渐被六卿架空，六卿之间也爆发内战。到前 453 年，魏氏、赵氏、韩氏三家瓜分智氏，晋形同灭亡。前 403 年，魏文侯正式被周威烈王任命为诸侯，魏国成为后世公认的"战国七雄"之一。魏惠王时开始称王，迁都大梁（今河南开封）。之后魏国衰落，前 225 年为秦所灭。

变法革新：
魏文侯的故事

《史记·魏世家》

古本《竹书纪年》

《战国策》

清华简《系年》

魏文侯（？—前396年），姬姓，名斯，战国初期魏国国君，早年主导韩、赵、魏三家分晋。魏文侯在位时任用李悝（kuī）、李克、翟（zhái）璜、吴起、乐羊、西门豹等良臣名将，在诸侯之中率先推行变法，改革政治、奖励耕战、兴修水利。在位期间攻占秦国河西，灭亡中山，注意联合三晋，先后攻打齐、楚。在他的统治下，魏国成为战国初年最强的国家。

广纳贤良，为人谦逊

据《史记·魏世家》，魏国的先祖为毕公高，与周天子同为姬姓，被周武王分封于毕（今陕西咸阳）。春秋前期，毕公高后人毕万投奔晋国。晋献公灭亡当时的魏国（今山西芮城）后，将其封给毕万。于是毕万的后人由此改称魏氏。

前面讲晋国的故事时反复提到过，晋国最大的隐患是六卿权力过大，逐渐令晋君被架空。到春秋末期，晋国内部经历了七年的六卿内战，只剩下了智氏、赵氏、魏氏和韩氏。后来，魏氏宗主魏驹又与赵氏、韩氏两家灭亡智氏，三家胜利者号称"三晋"。此时晋国国君只剩下都城绛和曲沃两座城，其余地盘均被瓜分。魏氏就占据最肥沃的河东、河内之地，以安邑（今山西夏县）为宗邑。虽然还没有受到周天子的册封，但实质上与诸侯国已经没有区别了。

前446年，魏驹的孙子魏斯成为魏氏宗主，就是魏文侯。魏文侯上台后，任用李悝为相邦，主持变法。在农政方面，李悝主张发展农业生产，精耕细作，同时由官府主导平抑粮价，巩固君权的经济基础。在刑法方面，李悝制定了《法经》，这是我国第一部比较系统的封建成文法典，后来著名的商鞅变法，就是以《法经》为基础。除了法家之外，魏文侯

还爱好儒学，尊孔子的学生、大儒子夏为师，跟随他学习经书。子夏又有学生田子方、段干木、吴起等人，魏文侯对他们也非常敬重。

不仅对辅佐他的高官与饱学之士很尊敬，对地位不高的小官，魏文侯也以诚信相待。他曾与看守山林的小吏约定打猎，那一天却天降大雨。魏文侯本来正在饮酒，到了时间放下酒杯准备出发，侍从表示不理解，这么大的雨怎么还去打猎。魏文侯却说："我和别人约好今天打猎，虽然喝酒很尽兴，但也不能失约。"因为国君守信，君臣之间非常和睦。

魏国的正式建立

魏文侯即位魏氏宗主之初，魏氏实力还不太强，"三晋"由最强的赵氏主导。之后赵氏陷入内乱，而魏氏开始强大。魏文侯仍然注意团结韩氏和赵氏，不偏帮一方，维持三方的稳定关系。韩、赵两家不睦，分别向魏搬救兵，魏文侯用同样的话术说自己是另外一家的好兄弟，把两家全搪塞过去。结果韩、赵两家因为都没援兵，这一仗没有打成，后来可能觉得魏文侯挺公正，就都去朝拜他，奉魏为"三晋"之首。

前416年，晋幽公被杀。魏文侯带兵平乱，立晋幽公之子为晋烈公。前413年，魏文侯攻打距离自己最近的秦国，秦军被打得节节败退。至前409年，魏文侯完全占领河西地区，任命吴起为河西郡守。接下来，魏文侯向赵国借道，发动对中山国的攻击。经过三年的战争，将军乐羊终于灭亡中山。魏文侯把中山封给儿子击，并让李克在那里辅佐他。魏文侯又在赵、魏之间的漳河北岸修筑邺（yè）城（今河北临漳西、河南安阳北），任命西门豹为邺城县令。西门豹向魏文侯询问为政之道，魏文侯说："让德高望重的老人裁决诉讼；要注重对外学习，吸纳外国

有才的人；至于那些嫉贤妒能，又爱说坏话的家伙，对他们的话要好好考察实情再做决断。"这可以说是魏文侯用人之道的高度总结了。后来西门豹果然把邺城治理得井井有条，有效巩固了魏国北部边境。

李悝、吴起、西门豹、乐羊等人都不是出身权贵，魏文侯是战国史上第一个任用这样的布衣将相的诸侯，也是第一个进行变法改革的国君。在他的主政之下，魏迅速强大，此时的魏已经如日中天，距离正式建国只有一步之遥。

前405年，齐国田氏宗主田悼子去世，他的弟弟田和任新宗主，田氏发生内讧。田悼子可能是被田和谋害而死，于是魏文侯抓住机会向周威烈王请命，以征讨田和为由，在次年与韩景侯、赵烈侯联合越军攻打齐国，在平阴（今山东平阴）大败齐军。齐国投降。

平阴之战后，"三晋"向周威烈王献俘，并迫使齐康公与鲁、宋、卫、郑的国君们一同朝见。前403年，周威烈王正式册封魏文侯、韩景侯、赵烈侯为诸侯，其中的首功当然就是魏文侯。魏国、韩国、赵国终于作为诸侯国正式登上历史舞台。《资治通鉴》以前403年三晋被任命为诸侯这件事作为起点叙述，表明当时周王朝已经完全礼崩乐坏了。

在战国初年，这三个新兴诸侯国与老牌霸主越国联合，而齐、楚、秦三国为了对抗他们，也常互相帮助。但整体来说，魏国是这七国中最强大的。历史的新篇章就此揭开，后面的故事还有很多。

触摸历史

■ ［成语］

· 耳闻不如目见

出自《说苑·政理》，说的是魏文侯让西门豹治理邺城，让西门豹过去后访求贤者然后亲自察辨，因为耳闻不如目见。表示亲自考察，不要轻信。

· 反裘负刍

出自《新序·杂事二》，说魏文侯见到一个人反穿皮衣背着柴，说是怕把皮毛磨掉。表示为了追求小利而伤害根本。《晏子春秋》也有大同小异的记录，主角为晏婴。

■ ［遗迹］

· 齐长城遗址

位于山东平阴到青岛黄岛区，全长618.893公里，历经19个县市，翻越1518座山峰。现为全国重点文物保护单位。

· **西门豹祠**

在河南省安阳县安丰乡北丰村邺城遗址，为魏国邺城县令西门豹的祠堂。现为河南省重点文物保护单位。

原典

魏文侯谓李克曰[1]："先生尝教寡人曰'家贫则思良妻，国乱则思良相'。今所置非成[2]则璜[3]，二子何如？"李克对曰："臣闻之，卑不谋尊，疏不谋戚[4]。臣在阙门[5]之外，不敢当命。"文侯曰："先生临事[6]勿让。"李克曰："君不察故也。居视其所亲，富视其所与，达视其所举，穷视其所不为，贫视其所不取。五者足以定之矣，何待[7]克哉！"

——《史记·魏世家》

注释:

1.李克:子夏弟子,魏文侯时任中山相,《汉书·艺文志》儒家类有《李克》七篇。在《史记》中李克似与李悝为一人,但《汉书》把李克与李悝分为两人。

2.成:即公子成,又称季成、公孙季成,魏文侯之弟。

3.璜:翟璜,魏文侯大臣。

4.戚:亲戚。

5.阙门:宫阙大门。

6.临事:遇事,处事。

7.待:需要。

大意

魏文侯对李克说:"先生曾经教导寡人说'家境贫寒就思念良妻,国家动乱就思念良相'。今天相邦的人选不是魏成就是翟璜,这二人中该选谁呢?"李克回答说:"我听说,卑微的人不对尊贵的人谋划,疏远的人不对亲近的人谋划。我住在宫门之外,不

敢议论。"魏文侯说："遇到事情，先生就不要回避
了。"李克说："您之前没有留心啊。看他平时亲近什
么人，看他富有时给予别人什么，看他显贵时举荐
什么人，看他困厄时没有去干什么，看他贫寒时不
取什么东西。看这五项就足以确定相邦人选了，不
需要我多说。"

韩国始祖是晋国曲沃桓叔之子韩万。至春秋中后期，韩厥、韩起父子担任中军将，韩氏开始壮大。前403年，韩景侯被周威烈王任命为诸侯，韩国成为公认的"战国七雄"之一。前376年，韩哀侯灭郑并迁都新郑。至韩王安九年（前230年）为秦所灭。

以术驭下埋祸端：韩昭侯的故事

《史记·韩世家》

《史记·老子韩非列传》

古本《竹书纪年》

《韩非子》

《吕氏春秋》

韩昭侯（？一前333年），又作僖侯、昭僖侯，姬姓，名武，韩懿侯之子，战国中期韩国国君，于前362年一前333年在位。韩昭侯即位初期，韩国政治较为混乱。于是韩昭侯任用原郑国贱臣申不害担任相邦，申不害是法家的"术派"，主张用权术来驾驭臣下。在申不害主政下，韩国更加强大。但君主重"术"也造成臣下争权夺利，难以劝谏君王。所以韩国改革的效果并不佳，在"战国七雄"里实力最弱。

据《史记·韩世家》记载，韩国的先祖与周王室同为姬姓，后裔被分封在晋国的韩原。这个说法比较模糊。实际上，韩原在西周时是韩国所在地，那个时期的韩国与战国时期的韩国是两个概念，西周时期的韩国始封君是周武王之子，在两周之际就被晋国灭亡了。之后在晋国内部发生了近七十年的内战，最后晋国公族曲沃武公攻入晋国都城翼，取代了晋国国君之位，也就是晋武公。战争中，在曲沃有个叫韩万的大臣，他就是晋国韩氏的祖先。不过，根据《世本》《国语》的说法，他并非西周韩国后裔，而是曲沃桓叔的庶子，晋武公的叔叔。

因为父亲属于公族夺权上位，儿子晋献公吸取经验教训，上位之后就尽诛公族，不过留下了韩氏这一支。韩氏也因此在晋国生根发芽。到了春秋后期，韩、赵、魏三家分晋。前403年，韩景侯被周威烈王册封为诸侯，正式建立韩国。

韩国本与赵、魏两国同气连枝，联合发展。但昔日的"三晋"扩张之后，终于引起内讧。前362年，韩昭侯即位。当时魏国是天下最强的诸侯国，韩昭侯只得与鲁、宋、卫等国君都入魏朝见，尊魏惠王为霸主。

此时，各国的变法运动风起云涌。前356年，秦孝公任用商鞅变法，齐威王也任用邹忌开始改革，秦、齐两国迅速强大。韩昭侯也想有一番作为，前355年，他任用京（今河南荥阳东南）人申不害为相邦进行改革。申不害原是郑国贱臣，地位不高，因为法家学说而被韩昭侯看重。

申不害讲究法家"术派"的理论。战国的法家大体可以分为三派：法派、势派和术派。"法派"代表人物是秦国的商鞅，"势派"代表人物是赵国的慎到，"术派"代表人物就是申不害。三派都提倡让君主以法律治理臣民，但也有所区别。整体来说，"法派"侧重于加强法律的严密，"势派"侧重于加强君主的权威，而"术派"则侧重于教君主使用驾驭大臣的权术。

这种驾驭大臣的权术应用到什么程度呢？据说

韩昭侯曾经让侍者将一条破裤子收好，侍者说："君上您怎么连一条破了的裤子都不肯赏赐给下人，自己收起来干吗呀？"韩昭侯却说："这你就不懂了，明君的每一次皱眉每一次微笑，都得有目的。这破裤子不能随便处理，一定要等到有功之人，再将这条破裤子赏赐给他！"一个君王整天琢磨这点小心思，可见韩昭侯钻进了一条死胡同。

据《韩非子》记载，申不害还主张君王独断。同时，为了防止大臣夺权，特别禁止大臣越权。当然，这样一来，君王就没有人给他集思广益、忠言劝谏了，极有可能走向昏庸暴虐。在后世的韩非子看来，申不害不擅长制定法律，导致新旧法律不一，所以奸臣特别多。

韩昭侯有次外出射鸟，套车的皮带有一边松了。韩昭侯坐在车上对仆从说："套车的皮带一边松了吗？"仆从说："是的。"停下车后，韩昭侯去射鸟，帮助他射鸟的官员连忙调整皮带。之后韩昭侯上车，说："之前皮带松了，现在又好了，怎么回事？"官

员连忙说:"刚才是我调整了皮带。"韩昭侯到达宫中，马上追究管理车辆的官员的失职责任，也没忘追究那个主动调整皮带的官员越权之责。

韩昭侯听信申不害的建议，把专断演绎到了极致，甚至让申不害也搬起石头砸自己的脚。有一回，他为堂兄谋求官职，韩昭侯想都没想就拒绝了，他说:"我这可是从你那里学到的，要是我听了你的进谏给他官职，不就是破坏你治国的方法吗？"申不害听了只好回到官邸请罪。

如果说独断专行，不许人进谏起初只影响了个别官员的前途。那么这种不良的治国政策愈演愈烈，让所有臣民人人自危，则在之后严重影响了韩国的发展。

前335年，秦国攻占韩国故都宜阳，第二年韩国又遭遇大旱。天灾人祸面前，韩昭侯却忙着大兴土木筑造高大的宫门。楚国大夫屈宜臼当时在韩国，他说:"韩昭侯得被这门害死。风调雨顺势力雄厚的时候不干这事，偏等到去年宜阳被攻克，今年又遭受旱灾的时候造。韩昭侯不体恤受苦受难的民众，反而更加奢侈。"在这件显而易见不正确的事上，韩国群臣没有一个敢劝谏的，站出来说话的还是一个楚国人，这正是韩昭侯片面强调"术"而导致的结果。

总体来说，韩国虽然积极改革获得了一定成效，但整体来说因为过于迷信于"术"的作用，所以改革带来的国家实力增长不大，反而留下很多内在隐患。国力在"战国七雄"中最弱，始终未曾威震诸侯。由此可见，即使是封建君王，也应当虚心听取意见，选择极度的专断，又整日将心思用在斗心眼儿上，必将走向消亡。

触摸历史

■ [成语]

· 一颦一笑

出自《韩非子·内储上》，说的是韩昭侯让人将一条破裤子收藏好，因为英明之主颦眉或者笑都是有目的的。后比喻小小举动都有用意，或形容姿态美丑。

■ [遗迹]

· 宜阳韩都故城遗址

在河南宜阳韩城镇城角村，系战国至秦汉时期的宜阳县城城址，在三家分晋前曾为韩氏都邑所在。现为全国重点文物保护单位。

· 魏长城遗址

位于陕西华阴、大荔、澄城、合阳、韩城等市县境内，系魏惠王时期修建，作为防御秦国的城墙。现为全国重点文物保护单位，也被列入世界文化遗产名录。

原典

二十五年，旱，作高门。屈宜臼曰："昭侯不出此门。何也？不时[1]。吾所谓时者，非时日[2]也，人固有利不利时。昭侯尝利矣，不作高门。往年秦拔[3]宜阳[4]，今年旱，昭侯不以此时恤民之急，而顾[5]益奢，此谓'时绌[6]举赢[7]'。"二十六年，高门成，昭侯卒，果不出此门。

——《史记·韩世家》

注释：

1.时：时机。

2.时日：吉日。

198

3. 拔：攻克。

4. 宜阳：韩邑，在今河南宜阳。

5. 顾：反而。

6. 绌（chù）：不足。

7. 赢：盈，满。

大意

韩昭侯二十五年，韩国发生旱灾，韩昭侯还在这个时候筑造高门。屈宜臼说："韩昭侯走不出这座门。为什么呢？因为时机不对。我所说的时，不是择吉日的意思，而是人总有有利和不利的时机。韩昭侯曾经有有利的时机，那时候没有筑造高门。现在刚被秦国攻克宜阳，今年又遭遇旱灾，韩昭侯不在这个时候体恤民众的难处，反而更加奢侈，这就是所谓的'时机不足而行动过满'。"二十六年，高门建成，韩昭侯死了，果然没能走出这座门。

战国时期的齐国始祖是陈厉公之子陈完。陈完春秋时期投奔齐国，被任命为工正。之后陈氏在齐国不断发展，前481年，陈氏宗主陈恒杀齐简公，独揽齐国大权。前386年，陈和被立为诸侯，史称"田氏代齐"（秦汉时期把陈氏也写作田氏），成为后世公认的"战国七雄"之一，至前221年为秦国所灭。

善听批评的君王：
齐威王的故事

《史记·田敬仲完世家》

古本《竹书纪年》

《战国策》

齐威王（前378年—前320年），妫姓，陈（田）氏，名因齐，一作婴齐，齐桓公陈午之子，战国中期齐国国君，于前356年—前320年在位。齐威王即位初期，任用法家邹忌为相邦改革，齐国迅速强大。前354年，齐将田忌在桂陵之战大败魏将庞涓。前341年，齐将田盼（fén）又在马陵之战大败魏太子申。经过两场大胜，魏国衰落，齐国崛起。齐威王于前334年称王，成为战国第二个称王的诸侯。此后齐国直到被秦国灭亡都是公认的强国。

任用邹忌，敢于改革

　　讲齐威王的故事，就不得不从邹忌讲起。他是齐威王的左膀右臂，历史上流传下来关于齐威王的故事里总少不了他的身影。

　　邹忌因擅长弹琴而受到齐威王的喜爱，让他住在宫中右室。但邹忌其实不甘于只成为一个琴师，他还有更大的抱负。有一天，齐威王正弹琴，邹忌就进来说："琴弹得真好！"齐威王听了反而不高兴，手按宝剑说："你都没有认真观察，怎么知道弹得好？"邹忌不紧不慢地说："大弦缓慢温和，象征国君；小弦清亮明快，象征相邦；手指用力舒缓，象征政令；琴声和谐美妙，象征四时。所以我说您弹得好！"

　　夸人夸在了点子上，齐威王听完果然很高兴，说："看来你善于谈论音乐。"邹忌将话题引到重点：

"治理国家和安抚民众也是一样的。回环不乱，是由于政治昌明；连贯轻快，是由于保存了将亡之国。琴音和谐，自然天下太平。治理国家与安抚民众，和乐理异曲同工。"齐威王听了这番理论，连声称赞。三个月后，任命邹忌为相邦。

从齐桓公开始，齐国在国都临淄的西边稷门外，设置稷下学宫，召集各地学者前来进行学术研讨与政治争辩。不少著名学者如孟子、荀子都在学宫待过，被称为"稷下先生"。

稷下先生中有个淳于髡（kūn），他想和邹忌交流自己对时政治国的看法，但是他想考一考邹忌，于是说了五个脑筋急转弯一样的哑谜：第一，用猪油涂抹车轴，是为了让它润滑，但轴孔是方形就无法转动；第二，用胶粘补使用久的弓，但不能把缝隙完全黏合；第三，狐皮袄子破了，不能用黄狗皮去补；第四，大车如果不校正，就不能正常承重；第五，琴瑟如果不调弦，就不能让五音和谐。

邹忌是聪明人，一下子就知道淳于髡在说什么。

于是回答说，同意他的观点，自己也认为要小心侍奉国君，同时依靠百姓，要谨慎挑选君子、疏远小人，并制定法令监督官吏。听完邹忌的回答，淳于髡很钦佩，出门后对仆人说，邹忌能马上破解他的暗喻而且认同他的观点，不久之后必然得受封。果然在一年后，齐威王将下邳（pī）封给邹忌，号为成侯。

像上面这种用类比法打哑谜一样的说话方式叫"讽谏"，在那时候特别流行。邹忌身高八尺有余（1.85米以上），还是一位美男子，他想要劝谏齐威王采纳臣民的批评意见，就先假托说听闻城北徐公貌美，于是先后问自己的妻、妾、客，自己与徐公谁美呢？妻、妾、客都说邹忌美。后来自己亲眼见到徐公，自认为不如。于是明白，妻子称赞他美貌，是偏爱自己；小妾称赞他美貌，是畏惧自己；食客称赞自己美貌，是有求于自己。见齐威王听到此处连连点头。

紧接着邹忌话锋一转说："嫔妃近臣都偏爱大王，

朝廷大臣都害怕大王，全国人民都有求于大王，所以大王受到的蒙蔽很深啊！"威王于是下令："群臣吏民能够当面指出寡人错误的，受上赏；书面劝谏的，受中赏；大庭广众议论传到寡人耳中的，受下赏。"命令刚刚宣布，大家纷纷来批评，好像集市一样热闹；几个月后，偶尔有人提意见。一年后，因为国家不断改进，大家想提意见都提不出了。

其实齐威王不仅仅是善听别人的进谏，他还格外重视实地考察，毕竟耳听为虚眼见为实。齐威王曾召见即墨大夫说："自从您治理即墨，很多人说您坏话，可寡人派人去即墨视察，一派国泰民安，说明你没有讨好寡人身边的人！"于是封给他一万户食邑。接着又召见阿城大夫，说："自从你治理阿城，很多人说你好话，可寡人派人去阿城视察，一片荒芜凋败，说明你贿赂过寡人身边的人！"然后下令，把阿城大夫和吹捧过他的人全部处死。

与魏争锋终称王

有一次，齐威王与魏惠王一起打猎。魏惠王问："你有什么宝物吗？"齐威王说："没有。"魏惠王说："我国都有十颗夜明珠，可以照亮前后各十二辆车，贵国怎会没有？"齐威王说："我的宝物与你的不同。檀子镇守南城，楚人不敢东进，泗上十二诸侯都前来朝拜；田朌镇守高唐，赵人不敢东进；黔夫镇守徐州，燕、赵人都连忙祭祀，以求不被攻打；种首戒备盗贼，道不拾遗。我的这些臣子光照千里，何止十二辆车！"魏惠王非常惭愧，败兴而去。

前面说过，魏国此时是第一强国，齐国的崛起必然绕不开与它一较高下。前354年，魏惠王进攻赵国，包围赵都邯郸，赵国向齐国求救。齐威王下令出兵救赵，驻军在邯郸城外。大臣段干朋指出，这样会让赵、魏两国休战，他们也就都保存了实力，这对齐国来说没什么好处。不如出兵南下进攻**魏国**襄陵（今河南睢县）。这样表面上帮助了赵国，但如果邯郸**魏军**被攻克，齐军就可以趁魏军疲惫，再来攻击魏军，这样就能一次收服两个国家。这也就是著名的故事"围魏救赵"的出处。

这里有个插曲，邹忌与将军田忌不和，谋士公孙闬（bì）就劝邹忌，让齐威王派田忌去打这个"围魏救赵"，这样田忌战胜了，是邹忌的举荐；战败了，则会被处死。于是在邹忌的建议下，齐威王让田忌担任桂陵之战的主帅。田忌在谋士孙膑的帮助下南攻襄陵，魏国统帅庞涓折回来救援，结果在桂陵被田忌打败。别看邹忌在之前的故事里是个能臣君子的形象，在排除异己这件事上他可没手软，后来邹忌又使计令田忌不得已叛逃到楚国，这就是后话了。

虽然魏惠王在桂陵之战败于齐威王，但还是坚持拿下了邯郸。前344年，魏惠王正式称王，但只有宋、卫、邹、鲁的国君与秦公子少官会盟。魏惠王大怒，与齐、楚关系破裂，并在前342年进攻韩国。

韩国向齐国求救，齐威王派田盼为主将、孙膑为军师，带兵讨伐魏国。魏惠王派太子申迎战，结果在马陵全军覆没。这一战太子申被俘杀，魏国大将庞涓随后中计身亡，魏国元气大伤。同年，田盼趁胜进军，进攻魏国平阳。在齐、秦、赵三国夹击下，魏国连连失败。经过了桂陵、马陵两场大战的失败，魏国国力被严重削弱。到前336年，魏惠王不得不向齐威王示弱，魏国从战国第一大国的位置上退了下来。

前334年，魏惠王与齐威王在齐国徐州相会，互相尊为国王。齐威王从此正式称王，齐国在齐威王的治理下国力达到巅峰时刻。

触摸历史

■ [成语]

· 门庭若市

出自《战国策》，说的是齐威王下令说国内的群臣吏民有当面指责自己过失的，受上赏，一时间群臣都来进谏，门前和院子像集市一样热闹，表示来往人多。

· 围魏救赵

出自《战国策》，说的是魏军围困赵国邯郸，齐威王采取段干朋建议进攻魏国襄陵，趁着魏军疲惫之际，齐军在桂陵大败魏军。表示包抄敌人后方迫使对方撤军。

■ [遗迹]

· 梧台

在山东省淄博市临淄区梧台镇，因当地多梧桐而得名，据说是战国齐王议事的宫室，屈原出使齐国也曾下榻此处。现为全国重点文物保护单位临淄墓群之一。

原典

齐威王召大臣而谋曰："救赵孰与[1]勿救？"驺忌子[2]曰："不如勿救。"段干朋[3]曰："不救则不义，且不利。"威王曰："何也？"对曰："夫[4]魏氏并邯郸[5]，其于齐何利哉？且夫救赵而军[6]其郊，是赵不伐而魏全也。故不如南攻襄陵[7]以弊[8]魏，邯郸拔而乘魏之弊。"威王从其计。

——《史记·陈敬仲完世家》

注释：

1.孰与：何如，选择副词。

2.驺忌子：又作驺子、邹忌，齐国大夫，齐威王时相邦，封为

214

下邳成侯。

3.段干朋：段干氏，名朋，一作纶，齐国大夫。

4.夫（fú）：用作一句话的开端，无实义。

5.邯郸：赵国都城，在今河北邯郸，文献也用邯郸代指赵国。

6.军：驻扎。

7.襄陵：魏国城邑，在今河南睢县。

8.弊：削弱，使之疲惫。

大意

齐威王召集大臣商议说："救不救赵国？"邹忌说："不如不救。"段干朋说："不救就是不道义，而且对我们不利。"齐威王问："为什么呢？"段干朋接着说："不救赵国，任由魏国吞并邯郸，对齐国有什么好处呢？可如果救赵国，选择把军队驻扎在赵国邯郸郊外参战，这样一来赵国不被攻打，魏国也不会因战争而消耗。所以不如往南攻打魏国襄陵，以此削弱魏国。等邯郸被魏国占领，齐军就可以乘魏军疲劳之机进攻。"齐威王听从了段干朋的计策。

燕国始祖是周初名臣太保召公奭（shì），西周时期与中原往来较少，春秋开始与中原互通有无。成为后世公认的"战国七雄"之一，但实力较弱。燕王哙因禅让给相邦子之，导致燕国一度被齐国灭亡。燕国臣民齐心协力，才将齐军驱逐。

一个理想主义者：

燕王哙的故事

《史记·燕召公世家》

古本《竹书纪年》

《战国策》

《韩非子》

燕王哙（？—前314年），姬姓，名哙，燕易王之子，战国中期燕国国君，于前320年—前318年在位。燕王哙听信苏代、鹿毛寿等人怂恿，将国王之位禅让给相邦子之。前314年，燕王哙的太子平与将军市被发动叛乱，被子之平定。齐宣王趁机派将军匡章进攻齐国，杀死燕王哙与子之。

到春秋时期，僻居北土的燕国才与中原开始有交往。到了战国时期，燕国成为后世公认的"战国七雄"之一。前320年，第一个称王的燕国国君燕易王去世，其子燕王哙即位。当时燕国国相是子之。据《史记·燕召公世家》记载，子之与著名的纵横家苏秦联姻，又与苏秦的弟弟苏代有来往。苏代在齐国任职。不过，《史记》中关于苏秦的记录经过考证基本都是有讹误的，苏秦主要活动在燕昭王在位期间，后面我们讲苏秦的故事时还会提到。所以，苏代应该是苏秦的哥哥，与子之联姻的也是他。

前318年，苏代为齐宣王出使燕国，燕王哙询问："你们齐王这个人怎么样？"苏代故意说："齐王肯定不能成就霸业！"燕王哙连忙问："你怎么看出来的？"苏代说："因为他不信任自己的大臣。"苏代这样说，是希望刺激燕王哙，让他更重用子之。燕王哙果然更依仗子之了。子之从此在燕国位高权重，越来越专权独断。

苏代又让鹿毛寿劝燕王哙说："人们说尧是贤君，

是因为他曾经禅让给许由。如果大王把国家大权交给子之，不就和尧齐名了吗？"燕王哙就真的把国家大权交给了子之，子之的权势也就更加大了。

又有人对燕王哙说："当年大禹把国政交给伯益，却让儿子启的人担任官吏。等到大禹年老，认为启不能掌管天下，就把国家传给了伯益。但后来启纠

集党羽攻击伯益，夺取了政权。这样一来，虽然大禹名义上把国家传给伯益，但实际上让启夺取了政权。现在大王虽然把国家交给子之，但官吏也都是太子的人。这样国家虽然名义上属于子之，但实际上是太子掌权啊！"

燕王哙居然也听了，收回三百石以上俸禄的人的印玺，交给了子之，由他来重新任命所有中高级官员。至此，子之成为真正的燕王。燕王哙反而成为子之的臣子，国家大事全部由子之裁决。

不过，子之从前318年接受禅让，却不能好好治国，国内不少贵族都痛恨子之。齐宣王瞅准机会派人告诉太子平，说："太子是正义的一方，如果打算夺回属于您的国家。我们齐国站您这边！"以此怂恿太子平作乱。有了齐宣王的支持，太子平果然召集党羽造反，将军市被包围王宫，但一直没有攻下。后来子之纠集大臣反攻，太子平和市被都战死。燕国内乱数月，战死的有几万人之多。

孟子当时在齐国，他劝说齐宣王攻打燕国，认为齐国现在出兵，正如周文王、周武王讨伐商纣一样师出有名，机不可失。他甚至认为，燕国人民将会准备好吃的喝的，夹道欢迎齐军的到来。

于是齐宣王派将军匡章率领齐国五都驻军，加上北方地区的民众，大肆进攻燕国。经过之前的内战，燕国士兵根本不愿意再打仗，纷纷敞开城门迎接齐军。齐军大败燕军，燕王哙死于乱军之中，子之也被抓住砍死。燕国都城被齐军占领，连小小的中山王也趁火打劫攻占燕国土地。

不过，由于齐军军纪不严，荼毒燕国百姓，导致了燕国臣民一致反抗。两年之后，齐军被燕人彻底驱逐，赵武灵王从韩国接回做人质的王子职，将他送回燕国继承王位，就是燕昭王。燕国才没有灭国。

《史记·燕召公世家》里说市被反过来攻打太子平，结果战死。又说齐湣王攻打燕国，杀燕王哙，后来太子平即位为燕昭王。这几处都是错误的。《战国策》中提到燕国人立公子职为国君，出土文物也有不少燕王职铸造的青铜器，可知燕昭王的名字应当是职。

燕王哙身死国灭，成为了天下的笑柄。我们今天听他的故事觉得简直无法理解，但其实"禅让"在战国前期是非常流行的一种学说，《吕氏春秋》就说过魏惠王想传位惠施，《战国策》说公孙衍想建议魏惠王传位张仪，又说秦孝公想传位商鞅，虽然这些事件最终没有落实，但也反映了当时流行这种思潮。

燕国在这三年的内乱外战中，严重削弱了本国的贵族势力，这为后来燕昭王改革扫清了障碍。燕昭王即位后，采用郭隗的建议，修筑黄金台招揽名士，其中就有著名的政治家、军事家乐毅。燕昭王任用乐毅进行改革，又派遣苏秦进入齐国做卧底，前284年，燕军一举攻克齐国临淄，齐湣王逃亡被杀，算是报了上一代亡国的一箭之仇。

触摸历史

■ ［成语］

· 箪（dān）食壶浆

出自《孟子》，说的是燕王哙禅让导致燕国内乱，孟子劝说齐宣王攻打燕国，并认为燕国百姓会用食器盛放吃的、用水壶装着喝的来迎接，表示军队受到群众拥戴。

■ ［文物］

· 克盉（hé）、克罍（léi）

1986年出土于北京房山琉璃河遗址，记录了西周初年时周成王封召公奭于燕国，召公奭之子燕侯克代替父亲就封一事。现藏于首都博物馆。

· 中山王鼎、壶

1977年出土于河北平山中山王墓，记录燕王哙禅让引发国家动乱，中山相邦司马赒趁机攻打燕国取得土地。该鼎是战国铭文最长的一件青铜器，今藏于河北博物院。

· **燕王职戈、壶、剑**

燕昭王铸造几种青铜器，可证明燕昭王名职。现有燕王职戈藏于辽宁省博物馆，燕王职壶藏于上海博物馆，燕王职剑藏于陕西历史博物馆。

■ [遗迹]

· **琉璃河西周燕国都城遗址**

在北京房山琉璃河镇董家河村，为西周时期燕国都城遗址所在，出土了大量燕国初年青铜器。现为全国重点文物保护单位。

· **燕下都遗址**

在河北易县县城东南，城址东西长约8公里，南北宽约4公里，分为东西二城，是战国都城中面积最大的一个。现为全国重点文物保护单位。

原典

　　燕哙三年，与楚、三晋攻秦，不胜而还。子之[1]相燕，贵重，主断。苏代[2]为齐使于燕，燕王问曰："齐王奚[3]如？"对曰："必不霸。"燕王曰："何也？"对曰："不信其臣。"苏代欲以激燕王以尊子之也。于是燕王大信子之。子之因遗[4]苏代百金[5]，而听其所使。

——《史记·燕召公世家》

注释：

　　1.子之（？—前314年）：燕王哙相邦，前316年接受燕王哙禅让，前314年被齐军擒杀。

　　2.苏代：东周人，纵横家代表人物。据《史记》《战国策》，苏代为苏秦之弟；而据马王堆帛书《战国纵横家书》，苏代当为苏秦之兄。后者较可信。

　　3.奚：疑问词，何。

　　4.遗（wèi）：赠送。

　　5.金：又作镒，一镒为二十四两。

大意

　　燕王哙三年，燕国和楚国、韩国、赵国、魏国联合攻打秦国，但没有获胜就返回了。子之担任燕国相邦，位高权重，主决国事。苏代作为齐国使者来到燕国，燕王哙问道："齐王怎么样？"苏代回答说："必定不能称霸。"燕王哙问："为什么呢？"苏代回答说："因为他不信任他的大臣。"苏代是想以此促使燕王哙尊崇子之。在这之后，燕王哙果然非常信任子之。子之因此赠送苏代百金，任凭他驱使。

赵国始祖是商朝大臣飞廉后人造父，因担任周穆王御戎而被封赵城。西周末年，赵氏宗主叔带投奔晋国，之后赵氏在晋国不断壮大，并于前403年参与"三家分晋"。战国时期赵国在"三晋"中实力最强，于前260年长平之战败于秦国后走向衰落，至赵幽缪王八年（前228年）为秦所灭。

胡服骑射第一人：

赵武灵王的故事

《史记·赵世家》

《战国策》

赵武灵王（？—前295年），嬴姓，名雍，战国中期赵国国君，赵肃侯之子，于前325年—前299年在位。赵武灵王即位之初，赵国实力较弱，屡被秦、齐所败。前307年，赵武灵王在国内发动胡服骑射改革，国力大增。前299年，赵武灵王禅位给太子赵何，自称赵主父。前296年，赵主父攻灭中山国。因为偏爱长子赵章，导致赵章叛乱，公子成、李兑平叛，将赵主父活活饿死在沙丘宫中。

前403年，赵烈侯被周威烈王册封为诸侯，正式建立赵国，实力在"三晋"中排行老二。前325年，赵武灵王即位，赵豹担任相邦。赵武灵王当时年少，不能独立处理政事，每次都先咨询先王旧臣肥义，并设置博闻师三人、司过官三人，从名称来看，可以知道博闻师主要负责提供咨询、司过官主要负责检举过失。

前323年，在魏国相邦公孙衍的发起下，魏、韩、赵、燕与中山"五国相王"，互相承认国王身份，以此对抗更强的秦、齐、楚三国。除了这几个国家外，宋国也已经称王。唯独赵武灵王认为自己实力不够，在国内仍然以"君"称。

前317年，赵武灵王会合韩、魏一起攻秦，结果"三晋"大败，同年赵军又在冠泽败于齐军。第二年，秦国攻占赵国中都和西阳。前313年，赵国蔺地又被秦国攻克。这几场战争接连失败，赵武灵王非常懊恼。

当时，赵国实力不如西边的秦、东边的齐，与南边的魏、北边的燕也就在伯仲之间，仿佛在夹缝里生存。如果没有强大的兵力，赵国迟早要灭亡。如何打开这一局面呢？赵武灵王把视野放在燕、赵之间较弱的中山国上，要壮大赵国，就必须拿下中山国。

前307年，秦武王去世，无子继承。赵武灵王到燕国迎接秦武王庶弟公子稷，送他回国。公子稷即位，就是秦昭襄王。前面我们讲到燕昭王是赵武灵王立的，现在秦昭王又是赵武灵王立的。所以赵国与燕国、秦国关系一时比较融洽，这也正是赵国对中山国用兵的最佳时机。

同年，赵武灵王在信宫大会群臣，提出要改穿胡人服装，学习胡人的骑射，增强军队的作战效率。大部分的大臣都不同意，赵武灵王也考虑到会遭人非议，也怕无人支持会很难推行。

肥义对此非常支持，他对赵武灵王说："做事犹豫就不会成功。既然决定了，就无须顾虑议论。愚蠢的人，等事情成功了，还弄不明白怎么成功的；聪明的人，事情还没发生，就能判断未来走向。不用跟蠢人多解释，别犹豫了，要改就改。"得到肥义的肯定，赵武灵王下定了改革胡服骑射的决心。

不过，当时有个关键人物不同意，他就是赵武灵王的叔父公子成。赵武灵王派王孙緤（xiè）劝说他："国君已经制定政令，改变服装。如果作为国君叔父的您不穿，恐怕天下人会议论。"公子成不同意，他认为彻底改变传统风俗，是背叛祖宗的行为。尤其是他们作为中原王室的后裔，去学边远蛮夷怎么穿衣服，简直是开玩笑。

赵武灵王见他这么固执，于是亲自前往他家，摆事实讲道理："咱有这么多位先王，每一代的习俗都不同，到底效仿哪种？法规政令应该都顺应实际需要，衣服器械也要便于使用。只要穿着合适就可以叫作衣服，只要便于行事就可以称为礼法。平民随大流，贤人却总是走在前面的变革者。所以违背古制无可厚非，遵循旧礼也不值得称道。而且，用古代的办法，治理不了今天的国。你懂不懂啊！"

这一番义正词严，把公子成说得没词了，只得同意。赵武灵王终于如愿推行胡服并训练骑射。

前305年，准备好一切的赵武灵王发动对中山国的进攻。至前300年，夺取了北至燕、代，西至云中、九原一带的土地，将中山国包围在赵国中间。其实，从推行胡服骑射开始，赵武灵王一系列做法都与国内矛盾有关。胡服骑射表面上是军事改革，其实从深层处说，也是政治改革。当时赵国都城邯郸一带，贵族势力错综复杂，赵武灵王很难集中王权。

新取得的代地地处偏僻，不被贵族重视。赵武灵王就以此地为骑兵训练基地，这支势力当然是直属于他的。公子成等反对改革的一派虽然被赵武灵王说服，但内心还是排斥的。

在这样的形势下，赵武灵王为了一心一意对中山国进攻，在前299年他做了一个惊人的决定——让位给太子何，由肥义担任相邦。赵何即位，就是赵惠文王。赵武灵王自此自称为赵主父，不再干涉政

治，而是专心军事。他自己穿上胡服，率领士大夫
到西北巡视胡地，并设想从云中、九原两郡南下袭
击秦国。

　　前297年，赵主父又巡视新占领的土地，经过
代地，收降胡人的娄烦王，招收了他的士兵。第二
年，赵主父发动对中山国的总攻，终于灭亡了中山
国，将中山王迁到肤施。从此赵国开拓了北方的土

地，赵国本土与代地完全连成一片，实力大涨。

赵主父回国后，任命长子章镇守代地，又派田不礼为代相辅佐。公子章平时行为放纵，对弟弟被立为国王一事，一直心有不服。而且他本来是太子，因为父亲宠爱孟姚，才废了公子章立公子何。但孟姚去世之后，赵主父又开始怜惜公子章，有意提高他的地位。

前295年，赵主父与赵惠文王到沙丘（今河北广宗）游览，分住两处宫室。公子章和田不礼趁机作乱，公子成与李兑从邯郸赶到，调集四邑军队平叛。公子章打不过，逃到赵主父宫中。公子成与李兑包围宫室，公子章、田不礼都被杀死。

公子成和李兑商量不能就此作罢，而是继续包围宫室，并命令宫中的人出来，威胁说最后出来的人将被灭族，于是赵主父身边的人就作鸟兽散。赵主父也想出来，但不被允许，宫室里的食物被吃完了，他甚至只能去鸟窝掏小鸟吃。三个多月后，一代英雄赵主父被活活饿死在沙丘宫中。公子成为相邦，李兑为司寇，成了这场叛乱最大的胜利者。

赵武灵王之死，表面上是对二子争位举棋不定。实际上，更多是他利用公子章对邯郸贵族势力反攻。赵惠文王年少，权力掌握在公子成和李兑手中。所以公子章与田不礼根本上针对的还是赵惠文王背后的贵族势力。而公子成和李兑也清楚，公子章叛乱真正的主谋是谁，所以赵主父绝对不能被放过。

虽然赵武灵王身死，但给赵国留下了一支精锐骑兵，以及新开拓的中山国土。自此之后，赵国成为战国时期与齐、秦三足鼎立的大国。

触摸历史

■ ［成语］

· **胡服骑射**

出自《战国策·赵策二》，说的是赵武灵王在国内进行改革，让臣民学习胡人的服装和他们骑马射箭的武艺。

■ ［文物］

· **错金银兆域图铜版**

1983年出土于河北平山中山国墓葬，系中山王、后陵园的铜版地图，图文用金银镶嵌，为世界上最早的建筑规划图，现藏于河北博物院。

■ ［遗迹］

· 赵邯郸故城遗址

在今河北邯郸，是已知中国保存最为完好的唯一战国古城址，在遗址上建有赵苑公园、赵邯郸故城公园。现为全国重点文物保护单位。

· 赵王陵

在今河北省邯郸丛台区、永年区交界处，包括五座陵台七座墓冢，可能是定都于邯郸的赵敬侯至赵悼襄王七位赵王的陵墓。现为全国重点文物保护单位。

· 中山国古城遗址

在今河北平山三汲乡，主要由王陵区、都城区和军事驻防城三部分组成，出土了19000余件文物。现为全国重点文物保护单位。

原典

主父[1]欲令子主治国，而身胡服将士大夫西北略[2]胡地，而欲从云中、九原[3]直南袭秦，于是诈自为使者入秦。秦昭王不知，已而[4]怪其状甚伟，非人臣之度，使人逐之，而主父驰已脱[5]关矣。审问之，乃主父也。秦人大惊。主父所以入秦者，欲自略地形，因观秦王之为人也。

——《史记·赵世家》

注释：

1.主父：即赵武灵王。

2.略：考察。

3.云中、九原：赵郡名。云中郡治在今内蒙古托克托东北，九原郡治在今内蒙古包头西。

4.已而：不久。

5.脱：出。

大意

　　赵主父让儿子独立主持国政，自己身穿胡服带着士大夫往西北考察胡地，想从云中郡、九原郡径直南下偷袭秦国，并伪装成赵国使者潜入秦国。秦昭王本不知道，不久见到他，就奇怪他的外貌非常伟岸，不是人臣的样子，于是派人去捉他，而赵主父已经逃脱出关了。秦昭王通过审问，才知道是赵主父。秦国人大惊。赵主父之所以入秦，是想亲自考察地形，并观察秦王的为人。

041

秦穆公之后，秦国长期被晋国压制。战国初年，秦献公变法，开始扭转局势。秦孝公任用商鞅，秦国进一步强大。秦惠文王任用张仪推行连横策略，充实秦国力量。秦武王意图窥探周室，结果在举鼎时身死。芈八子联合弟弟魏冉，击败争位的公子壮，拥立王子稷即位，就是秦昭襄王。

秦朝统一的起点：秦昭襄王的故事

《史记·秦本纪》

《战国策》

秦昭襄王（前325—前251），嬴姓，名稷，一名则，于前306年—前251年在位。父为秦惠文王，母为芈八子。即位后因年幼，国家大权由母亲宣太后与舅父魏冉把持。秦国连续发动对韩、魏的战争，蚕食大量土地。前284年，秦尉斯离参与五国攻齐，在济西大败齐军。前276年，秦将白起攻下楚国郢都，楚国被迫东迁。前260年，白起又在长平之战大败赵国，俘杀赵军四十万人。前256年，秦将军摎攻打西周，西周公投降，周天子去世，周朝灭亡。

前305年，芈八子与她的异父兄弟魏冉在这场宫廷继承者的斗争中获得胜利，她的儿子公子稷即位为秦昭襄王，芈八子称宣太后。秦昭襄王当时还年幼，所以实际上由宣太后掌权。宣太后处死、驱逐了前朝太后、王后为代表的魏国势力，又为秦昭襄王娶楚国公主为王后，并任命娘家亲戚向寿为相邦。一方面清除了后宫的异己势力，另一方面也方便接下来对魏国用兵。

但是事与愿违，总有意外发生。不久，入秦为质的楚太子横因私杀了一个秦大夫，擅自逃回了楚国。秦楚关系破裂，韩、魏、秦、楚、齐五国政局发生变化，后来倒霉的楚太子横又被送去了齐国做质，此处按下不表。

年轻的秦昭襄王在政治上没什么信誉可言，前299年，他约楚怀王到武关结盟修复关系，却扣留楚怀王，要挟楚国大臣割让巫郡、黔中郡。楚国大臣没上当，反向齐国诈称楚怀王已死，将楚太子横接回楚国，即位为楚顷襄王。第二年，秦昭襄王招揽齐国大名鼎鼎的孟尝君担任相邦，但一年后又罢免了他，不仅如此还想除去孟尝君。于是，孟尝君连忙逃回齐国，发动齐、韩、魏三国合纵攻秦。前296年，三国联军攻破函谷关，秦昭襄王不得不割地求和，这是东方合纵行动的第一次重大胜利。

因为赵国崛起，中原走向齐、秦、赵三足鼎立的局势。也由于赵国的阻碍，秦国一时难以东进。纵观秦昭襄王的一生，也主要在迂回进行"灭赵"的事业。

一开始，秦昭襄王想联合齐湣王攻灭赵国，于是自称"西帝"，请齐湣王自立"东帝"。此时苏秦在齐国充当燕国间谍，他不愿意看到齐国强大，就说服齐湣王取消帝号，并以此为由号召诸侯伐秦，说服齐湣王的理由很简单：虚名没啥用，但是讨伐秦国的话，齐国就可以趁机消灭一直垂涎的宋国。前287年，苏秦成功发动齐、赵、燕、韩、魏五国伐秦，秦国只好与五国讲和，归还了一部分过去蚕食的土地。

当然，五国本身也各怀鬼胎，赵、魏都想分一
杯宋国的羹。齐湣王靠这一仗确实如愿灭亡宋国，
却打破了中原的平衡局势。于是秦昭襄王趁机发动
秦、赵、燕、韩、魏反过来攻齐。前284年，秦国尉
斯离带领秦军与联军在济水之西大破齐军。

齐国受创，前280年，秦昭襄王又开始对楚国

用兵。楚国虽然是老牌大国，但贵族势力盘根错节，将士战斗力较差。秦昭襄王派司马错攻取楚国的商於（wū）之地，并迫使楚国割让上庸汉水以北之地。前279年，秦昭襄王继续派白起攻打楚国，占领楚国的别都鄢（今湖北宜城东南），第二年又攻下楚国的郢都（今湖北荆州）。楚顷襄王迁都于陈（今河南淮阳），楚国本土江汉平原一带为秦国占领，秦国实力更加膨胀。

制服楚国的秦国，又开始计划灭魏。韩国此时也已与秦连横，魏国只好投靠赵国。赵惠文王任用蔺相如为上卿，廉颇、赵奢为将军，不断扩大自身地盘。此时，中原进入秦、赵对峙的阶段。

前262年，赵孝成王派廉颇驻守长平（今山西高平西北），秦昭襄王则派左庶长王龁（hé）进攻。双方对峙三年，不分胜负。局势的反转开始于赵孝成王中了秦国的反间计，以"纸上谈兵"的赵括代替廉颇，而秦昭襄王则暗中用大将白起代替王龁。前260年，赵括主动进攻秦军，结果被伏兵切断后路。

赵军大败，赵括战死，四十多万赵军被俘杀，这就是著名的长平之战。虽然赢了，但秦国这一仗几乎让国内所有十五岁以上壮丁上战场，战争结束损失过半。

可征战并没有停止，四年后秦国进攻韩国和赵国，一路势不可挡。这番鲸吞蚕食逐渐东扩，让西周君坐不住了，他发动合纵抗秦运动。结果秦将军摎干脆直接进攻西周国，西周君被迫入秦投降，并把西周国三十六邑和三万人口全部上交。秦昭襄王欣然接受，放西周君回国。

同年，最后一任周天子周赧（nǎn）王去世，既然周天子已经不复存在，秦统一当然也可以名正言顺了。几年后，在位五十六年的秦昭襄王去世，但大一统的钟声即将来临。

触摸历史

■ ［成语］

· 债台高筑

　　本为"逃债之台"，出自《汉书》及颜师古引服虔注，说的是周赧王负债太多，无法偿还，被债主逼得逃到一座高台之上。后以"债台高筑"形容欠债极多。

■ ［文物］

· 睡虎地秦简《编年纪》

　　1975年出土于云梦睡虎地秦墓中的一篇，记录了从秦昭襄王元年开始至秦始皇时期共八十余年的一些大事，可与《史记》对照阅读。

■ ［遗迹］

· 华阳故城遗址

　　在河南新郑郭店镇华阳寨村，据说是西周华国所在地，战国时期为韩国城邑，名将白起在此处大胜魏、赵联军。现为全国重点文物保护单位。

· **秦东陵**

在陕西西安临潼区骊山西麓，总面积约24平方公里，发现四座陵园，一号陵园一般认为就是秦昭襄王陵墓。现为全国重点文物保护单位。

原典

五十一年，将军摎[1]攻韩，取阳城[2]、负黍[3]，斩首四万。攻赵，取二十余县，首虏[4]九万。西周君背秦，与诸侯约从[5]，将天下锐兵出伊阙攻秦，令秦毋得通阳城。于是秦使将军摎攻西周。西周君走来自归，顿首受罪，尽献其邑三十六城，口三万。秦王受献，归其君于周。

——《史记·秦本纪》

251

1.摎（jiū）：秦将。

2.阳城：韩邑，今河南登封东南告成镇。

3.负黍：韩邑，今河南登封西南。

4.首虏：斩首。

5.从（zòng）：通"纵"，合纵。战国后期，众弱国联合抗秦为"合纵"，秦联合弱国对付其他弱国为"连横"。

大意

秦昭襄王五十一年，将军摎攻打韩国，占领阳城、负黍，斩敌首四万；攻打赵国，占领二十多个县城，斩敌首九万。西周君背叛秦国，和诸侯合纵，率领天下精锐部队从伊阙出发攻打秦国，让秦国不能通往阳城。于是秦王派将军摎进攻西周国。西周君赶来投降，叩头认罪，献出西周国城邑三十六座，人口三万。秦王接受所献，将他放回西周国。

图书在版编目（CIP）数据

少年读史记. 诸侯争霸 / 林屋著 ; 刘均绘. -- 北京 : 天天出版社, 2023.5
ISBN 978-7-5016-2051-7

Ⅰ. ①少… Ⅱ. ①林… ②刘… Ⅲ. ①中国历史—古代史—纪传体②《史记》—
少年读物 Ⅳ. ①K204.2-49

中国国家版本馆CIP数据核字(2023)第066869号

少年读史记

春秋天下

林屋 著 刘均 绘

人民文学出版社 天天出版社

目 录

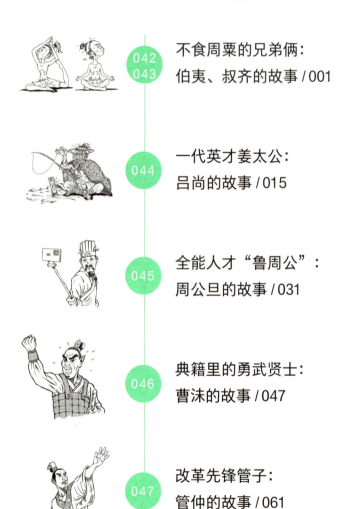

不食周粟的兄弟俩：

伯夷、叔齐的故事

《史记·伯夷列传》

《论语》

《孟子》

《庄子》

《吕氏春秋》

《列士传》

伯夷、叔齐是孤竹国君的两个儿子，他们不愿意继承国君之位，逃离孤竹投奔周国。周文王去世后，周武王伐纣，伯夷、叔齐认为周武王不忠不孝，奋力劝阻。之后，周朝建立，他们不肯食用周朝的粮食，在首阳山上采薇而食，最终双双饿死山中。不过，在早期的传说中，他们只是挨饿，并没有饿死的记录。太史公把他们记录为《列传》的第一篇，可见对其人格的高度赞扬。

伯夷、叔齐的气节

在今天河北东北和辽宁西南一带，有个商周时期的古国——孤竹国。孤竹又叫"觚（gū）竹"，因为一般的竹子是圆形的，据说这种竹子有棱角，和青铜器"觚"一样。传说商汤建立商朝，将王族的一支分封于此。

孤竹国国君的几个儿子中伯夷是长子，商朝末年，他却想立叔齐为国君。等到父亲去世后，叔齐认为国君应当由长子担任，坚持将君位让给伯夷。伯夷坚决不违抗父命，不肯即位，离开了孤竹国；叔齐觉得自己不如伯夷，也不肯即位，于是跟随哥哥的脚步，两人先后离开了孤竹国。

伯夷和叔齐听说西伯昌尊敬老者，他们商量后一致决定投奔周国。这样看来，伯夷、叔齐那时的年龄已经不小了。

《孟子》中则说，伯夷为了躲避商纣王，居住在北海的边上。他听说周国蒸蒸日上，周文王又能善待老者，就去投奔周国。按照《孟子》的说法，虽然伯夷同样年事已高，身份却不像是王子，而是隐士。也就是说，《史记》可能融合了《孟子》和其他史料的说法。

《史记·伯夷列传》接着说，周文王去世，周武王即位，周武王带着周文王的牌位以周文王的名义继续攻打商朝。这时候，伯夷、叔齐兄弟站了出来，拉住周武王的车马，不让他走。

他们质问周武王："你的父亲去世了，你不去安葬他，反而急着带兵打仗，这是孝顺吗？身为臣子，却要去杀害国君，这是仁德吗？"周武王的侍卫听后想杀掉他们，这时候，太师吕尚站了出来，说："他们是忠义之人啊！"说完，将双方拉开，周武王沉默了。

等到周武王灭商后，天下诸侯都臣服于周王朝，伯夷、叔齐兄弟俩却以此为耻。为了表示对商朝的忠心，他们不吃周朝的粮食，隐居在首阳山，靠采食一种名叫"薇"的豆类植物充饥。在即将饿死之时，他们写下了一首《采薇歌》：

　　　　登彼西山兮，采其薇矣。以暴易暴兮，
不知其非矣。神农、虞、夏忽焉没兮，我安
适归矣？于嗟徂兮，命之衰矣！

　　大意是说，我们登上西山去采食那些薇菜。周
王朝继续采取暴力的手段，却不知道这是错的啊！
神农、虞、夏的时代转瞬即逝，我们该何去何从
呢？唉，永别了，日渐衰微的命运令人哀伤啊！
　　伯夷、叔齐兄弟最终饿死在首阳山上。
　　在西汉刘向编订的《列士传》中，伯夷、叔齐

采薇而食，有个叫王糜子的人（也有的文献说是一位妇人）入山，指责他们："你们说过不食周粟，却隐居在周山采摘周薇吃，这算什么呢？"两个人感到非常惭愧，从此不再食用薇菜。七天后，天帝派鹿哺育他们，伯夷、叔齐却暗中想把这头看起来十分鲜美的鹿吃掉；鹿知道他们的心思便不再来了，两个人只能被活活饿死。显然，这种说法和《史记·伯夷列传》有很大的出入。

不过，关于伯夷、叔齐饿死的传说深入人心。鲁迅先生在《故事新编·采薇》里也化用了他们的故事。然而，在早期的传说中，并没有提到他们饿死的结局。《论语·季氏》中记载："伯夷叔齐饿于首阳之下，民到于今称之。"意思是伯夷、叔齐在首阳山下挨饿，百姓至今仍然称颂他们。虽然他们吃不饱饭，也不一定就饿死了；而且西周并没有实现真正的大一统，在当时的中国版图上，还存在不少其他势力，比如伯夷、叔齐的老家孤竹，那时并没有臣服于周朝。所以，兄弟俩不食周粟而饿死的故事很可能只是传说。

典籍中的伯夷、叔齐

关于伯夷、叔齐饿死的传说，最早可以追溯到《庄子·让王》，但具体情节与《史记》中有些不同。

在《庄子·让王》中，伯夷、叔齐是孤竹国的两个士人，他们商量说西方有位有道之君，于是决定一起投奔周国。周武王听说他们的到来，就派周公旦去迎接，并与他们缔结盟约，赐给兄弟俩官职和俸禄。

可是，伯夷、叔齐此时意识到周武王并非有道之君，因为过去神农氏治理天下时，既不向神灵祈福，也不强求百姓做事。而周武王看到商朝大乱就起兵造反，这样即使推翻了商朝，不一样是以暴制暴吗？与其跟周人合作来玷污自己，不如避而远之，于是，两人走到北方首阳山，最后饿死了。

《吕氏春秋》与《庄子》的情节基本一致，稍有不同。《吕氏春秋》说伯夷、叔齐因周文王而投奔周国，但到达时周文王已去世。周武王做了国君，派大臣分别与商朝的胶鬲与微子启盟誓。伯夷、叔齐看不起这种以暴易暴的行为，两人到达首阳山后饿死。

总之，在《庄子》与《吕氏春秋》中，伯夷与叔齐的出现更多是为了宣传道家学说，他们歌颂上古的无为而治，反对其时用暴力解决问题，可以视为另一个版本关于伯夷、叔齐的传说。

而记录伯夷、叔齐人物故事最早的典籍是《论语》。《论语》中多次提到伯夷、叔齐两兄弟，将他们视为品性高洁的隐士。子曰："伯夷、叔齐不念旧恶，怨是用希。"意思是说，伯夷兄弟不念旧仇，大家也很少怨恨他们。

孔子还列举了伯夷、叔齐、虞仲、夷逸、朱张、柳下惠、少连等隐士，但在孔子看来，只有伯夷和叔齐是最高等级的"不降其志，不辱其身"，认为他们的品行、境界超过了其他隐士。

孔子的弟子冉有、子贡曾讨论孔子会不会为卫国国君服务，子贡没有把握，就去试探孔子。子贡问孔子："伯夷、叔齐是什么样的人呢？"孔子回答："是古代的贤人。"子贡接着问："他们的内心没有怨恨吗？"孔子继续回答："他们追求仁义并践行着仁义，哪儿来的怨恨呢？"子贡出门后告诉冉有："夫子是一定不会为卫国国君服务的！"孔子以伯夷、叔齐为榜样，即使生活窘迫，仍不愿意在卫国为官，也是"不降其志，不辱其身"了。

太史公的责任

《伯夷列传》是《史记》列传的第一篇，这篇文章非常特殊，只有近三分之一的文字讲伯夷、叔齐的故事，而用了近三分之二的篇幅进行议论。我们从中可以看出尽管有关伯夷、叔齐的事迹很少，太史公却要为他们立传的缘由。

一方面，他们符合礼让精神。《史记》中，本纪第一篇《五帝本纪》写了尧舜禅让，世家第一篇《吴太伯世家》写了太伯、仲雍兄弟和季札让贤，伯夷、叔齐兄弟也互相推让国君之位，并且将忠义看得比功名利禄重得多。尧、舜、太伯、季札、伯夷和叔齐都是孔子表彰过的人物，也是太史公认为值得浓墨重彩记录的人物。

另一方面，在伯夷、叔齐之前，让贤的还有许由、卞随、务光：许由拒绝了帝尧的禅让，卞随和务光拒绝了商汤的禅让。可是，太史公为什么不写他们呢？因为太史公坚持"考信于六艺"的原则。"六艺"指的是《诗》《书》《礼》《易》《乐》《春秋》这《六经》。《六经》没有提到的上古事迹，太史公认为都是小道消息，不值得被列入《史记》第一篇。

触摸历史

■ [成语]

· 不食周粟

出自《史记·伯夷列传》，说的是伯夷、叔齐兄弟不在周朝为官，不愿意食用周朝的粮食，选择隐居在首阳山依靠食薇生存。后比喻忠诚坚定，不因生计艰难而出仕敌方。

· 求仁得仁

出自《论语·述而》，孔子的弟子子贡问孔子伯夷、叔齐是否心存怨恨，孔子回答说："求仁而得仁，又何怨？"后比喻梦想成真。

■ [遗迹]

· 孤竹文化公园

在河北省秦皇岛市卢龙县，占地216亩，有"卢龙八景"和"中国孤竹文化之乡雕塑"。据说卢龙为孤竹国国都所在地。

原典

武王已平殷乱，天下宗周[1]，而伯夷、叔齐耻之，义不食周粟[2]，隐于首阳山[3]，采薇而食之[4]。及饿且死[5]，作歌。其辞曰："登彼西山兮[6]，采其薇矣。以暴易暴兮，不知其非矣。神农、虞、夏忽焉没兮[7]，我安适归矣[8]？于嗟徂兮[9]，命之衰矣！"遂饿死于首阳山。

——《史记·伯夷列传》

注释：

1. 宗：宗奉，归顺。

2. 义：按照正义等道德规范来要求自己。

3. 首阳山：伯夷、叔齐隐居之处，其所在有甘肃定西渭源、山西永济、河南洛阳偃师区等说。

4. 薇：一种野菜名，形似豌豆。

5. 且：将要。

6. 西山：即首阳山。

7. 忽焉：快速的样子。没（mò）：结束，终结；亦可通"殁"，死亡。

8.适：往，去。

9.于嗟：表示赞叹或悲叹。于（xū），同"吁"。徂（cú）：逝
去，亦可通"殂"，死亡。

大意

周武王平定了商朝之乱后，天下都归附周朝，
而伯夷、叔齐认为这是很可耻的，坚守气节，坚决
不吃周朝的粮食，隐居在首阳山中，采食薇菜来填
饱肚子。他们快要饿死的时候，作了一首歌。歌词
是："登上那座西山啊，采食那里的薇菜。用暴臣换
来暴君啊，还不知道这是错误的啊！神农、虞、夏
的时代转瞬即逝，我们将要去向何方？唉！只有死
路一条，命运是如此不济！"于是，他们就饿死在了
首阳山。

044

一代英才姜太公：吕尚的故事

《史记·齐太公世家》

《诗经》

《孟子》

《战国策》

《天问》

齐太公吕尚，又名师尚父，就是我们今天熟知的姜太公姜子牙。据说他早年家境贫寒、命运坎坷，后来入周为太师，辅助周文王、周武王伐纣，在灭商过程中多献奇谋妙策。牧野之战，吕尚亲自对战商朝军队，大获全胜。周朝建立后，吕尚被分封在营丘（今山东省淄博市临淄区），建立齐国。即位之后，他因地制宜，让齐国迅速富强起来，成为东方大国。吕尚被后世尊为"武圣人"，他的事迹被演绎成《封神演义》。

吕尚和他的若干个名字

《史记·齐太公世家》说太公望吕尚是东海地区的尊者。据说他的先祖是姜姓四岳，曾辅佐大禹治水，在虞夏之际，被封到吕、申等国家。

吕尚，就是民间俗称的"姜子牙"。可是，"吕"和"姜"有什么关系呢？这里涉及周代"姓"与"氏"的关系。以吕尚为例，姜是他的"姓"，代表他出自"姜"这个血缘家族，所以，"姜"是不会变化的，从祖先四岳开始他的家族就是姜姓；而四岳后代建立的国家申、吕是"氏"，代表他们所在的社会集团，是可以变化的。吕尚出生在吕国这个"氏"里，所以，叫吕尚；他又被封到齐国这个"氏"里，因而也可以称他为"齐太公"。不过，他的姜姓是始终不会变化的。

后世又称吕尚为"姜尚"，这种称呼其实不对。

当时，男子更多以"氏"相称，因此，"姜尚""姜子牙""姜太公"这些称呼在《史记》之前并不存在。除了姓、氏之外，吕尚的名、字也值得一说。

我们知道古人生下来的名叫"名"，用于自称、表示谦称；成年之后的名叫"字"，用于他称、表示敬称。名、字往往可以相互解释。后世一般认为姜尚字子牙，也就是说，尚是名、子牙是字。也有人认为，吕尚的字是尚父，简称尚，又名望或牙。"太公"是人们对他的尊称，他在周朝担任"太师"这个官职，所以，仅在《史记》之前的文献里，吕尚的称呼就非常多，诸如齐太公、吕尚、太公望、吕望、吕牙、吕尚父、师尚父等。

而关于"太公望"这个名字的来历、关于吕尚的身份背景以及他与周文王的相遇自古以来说法不一。太史公在编写《史记·齐太公世家》时，也不得不求同存异，把各种说法都列举出来。实际上，这些说法都不可靠。

在这些传说中，大多记录吕尚居住在东方齐地，甚至还在商朝担任官职。不过，也有人认为，姜姓是西部的土著姓：在甲骨文中，"姜""羌"可能是一个字，商朝人的敌对势力就有西边的"羌方"。周朝人的始祖后稷的母亲就叫姜嫄，周太王迁都到岐山，娶太姜为妻。春秋时期生活在洛阳西南山区的陆浑戎，也自称"四岳之后"。后世所说的羌人、西羌，一般指西部地区的少数族群。也就是说，姜姓主要活动区域还是在商朝以西的地区，并非是"东方齐地"。

所以，除了《史记》中的记录外，还有一种可能是吕尚一直生活在姜姓吕国，而姜姓吕国与姬姓周国长期联姻，吕尚能够担任周朝太师，说明他在吕国的地位十分尊贵，他本人极有可能就是吕国的国君。不然，在商周时期讲究等级的贵族社会，一介平民是很难脱颖而出的。

除了"钓鱼"，姜太公还干了些什么

　　然而，到了战国时期，士民阶层崛起，出现了不少古代大臣身份低微的传说，比如舜、伊尹、吕尚和春秋时期的管仲、百里奚、孙叔敖，他们还有一个共同的身份——国君的宰辅。既然古代的宰辅都身份低微，一介草民为何不可以登庙堂之高呢？

　　至今，有一句我们最熟悉的关于姜太公的歇后语："姜太公钓鱼，愿者上钩。"在这个故事里，除了吕尚，另一个主角是周文王。《史记·齐太公世家》中说，吕尚当年穷困潦倒，加上年老，只好通过钓鱼求见周文王。周文王打猎前都会去占卜，占卜的人告诉周文王："大王，您这次获得的'猎物'不是龙和螭（chī），也不是虎和罴（pí），而是霸王的辅佐之臣啊！"随后，周文王出猎，果然在渭水北边遇见了吕尚。两人畅谈一番，周文王非常高兴。周文王就与吕尚一同驱车返回，并任命吕尚为太师。

　　传说周文王从羑（yǒu）里回来后，与吕尚暗中修明德行，为推翻商朝做准备。在此过程中，吕尚贡献了不少权谋和奇计。后来，周文王在位时形成了"天下三分，其二归周"的局面，与吕尚的谋略息息相关。至于吕尚的具体谋略是什么，《史记·齐太公世家》中没有记录，西汉刘向编著的《说苑》透露了一些，大概是吕尚一方面劝说周文王、周武王修明政治，另一方面辅佐周文王征伐诸侯。

　　周文王去世后，周武王即位。周武王出征商朝，大军渡过黄河，吕尚左手持黄钺（yuè）、右手握白旄（máo），发号施令，后退者斩。周朝的军队到达孟津，会师八百诸侯，但周武王认为时机未到，退兵回国。两年之后，周武王再次伐纣。当时风雨大作，占卜的结果也说不吉利，大臣们非常害怕，只有吕尚坚持劝谏，周武王才同意出征。《论衡》记载，吕尚把占卜用的蓍草推开，把龟壳踩倒，大喝一声："枯骨死草，何知吉凶！"

此次行军途中同样遇到了险阻。据《韩诗外传》，大军路过邢丘时，周武王的车軏断成了三截，大雨连下三天不停，周武王非常恐惧。吕尚却说，车軏断为三截，是老天爷在指示我们部队要一分为三；大雨连续下三天不停，正好帮我们洗干净了兵器，让我们继续战斗啊！

多亏吕尚的不懈努力，周武王终于坚定了灭商的决心。在商周对决的牧野之战中，吕尚以太师之尊，亲自与百夫长对战商军将领。这也可以证明，吕尚其实并非一位老年谋士，他真实的形象更倾向于一位壮年武士。

《诗经·大雅·大明》中描写了吕尚的英姿："牧野洋洋，檀车煌煌，驷骐彭彭。维师尚父，时维鹰扬。凉彼武王，肆伐大商，会朝清明！"吕尚像一只苍鹰翱翔在沙场上，周朝的军队众志成城，大败商朝的军队，商纣王逃回鹿台自尽而亡。随后，周武王即位，建立周朝。

《史记》中说周武王平商建立天下后，将吕尚封于营丘。其实，周武王攻克的只是商朝的核心区域，当时并没有大分封的条件。周武王去世后，商纣王之子武庚联合"三监"^①、东夷叛乱。周公旦主政，消灭了武庚与"三监"，将战线推进到东夷。周公旦消灭了东夷的薄姑和奄国，将薄姑故地封给吕尚建立齐国，奄国故地封给自己建立鲁国。

据说吕尚受封于营丘时，行程比较慢，晚上住在客栈歇息。客栈老板对他说："我听说机会难得，机不可失，时不再来。您现在睡得这么安稳，恐怕不是前往封国的吧！"吕尚听说后，连忙穿好衣服赶路，黎明便到达了都城营丘。营丘靠近东夷莱国，莱侯果然前来争夺此地，吕尚与莱侯一番血战，才将其驱逐出境。

后来，吕尚进入齐国，采取兼容并蓄的治国政策，尊重当地习俗，因俗简礼，只用三个月就稳定了局势。之后，他利用封地近海的优势，开发渔盐

①周武王封商纣王之子武庚于商都，分别由周武王的弟弟管叔、蔡叔、霍叔统治，来监视武庚，史称"三监"。

等产业，使得齐国的经济迅速发展起来。百姓都愿意生活在这里，自此齐国成为大国。周成王册命吕尚时说："东至海，西至河，南至穆陵，北至无棣，五侯九伯，实得征之。"这是在赋予齐国在东方征伐的权力。

据古本《竹书纪年》，吕尚直到周康王六年（前1015）才去世，后由他的儿子丁公吕伋继承齐国国君之位。《礼记》又说，吕尚之后的五代齐国国君都归葬于周原，表示内心不忘本。

吕尚是周灭商的第一功臣，齐鲁之地又一直是周朝的文化中心，所以后世流传了不少关于吕尚的故事，战国、秦汉时也有不少以吕尚为故事背景的著作。《战国策》说苏秦就是读《太公阴符经》来学习纵横术；《史记·留侯列传》说黄石公传给张良《太公兵法》；《汉书·艺文志》还著录了《太公》二百三十七篇。可惜，以上著作大多已无存，只有托名吕尚的《六韬》留存于世。

关于吕尚的军事谋略，《孙子兵法》称其"周之兴也，吕牙在殷"；《荀子》赞其"吕尚招麾殷民怀"；作为正统叙事的《史记》，对这方面描写得并不具体；但在之后的典籍、传说中渐渐被细化，并赋予吕尚这个角色越来越多的神秘传奇色彩，于是就有了《封神演义》中的姜子牙。

触摸历史

■ ［成语］

·非熊非罴

　　出自《史记·齐太公世家》，本为"非虎非罴"，说的是周文王田猎前占卜，卜者说他不会捕获龙、螭、虎、罴，而是得到霸王的辅佐。后指圣主得到贤臣的征兆。

·爱屋及乌

　　出自《说苑·贵德》，说的是周武王思考该如何处理殷商的士兵，吕尚说爱一个人会顾及他屋顶上的乌鸦，憎恶一个人连他的子孙都会讨厌。后指爱某人就会连带关心和这个人有关的人和物。

■ ［文物］

· 丰尊彝

2008年1月至2009年11月出土于山东省淄博市高青县花沟镇陈庄遗址，包括簋（guǐ）、觥（gōng）、甗（yǎn）、卣（yǒu）等青铜礼器，上面均有"丰般作文祖甲齐公"等字样。"祖甲齐公"一般认为就是吕尚。

■ ［遗迹］

· 钓鱼台

据说是吕尚钓鱼见周文王的地方，有钓台、太公庙、文王庙等景点，现为陕西省重点文物保护单位，在今宝鸡市陈仓区天王镇。

原典

　　吕尚盖尝穷困，年老矣，以渔钓奸[1]周西伯。西伯将出猎，卜之，曰"所获非龙非螭[2]，非虎非罴[3]；所获霸王之辅"。于是周西伯猎，果遇太公于渭之阳[4]，与语大说[5]，曰："自吾先君太公曰'当有圣人适周，周以兴'[6]。子真是邪？吾太公望子久矣。"故号之曰"太公望"，载与俱归，立为师[7]。

——《史记·齐太公世家》

注释：

1.奸（gān）：通"干"，请求、求取。

2.螭（chī）：无角的龙，一说是龙子。

3.罴（pí）：棕熊。

4.阳：水北山南称阳，水南山北称阴。

5.说（yuè）：通"悦"，喜悦。

6.太公：指周太王。

7.师：周朝武官的通称，吕尚任周朝武官之首，为太师。

大意

　　吕尚曾经很穷困，年老了，想要利用钓鱼的机会求见周文王。周文王将要出去打猎，占卜了一下，卜者告诉他："大王，您这次获得的'猎物'不是龙或无角龙，也不是虎和棕熊，而是成就你霸业的辅佐之臣啊！"于是，周文王出猎时，果然在渭水北边遇见了吕尚，和他的谈话非常愉快，周文王说："我先君太公曾经说'当有圣人来到周国时，周国就因此能兴盛起来'。您就是这个人吧？我先君太公盼望您很久了。"所以，周文王称吕尚为"太公望"，并同他载一辆车返回，立即任命他为太师。

全能人才『鲁周公』：周公旦的故事

《史记·鲁周公世家》

《尚书》

《淮南子》

周公旦，姬姓，名旦，又称周公，西周政治家、军事家。民间家喻户晓"解梦"的"周公"正是他，他也是圣人孔子的"偶像"。周公的父亲是周文王，母亲是太姒。

　　周公旦曾辅佐周武王伐纣，周武王去世后周成王即位，周公旦作为太傅摄政。主政期间，周公旦平定武庚及三监之乱，进军东夷；之后，主持大分封，营建东都洛邑，制定周朝礼乐制度，最后还政周成王。由于周公封国在周、鲁两地，所以被太史公称为"鲁周公"。

圣人的"偶像"强在哪儿

周公旦是周文王的儿子，不过，他到底是周文王的第几个儿子是有争议的。

据《史记·管蔡世家》，周文王有十个嫡子，周公旦排行第四；据《左传》，周公旦在周文王诸子中排行第七；据《列女传》，周公旦排行第三。一般来说，《左传》较为可信，也就是说，除了伯邑考与周武王，周公旦还有管叔、蔡叔、郕（chéng）叔、霍叔几位哥哥。

《史记》中说，周文王在位的时候，周公旦就非常孝顺，比其他兄弟仁德得多。周武王即位后，周公旦经常为他出谋划策。周武王进行盟津会师时，周公旦亲自随行；周武王灭商进入商都的过程中，周公旦手持大钺，召公奭（shì）手持小钺，一左一右辅弼周武王，祭祀社神，将商纣王的罪状遍告天下。

周武王克商后的第二年，天下还没有安定，周武王就病倒了。群臣非常担忧，吕尚、召公奭纷纷进行了占卜。周公旦认为，这些做法还不能感动先王的在天之灵，于是，他建造了三个祭坛，分别祭祀曾祖太王、祖父王季和父亲周文王。

　　周公旦虔敬地说道："大王积劳成疾，我为人聪明，多才多艺，大王不如我。我愿意代替大王侍奉你们。你们如果答应，我就把玉璧与玉圭都献给你们！"

　　周公旦的占卜得到吉兆。他非常高兴，向周武王道贺，将文书藏在金匮（金属封固的柜子）里，并告诫保管它的人不要外泄。第二天，周武王的病果然痊愈了。不过，后来周武王还是去世了，那时，周成王还是个婴孩。周公旦害怕臣民不服幼主，决定暂时摄政代替天子掌管天下。由此，引发了周公旦是否称王的著名历史公案。

　　据青铜器宜侯夨（zè）簋、史墙盘的记录，周武王、周成王确实是连续的两代，两代之间没有周公旦这一代；记录周公旦东征的禽簋是把王与周公旦并称，这个王显然是周成王。也就是说，从这些古物来看，并没有周公旦称王的记录。

不过，在《尚书》中，周公旦却被称作"王"，所以有学者推测，周公旦曾有称王的经历。还有一种说法是周公旦并未称王，但后世史官把他称作"王"。总之，周公旦称王与否，都只是当时的"假王"，不影响周成王"真王"的身份。

前面我们已经提及周武王曾任命管叔、蔡叔、霍叔为"三监"，专门监管商朝故地。现在，周武王精明能干的弟弟周公旦却成了摄政王，这让"三监"非常不满。于是，他们就散布谣言，说周公旦要对周成王不利。周公旦早已料到"三监"的阴谋，于是，率先向太师吕尚、太保召公奭①表明心意。

此时，"三监"勾结他们监管的商纣王之子武庚造反，东夷、淮夷也趁机起兵，建国不久的周王朝

---

①周室设太傅、太师、太保"三公"，其时周公旦官职为太傅，其他二公由吕尚、召公奭担任。

形势非常严峻。取得吕尚和召公奭的信任、支持后，周公旦立即调动大军东征，经过三年之久的持续战争，终于灭掉武庚与"三监"：武庚和管叔被杀、蔡叔被流放、霍叔被贬为庶人。

随后，周公旦把战线推进到东夷，攻灭东夷部落中较为强大的薄姑国（今山东淄博）和奄国（今山东曲阜），与莱国（今山东济南）、莒国（今山东莒县）、徐国（今山东滕州）等时有交战。

为了维护周王朝在东方的统治，周公旦又做了两件大事：一件是主持分封，一件是营建洛邑。

早在周文王、周武王时期，就实行分封制，不过，当时封地规模较小。周公旦东征大大扩大了周王朝领地，才有了大分封的条件①。

周公旦分封的诸侯国中比较重要的有：吕尚的齐国、召公奭的燕国、周武王儿子唐叔虞的唐国（晋

---

①当时的分封与后世的不同。汉初的诸侯国下辖郡县，彼此接壤，面积较大；而西周的诸侯国只是一个个点，点与点之间有大量被其他势力占领的空地。这些势力中，有的是敌对势力，称为"蛮夷"；有的臣服于诸侯，称为"野人"。

国的前身）、商纣王兄长微子启的宋国、周武王弟弟康叔封的康国（卫国的前身）。

早在周武王时期就有营建洛邑、统治四方的规划，为了便于统治东方，在中原必须有个据点。于是，周公旦在主持分封的同时，开始着手营建洛邑。

据《尚书·召诰》，三月初五，召公奭先到洛邑进行占卜，得到吉兆后开工奠基。随后，周公旦前往洛邑祭祀天地，于三月二十一日正式动工营建新城，到月底基本完工。从此，天子有了东都洛邑，一般也称为"成周"。

周公旦此时还政周成王，周成王命周公旦主持东都之事，召公奭主持西都之事，两人管辖范围以陕地（今河南三门峡）为界。

《尚书大传》这样总结周公旦生平的大事迹："一年救乱，二年克殷，三年践奄，四年建侯卫，五年营成周，六年制礼作乐，七年致政成王。"当然，时间未必真的如记载中这么整齐，但大致反映了周公旦丰功伟绩的先后顺序。

礼乐文明的总设计师

"制礼作乐"是周公旦伟大的成就之一。"礼"是当时一切政治、经济、文化、军事、宗教和社会生活的规章制度与行为规范，相当于后世法律与道德的总和。

有人说"三礼"的《周礼》《仪礼》为周公旦所作，这并不是事实，《周礼》《仪礼》最有可能成于战国时期。不过，周公旦的确是周代制度的奠基人，所以周人讲礼，和周公旦有很大关系。一般认为，西周制度完善于西周中期，周公旦正是草创者。

"敬天保民""明德慎罚"等统治思想也是周公旦创立的。周朝人从商王朝灭亡的教训中意识到天命无常，要敬天才能保证百姓安居乐业。所以，统治者要克制私欲、任用贤能、慎用刑罚。这套思想对于弱化宗教崇拜、重视民事、约束统治者具有积

极意义。

《史记·鲁周公世家》接着说，周公旦还政周成王后，尽管他为人处世恭敬谨慎，仍有人诬告他，周公旦因而逃往楚地。后来，周成王打开府库，见到了关于周公旦当年的册文。册文上面记载着：周成王年幼时患病，周公旦就剪断指甲丢到河里，并告诉河神冒犯神意的是他，而非年少的周成王。身体发肤受之父母，将剪断的指甲丢到河里的行为象征着用身体祭祀河神。

这时，周成王才意识到周公旦的忠心，于是，放声大哭，将周公旦召回。周公旦回来后，担心年富力强的周成王放荡不羁，作《尚书·多士》《尚书·无逸》两篇文章告诫天子，君臣关系从此和好如初。后来，周公又作《周官》(《周礼》)《尚书·立政》来明确和规范官员的职责，这种做法深得民心。

周公旦去世那年的秋天，暴雨雷鸣，禾苗被压死，大树被拔起，庄稼颗粒无收。周成王与群臣非常惶恐，情急之中，周成王打开金匮，看到当年周公愿意代替其父周武王死的册文，大哭，于是，亲自出城祭祀，这年才终于获得丰收。从此，周成王命令鲁国国君举行郊祭之礼，用来襃扬周公旦的恩德。

触摸历史

■ ［成语］

· 周公吐哺

　　出自《史记·鲁周公世家》，周公旦告诉儿子伯禽自己为了接待士人，洗一次头，绾起了三次头发；吃一次饭，吐出了三次，用来形容在位者礼贤下士。

· 平易近民

　　出自《史记·鲁周公世家》，周公旦认为齐国的政策比较接近民情，容易让当地人广泛接受。后为"平易近人"，表示某人态度和蔼可亲，容易亲近。

■ ［文物］

· 禽簋

　　西周青铜器，记录了周成王征讨奄国之前，由周公旦谋划，由周公长子鲁侯伯禽祭祀的故事。现藏于中国国家博物馆。

■ ［遗迹］

· 周公庙博物馆

在河南省洛阳市老城区，有定鼎堂、礼乐堂、先祖堂等景点。现为全国重点文物保护单位。

· 周公庙

在陕西省宝鸡市岐山凤鸣镇，是存世规模最大、形制最完整的周公庙，有周三公（周公、召公、太公）殿、姜嫄殿、后稷殿等景点。现为全国重点文物保护单位。

· 周公庙

在山东省曲阜市城东北，为全国三大周公庙之一。有元圣殿等景点，现为全国重点文物保护单位。

原典

初，成王少时，病，周公乃自揃其蚤沉之河[1]，以祝于神曰："王少未有识，奸神命者乃旦也[2]。"亦藏其策于府[3]。成王病有瘳[4]。及成王用事，人或谮周公[5]，周公奔楚[6]。成王发府，见周公祷书，乃泣，反周公[7]。周公归，恐成王壮，治有所淫佚[8]，乃作《多士》[9]，作《毋逸》[10]。

——《史记·鲁周公世家》

注释：

1.揃（jiǎn）：修剪。蚤：通"爪"，指甲。

2.奸（gān）：干，冒犯。

3.府：帝王藏书之所。

4.瘳（chōu）：病愈。

5.谮（zèn）：诋毁，中伤。

6.楚：地名，具体地点多有争议，或在春秋时期卫国楚丘（今河南滑县），周公奔楚指周公东征。

7.反：返，使其返回。

8. 淫佚：行为放荡。

9. 《多士》:《尚书》篇名。

10. 《毋逸》：又作《无逸》《无佚》，《尚书》篇名。

大意

当初，周成王年幼时，得了病，周公旦就剪断自己的指甲丢到河里，对河神祝告说："大王年幼，没有知识，冒犯神意的是我。"然后把这份册文藏在府中。周成王的病痊愈了。等到周成王亲政，有人诬告周公旦，周公旦就逃往楚地。周成王打开府库，见到周公旦当年祝告的册文，哭了起来，将周公旦迎接回来。周公旦回朝后，担心周成王年富力强，治理国家行为放荡，就写了《尚书·多士》《尚书·毋逸》来告诫他。

046

典籍里的勇武贤士：曹沫的故事

《史记·刺客列传》写的是春秋战国时期五位刺客曹沫（mèi）、专诸、豫让、聂政、荆轲的故事。

　　曹沫，春秋时期鲁国人，又名曹刿、曹翙（huì）、曹昩。在《左传》中，曹刿作为长勺之战的参谋，帮助鲁庄公取得了对齐战争的胜利；在《史记》中，却说齐鲁两国在柯地会盟上，曹沫挟持齐桓公，逼迫他归还所占齐地。《左传》的曹刿是信史中的曹刿，《刺客列传》的曹沫是传说中的曹沫，两者实际上是同一个人。

"曹刿"与"曹沫"

　　《史记·刺客列传》中介绍了五位刺客，第一位就是曹沫。曹沫是鲁国人，他勇武善战，侍奉鲁庄公。曹沫担任鲁国将军后，鲁国三次与齐国作战，均以鲁国军队落荒而逃告终。鲁庄公害怕，只好献出遂邑向齐国求和，仍让曹沫任将军。之后，齐桓公与鲁庄公在柯地会盟，签署了不平等和约。

　　双方会盟时，曹沫突然拿出匕首指着齐桓公，齐桓公吓坏了，侍卫们都不敢轻举妄动。曹沫要挟齐桓公："你们齐国不要太过分了，只要我们鲁国都城的城墙一倒，齐国的边境也会跟着遭殃，您是不是再考虑一下？"齐桓公受制于人，只好答应归还鲁国的土地。

　　齐桓公表态之后，曹沫扔下匕首，镇定自若地回到座位。齐桓公非常生气，本想背弃盟约，却被管仲阻止。管仲认为不能贪图一时小利而失信于诸侯，这样也会失去百姓的支持。最终，齐桓公听取了管仲的劝告，将侵占鲁国的土地如数归还。

这个故事的本意是歌颂曹沫的勇武，但也有不少人注意到管仲的守礼、守信。实际上，这个故事反映了当时大小国的不同生存之道。

《史记》中关于曹沫的故事到此结束了。其实，这个曹沫不是别人，正是我们在讲鲁庄公故事时提到的"曹刿论战"中的那个曹刿。可是，怎么能说明曹沫就是曹刿呢？

曹沫劫盟的故事最早见于《战国策》。战国时，齐国人鲁仲连在写给燕国将军的信中提到，曹沫曾担任鲁国将军，三战三败，丧地千里。如果他再战时仍不离开战场，只知道拼个你死我活，曹沫就是一位战败被俘的将领，既不勇敢也不聪明；只因他不顾三战三败的耻辱，退而与鲁庄公合谋，齐桓公会盟诸侯时，曹沫用一把剑在盟坛上逼迫齐桓公，还面不改色，义正词严，将三战丢失的土地在一天之内全部要了回来，因此名传后世。

鲁仲连这个人颇有侠义之风，常为人排忧解难，他对曹沫的评价极高，太史公也喜欢这个故事，就把它记录了下来。

其他文献中也提到了类似的故事。比如《孙子兵法》说"诸、刿"是齐名的勇士，显然是指吴国刺客专诸和曹刿;《左传》里提到鲁庄公十三年齐鲁两国柯邑会盟;《公羊传》里提到这一年有个"曹子"劫盟，请求齐桓公归还汶阳之田;《穀梁传》同样写着曹刿参与了盟会。《左传》《公羊传》《穀梁传》为记录春秋史的"《春秋》三传"，史料较为可信。

有趣的是，《管子·大匡》也记录了这件事，情节更加丰富:曹刿和鲁庄公都带了剑，劫持齐桓公的主要人物不是曹刿而是鲁庄公本人!

此外，在汉代的《新序》《盐铁论》《汉纪》《后汉书》中，纷纷记录了曹刿参与柯邑之盟这件事。可见，大家普遍认为曹刿就是曹沫。《吕氏春秋·离俗》又把他的名字写作"曹翙"，其实，这只是一个名字

的不同写法而已。《战国策》最早写作"曹沫",《刺客列传》沿用了这一写法,因而容易被误会为两个人。

"千古误会"从何而来

其实,太史公记录的关于曹沫的故事未必是真实事件。《左传》记录鲁庄公与齐桓公三次作战,只有第一次乾时之战失败,第二次长勺之战和第三次乘丘之战都获胜了。所以,鲁国对齐国的战争并非屡战屡败;其次,说鲁庄公献上遂邑求和,这是不太可能的。《左传》中清晰地记录着遂邑本是一个独立的国家,因为不参与齐桓公的会盟才在柯邑会盟同年被齐国灭亡;另外,说鲁都城墙倒塌后能压到齐国边境,这更加不可能,因为当时两国之间有大量的空地。

有关曹刿真实的事迹，仍然要在《左传》中寻找。

《左传》中，曹刿第一次出场是长勺之战，第二次出场是十三年后，鲁庄公去齐国观看社祭活动之时。社祭就是祭祀土地神，是百姓的狂欢节，齐国吸收了东夷文化，祭社的场面非常热闹，而鲁国恪守周礼，这样的活动是被禁止的。

此时，曹刿就出来劝谏了。他奉劝鲁庄公必须守礼，因为国君的一举一动都会被史官记载于册。如果不合法度，怎么给子孙树立好的榜样呢？这件事在《国语·鲁语上》也有记录，内容略有不同。《国语》里说长勺之战中，曹刿自己不守礼，利用"彼竭我盈"的战术战胜齐军，现在转而以"礼"劝谏国君，有人认为，曹刿成为当年自己鄙视的"肉食者"。

其实，曹刿是懂得因时制宜的人才，他不在乎礼仪的外在形式。当齐国大军压境的时候，如果刻板地坚守军礼，那么，鲁国只能投降或者惨败；而鲁庄公观社完全是可有可无的个人行动，曹刿的劝谏是为了国家的发展，十分必要。

在上海博物馆所藏的战国竹简中，有一篇《曹沫之陈》，内容主要以曹沫与鲁庄公一问一答的对话，来阐述曹沫的政治、军事思想。

第一部分是曹沫讨论为政之道，他认为君王的成败要靠自身努力，天命只能解释特例而非常例；第二部分是曹沫讨论守边之策，他认为无论身份贵贱，君王对待群臣应当一视同仁，贵族公子也必须上战场；第三部分是曹沫讨论用兵的时机，其中提到了一些计谋，比如佯言敌军的将领受伤，假借吉利的占卜来鼓舞士兵的士气；第四部分是曹沫讨论攻守之法，他认为有能力治理百人的人才，可以担任百夫长，有能力治理三军的人才，可以担任三军统帅。

《曹沫之陈》的记录也未必是史实，其中大量选贤任能的观点更可能是战国时期才有的观念。但不可否认的是，曹沫的确是敢于打破常规的军事家。

除了曹沫、曹刿、曹翙等名字，战国时期又出现了曹眛这个名字，因为战国人书写人名时，往往重音不重形。所以，战国竹简中的人名、地名、国名往往有大量通假字，这就给后人带来很多不便，实际上这些不同写法往往指的是同一个人。

　　总而言之，尽管《左传》只记录曹刿论战，没写曹沫劫盟；《史记》只记录曹沫劫盟，没写曹刿论战，曹刿和曹沫是同一位勇武的贤士，是典籍中的不同写法造成了后世的误会。只有通过这样的细致梳理，才能真正解开他的"身世之谜"。

触摸历史

■ [文物]

· 上博简《曹沫之陈》

　　上海博物馆藏战国竹简的一种，记录了曹沫与鲁庄公的对话。

· 汉画像石《曹子劫桓》

　　山东嘉祥武梁祠汉画像石中的一件，画上从左到右是鲁庄公、曹沫、齐桓公与管仲四人，其中曹沫用匕首挟持着齐桓公。

原典

　　齐桓公许与鲁会于柯而盟。桓公与庄公既盟于坛上[1]，曹沫执匕首劫齐桓公[2]，桓公左右莫敢动，而问曰："子将何欲？"曹沫曰："齐强鲁弱，而大国侵鲁亦以甚矣[3]。今鲁城坏即压齐境，君其图之[4]。"桓公乃许尽归鲁之侵地。既已言，曹沫投其匕首，下坛，北面就群臣之位[5]，颜色不变，辞令如故。

——《史记·刺客列传》

注释：

1. 坛：平地上土筑的高台。
2. 劫：威逼，胁迫。
3. 甚：过分。
4. 图：谋划，考虑。
5. 北面：古代君王面南而坐，大臣面北而坐。

大意

齐桓公答应和鲁国在柯地会盟。齐桓公与鲁庄公在坛上会盟后，曹沫拿着匕首劫持了齐桓公，齐桓公的左右侍从没人敢动，齐桓公问道："你想要什么呢？"曹沫说："齐国强鲁国弱，凭借大国的势力侵占鲁国，也太过分了。现在假如鲁国城池毁坏的话，也会压在齐国的边境上，您还是好好考虑一下这件事吧！"于是，齐桓公承诺如数归还侵占鲁国的土地。齐桓公说完后，曹沫就扔下匕首，走下盟坛，面朝北方走进大臣之位，面不改色，辞令如常。

改革先锋管子：

管仲的故事

《史记·管晏列传》
《左传》
《国语·齐语》
《管子》

《史记·管晏列传》写的是春秋时期齐国的两位贤相管仲、晏婴的故事。本篇的主角是管仲。

　　管仲（？—前645），姬姓，名夷吾，谥敬，字仲，又称管子。《史记》中记载管仲身份低微，后来经过鲍叔牙的推荐，效力于齐桓公。在管仲的辅佐下，齐桓公"九合诸侯，一匡天下"成为第一位春秋霸主，齐国在春秋战国之际都是东方大国。后世有托名管仲所作的《管子》，实际上是战国及秦汉时编纂的文献，大多是虚构的内容。

管鲍之交的历史风云

据说管仲年轻时时常与鲍叔牙来往，鲍叔牙发现了他的贤能。管仲自幼家境贫困，鲍叔牙一直在帮助他。不久，鲍叔牙去侍奉公子小白，管仲去侍奉公子纠。等到公子小白即位，成为齐桓公之时，公子纠被杀，管仲因而被囚禁。鲍叔牙向齐桓公力荐管仲，于是，管仲被齐桓公任命为相邦，执掌国事。

管仲非常感谢鲍叔牙的知遇之恩，视他为知己，曾这样说道："我当初困窘的时候，曾与鲍叔一起做生意，每次分钱时我都多分给自己一些，鲍叔知道我穷困潦倒，从不认为我贪婪；我曾为鲍叔出谋划策，却将我们置于窘迫的境地，鲍叔不觉得我愚蠢，知道只是时机对我不利；我曾三次出仕均被驱逐，鲍叔不怀疑我品行不端，劝慰我还是时机不对；我曾三战三逃，鲍叔不取笑我怯懦，他知道我是因为有老母在堂啊！"

　　管仲与鲍叔牙都是齐国人，所以，年少时就已相识。《韩非子》说管仲与鲍叔牙曾展开过讨论，他们认为齐襄公昏庸无道，一定难成大器。在齐国诸公子中，他们可以辅佐的只有公子纠和公子小白，不如一人辅佐一个，谁先发达了再出手援助另一位。于是，管仲就跟随了公子纠，鲍叔牙选择辅佐公子小白。

　　《管子·大匡》中说齐僖公时就派管仲、召忽辅佐公子纠，鲍叔牙辅佐公子小白。但鲍叔牙开始看不起公子小白，认为他并非可塑之才，召忽也支持鲍叔牙的看法。只有管仲意见不同，他认为小白是最有条件成就大业的公子。在管仲的极力劝说下，鲍叔才愿意去辅佐公子小白。可见，管仲的见识在鲍叔、召忽之上。

　　《史记·齐太公世家》篇讲公子小白与公子纠争夺王位，管仲还射了公子小白一箭；最后，鲁军被齐军击败，鲁庄公不得不处死公子纠，召忽自尽而亡，管仲被送回齐国。鲍叔牙履行了当初的诺言，全力向齐桓公举荐管仲为相，自己甘愿屈居其下。天下人因此不称颂管仲的贤明，反而赞扬鲍叔牙的知人善任。管仲也感叹道："生我者父母，知我者鲍子也！"管鲍之交，成为一段千古流传的佳话。

管仲的才能

《史记·管晏列传》说管仲在齐国执政期间，让地处海滨的齐国流通货物，富国强兵，与百姓同进退。他还说了一段很有名的话："仓廪实而知礼节，衣食足而知荣辱，上服度则六亲固。四维不张，国乃灭亡。下令如流水之原，令顺民心。"大意是，粮仓充实、粮食充足，百姓才能讲"礼"；衣食富足，百姓才会有廉耻心；君王如果带头遵守法度，亲人间的关系才会更加亲密。礼义廉耻得不到伸张，国家就会灭亡。国家的政令应当像流水一样畅通无阻，才能真正顺应民心。总之，得民心者得天下，要听从民意，体察民情，了解民心。

管仲为政的精干之处在于他非常擅长转祸为福。齐桓公将夫人蔡姬赶回蔡国时，管仲就趁机建议国君进军楚国，指责楚国不向天子进贡；齐桓公北伐山戎时，管仲就借机让齐桓公命令燕国恢复当年召公奭的政令；齐国与鲁国会盟时，齐桓公被威胁，管仲奉劝国君暂时牺牲一点小利，同意鲁国的要求，从而在诸侯间树立威信。懂得给予就是索取的道理，是管仲为政的法宝。

《史记·管晏列传》中大致记录了管仲的这些事迹，其中那段至理名言出自《管子·牧民》。太史公也读过《牧民》，还读过《管子》的《山高》《乘马》《轻重》《九府》等篇，因此《史记》中也有类似的记述。

在《史记·齐太公世家》篇中，基本没有提及管仲改革。对于管仲的这方面才能记录最为详细的是《管子》。不过，《管子》的来源很杂，虽然记录的都是管仲的事迹，但一般认为并非管仲本人所作，而是出自战国及秦汉的后学之笔。然而，有些内容存在矛盾之处，一些记载明显不可信。

太史公读过的《管子·轻重》讲的就是管仲在辅佐齐桓公后，用经济手段打败其他诸侯国，帮助齐国称霸的故事。《轻重》也是记录管仲治国方案中最精彩的一篇。

《轻重》的开篇就提到管仲对齐桓公介绍"轻重之道"：要削弱大诸侯，扶植小诸侯，复兴天子的王道。

齐桓公问管仲怎么才能对付鲁国和梁国，管仲娓娓道来：鲁、梁两国百姓以织绸为业，他建议齐桓公可以和百官带头穿绸衣，这样百姓会慢慢地去效仿，渐渐兴起一种穿绸衣的风尚。这时，下令齐国不准织绸，必须从鲁、梁两国进口。鲁、梁两国一见有利可图，百姓马上就都忙着织绸，农民会因此荒废农业。齐桓公采取了管仲的策略，十三个月后，齐国突然中断了与两国的贸易；又过了十个月，因农业恢复慢，织绸无利可图，鲁、梁两国的百姓纷纷陷入饥饿之中，民生凋敝。

这样一来，鲁、梁两国每石粮食的价格暴涨至上千钱，而齐国的粮食价格保持在每石仅十钱。于是，鲁、梁两国的百姓纷纷投奔齐国，短短两年间，人口就流失了百分之六十；又过了三年，两国国君也不得不归顺齐国。

解决了鲁、梁两国后，管仲故技重施，用铜币换取莱国、莒国的柴薪，以此征服莱、莒两国；之后用黄金购买楚国的鹿，楚王归附齐桓公；随后以高价预订代国的白狐皮，代国人纷纷去山林捉狐狸，结果被离枝国攻打，代王主动归附齐国，最后，管仲派人高价收购衡山国的兵器，继而转手抬高兵器价格。十个月后，燕、代两国发现商机，跟着去买，又过了三个月，秦国也跟着去买。衡山国国君一看兵器这么畅销，下令将价格抬高了二十倍。

不出意外，百姓纷纷去铸造兵器。这时，齐桓公派人向赵国高价收购粮食，各国纷纷运粮来齐国销售。等到衡山国把兵器卖光，齐桓公马上断绝了与这个国家的往来。此时，鲁国入侵衡山国南部、齐国入侵衡山国北部，衡山国国君无力反抗，只能向齐桓公投降。

以上就是《管子·轻重》的大致内容，不过，关于一些诸侯国的记录存在明显疏漏。

鲁国、莱国、莒国都在和齐国邻近的山东半岛，写出来还比较合理；可秦、楚、燕国距离齐国就比较远了，运输很不发达，但这几国毕竟存在，尚且说得过去；离谱的是，代、赵两国在春秋战国之际才建国，同时写在这里就不合理了，最不可信的是衡山国，衡山国建立于秦末汉初，并且在安徽不在山东，而齐、鲁之间的是泰山，不是衡山。

这样看来，《轻重》应该是西汉时期创作的文章。写作者只是为了阐述管仲的经济思想，对历史史实不太关心，甚至不太了解，所以才会编造出这些故事。

管仲改革

　　除了《管子》之外，还有一段史料系统地讲述了管仲改革，那就是《国语·齐语》。

　　《国语》一书是讲述春秋史的国别体史书，史料价值整体较高，也被称作《春秋外传》。不过，《国语·齐语》只有一卷，内容与《管子·小匡》的记录大同小异。其实，《齐语》抄录自《小匡》，仍然不可信，但经常被当作管仲改革的真实史料讲述。

　　《齐语》说管仲在齐国推行军政合一的政策：以郊外三十家为一邑，十邑为一卒，十卒为一乡，三乡为一县，十县为一属，全国共分为五属，由五个大夫统领；国中五家为一轨，十轨为一里，四里为一连，十连为一乡，五乡为一军，全国分为三军，分别由齐桓公、上卿国氏、高氏统领。

　　很明显这样整齐的行政区划，在任何时候都是不切实际的。春秋中期的青铜器齐灵公钟上记录着齐国一个邑有三百个县，可见，齐国的县是非常小的组织，大约就是现在的村落，并非像《齐语》记录的这样。而且，当时户籍制度还没有建立，国家不可能通过家族去直接控制个人。所以，这种说法应该是战国时期的一种政治理论。

《齐语》还说管仲这样划分的基础是"四民分处"，也就是说，把"士农工商"分开居住，各司其职，让他们不要互相影响。国都划分为二十一乡，其中有十五个士乡，六个工商乡，农民居住在郊外。

这点也不合理。当时国家既不能直接控制个体，也不能将百姓划分为士、农、工、商四个阶层。在春秋时期，士人与农民一体，战争时就去作战，和平时就去种田，分开居住根本不现实。私营工商业也是战国之后才有的，并且从事工商业的都是官商，平时也要靠种田来生存。

总之，战国及秦汉时期对于管仲的记载，很多内容并不可靠，都是对那时社会思想的反映而已。

最真实的管仲事迹仍然要在《左传》中寻找。《左传》记录管仲入齐后，仅有四次言论。在这些不多的记载当中仍可以看出，在齐桓公称霸的背后处处有管仲的影子。

前661年，狄人灭亡邢国，齐桓公举棋不定，管仲指出："戎狄豺狼，不可厌也；诸夏亲昵，不可弃也；宴安鸩毒，不可怀也。"他劝齐桓公营救邢国，并从理论高度指出攘夷的必要性，他认为这是齐桓公成就霸业不可缺少的一环。

前656年，齐桓公率领联军伐楚，楚成王派使者前来。管仲从容应对，质问使者：当年召康公赐予齐太公征伐权，你们没有给天子进贡包茅，导致无法祭祀，这是怎么回事？周昭王南征楚地后便没有回去，这又是怎么回事？管仲故意挑了一些不痛不痒的罪名，让双方都有台阶可下，暂时化解了危机。

前652年，诸侯在宁母会盟，打算攻打郑国。管仲劝说齐桓公对诸侯要讲德行和礼仪。郑文公派太子华参会，声称齐国如果能帮助他们除去郑国不服命令的泄氏、孔氏、子人氏三族，郑国就愿意投靠齐国。管仲阻止了齐桓公，劝他不要违背礼仪和信用。齐桓公曾率领联军攻打郑国未得胜，所以，非常想把握住这个机会。管仲又提出不同看法，他建议齐桓公应该用德行来安抚各国、各族，不能为了收服郑国而除去郑国贤能的大夫，让邪恶的人借机上位，齐桓公最终辞谢太子华。这些言论都是管仲所推崇的霸主之道。

前647年，周襄王的弟弟王子带凭借戎人的势力驱逐了周襄王。齐桓公让管仲出面与戎人讲和，后来，周襄王以上卿之礼招待管仲。管仲辞谢，认为国氏、高氏才是齐国上卿，自己只能接受下卿之礼。

《左传》中最后一次提到管仲是说齐桓公和他一同将公子昭托付给宋襄公，打算立其为太子。然而，管仲去世后，齐桓公的五个儿子纷纷争权夺位。这也表明没有了管仲的指挥，齐国的朝政日渐走向混乱。

《左传》的记载虽然零碎，但大致能勾画出管仲的形象。此外,《论语》中孔子对管仲有四次评论,也相对可信。这是因为战国时期齐国稷下学宫的影响,管仲成了托古改制的核心人物,所以才流传下来不少关于他的故事。

触摸历史

■ ［成语］

· 管鲍之交

　　出自《列子·力命》，世人称颂管仲与鲍叔牙之间的友情，后比喻朋友之间彼此信任、交情深厚。

原典

　　管仲夷吾者，颖上人也[1]。少时常与鲍叔牙游，鲍叔知其贤。管仲贫困，常欺鲍叔，鲍叔终善遇之，不以为言。已而[2]鲍叔事齐公子小白，管仲事公子纠。及小白立，为桓公，公子纠死，管仲囚焉。鲍叔遂进管仲。管仲既用，任政于齐，齐桓公以霸，九合诸侯，一匡天下，管仲之谋也。

——《史记·管晏列传》

注释:

1. 颍上：颍水之上，颍水发源于嵩山，经河南登封、周口、安徽阜阳，至寿县汇入淮河。非指今安徽颍上。

2. 已而：不久，后来。

大意

管仲名夷吾，是颍上人。他年轻时经常与鲍叔牙往来，鲍叔牙知道他是贤能的人。管仲很贫困，经常欺骗鲍叔牙，鲍叔牙一直善待他，不因此说他什么。不久，鲍叔牙侍奉公子小白，管仲侍奉公子纠。等到公子小白即位，就是齐桓公，公子纠被杀，管仲被囚禁。于是，鲍叔牙举荐了管仲。管仲被齐桓公任用，执掌齐国的政事，齐桓公因此称霸，多次盟会诸侯，一统天下，得益于管仲的谋略。

048

「赵氏孤儿」的前情：

赵盾的故事

《史记·赵世家》

《晋世家》

《左传》

赵盾（？—前601），春秋时期晋国人，嬴姓，字孟，谥宣，又称赵孟、赵宣子。其父为赵衰，其母为叔隗。前621年，赵盾成为中军将，担任晋国执政。晋襄公去世后，年幼的太子晋灵公即位，赵盾作为权臣辅佐。晋灵公长大后与赵盾发生争执，多次谋杀赵盾未果，最后反被赵盾族人赵穿所杀，史官董狐记录此事为"赵盾弑其君"。赵盾去世后若干年，赵家几乎被灭门，他的孙子就是"赵氏孤儿"赵武。

礼乐征伐自大夫出

赵盾的父亲赵衰是晋文公当年流亡时的随从。赵衰与晋文公在白狄时，娶了叔隗，生下赵盾。晋文公即位后，想要重用赵衰，赵衰却多次让贤。后来，赵衰又娶了晋文公的女儿赵姬，生下赵同、赵括、赵婴齐三兄弟。由于赵姬地位高，是正妻，但她认为赵盾更贤能，坚持让赵衰立赵盾为嫡子，自己的三个儿子都来侍奉赵盾。

前622年，晋国卿士里排名前四的先且居、赵衰、栾枝、胥臣相继去世，第二年，晋襄公在夷地阅兵，任命狐射姑与赵盾分别为中军将、中军佐，成为晋国卿士的一把手和二把手。晋襄公的老师阳处父原来是赵氏下属，更加偏爱赵氏，他建议晋襄公将赵盾与狐射姑对调。赵盾由此成为晋国军政一把手，当年，晋襄公去世。

由于太子年幼，晋国人商议立公室年长的人为国君，赵盾主张立公子雍，而狐射姑主张立公子乐。当时，公子雍在秦国，公子乐在陈国，赵盾就派先蔑、士会接公子雍，狐射姑也派人去接公子乐。赵盾见狐射姑与自己争功，就派刺客在半路上刺杀了公子乐。狐射姑大怒，但他知道斗不过赵盾，就拿阳处父出气，派族人狐鞫居除掉了阳处父。赵盾自然不会善罢甘休，立即处死了狐鞫居。

　　狐射姑知道自身难保，只好逃奔赤狄的潞国。潞国执政酆（fēng）舒问狐射姑："赵衰和赵盾哪个更贤明呢？"狐射姑怨恨地答道："赵衰像是冬天的太阳，而赵盾像是夏天的太阳。冬天的太阳可爱，而夏天的太阳可畏啊！"

　　晋襄公的夫人、太子的母亲穆嬴眼见儿子地位难保，抱着太子天天在朝廷上号啕大哭："先君有什么罪？他的继承人有什么罪？丢开嫡子不立却去外面找国君，你们准备怎么安置这个孩子？"她又跑到赵盾家哭喊："先君将孩子托付给您，虽然他已经去世，但言犹在耳，您怎么能丢弃太子不管呢？"

赵盾虽然大权在握，毕竟执政资历尚浅，也担心遭到反对与暗算，只好答应穆嬴，让太子即位，这位年幼的太子就是日后的晋灵公。不过，此时秦康公已经派兵护送公子雍回来了，赵盾只好亲自率领大军，在令狐打败了秦军。先蔑、士会两人怕被追究责任，只好逃奔秦国。

由于晋灵公年幼，赵盾更加专权。晋灵公即位当年，赵盾就召集齐、宋、卫、陈、郑、许、曹等国国君在扈地会盟，这是春秋时期历史上第一次卿大夫与诸侯的会盟，代表着"礼乐征伐自诸侯出"开始走向"礼乐征伐自大夫出"了。

赵盾弑君到底是怎么回事

当年，晋襄公在夷地阅兵，本想任命士縠、梁益耳为中军将、中军佐，并让箕郑父、先都作为替补。因为大夫先克的提议，晋襄公才任命了狐射姑和赵盾。后来，先克抢夺了蒯得的田地，于是，箕郑父、先都、士縠、梁益耳、蒯得五人联合起来，杀死了先克。

先克当时依附于赵盾，赵盾大怒，将五人全部处死。他重新任命了一批卿士，连自己的私人部属臾骈都位列其中。从此，再也没有卿大夫敢与赵盾作对。

前615年，秦康公发兵攻打晋国。赵盾率领晋国六卿前去抵御。这个臾骈果然不容小视，他指出秦军不能打持久战，请赵盾修筑壁垒耐心等待。赵盾听从了他的意见。

当时，士会在秦国军营，他知道赵盾的族弟赵穿轻浮好战，建议秦康公派出小分队一战击退晋军，进而引诱赵穿。秦康公听从了他的意见，赵穿果然前来追逐，没有追上就带领部属私自出战。结果赵盾慌了，他不愿意失去这个宝贝弟弟，他认为，秦国如果俘虏赵穿就是俘虏了他们的一位卿士，他将无颜面对晋国的百姓。于是，赵盾带领大部队跟上。双方都疲于征战，秦康公派使者要求明日再战。臾骈指出秦军一定会逃走，劝赵盾连夜进攻秦军。这时，赵穿和下军佐胥甲出来捣乱，赵盾对这个弟弟非常宠爱，没有听取臾骈的建议，下令停止攻击秦军，于是，秦军连夜平安撤退。

与此同时，晋灵公也在成长中。但他昏庸无道，不但在国内收取重税，挥霍重金用来享乐；而且做了很多荒唐事，卿士纷纷劝谏无果。赵盾也亲自出面劝谏，晋灵公嘴上认错，却不悔改，内心非常讨厌赵盾，就派遣钮麑（chú ní）刺杀他。

一天早上，赵盾穿着整齐，准备入朝。见时间还早，就在卧室敞开门坐下来打盹儿。钮麑见状，不禁为赵盾的勤政所感动，他深知刺杀民众的依靠是不忠，放弃国君的使命是不信，可如何解决这两难的局面？于是，他选择撞在槐树上自尽了。

前607年，晋灵公请赵盾喝酒，命令甲士埋伏起来准备刺杀赵盾。赵盾的车右提弥明（《史记·晋世家》中称示眯明）察觉到异样，快步登上殿堂，说："臣子侍奉国君喝酒，超过三杯就不合礼了！"说完，趁机扶着赵盾下堂而出。晋灵公放出恶狗去咬赵盾，提弥明上前搏斗。这时，晋灵公的甲士一拥而出，赵盾且战且退，提弥明为了保护赵盾，不幸被伏兵杀害。晋灵公的卫士灵辄[①]转过身来，用武器抵挡了晋灵公的其他卫士，赵盾这才得以安全撤退。

虽然赵盾已经逃跑，但赵氏族人在赵穿的带领下杀死了晋灵公。当时，赵盾还没有逃出晋国，就回来继续做中军将。太史董狐这样记录这次事件："赵盾弑其君。"赵盾辩解说："不是这样的。"董狐却说："您是正卿，逃亡时没有走出国境，回来后又不惩罚凶手，弑君的不是您又是谁呢？"赵盾非常惭愧，不得不承认自己的过错。

《左传》记载，孔子对这件事也有评论，大意是说董狐是古代的良史，秉笔直书不加隐晦；赵盾是古代的好大夫，因为律法而蒙受恶名，实在是太可惜了！如果赵盾逃跑时已经走出国境，就可以避免弑君的罪名了。

---

①当初，赵盾在首阳山打猎，住在翳桑，看见一个人饿倒在地。这人说自己叫灵辄，已经三天没有吃过东西了。赵盾递给他食物，他只吃了一半，要将剩下的一半带给母亲。赵盾让他吃完，又送给他一筐饭和一些肉让他带回去给母亲吃。《史记·赵世家》说灵辄是"桑下饿人"，其实，翳桑应该是地名，并非桑树的意思。

赵盾为什么不敢对董狐怎么样呢？这是由史官的特殊地位决定的。春秋时期诸侯国的史官大多来自周王室，比如董狐的祖上辛甲，曾担任周武王时的太史。两周之际，辛甲后代辛有的一个儿子逃到晋国，董狐就是他的后人。史官除了记录历史还掌管天文历法，这些工作在当时比较专业，往往由某个家族世袭。赵盾就算杀了董狐，还是要任用董家人，因为找不到其他人接替。

　　其实，董狐说赵盾弑其君，确实抓住了问题的关键。尽管没有直接证据证明赵盾指使赵穿杀了晋灵公，但赵盾之前就对赵穿百般宠爱，事后也并没有责罚赵穿弑君的行为。至于孔子的评论，在《论语》和其他史料中并没有相关记叙，很难说一定是真实的。

　　我们多次强调，《左传》是最真实、最可靠的春秋史料。但在这件事上，《左传》有明显袒护赵氏的嫌疑。最明显的偏袒就是鉏麑死前的独白，在当时不太可能被人记录下来。而晋灵公与赵盾的矛盾从根本上说是晋国国君和卿大夫之间的矛盾，冲突的结果就是晋灵公被杀。

至此，赵盾已经走上了权力的巅峰，标志着晋国卿大夫的实力已经超过了国君。

然而，赵盾虽然内战是内行，对外作战却相当外行。在晋国持续的内部斗争下，楚国逐渐夺走了不少过去依附晋国的诸侯国，直接导致秦晋两国关系破裂。

前601年，独揽晋国大权二十年的赵盾去世，其子赵朔接任卿位，担任晋国下军佐，赵同、赵括、赵婴齐三兄弟分别担任中军大夫和下军大夫。赵朔去世后，赵括、赵穿之子赵旃两人继续接任卿位，赵氏权势熏天，但物极必反，终于导致了后来的灭顶之灾。

触摸历史

■［成语］

·董狐直笔

出自《左传》，真实情况是赵盾族弟赵穿杀死了晋灵公，董狐却记录为"赵盾弑其君"。后指代敢于秉笔直书，尊重史实，不阿权贵的正直史家。

原典

灵公立十四年，益骄。赵盾骤谏，灵公弗听。及食熊蹯[1]，胹不熟[2]，杀宰人，持其尸出，赵盾见之。灵公由此惧，欲杀盾。盾素仁爱人，尝所食桑下饿人反捍救盾[3]，盾以得亡。未出境，而赵穿弑灵公而立襄公弟黑臀，是为成公。赵盾复反，任国政。

——《史记·赵世家》

注释:

1.蹯（fán）：兽足。

2.胹（ér）：煮，煮熟。

3.食（sì）：喂养。桑下饿人：即灵辄。捍：捍卫。

大意

　　晋灵公即位十四年，更加骄横。赵盾屡次劝谏，晋灵公不听。当晋灵公吃熊掌时，熊掌没有煮熟，他就杀了厨师，下令把尸体搬出去，恰好被赵盾看到了。晋灵公有点害怕，想要杀掉赵盾。赵盾素来仁德爱人，他曾经送给桑树之下饿倒的人食物吃，如今，这个人反过来捍卫救了他，赵盾这才得以逃脱。但还没等赵盾逃出国境，赵穿就杀死了晋灵公，晋襄公的弟弟黑臀即位，他就是晋成公。赵盾再次返回国都，掌管国政。

049

行走在传说内外的隐士：孙叔敖的故事

《史记·循吏列传》

《左传》

《吕氏春秋》

《韩诗外传》

《史记·循吏列传》写的是春秋战国时期五位良臣孙叔敖、子产、公仪休、李离、石奢的故事。循吏指的是重视农业发展、善施教化、清正廉洁、以德为政的清官。本篇的主角是孙叔敖。

　　孙叔敖，春秋时期楚国人，蔿（wěi）氏，芈姓，名敖，字孙叔，又名艾猎。他身份低微，经过虞丘相的推荐成为楚庄王的相邦。孙叔敖恪尽职守，不设教令，受到百姓的爱戴。楚庄王之所以能够称霸中原，孙叔敖的功劳很大，但《史记·循吏列传》的记录更偏向传说。

《史记》的创作态度

太史公在《史记·循吏列传》开篇就说法令是用来引导百姓向善的，刑罚是阻止百姓作恶的。只要官吏忠于职守、依法办事，百姓自然会循规蹈矩，好好过日子。既然这样为政者也可以把国家治理好，更不必滥用权力，使用严刑峻法惩戒百姓了。

很明显，太史公把《循吏列传》穿插在汉朝人物的传记中是为了与当时的社会环境形成鲜明的对比。西汉时的社会情况是怎样的呢？我们可以在《酷吏列传》中找到答案。《酷吏列传》讲的是汉初十余位主张用严刑峻法的酷吏欺压百姓，导致社会混乱，冤案横生的暴虐事件。太史公之所以留下了这样的文字，表明他对此持有强烈贬斥、苛责的态度。

《循吏列传》中的主人公与《酷吏列传》的恰恰相反，比如，孙叔敖就是楚国有德才而未做官的隐士。虞丘相把他推荐给楚庄王，三个月后，孙叔敖担任楚国相邦，他推行教化，廉政爱民，楚国从此一派和睦，民风淳朴，政令宽和，法令严明。不但官吏之中没有奸邪之辈，连百姓生活中都没有盗贼出现了。孙叔敖还特别重视农业，每到秋冬之际，他就鼓励百姓依靠森林发展生产；每到春夏之交，他就提醒百姓合理利用上涨的河水将木材运出山外。如此一来，楚国百姓安居乐业，各得其所。

可见，这样清明的政治、安宁的社会环境正是太史公所期待的。

不只是传说

与吕尚、管仲等人一样，据说，孙叔敖从小家境贫寒，身份低微，却十分善良、贤能。

据西汉初年贾谊《新书·春秋》中的记载，孙叔敖还是孩子的时候，出去玩后却愁眉苦脸地回家，饭都吃不下了，母亲就问他是怎么回事。孙叔敖哭着答道："今天我见到了一条两头蛇^①，我是不是快死了？"母亲问："蛇还在吗？"孙叔敖继续说："我担心其他人见到也会死，就把它给埋了。"母亲欣慰地说："不用担心，你不会死的。你这是在行善积德。"后人听到小孙叔敖的故事，都称赞他从小就非常仁慈、善良。

《吕氏春秋》记录成年后的孙叔敖在郢都住了三年依然默默无闻。他的好朋友沈尹茎认为，在辅佐国君成为霸主这件事上，自己是比不过孙叔敖的；但游说国君以及与各个阶层打交道，他的才能强于孙叔敖，于是，他建议孙叔敖先回去种田。

沈尹茎在郢都待了五年，楚庄王想任命他做令尹，他却推荐了孙叔敖。楚庄王派人用自己的车辆将孙叔敖接回来，任命他为令尹。十二年后，孙叔敖果然辅佐楚庄王成为霸主。

后世关于孙叔敖的传说比较多。比如《史记·循

---

① 两头蛇，被古人视为不祥之物，传说遇到它的人会有厄运。

吏列传》中就讲了这样两个故事。

　　第一个故事是说，楚庄王认为楚国的铜钱太轻，容易被不法分子盗铸，于是，下令将小钱改为大钱。百姓使用大钱很不方便，纷纷罢工罢市。管理者向孙叔敖报告说这种情况已经持续三个月了，他很担心百姓一直闹事，孙叔敖告诉他不用惊慌。五天后，孙叔敖劝楚庄王下令恢复原有币制，果不其然，百姓的情绪很快稳定下来，市场也恢复了正常。①

　　第二个故事是说，楚国民间多用车厢较矮的车，楚庄王认为这种矮车不方便驾马，想下令把低矮的车厢升高。国相孙叔敖劝说道："您这样做不妥，命令下得太多百姓会感到无所适从。如果您非要升高车厢，根本不需要命令，臣让乡里把闾门的木桩加高就行。木桩一加高，低车过不去，只能下车抬。乘车的都是贵族，他们不愿意进进出出时总是下车，一定会自己把车厢抬高的！"楚庄王听从了他的建议，果然，半

①楚国当时的货币是铜贝，又叫"蚁鼻钱""鬼脸钱"，体积比较小。楚庄王改小钱为大钱，实际上只更改面值不改体积，这样就造成国家搜刮民财，物价飞涨，百姓自然会产生负面情绪。

年后，上行下效，百姓自动跟着把车厢升高了。

当然，这两个故事极有可能并非真实发生过。很有力的证据是私商和铜钱在战国时期才出现。此外，国家的政令能传达到乡里也是战国时期才可能出现的情形。

太史公选择记录这两个故事是在说明百姓之所以能够欣然地顺从教化，正是因为孙叔敖不用命令约束百姓，而是亲自实践，让身边的人亲眼看到他的言行来仿效他；离得远的人观望四周人们的变化也有样学样，自然达到上行下效的良好结果。所以，孙叔敖不因三次荣居相位而沾沾自喜，他明白这是自己凭借才干获得的；更不因三次离开相位而忧心忡忡，他知道自己清正廉洁，并无过犯。

在其他典籍中，也略有关于孙叔敖的记载。《左传》中有孙叔敖任职令尹的记录。不过，这个说法很可能来自《论语》中孔子对令尹子文的评价："令尹子文三仕为令尹，无喜色；三已之，无愠色。"《国语·楚语下》也说子文三为令尹，大概是由于孙叔敖在历任令尹中名气最大，所以，这个任职的主角就传成了他。

此外，《荀子·非相》中有关于孙叔敖相貌的记录。说他其貌不扬，头发短而稀，左臂长于右臂，个子很矮，站着还不到车前的横木竖起来高。但他为人正直，生活十分节俭。《韩非子·外储说》中也有类似的记录。孙叔敖任楚相时，出行借用客栈的车和母马，路上吃的都是粗饭枯鱼；冬天穿羔裘衣，夏天穿细葛衣，面黄肌瘦。当然，这些描述很可能有夸大成分，但总体说来，孙叔敖是个廉洁奉公、真诚为民的良臣。

《吕氏春秋·异宝》也强有力地说明了孙叔敖的贤德。在生命的尽头，孙叔敖告诫儿子，等他离开后，如果国君给他封地，最好像自己当年一样多次婉拒。即使不得不接受，也千万不要接受太好的地方。他还告诉儿子，楚越之间有个寝丘，那里土质不好，地名又难听，实在难以推辞，去那里就好了。虽然这个故事极有可能也是传说，毕竟孙叔敖作为蔿氏族长，一直都有封地；但从另一个侧面说明他懂得明哲保身，以高尚的德行教育、恩泽后代。

触摸历史

■ ［文物］

· 王子午鼎

1978年出土于河南省，为春秋时期楚国令尹王子午所铸鼎，现藏于中国国家博物馆。

原典

孙叔敖者，楚之处士也[1]。虞丘相进之于楚庄王以自代也[2]。三月为楚相，施教导民，上下和合，世俗盛美，政缓禁止[3]，吏无奸邪，盗贼不起。秋冬则劝民山采[4]，春夏以水[5]，各得其所便，民皆乐其生。

——《史记·循吏列传》

102

注释：

1. 处士：有德才而未做官的人。
2. 虞丘相：史书中又作虞丘子、沈尹、沈尹茎、沈尹巫、沈尹蒸、沈尹筮，是他举荐孙叔敖为令尹，一说为孙叔敖前任令尹。
3. 禁止：有禁即止，指法令严明。
4. 劝：劝勉，勉励。
5. 以：凭借。

大意

孙叔敖是楚国德才兼备却没有做官的隐士。楚相虞丘把他推荐给楚庄王来代替自己。孙叔敖担任楚国相邦三个月后，施行教化，引导百姓，楚国上下和睦同心，民风淳朴，政令宽和，法令严明，不但官吏中没有奸恶之人，连盗贼之事也不再发生了。秋冬之时，他动员百姓进山采伐；春夏之时，他鼓励百姓趁着河水上涨的时候将木材运出去，人人各得其所，安居乐业，生活得很愉快。

『博物君子』是怎样炼成的：季札的故事

《史记·吴太伯世家》
《左传》
《礼记》
《新序》
上博简《弟子问》

季札，又名公子札、延陵季子、延州来季子，是吴王寿梦的第四个儿子。寿梦本想让季札继位，季札没有接受；大哥诸樊除丧后，继续让位季札，季札还是没有接受；三哥余眛继位后，派季札出使中原，季札终于欣然接受，留下了季札让位、季札观乐、季札挂剑等历史佳话。季札的事迹占据《史记·吴太伯世家》三分之一的篇幅，他本人被太史公称为"博物君子"。孔子也曾高度评价过季札，称他是"明乎天理，适乎天性"的"天民"。

《史记》的道德观

太史公在《史记》本纪、世家、列传的第一篇都写了有关推让的故事:《五帝本纪》中的尧舜禹,《伯夷列传》中的伯夷、叔齐,《吴太伯世家》中的太伯仲雍都曾有过让位的经历。实际上,《吴太伯世家》还有一个灵魂人物,他就是吴王寿梦的第四个儿子季札。

前561年,吴王寿梦离世。寿梦有四个儿子:诸樊、余祭、余昧、季札①。季札自幼贤明,博闻多识,寿梦生前想立他为继承人,但季札一直推让,于是,由长子诸樊继位。

前559年,诸樊服丧完毕,可以正式即位。他再次让位于季札,季札仍然推辞。季札有条不紊地

---

① 此外,《左传》还记录了一个儿子蹶由。大概诸樊、季札等人是嫡子,蹶由是庶子。

说道，从前曹宣公去世后，诸侯与曹国人不同意曹成公继位，想立他的兄弟子臧为王。子臧为了让曹成公顺利继位，主动离开了曹国。子臧深知，曹成公是合法继承人，他不能冒犯，要坚守自己的节操。季札认为自己虽然没有子臧那样的才能，却也想效仿子臧，不能丧失自己的节操。

可是，诸樊坚持要立季札为国君，季札只能被迫丢弃家室，自己跑去种田。诸樊得知此事后，便不再勉强季札，让他坚守自己的心，走好自己的路。

前548年，吴王诸樊去世。诸樊没有儿子可以传位，于是，让二弟余祭继位，希望王位能在兄弟之间相传，一直传到季札。这样，既可以满足先王寿梦的心意，也可以表彰季札的仁义。可见，太史公对季札"推让"的仁德之举是大加赞赏的，从这个角度我们也可以窥见《史记》的道德观。

使者季札的列国之旅

余祭即位后，将季札分封在延陵（今江苏常州），所以，季札又叫"延陵季子"；后来他又被封州来，因此，还可以称季札为"延州来季子"。

前544年，吴王余祭被越国俘虏杀死，三弟余眛继位。余眛任命季札为使者，派他出使中原，与诸侯交好。

第一站季札到达徐国。徐国国君十分喜欢季札的佩剑，嘴上却不好意思说出来。季札心里很清楚，可自己还要继续周游列国，就没有把宝剑送给徐国国君。

第二站季札到达鲁国。他见到了鲁国大学者叔孙豹，两人相谈甚欢。可谈着谈着，季札有些担心地对叔孙豹说："我听说君子应该大力提拔贤人，您担任鲁国的卿士却不能选贤举能，恐怕祸患会降临到您身上的！"果不其然，叔孙豹日后死于非命。

随后，季札请求聆听周朝的音乐，欣赏周朝的舞蹈，鲁襄公安排乐工为他表演。

乐工最先演奏的是《周南》《召南》[1]，季札感叹道："真美啊！王业已经奠定基础，虽然还不完善，百姓已经能勤恳劳作而无怨言了！"接着，乐工演奏的是《邶风》《鄘风》《卫风》[2]，季札继续慨叹："真是美好又深沉，忧郁而无哀伤！我听说卫康叔、卫武公的德行就是这样！"紧接着，乐工又为季札演奏了《王风》《豳风》《秦风》《魏风》《唐风》《陈风》，季札一一进行了点评，比如，评论《陈风》时说："国家没有主人，能长久吗？"之后，季札又点评了《小雅》《大雅》和《颂》。

季札点评的这些歌曲，很明显就是后世《诗经》[3]

---

①《周南》《召南》是《诗经》十五《国风》开头的两篇，也是春秋时期的地方民歌。

②《邶风》《鄘风》《卫风》都是春秋卫国的民歌。

③《诗经》有十五《国风》，分别是《周南》《召南》《邶风》《鄘风》《卫风》《王风》《郑风》《齐风》《魏风》《唐风》《秦风》《陈风》《桧风》《曹风》《豳风》；《国风》后面是《小雅》《大雅》《周颂》《鲁颂》《商颂》。

的内容。与季札观乐的名称与顺序比较，可以发现，《诗经》的格局在春秋后期基本已经形成了。

后来，季札又观赏了舞蹈表演，相继欣赏了《象箾（xiāo）》《南籥（yuè）》《大武》《韶濩（hù）》《大夏》等舞蹈。当他看到帝舜时期的舞蹈《韶箾》时，不由赞叹道："功德到达了顶点，真伟大啊！像天一样覆盖所有；像地一样承载所有。既然盛德至止，即

使还有别的音乐、舞蹈，我也不再欣赏了！"

季札观乐的经历，最早出自《左传》，《史记·吴太伯世家》基本照抄了过来，季札的评论可以看作是最早的文艺评论鉴赏。季札来自被中原视为蛮夷之地的吴国，却能对每一首歌、每一段舞精准点评，可见他的博学与智慧。

第三站季札到达的是齐国。他与名相晏婴也交谈甚欢，还奉劝晏婴赶快交出封地、参与政事，这样才能免于祸患。晏婴听从了他的建议，后来，齐国陈氏、鲍氏联合驱逐了掌权的栾氏、高氏，晏婴因为并没有掌握大权，幸免于难。

第四站季札到达了郑国。季札与贤臣子产一见如故，季札送给子产白绢大带，子产送给季札麻布衣服。季札告诫子产参与政事一定不要像当时掌权人那样奢侈无度，要以礼服人、谨慎行事，否则郑国将会败亡。后来，子产一直照季札说的谦卑做人，谨慎做事，成为一代名相。

第五站季札到达了卫国。卫国当时有不少贤人，比如蘧瑗（qú yuàn）、史狗、史鰌（qiū）、公子荆、公叔发、公子朝，季札与他们聊得相当投机。季札断言，卫国有很多君子，是不会有祸患的。

最后一站季札到达了晋国。季札与卿士赵武、韩起、魏舒三人相谈甚欢，还精准预测到了韩、赵、魏三家分晋的局面。晋国还有个大贤臣叔向，离别时，季札对叔向说："国君奢侈而大臣优秀，一定要保重，保护好自己！"

叔孙豹、晏婴、子产、蘧瑗、叔向等人都是春秋后期中原著名的学者，季札能与他们一一结交，并且忠言相告，可见，他的学识与智慧在当时非同一般，是当之无愧的精英。

列国之旅结束后，季札再次回到他的第一站——徐国，遗憾的是，那时徐国国君已经去世了。季札解开自己的宝剑，系在徐国国君墓冢前的树上哀伤离去。随从对季札的行为十分不解，问道："徐国国君已经去世了，您还送给他宝剑干什么呢？"季札回答："不是这样的。当初我心里已经答应把宝剑送给他了，不会因为他的离世而违背自己的初心！"

西汉刘向编订的《新序》引用《徐人歌》说当时徐国人曾为季札作曲，其中一句为"延陵季子兮不忘故，脱千金之剑兮带丘墓"，高度评价了"季札挂剑"这种诚实守信的行为。

吴王余眜去世后，季札仍然不肯继位。于是，吴国人只好拥立余祭之子（一说庶弟）僚即位。前515年，吴王僚趁楚平王去世之际派季札出使中原，观察各国的态度。公子光趁机派刺客专诸杀死了吴王僚。

季札回来后，得知手足相残，不禁感叹道："如果先君没有废除祭祀，百姓没有废弃国君，社稷有人来祭祀，国家也没有被倾覆，他就是我的国君。我不怨天尤人，哀痛去世的人，侍奉活着的人，等待天命的安排就是我该做、能做的事。"之后，季札又去吴王僚墓前哭了一场，回来后继续任职。在他看来，既然都是寿梦的子孙，谁来当国君是没有任何区别的。

在《史记·吴太伯世家》中，季札的故事到这里就结束了。不过，《左传》还提到了季札之后的经历。

历史舞台的华丽谢幕

前485年时，楚国的公子启进攻陈国，季札奉命去救援。季札说："两国国君不注重提升德行，反而用武力争夺诸侯国，他们有没有想过百姓有什么罪过要来承担战争的恶果呢？我建议双方撤退，这样既能保全两国的好名声，又能保全两国国君的德行，以此安抚百姓！"于是，双方纷纷退兵回国。

这是季札在史书中最后一次出场。寿梦去世是在前561年，以此推算，季札至少是八十多岁的长寿老人了，如此高龄还能奔波于前线，可见，季札清心寡欲，身康体健。

《礼记》中记载，季札出使齐国，在回来途中长子去世，葬在嬴、博之间。孔子知道季札知礼，特意去观看他主持的葬礼。孔子到达后，见到墓穴深不到九泉，用衣服包裹尸体，掩埋后用封土堆掩盖墓穴。送葬的人左袖褪下，右臂戴着袖章，围绕着封土堆，高声大哭三次，嘴里念念有词："骨肉回到大地，这是生命的轮回，请慢慢走吧！"

孔子认为季札在葬礼之事上符合周礼。可是，周朝人的墓葬传统是"不封不树"，也就是说，周朝人的葬礼一般不建封土堆，也不用树木作为标志，所以，这件事略有可疑。

不过，据其他文献记载，孔子对季札的评价的确很高。出土文献上博简《弟子问》中，孔子有过这样的言论："延陵季子，其天民也乎？"天民，就是晓天理、顺天性的人。这是比较真实可信的史料。后世在季札墓的前方立着一块据说是孔子书写的十字碑"呜呼有吴延陵君子之墓"。虽可信度比较低，但季札是孔子敬佩的先辈，这点是没有疑问的。

触摸历史

■ ［ 成语 ］

· 秋风过耳

出自《吴越春秋》，说的是吴公子季札不接受父亲寿梦和兄长诸樊的传位，认为富贵对于自己如秋风过耳一般。后用来比喻淡泊名利。

· 叹为观止

"观止"一词原出自《左传》，说的是季札在鲁国观乐、观舞，观赏完帝舜时期的《韶箾》时，认为看到这里就可以彻底结束了。后用来赞美所看到的事物好到极点，无与伦比。

■ ［ 文物 ］

· 吴彩绘季札挂剑图漆盘

1984年出土于安徽省，直径24.8厘米，高3.5厘米，木胎制成，盘心绘制季札挂剑的图案。现藏于安徽省文物考古研究所。

■ [遗迹]

· 季子庙

据说是季札的封地延陵所在地，有延陵季子墓碑、十字碑、消水石、季河桥等景点。位于江苏省丹阳市延陵镇。

原典

季札之初使，北过徐君[1]。徐君好季札剑，口弗敢言。季札心知之，为使上国[2]，未献。还至徐，徐君已死，于是乃解其宝剑，系之徐君冢树而去。从者曰："徐君已死，尚谁予乎？"季子曰："不然。始吾心已许之，岂以死倍吾心哉[3]！"

——《史记·吴太伯世家》

注释：

1. 过：拜访。

2. 上国：春秋时期南方国家称中原国家为上国。

3. 倍：通"背"，违背。

大意

    当初，季札刚刚出使的时候，北上路过徐国，拜访了徐国国君。徐国国君很喜欢季札的佩剑，嘴上却不好意思说出来。季札心知肚明，但因为还要出使中原其他国家，就没有把宝剑送给徐国国君。季札出使回来后再次来到徐国，此时徐国国君已经去世了，于是，季札解开他的宝剑，系在了徐国国君墓冢前的树上离开了。他的随从不解地问道："徐国国君已经去世了，您还把宝剑送给他干什么呢？"季札说："不能这样说。当初我心里已经答应把宝剑送给他了，不能因为他的离世就违背我的初心！"

外交能手的风范：

子产的故事

《史记·循吏列传》

《史记·郑世家》

《左传》

子产（？—前522），姬姓，名侨，字子产，又字子美，又名公孙侨、公孙成子，谥成。他是郑穆公的孙子，公子发的儿子，担任郑国执政。

《史记·循吏列传》较为宏观地阐释了子产担任相邦的成效;《左传》则更细致地讲述了子产在郑国内政外交的作为：一方面能够力排众议，进行强国改革；另一方面能够不卑不亢，处理好与各国之间的关系。子产去世后，被孔子评价为"古之遗爱"，他是春秋时期一名优秀的政治家、外交家。

《史记》的疏漏

　　《史记·循吏列传》中讲了两位春秋贤相，一位是楚国令尹孙叔敖，一位是郑国执政子产。不过，《史记》里对于子产的记录比较简单，远没有展现出这位贤大夫的经历，还存在明显的错漏。

　　根据《史记》的记录，子产是郑国大夫之一。当郑昭公在位时，他的宠臣徐挚被任命为相邦，结果导致国家大乱：贵族与百姓不亲近，父子关系也不和谐。大宫子期就建议郑昭公任用子产为相邦。

　　子产担任相邦一年，郑国的国情有了很大改观：小孩子不再恶作剧了，老人外出有年轻人主动帮忙提东西，童仆也不用再去犁地了；子产担任相邦两年，市场交易再没有虚报价格的情况；子产担任相邦三年，郑国的家家户户都可以夜不闭户，即使有人丢了东西也没人私自捡走；子产担任相邦四年，农民的农具都可以扔到田里不必带回家；子产担任相邦五年，士人因无须服兵役而不再设置军籍，郑国的国丧期间，即使朝廷没有下达政令，百姓依然按部就班、秩序井然。

子产共治理郑国二十六年，他去世的时候，郑国百姓纷纷失色痛哭，老人像小孩子一样边哭边说："子产离我们而去了，我们今后要跟谁走呢？"

然而，《史记·循吏列传》中明显的错误就是把子产当作郑昭公时期的人物，实际上，子产为卿主要是在郑简公、郑定公时期，距离郑昭公已经有百余年之久。《史记·郑世家》中对子产的记录比《史记·循吏列传》详细，但说他是郑成公的幼子，这个信息也是错误的。

子产其实是郑穆公的孙子、公子发（字子国）的儿子。子产从前554年任卿士，到前543年执政，再到前522年去世，执政共二十二年。因此，在《史记》中，《循吏列传》说他执政了二十六年，《郑世家》《十二诸侯年表》说他在前496年才去世，这些信息

都是错误的。

据《左传》，子产第一次在史书上出场是前565年。当时，晋、楚两大国争夺中原，郑国正是他们首要争夺的目标。在此前一年，郑僖公被执政子驷所杀，子驷立郑成公为国君。子驷任用子国为司马、子耳为司空、子孔为司徒①，牢牢地把握了郑国的政权。

子驷派子国、子耳攻入蔡国，俘虏了蔡国司马。郑国人听到这个消息都非常高兴，唯独年轻的子产担忧地说道："小国没有文治却有武功，还有比这更大的祸患吗？楚国来讨伐郑国，难道要顺从他们？晋国再次进军郑国，郑国恐怕至少有四五年不得安宁了！"可是，子国却大骂子产："国家有执政卿在，你这小毛孩子乱说什么话，不怕惹祸上身吗？"

果然不出子产所料，楚国令尹子囊进攻郑国，子驷立刻投靠了楚国；晋国中军将荀罃大怒，率领诸侯攻打郑国，子驷转而投靠晋国。结果，又引来楚

①司马、司空、司徒：中国古代官职名。司马主要掌管军事，司空主要掌管工程，司徒主要掌管民事。

国的攻击，子驷只好再次投靠楚国。在楚国的支持下，郑国先后攻打鲁国、宋国，自然引起晋国的不满，最后夹在中间苦不堪言的是郑国自己。

此时，反对子驷的一伙人趁机造反，杀死了子驷、子国、子耳。子驷的儿子子西听说叛乱，一心想着冲出来，追杀叛乱分子；子产与子西的做法则不同，他先设置好防守，然后布置好军队，准备好这一切后才率兵攻打北宫，年轻的子产就这样平定了叛乱。

躲过一劫的子孔继任执政，子孔为人蛮横，想把不顺从他的大夫全部清除掉。此时，又是子产出来劝阻，子孔听从了子产不要恣意妄为、滥杀良臣的建议，一场内战才被果断制止。

前554年，执政专横的子孔终于被子展和子西所杀，由子展担任当国，作为郑国首相；子西担任听政，作为郑国副相；子产担任少正，步入卿士行列。

后来子展去世，子皮接任当国。前543年，子皮提拔子产为听政，子产以国家狭小、家族较多为由推辞。子皮承诺自己会作为子产的后盾支持他，子产这才同意担任听政。本来，郑国的当国才是真正的首相，听政只能算副相，子皮既然明确表示政务全权交由子产处理，所以，此时算是子产担任国相的开始。

子产改革

　　子产执政后，进行了风风火火的经济改革，包括划定都鄙、制定田疆、开浚沟洫等政策。改革之初，郑国人痛骂他没收了他们的衣冠，分割了他们的田地，甚至扬言要杀掉子产。仅过了三年，大家尝到改革的甜头，渐渐开始称颂子产的功绩："我们有孩子，子产替我们教育；我们有田地，子产替我们开发；如果他死了，谁来接替他的工作呢？"

子产还主持了"作丘赋"和"铸刑书"。"作丘赋"是指将军赋由国人扩大到野人。野人从前不用打仗，这样一来，野人也成为国人，可以参与作战。"铸刑书"是中国最早公布成文法律的记录。成文法公布后，从此，国君要直接统治百姓了。

　　子产也善于用人。在制定外交政策时，子产先从熟悉各国情况的子羽那里了解整体局势，并与善于谋划的裨谌商量；接着，他请办事果断的冯简子做决断，又让善于外交的子太叔落实政策，这样一来，郑国在对外决策中很少出现失误。

子产的仁爱

　　子产从政还有一个非常有名的事件——不毁乡校。乡校是郑国设在乡里的教育机构，慢慢形成了议论朝政的舆论中心。大夫然明认为，这样会损害国家和执政的威信，建议毁掉乡校；子产却认为要善于听取国人的意见，做得好的可以继续实行，做得不好的可以借机改正。子产坚信防民之口甚于防川，所以决定不毁乡校。

前529年，晋昭公大会诸侯，子产认为郑国贡赋过重，据理力争。子产能言善辩，从中午一直论战到晚上，晋国人终于放弃说服子产，子产又一次维护了郑国的利益。归国途中，子产得知子皮去世，虽然子产成为真正的国相，但他从不贪恋权力，听说共事多年的子皮离世的消息，有情有义的子产不禁潸然泪下。

子产还提出了一个有名的理论"天道远，人道迩（ěr）"。前525年，出现了异常的天象，裨灶预言会有大火，请求祭祀火星，子产不同意。第二年，郑国果然发生了火灾，裨灶又请求祭祀，子产的回答是天道是远的，人道才是近的，之后，郑国再没有发生过火灾。

前522年，子产生病了，苦口婆心地叮嘱副手子太叔：“我死之后，你就是执政。只有有德行的人才能以宽容的政策让百姓服从，否则只能以严厉的策略治理百姓。就好像火势猛烈令人害怕，所以很少有人死于火；而水就相对温柔，所以更容易被人轻视，反而有很多人溺水而亡。因此，实行宽容的政策是非常不容易的啊！”几个月后，子产去世。起初子太叔不忍心严厉执法，结果，盗贼越来越多。他这才想起子产的嘱托，开始发兵攻打盗贼，从此，郑国的治安才渐渐好转。

孔子也曾评价过子产的政绩，大意是说：“好啊！如果执政者施行宽容的政策，百姓容易不重视，一旦怠慢了就要用相对严厉的手段去纠正。可是，执政者的手段变得严厉了百姓又会受到伤害，这种情况就要再实施宽容的政策。所以，宽容的政策和严厉的政策要刚柔相济，这样政事才能调和吧！”可见，孔子对子产宽猛相济的执政手段非常认可，符合孔子主张的“一张一弛，文武之道”的思想。

后来，孔子听说子产去世，流着泪说："子产真是古之遗爱！"子产的仁爱，是古人流传下来的遗风。

触摸历史

■ [成语]

· **侨札之分**

出自《三国志·鲁肃传》，说的是鲁肃与周瑜年轻时互相交好，定侨札之分。侨、札指的就是春秋时期的子产与季札，后比喻朋友之交，又作"侨札之好"。

· **宽猛相济**

出自《左传》，说的是子产去世前遗嘱子太叔为政之道，孔子评论子产的策略是"宽以济猛，猛以济宽，政是以和"。

· **古之遗爱**

出自《左传》，说的是子产去世后，孔子评价他为"古之遗爱"，后来多用来赞扬继承与发扬古人为政仁爱遗风的大臣，诸葛亮也曾得此评价。

原典

子产者，郑之列大夫也[1]。郑昭君之时[2]，以所爱徐挚为相[3]，国乱，上下不亲，父子不和。大宫子期言之君[4]，以子产为相。为相一年，竖子不戏狎[5]，斑白不提挈[6]，僮子不犁畔[7]。二年，市不豫贾[8]。三年，门不夜关，道不拾遗。四年，田器不归[9]。五年，士无尺籍[10]，丧期不令而治[11]。

——《史记·循吏列传》

注释：

1. 列：众，诸。

2. 郑昭君：春秋时期有郑昭公，在位时间为前696年—前695年，并非子产同时代的人物，可见《史记·循吏列传》之讹误。

3. 徐挚：郑人，事迹不详，恐为虚构。

4. 大宫子期：郑人，事迹不详，恐为虚构。

5. 竖子：小孩子。狎（xiá）：亲昵而不庄重。

6. 斑白：头发花白的老年人。挈（qiè）：举起，提起。

7. 僮子：童仆。畔：田畔。

8. 豫：欺诈。贾（jià）：价，价格。

9. 田器：农具。

10. 尺籍：古代军籍写在一尺长的竹简上，故称尺籍。

11. 治：安定。

大意

子产是郑国的一位大夫。郑昭公在位时，任用了他所宠爱的徐挚为相，结果导致国家大乱，贵族和百姓不亲近，父子不和睦。大宫子期建议国君任用子产为相。子产担任相邦一年，狂徒小子不敢再狂妄作恶，头发斑白的老人不用自己提东西，童仆也不用再去犁地了。两年之后，市场上再没有人虚报价格。三年之后，郑国的家家户户可以夜不闭户，即使国人在路上丢了东西也没人捡走。四年之后，农民干活儿的农具都可以留在田里不带回家。五年之后，士人不用再服兵役，国丧期间，朝廷不用下达政令百姓也秩序井然。

德艺双馨的模范：
晏婴的故事

《史记·管晏列传》
《左传》
《晏子春秋》
《说苑》

晏婴（？—前500），春秋时期齐国名相，本为莱国夷维（今山东高密）人，字仲，谥平，又名晏子、晏平仲。晏婴历经齐灵公、齐庄公、齐景公三代，为人忠直谨慎，为相期间仍节俭持家，并能选贤举能，多次劝谏国君。他既不趋炎附势，又能明哲保身。孔子以晏婴为师，太史公对晏婴的评价也很高，说如果晏婴还活着，自己甘愿为他执鞭效劳。

晏婴小史

晏婴的父亲是晏桓子晏弱，本为莱国夷维人，任齐灵公大夫。前567年，晏弱一举攻灭故乡莱国，立下大功。

前556年，晏弱去世，晏婴穿着粗布丧服，头上和腰间系着麻布带，手执竹杖，脚穿草鞋，喝着稀粥，住在草棚里为父亲服丧。其实，大夫的子孙不需要如此尽孝，但为了表达对父亲养育之恩的感激之情，晏婴仍然这样做了。

当时，齐灵公一心想让齐国与晋国争霸，两国的关系非常紧张。前555年，晋国中军将士匄（gài）率领诸侯攻打齐国。齐灵公想要凭借防门守卫，大臣夙沙卫劝他不如守卫险要之处，齐灵公不听。他派大夫析归父去晋军营中打探情况，士匄欺骗析归父说鲁、莒二国已经各准备战车千乘来夹击齐国了，齐灵公得知这个消息后大惊失色。晏婴做出了这样的判断：国君本来就胆子小，如今又听说了这样的消息，恐怕齐国不能长久了！果然，平阴之战中齐国大败，诸侯联军一路攻至国都临淄。

第二年，齐灵公病逝，他的儿子齐庄公即位。与父亲齐灵公一样，齐庄公也积极与晋国争霸。前548年，齐庄公与大夫崔杼的妻子棠姜私通。崔杼本来就反对伐晋，趁机杀死了齐庄公。晏婴听说后立即来到了崔杼家。有人对晏婴的行为十分不解，问他："你这是要去送死吗？"晏婴反问道："难道齐庄公是我一个人的国君吗？"那人又问："那你是要逃走吗？"晏婴接着反问："难道这是我的罪过吗？"那人继续问道："那你还会回去吗？"晏婴紧接着反问："我能回到哪里去呢？"

在晏婴看来，齐庄公并非为国家而死，而是为一己私情而死。所以，他认为自己不需要为齐庄公的行为负责。于是，他走进崔杼家的大门，枕在齐庄公的尸体上哭了一阵子，就站起来走了。有人劝崔杼杀掉晏婴，可崔杼知道晏婴名望很高，并且包括晏婴在内的不少大臣和他一样都反对伐晋，只是齐庄公一意孤行，因此，崔杼没有轻举妄动。

之后，崔杼立齐庄公的弟弟景公为国君，自己担任右相，庆封担任左相。《史记·齐太公世家》中记载，崔杼、庆封威逼国人盟誓，称如果有人不参加崔庆联盟就要被杀死。晏婴坚决不跟从他们，说自己只跟从忠于国君、利于社稷的人。庆封本想杀死晏婴，却被崔杼拦了下来。崔杼认为晏婴是忠臣，应该把他放了。

后来，庆封利用阴谋诡计攻灭崔氏，崔杼自尽，庆封独自执政。庆封与大夫公孙灶、公孙虿（chài）不合，想拉拢晏婴铲除他们，晏婴果断拒绝了庆封。没想到，庆氏反而被公孙灶、公孙虿联合陈氏、鲍氏击灭，于是，大夫们要把庆氏的六十邑奖赏给晏婴。晏婴仍然坚决不受，他认为过多的名利会让人变得贪婪，过度的欲望会加速一个人、一个国家的灭亡。

晏婴选择听从季札的建议，把自己的封地和权力全部交了出去，他准确地预测到未来齐国的政权将归于陈氏。不过，他只能保护自己，却无法挽回齐国公室的江河日下。果然，公孙灶、公孙虿去世后，他们的儿子栾施、高强就被陈氏、鲍氏击败，逃出了齐国。

　　随着齐景公渐渐成长起来，齐国的政局开始日趋安稳。虽然当时齐国上卿仍然是国、高二氏，但齐景公偏爱博学多才又无欲无求的晏婴，所以，晏婴再次参与了执政。

　　晏婴曾劝谏齐灵公、齐庄公，此时同样劝谏齐景公。据说，齐景公曾病了一年多仍然没有痊愈，宠臣梁丘据认为这是祭祀官员的过错，要杀掉他们。晏婴在一旁平静地说："如果是有德之君，神灵自然会护佑；如果是无德之君，让祭祀的官员欺骗了神灵，神灵一定会降下灾祸！"齐景公急切地问道："那该怎么办呢？"晏婴答道："不能把山林水泽都收归国家，要和百姓共享；不能过多收取苛捐杂税；不能纵容贵族强买强卖；不能政令无常；不能大兴土木；不能让宠臣横行霸道；不能自私自利，滥设刑罚！"齐景公听从了晏婴的劝告。

前500年，晏婴辞世，齐景公悲痛不已。

勤俭的外交能臣

晏婴与管仲一样，因为是齐国相邦，所以，在战国诸子的传说中，关于他的事迹特别丰富。有托名管仲的著作《管子》，也有托名晏婴的著作《晏子春秋》①。《晏子春秋》主要记录了晏婴劝诫齐景公要勤政，不要贪图享乐，还提醒他要爱护百姓、任用贤能、虚心纳谏。

与《管子》一样，这些故事未必都反映了历史事实，但足够看出晏婴这个人的性格与为政特点。

《晏子春秋》中有一个经典故事叫作"二桃杀三士"，说的是齐景公手下有公孙接、田开疆、古冶子三位勇士，他们能够赤手搏虎，以英勇善战闻名天下。有一次，晏婴谨慎地迈着小步从他们身边经过，

①今本《晏子春秋》共有二百五十章，其中五分之一的内容都是晏婴劝谏的故事。

他们却不站起身来，非常失礼。晏婴入朝见齐景公，认为他们祸国殃民，最好尽快除去。晏婴想了个办法，让齐景公赏赐给他们两个桃子，让三人按照功劳大小分着吃。

公孙接说自己打败了野猪和猛虎，就先拿了一个桃子；田开疆说自己两次击败敌军，就拿了剩下的那个桃子；古冶子说自己斩杀了大鳖，为什么不能吃桃子呢？公孙接、田开疆二人意识到自己的功劳不如古冶子，却恬不知耻地抢着要吃桃子。于是，两人羞愧地交出桃子后，双双自尽而亡。古冶子认为两位勇士都死了，只有自己还活着，这是不仁；他反省自己用话语羞辱他人，抬高自己，这是不义；他明知道自己吃一个桃子，另外两位一起吃一个桃子是合适的分配，却没有说出来，他不敢对自己错误的言行赴死，这是不勇。想着想着，古冶子越来越羞愧，于是，也自尽了。就这样，晏婴不费吹灰之力，成功地除去了这三位勇士。

后来，晏婴的职位虽然升高了，却仍然注重勤俭节约。齐景公想为他置换新房子，晏婴不肯接受。《说苑》中说晏婴上朝都是乘着破车、驾着驽马。《礼记》说他一件狐裘足足穿了三十年。《史记·管晏列传》也说他以节俭力行闻名齐国，虽然担任齐国相邦，但吃一顿饭从来不用两种肉，连妻妾都不穿丝帛衣。

除了勤俭，晏婴还礼贤下士，重用贤才。《史记·管晏列传》中有这样的记叙，越石父为人贤能，却被囚禁在狱中，晏婴解救他出来，带他回家。回去之后，晏婴独自走进了内室，并没有与越石父告别。越石父就请求与晏婴绝交，晏婴非常吃惊，连忙整理好衣冠道歉后，不解地问道："你为什么要和我绝交？"越石父回答："我听说君子在不了解自己的人那里会受委屈，而在了解自己的人那里会得到尊重。我在牢狱中时，那些人并不了解我，可是，你因为了解我才将我带出来，就是我的知己；既然是我的知己，却对我如此无礼，那我还不如继续待在狱中度日呢！"晏子听到这番话后，为自己的失礼深感惭愧，特意谦卑地请越石父来内室，将他奉为贵宾。

除了内政之外，晏婴也擅长外交。《说苑》里记录了一篇很有名的散文，我想你已经猜到了，就是"晏子使楚"的故事。晏婴出使楚国，因为个子矮，楚国人为羞辱他，在大门之侧开小门。晏婴不肯从小门进，他告诉使者去狗国才从狗门进入，今天他出使的是楚国，不应该走这个门。短短几句话，就让原本想让他出丑的楚国人哑口无言，晏婴风风光光地从大门踏进了楚国。

见到楚王后，楚王故意羞辱齐国没人才，派晏婴这样其貌不扬的人来，晏婴迅速地反击道："齐国向来派贤能的人出使有贤主的国家，派无德无才的人出使没有贤主的国家，我既无德又无才，所以被派到这里来了！"

接着，楚王招待晏婴喝酒，喝着喝着，楚国的两个官员绑来一个盗贼，说是齐国人。楚王看着晏婴说："齐国人都这么爱偷盗吗？"晏婴不急不缓地说："我听说，橘子生淮南就是橘子，长在淮北可就是枳子了。虽然它们的叶子长得很像，味道却大不相同，那是因为生长的环境不同。百姓在齐国没有偷窃的毛病，反而在楚国成了盗贼，这难道不是楚国的环境纵容人善于盗窃吗？"楚王哈哈大笑："是我自讨没趣了！"晏婴用强有力的三次回击捍卫了自己和齐国的尊严，可见他机智果敢，巧言善辩。

《史记·仲尼弟子列传》中说孔子在齐国以晏婴为师，可以想见晏婴是一位集智慧、贤能、勇敢、勤俭等品质为一身的能臣。

触摸历史

■ ［成语］

· 节俭力行

　　出自《史记·管晏列传》，说的是晏婴虽然担任齐国相邦，却以勤俭节约闻名齐国。后用来夸赞一个人生活节俭又肯身体力行。

■ ［文物］

· 汉画像石《二桃杀三士》

　　记录二桃杀三士的汉画像石，现部分藏于山东省石刻艺术博物馆。

原典

越石父请绝[1]。晏子懼然[2]，摄衣冠谢曰[3]："婴虽不仁，免子于厄[4]，何子求绝之速也？"石父曰："不然。吾闻君子诎于不知己而信于知己者[5]。方吾在缧绁中[6]，彼不知我也。夫子既已感寤而赎我[7]，是知己；知己而无礼，固不如在缧绁之中[8]。"晏子于是延入为上客[9]。

——《史记·管晏列传》

注释：

1.越石父：齐人，本为囚犯，被晏子解救。绝：断绝，此处指绝交。

2.懼（jué）然：惊讶的样子。

3.摄：拿、取，此处为整理衣冠之义。谢：道歉。

4.厄：困苦，灾难。

5.诎（qū）：屈，屈服。

6.缧绁（léi xiè）：拘禁犯人用的绳子，此处指囚禁，监狱。

7.寤：悟，理解，明白。

8.固：确实。

9.延：延请。上客：贵宾。

大意

越石父请求与晏婴绝交。晏婴大吃一惊，赶紧整理自己的衣冠道歉道："晏婴虽然不够仁德，但使您从困境中脱身，为什么您这么快就要和我绝交呢？"越石父说："不是这样的。我听说君子在不了解自己的人面前受委屈，而在了解自己的人面前受尊敬。当我被囚禁的时候，那些人是不了解我的。夫子你既然已经有所感悟并且把我赎了出来，就是了解我的；既然你了解我却不以礼相待，我还不如被囚禁呢。"于是，晏子请越石父进去，并将他尊奉为贵宾。

太史公偏爱的人物：伍子胥的故事

《史记·伍子胥列传》
《左传》
《韩非子》
《吴越春秋》

伍子胥（？—前484），名员，字子胥，楚国人，因父亲、兄长被杀害而投奔吴国。吴王阖闾任用伍子胥为相邦，命他主持修建姑苏城，并练兵谋划伐楚，辅佐阖闾称霸。吴王夫差即位后，伍子胥和夫差在对待越国问题上产生了许多冲突，但伍子胥不愿意离开吴国，最后被夫差赐死。

　　伍子胥的复仇行为多有争议，却得到了太史公的高度认可，他认为伍子胥"弃小义，雪大耻，名垂于后世"。

"逃亡者"之歌

　　伍子胥是楚国人，他的曾祖父是楚庄王的宠臣伍参，祖父是楚灵王的宠臣伍举，父亲是连尹（楚国官名）伍奢，兄长是伍尚。可以说，伍家世代都是楚国的忠臣良将。

　　楚平王担任蔡公[1]时，与蔡姬私通，生下太子建。楚平王即位后，派伍奢做太子太傅，费无极做少师[2]。费无极因品质恶劣不受太子建的宠信，于是，费无极决定通过诬陷太子来获取楚平王的信任。

　　费无极提议楚平王为太子娶妻，楚平王听从了他的建议，派费无极去迎娶秦国的公主。狡诈的费无极极力称赞秦国公主的美貌，怂恿楚平王自己娶

---

[1]楚灵王时曾率军灭陈、蔡二国，楚平王担任战败国所在地的首脑，因号"陈公""蔡公"。
[2]太傅、少师都是古代辅佐太子的官职名，太傅的官级高于少师。

155

下这位公主。楚平王本是好色之徒，果然笑纳了这位未过门的儿媳妇，还和她生下了儿子珍，就是后来的楚昭王。

费无极通过诡计成为楚平王的亲信，但他又怕楚平王去世后，太子建即位会对自己不利，于是，他劝楚平王与其艰难地与晋国争夺中原，不如扩大北方城父的城墙，并安排太子建驻守在那里。楚平王自知抢了儿媳妇，觉得太子建在身边既别扭又危险，就欣然同意了。

太了建被外派后，费无极更加肆无忌惮地诋毁太子。他谎称太子因为妻子被抢，一直有怨恨情绪，因此，自从防守城父后，一直与伍奢计划谋反。楚平王召回伍奢问话，费无极又在旁边煽风点火。

楚平王大怒，拘捕了伍奢，并派城父司马（官职名）奋扬诛杀太子。奋扬是位良臣，提前告知太子建，太子建赶忙逃到宋国去了。楚平王念在奋扬忠心耿耿，没有处理他；但费无极不肯放过伍奢和他的儿子，担心他们逃到吴国会成为楚国的心腹大患，于是想以赦免伍奢为借口，骗他们回到楚国，然后一网打尽。

赦免伍奢的消息很快传到棠邑，这种伎俩自然瞒不过伍尚兄弟。哥哥伍尚非常有气节，他决定回去和父亲一同赴死，让才智过人的弟弟活下去日后为他们复仇。回到楚国后，楚平王就把伍奢、伍尚父子处死了。从此，伍子胥开始了他的逃亡生活。

根据《史记·伍子胥列传》，使者要逮捕伍子胥，见伍子胥挽弓搭箭不敢向前，伍子胥就趁机跑掉了。

伍子胥听说太子建在宋国，一路追随，可碰到宋国内乱，两人就一起去了郑国。

郑定公和执政子产对他们比较友善。有一次，太子建出使晋国，晋顷公借机引诱太子建作为内应，想里应外合消灭郑国，如果这次行动成功了，晋顷公就许诺把郑国封给太子建。没想到，这件事被泄露，传到了子产的耳朵里。子产拘捕并处死了太子建，伍子胥只好带着太子建的儿子胜一起出逃，到达楚国的昭关。守关的将士要捉拿他们，于是，伍子胥与胜分头逃跑。

逃到长江边时，一位渔翁帮伍子胥摆渡过江。伍子胥过江后，本想把价值千金的随身宝剑赠给渔翁作为答谢，渔翁却说："按照楚国的法律，抓住您可以得到赏粮五万石，还可以得到执圭的爵位，区区千金不足挂齿。"好心的渔翁并没有接受伍子胥的宝剑。

之后，伍子胥继续赶路，途中生过大病，还曾靠乞讨过活。历经千难万险，他终于到达吴国都城，

通过公子光的引荐见到了吴王僚，后来胜也与伍子
胥会合了。

《史记》中关于伍子胥流亡的故事描绘得非常生
动，仿佛一曲"逃亡者"之歌。

伍子胥复仇

在吴国的岁月里，伍子胥渐渐看出公子光志向
远大，就向他推荐刺客专诸杀死了吴王僚，公子光
因而成为吴王阖闾。吴王阖闾知道伍子胥有经天纬
地之才，于是任命他为行人，官职相当于宰相，与
国君共同商讨国家大事。伍子胥对内主持修建吴都
姑苏，对外提出疲楚战略。他还组织了三支军队轮
番侵扰楚军，让楚军在路上疲于奔命，等他们疲惫
不堪之后，再命令自己的军队合力进攻楚军。

前506年，吴王阖闾和伍子胥一起攻克了楚国的郢都，楚昭王仓皇出逃。当初，伍子胥在楚国有个好友名叫申包胥，伍子胥逃跑前对申包胥说："我一定要让楚国灭亡！"申包胥却说："您加油吧！您要是能灭亡楚国，我就一定能复兴楚国！"

　　《史记·伍子胥列传》中说，吴军进入郢都时，伍子胥没有见到楚昭王，就挖开楚平王的坟墓，拖出他的尸体，足足鞭打了三百下才停手。申包胥此时已逃往山中，听到此事非常愤怒，于是派人告诉伍子胥，他认为伍子胥原本是侍奉过楚平王的臣子，现在却以极度伤天害理的行为侮辱他的尸体，这样的做法实在太过分了！伍子胥却异常平静地让使者传话给申包胥，他的处境好比日暮途远，如果再不复仇可能就没有机会了，这样做违背常理的事也是被逼无奈，曾经的流亡生涯是常人没有经历过的，他是不得已而为之。

　　不过，《史记》中记录的有关伍子胥鞭尸报仇的故事虽然广为流传，其实并不可靠。

　　《左传》中并没有有关伍子胥鞭尸的情节。《吕
氏春秋》和《穀梁传》中虽然记录了类似的情景，
但只是说伍子胥鞭打了楚平王的坟墓。最不合理的
记录当数《吴越春秋》，居然说伍子胥用左脚踩住
了楚平王的肚子，右手还抠出了他的眼睛。实际上，
楚平王辞世已经有十年之久了，而且伍子胥家的祖
坟也在楚国，难道他不怕楚国人以同样的方式报复

吗？不过，这种刚烈又富有血性的故事是最吸引太史公眼球的。

之后，吴王阖闾去世，夫差即位。在夫椒之战中，夫差打败越军，并将越王勾践围困在会稽山。伍子胥一直劝谏夫差不要放过勾践，夫差却听信太宰嚭（pǐ）的谗言，一再纵容勾践。当然，夫差之所以这样做是因为他想称霸，认为征服越国就可以无后顾之忧地去进攻中原的齐国和晋国了。

《史记·伍子胥列传》中记录伍子胥反对夫差伐齐，结果夫差在艾陵之战大败齐国，继而越来越疏远伍子胥。四年后[1]，吴国再次北上攻打齐国，伍子胥试图再度劝谏夫差。果不其然，夫差仍然不听劝告，还派他出使齐国。

伍子胥意识到吴国的末日将近，不想让自己的儿子与吴国一同毁灭，于是在临行前把儿子托付给了齐国的鲍牧，然后返回吴国向夫差报告。

---

①此处的时间点明显有误，《左传》中说这件事发生在艾陵之战当年，而非四年后。

《史记·伍子胥列传》接着说，太宰嚭趁机在夫差面前诋毁伍子胥为人阴险狠毒，屡次劝谏是为了阻止夫差称霸大业，自己在吴国不如意，就想依靠其他国家的诸侯，还将儿子托付给了齐国的鲍氏，建议夫差一定要尽快想办法处置伍子胥。没想到，夫差恶狠狠地说："即使没有你这番话，我也开始怀疑他了！"

　　夫差把属镂宝剑赐给伍子胥，让他自我了断。临死，伍子胥告诉部下在自己的坟墓上种植梓树，因为梓树成材后能做棺材。他认为吴国快要灭亡了，这就是骄傲自满的恶果。

　　关于伍子胥赴死的情节，《史记·伍子胥列传》中的记录同样十分丰富。伍子胥仰天长叹："小人伯嚭兴风作浪，大王反过来杀我。当年我辅佐您的父王称霸，还帮您夺得太子之位。您当时答应与我共同治理吴国，我没期望您会报答我，但您居然听信小人的胡言乱语，置我于死地！"

　　然后，伍子胥告诉门客一定要把他的眼珠挖出来悬挂在都城东门，他要亲眼看着越国人是怎样灭亡吴国的！夫差听到伍子胥的话大怒，把伍子胥的尸体装在皮革袋里，让它漂浮在江中。吴国人同情伍子胥的悲惨遭遇，特意在江边修筑祠堂，这里后来被称作"胥山"。

《吴越春秋》同样对伍子胥之死的情节进行了编派，说伍子胥把头割下来挂在了都城南门。后来，勾践入侵吴国，在数里之外就看到了这颗头颅，这头颅目如闪电，须发散开，光照十几里。当夜天气突变，暴风骤雨中夹杂着飞沙走石，越军溃败。范蠡、文种纷纷向头颅磕头，请求借路。伍子胥托梦给他们说虽然吴国的气数已尽，但自己不忍心见到吴国就这样走向灭亡，所以建议越军改道东门。勾践后来才顺利灭亡吴国，伍子胥化为了潮神。

伍子胥是太史公非常喜爱的一个人物。在太史公看来，国君不能与臣子结怨，更不能污蔑和自己地位相同的人。如果当年伍子胥追随父亲一起赴死，那么，他的生命就和蝼蚁一样，一点价值都没有了。

伍子胥没有这样，即使在最困窘的时候，他都坚持着复仇的信念，忍辱负重，凭借着这份刚烈和血性他才得以名垂青史。更耐人寻味的是，太史公说的伍子胥其实也是隐喻他自己。

■ ［成语］

· **日暮途远，倒行逆施**

　　出自《史记·伍子胥列传》，申包胥劝告伍子胥的报复行为不要太过分，伍子胥说自己不得不这样做，就好比天快黑了却还有很远的路要走，只能违背常理做事了。现用来比喻处境困难。

■ ［遗迹］

· **胥王园**

　　在江苏省苏州市吴中区胥口镇，附近有胥江、胥山。胥王园内有伍子胥墓、胥王庙等景点。

原典

　　既不得，乃掘楚平王墓，出其尸，鞭之三百，然后已[1]。申包胥亡于山中，使人谓子胥曰："子之报仇，其以甚乎！吾闻之，人众者胜天，天定亦能破人。今子故平王之臣，亲北面而事之，今至于僇死人[2]，此岂其无天道之极乎！"伍子胥曰："为我谢申包胥曰，吾日莫途远[3]，吾故倒行而逆施之。"

——《史记·伍子胥列传》

注释：

　　1.已：停止。

　　2.僇（lù）：侮辱，惩罚。

　　3.莫：通"暮"，晚上。

大意

　　伍子胥没有找到楚昭王，就挖开楚平王的坟墓，拖出他的尸体，鞭打了三百下后才停止。申包胥逃到山里，派人对伍子胥说："你这样的报仇方式，太过分了！我听说，人多可以胜天，天也能毁灭人。你原是楚平王的臣子，曾亲自称臣侍奉过他，如今却走到了侮辱死人的地步，这难道不是伤天害理到了极点吗？"伍子胥说："你替我向申包胥道歉吧，我的处境好比太阳落山，天快黑了却还有好多路要走，所以，只能倒行逆施，做违背常理的事。"

百世兵家之师：孙武的故事

《史记·孙子吴起列传》

《左传》

银雀山汉简《孙子兵法》

《史记·孙子吴起列传》写的是春秋战国时期三位知名军事家孙武、孙膑和吴起的故事，本篇的主角是孙武。

　　孙武，齐国人，《孙子兵法》的作者，被后世称为"兵圣"。他曾被吴王阖闾任用为将军，之后，吴国能够西入郢都，北威齐晋，扬名诸侯，孙武功不可没。不过，在《史记》之前基本没有关于孙武其人其事的记录，《史记》的相关记录也很简略。但《孙子兵法》的确是中国古代第一部系统且完备的军事战略理论著作。

"三令五申"的故事

　　《史记·孙子吴起列传》是关于兵圣孙武的第一篇传记。

　　据说孙武是齐国人，因为精通兵法，受到了吴王阖闾的接见。阖闾问孙武："你可以根据你写的十三篇兵书里的内容指挥小规模的军队给我看吗？"孙武自信地回答说："当然可以！"

　　阖闾又问："可以让女子先来训练吗？"阖闾认为假如深居后宫的女子都能被训练得很好，身强力壮的男子更不在话下。孙武回答说："可以。"阖闾想看看孙武练兵的实操水平如何，于是叫了一百八十名妃子、宫女出来。孙武把她们分为两队，由阖闾的两位宠姬担任队长，并让每个宫女手里拿着一支戟。

　　然后，孙武向她们解释了"向左""向右""向前""向后"等一系列号令，宫女们听后纷纷回答说：

"遵命！"

孙武号令宣布完毕，就陈列好斧钺等刑具，然后又把宣布好的命令不断重复交代清楚。随后，孙武击鼓发令，让她们"向右"。她们不以为意，哈哈大笑起来。孙武严厉地说："士兵们还没有弄清军队的纪律，不熟悉号令，这是将领的过错。"于是又耐

心地多次向宫女们交代命令。

孙武又击鼓发令，让她们"向左"。她们还是在哈哈大笑。孙武眉毛一扬，呵斥道："士兵们弄不清楚军队的纪律，不熟悉号令，那是将领我的过错；既然将领已经讲得清清楚楚，士兵们还是没有按照号令行事，那就是你们军官的错了！"孙武下令斩杀左、右两位队长，也就是队伍里阖闾的两名宠妃。

阖闾大吃一惊，连忙派使者传达命令说他已经知道孙武将军善于用兵了，如果没有了这两位爱姬，他连饭都吃不好，希望孙武手下留情，不要杀死她们。孙武却义正词严地说："臣既然已经受命为将军，那么，在军中的将军即使是君王的命令也可以不完全照办。"孙武当众斩杀了两位队长。

随即，孙武重新任命了两位队长，再击鼓发令，这次，她们不论是向左、向右、向前、向后还是跪倒、起立都老老实实地遵守纪律、服从号令，没有人再敢出声。孙武派使臣向阖闾报告："队伍已经操练整齐，大王可以下台检阅，任凭大王怎样发号施

令都会服从，就是让她们赴汤蹈火她们也能办到！"

　　吴王阖闾因为两位宠妃被杀，心情低落，就说他要休息，不去检阅军队了。孙武长叹一声，说道："原来大王只是要欣赏臣的军事理论，而不能让臣将理论付诸实践啊！"阖闾虽然不高兴，但确实钦佩孙武的军事才能，最终还是任命他为将军。此后，吴国西入强楚，北威齐晋，名震诸侯，孙武功不可没。

《孙子兵法》与《孙膑兵法》

　　《史记·孙子吴起列传》中有关孙武的故事到此就结束了，实际上，主要讲的就是孙武"三令五申"练兵这一件事。《史记》其他篇章，比如《吴太伯世家》《伍子胥列传》也提到过孙武的军事策略，但只是提及，具体的故事并不多。

与孙武这个人物关系最密切的就是军事战略理论著作——《孙子兵法》。相传商周时期还讲究军礼，可从春秋初年开始，郑庄公、鲁庄公等开始频频使用诈术来取得战争的胜利。到了春秋末年（不少学者认为，《孙子兵法》的主体内容成书于战国时期），孙武把这些经验整合起来，并使之系统化和理论化，于是就有了《孙子兵法》。《史记·孙子吴起列传》中说孙武整理的兵法共有十三篇，今天传世本《孙子兵法》正好也是十三篇。

　　《孙子兵法》中蕴含了丰富的军事策略和优秀思想。比如，在第一篇《始计篇》开篇就说："兵者，诡道也。"寥寥数语，点明用兵之道的精髓在一个"诡"字；《谋攻篇》中提出"知己知彼，百战不殆"的经典战略思想，意思是作战前提前了解对方的情况，才是战胜敌人的关键；《虚实篇》中的"善战者致人而不致于人"强调想要战无不胜，应该尽量争取战场上的主动权，才能一举攻克敌人；《势篇》提出"以正合，以奇胜"，是说作战时要正术和奇术相配合;《形篇》中具体描述了作战策略:"善守者藏于九地之下,善攻者动于九天之上。"是在说明军队防守时要隐蔽,进攻时要迅猛;《军争篇》中的"兵以诈立,以利动,以分合为变者也",是说无论军队的兵力是分散进攻还是集中合击都要灵活应对……

战国时期虽然陆续出现了《孙膑兵法》《吴子》《六韬》《司马法》《尉缭子》这些军事著作,但它们

更加注重战术，影响力都不能与《孙子兵法》相提并论。

1972年在山东临沂银雀山汉墓出土了《孙子兵法》和《孙膑兵法》。不过，当时出土文献没有区分它们，而是统一为《孙子》若干篇。考古工作者从中找到了《孙子兵法》十三篇，确认这十三篇为《孙子兵法》；其他主角明显是战国人的，学者们将它们定为《孙膑兵法》；还有一些没有主角的，按照不同风格分别被归入《孙子兵法》与《孙膑兵法》。

《吴问》《四变》《黄帝伐赤帝》《地形二》《见吴王》等篇章就是十三篇之外的《孙子兵法》。其中，《见吴王》与《史记·孙子吴起列传》中有关孙武传记的内容大同小异，只不过情节更加曲折。

孙武与吴王阖闾见面之后，首先讨论关于战争的看法。孙武针对阖闾自称"好兵"，反驳道："兵，利也，非好也，非戏也。"之后，阖闾才提出让孙武练兵，孙武认为练兵的对象可以从平民、贵族、妇女中挑选，阖闾选择了妇女。孙武请求更换，但阖闾坚持让妇女当训练对象。等到孙武杀了二妃，阖闾大怒，很多天不见孙武，最后才因他非凡的军事才能转变了对待孙武的态度。可以看到，这里的叙述比《史记·孙子吴起列传》中的情节更加合理。

除了《见吴王》外，《吴问》也值得一提。

《吴问》记录的是吴王阖闾与孙武关于晋国形势的讨论。这场讨论没有具体的时代背景，大概是在吴军入郢之后，阖闾开始留意北方。晋国当时掌权的是智、赵、中行、韩、魏、范六大家族，他们的族长分别担任晋国的六位执政官。阖闾问孙武："如今六大家族瓜分了晋国的土地，他们谁先会灭亡？谁能成为强盛的赢家？"孙武回答："在这六大家族中，范氏和中行氏应该会最早灭亡。"阖闾又问："然后是谁呢？"孙武答道："然后应该是智氏，再后面是韩氏、魏氏，晋国最后会归于赵氏吧！"阖闾接着问："为什么这样说呢？"孙武分析道："因为在这六大家族之中，范氏、中行氏的亩制最小，他们的一亩地只有一百六十步。这样百姓得到的土地少，官员们得到的土地多，自然会导致民不聊生，因此会最先灭亡；至于智氏，他们的一亩地有一百八十步，韩氏、魏氏的却有两百步，情况稍微好一些，也灭亡得相对慢一些；只有赵氏的一亩地是二百四十步，虽然他们的亩制最大，却没有收更多的税，百姓富足、安居乐业，因此，我认为晋国最终会归于赵氏！"

当然，历史的真相是晋国最终被韩、赵、魏三家瓜分。所以这篇文章可能作于智氏灭亡到三家分晋之间，也就是前453年至前403年这段时间。写作者只知道智氏灭亡，但不知道三家分晋，才有了这样的说法。尽管这里的记录并不符合史实，但它从另一个角度揭示了晋国的田税制度，也可以补充史料的不足。

触摸历史

■ [成语]

· 三令五申

出自《史记·孙子吴起列传》，孙武为吴王阖闾练兵，用吴王后宫的妃子、宫女们进行操练，作为将领的孙武再三强调军队的纪律，屡次告诫她们服从号令。

· 知己知彼，百战不殆

出自《孙子兵法·谋攻》，孙武认为作战前只有把敌方的情况了解得十分透彻，打起仗来才能立于不败之地。

■ [文物]

· 银雀山汉简《孙子兵法》

1972年出土于山东省临沂市的银雀山汉简，包括了传世本《孙子兵法》十三篇内容，并有不见于十三篇的五篇佚篇。

■ [遗迹]

· 穹隆山

在江苏省苏州市吴中区，穹窿山据说是孙武隐居撰写《孙子兵法》之地，山麓建有孙武文化园。

原典

孙子曰："约束不明[1]，申令不熟[2]，将之罪也；既已明而不如法者，吏士之罪也[3]。"乃欲斩左右队长。吴王从台上观，见且斩爱姬，大骇。趣使使下令曰[4]："寡人已知将军能用兵矣。寡人非此二姬，食不甘味，愿勿斩也。"孙子曰："臣既已受命为将，将在军，君命有所不受。"遂斩队长二人以徇[5]。

——《史记·孙子吴起列传》

注释：

1.约束：规章，法令。

2.申令：下达命令。

3. 吏士：队长，上孙寨汉简称队长为"士吏"，汉代以一百人为一队，此处以九十人为一队。

4. 趣（cù）：促，急忙。

5. 徇（xùn）：示众。

大意

孙武说："纪律不严明，号令不熟悉，这是将军的过错；既然号令已经讲得很明白了，但她们不按照法令去做，这是军官和士兵的过错。"于是，孙武要斩杀左右两队的队长。吴王在台上观看，看到孙武要处死自己的宠姬，非常惊骇，连忙派使者传令道："寡人已经知道将军擅长用兵了。寡人如果没有这两位爱姬，就会食不知味，希望你不要斩杀她们。"孙武说："臣既然已经受命为将领，将领在军中，国君的命令有的可以不用听从。"于是，孙武斩杀了两个队长来示众。

平民富豪的传奇：范蠡的故事

《史记·越王勾践世家》

《史记·货殖列传》

《国语》

范蠡，又称陶朱公、鸱（chī）夷子皮、渔父等，他曾与大夫文种一起辅佐越王勾践称霸。吴国灭亡后，范蠡劝文种离开，文种不听，范蠡独自离去。之后，他来到齐国担任相邦，又到宋国陶地经商，大获成功，富可敌国。关于他离世的说法不一，一种是他最后在陶地去世，另一种是他被勾践所杀。范蠡被后世誉为"商圣"，他与西施归隐太湖的故事广为流传。

平民富豪"进化史"

　　春秋霸主们的身边总是有几个重要的辅佐人物：齐桓公有管仲，晋文公有狐偃，秦穆公有百里奚，楚庄王有孙叔敖，吴王阖闾有伍子胥……说起辅佐越王勾践的重臣，非文种与范蠡二人莫属。相比于大夫文种，范蠡的身上多了一层浪漫色彩。

　　在《史记·越王勾践世家》中，勾践听说夫差想报仇，打算先发制人。范蠡立即诚恳地对勾践说："兵器是凶器，打仗是违背道德的，这样对您、对国家绝对是不利的。"其实，范蠡是觉得勾践没有实力战胜夫差，才这样委婉地劝谏。可惜，勾践没有听从范蠡的建议，果然战败，退守会稽。

　　战败后勾践又来询问范蠡："寡人因为没有听从您的劝告才落到这个地步，现在该怎么办呢？"范蠡早已料到，慢条斯理地答道："您对吴王要谦卑有礼，如果派使者送去厚礼他不接受，您就亲自去侍奉他好了！"勾践照办了，派大夫文种去求和，夫差最终答应了勾践求和的请求。

勾践回国后，想让范蠡管理政事，范蠡告诉勾践，他更擅长用兵打仗，治国安民还是文种更合适。于是，勾践任命文种来执政，派范蠡和大夫柘稽前往吴国做人质。两年之后，范蠡才被夫差释放回国。

夫差杀死伍子胥后的第三年，勾践召见范蠡，询问他是否可以攻打吴国。范蠡认为时候不到，不能轻举妄动。等到夫差北上黄池会盟，范蠡才提出可以进军。这时，越军开始进击吴军，并且杀死了吴太子。之后，越国再次攻打吴国，把夫差围困在姑苏山。夫差派王孙雒（luò）前去求和，勾践动了恻隐之心，本想答应夫差的诉求。

站在旁边的范蠡却说："会稽之事，本是上天要把越国赐给吴国，可吴国没有顺应天命；今天，上天要把吴国赐给越国，我们越国难道也准备违背天命？大王您每天早出晚归，为的不就是战胜吴国吗？我们已经谋划伐吴二十二年，难道就要这样轻易放弃机会吗？如果您一时心软违背天命，日后一定会受到惩罚，可别忘了您遭受过的会稽之苦啊！"

勾践左右为难，他想听从范蠡的建议，可又觉得没有脸面去见吴国求和的使者。于是，范蠡主动请缨，亲自去见了王孙雒，还亲自击鼓指挥："大王已经把讨伐吴国的重任交给我了，请您快点离开越国，否则就对不起了！"王孙雒哭着离开了越国，随后越军包围了夫差，勾践想把夫差安置在甬东，没想到夫差拒绝并自尽。

越国灭掉吴国后，勾践北上大会诸侯，任命范蠡为上将军。范蠡认为盛名之下其实难副，写信给勾践，信中说："听说君王忧愁，臣子就受苦；君王受辱，臣子应该去赴死。从前您在会稽受辱，我之所以没有自我了断正是为了报仇雪恨。现在既然您已经一雪前耻，我请求您治我死罪！"范蠡当然不希望勾践真的赐死他，只是婉言告知勾践他要离开越国，离开国君了。

勾践读完范蠡的信，立刻派人告诉范蠡："我要和你共同治国，否则就真的治你的罪！"范蠡没有执行勾践的命令，他认为明君应该给臣子自由选择的权利，要尊重臣子的个人志趣。于是，范蠡打包了好多金银珠宝，与随从从海上乘船离开了越国。勾践派人找了好久也没有找到范蠡，内心十分失望，但他算是有情有义的君王，为了表彰范蠡的功劳，他将会稽山赐给了范蠡做封邑。

　　范蠡乘船漂洋过海来到了齐国，改名为"鸱夷子皮"，就是酒囊皮子的意思。安顿好之后，他写信给文种，信中说："飞鸟尽，良弓藏；狡兔死，走狗烹。"大意是告诉文种他的处境也很危险，勾践是那种只能与之共患难却不能同富贵的君王，劝他趁早离开。文种读到他的信后，内心惶惶不安，总是称病不上朝。

　　可是，就在这时有人陷害说文种谋反，勾践赐给文种一把剑，说："您曾教给我攻打吴国的七条计策，我只用了三条就灭掉了吴国，还有另外四条没有用上，您就以身试法替我去先王面前演练一下吧！”听到勾践的话，文种别无选择，只能自尽而亡。纵观文种的一生，尽管他的治国才能不在范蠡之下，却不如范蠡那样精通进退之道，所以才有了这样的悲剧结局。

反观范蠡离开越国后的生活，要比其他人幸福、圆满得多。

范蠡最初在海边耕作，和儿子一起置办产业。过了不久，他们就积累了丰厚的财富。齐国人听说了范蠡的才能，就聘请他担任相邦。范蠡做了一段时间的齐相，喟然长叹：“我有万贯家财，做官做到了相邦，已经是一介布衣所能达到的极点了。如果一个人享有财富、名誉太久，那可是不祥之兆啊！”

于是，范蠡毅然决然地归还相印，并把家财分给亲朋好友与邻里乡亲，自己只怀揣着一些珍宝，悄悄离去，到达了宋国的陶地。范蠡认为这里才是天下的中心，因为陶地经商贸易的途径比较多，很容易发家致富。从这个时候开始，他自称“陶朱公”，

并与儿子一起继续发展农业和畜牧业，通过多种精明的经商手段，过了不久，他的家产又积累到万贯，成为当时天下知名的"平民富豪"。

范蠡故事的演变

实际上，勾践从向阖闾战败求和到灭亡吴国的整个故事的演变有明显的增饰过程:《左传》中的记录最为简洁，在清华简《越公其事》中开始具体起来，到了《国语》对这件事的描述越来越丰富，《史记》里的记叙有了"夸张"的色彩，至于后来的《越绝书》《吴越春秋》就写得越来越戏剧化了。同样，范蠡的人物形象一步步被具体化、传奇化。

在《左传》中，根本没有记录范蠡这个人物，文种也是在勾践被困会稽求和的时候被一笔带过，并没有提及勾践赐死文种的事。在《墨子》中提到勾践的身边有亲信范蠡和文种，这是"范蠡"这个名字第一次出现在古代的典籍中。在《越公其事》里明确提及范蠡为勾践求和。

《国语》的《越语下》共有八章，记录的都是范蠡的事迹。以范蠡劝谏勾践不要伐吴开始，到范蠡乘船泛舟五湖结束，之后便无人知道范蠡的行踪。这些记录与《史记·越王勾践世家》里的故事基本一致，只是《越语下》的内容更为详细。

在《越绝书》《吴越春秋》中，则给范蠡增加了更多故事。《越绝书》说范蠡是楚国宛人，时而清醒，时而疯癫，被在寻访中的文种发现后带到了越王勾践那里。

更广为人知的，是范蠡与西施的爱情故事。唐代《吴地记》引《越绝书》记载："西施亡吴国后，复归范蠡，同泛五湖而去。"《绎史》引《修文御览》引《吴越春秋》却说："吴亡后，越浮西施于江，令随鸱夷以终。"乍一看，这两种说法似乎区别不大，说的都是西施和范蠡一起乘着小舟泛湖而去。但后者似乎也可以理解为西施被皮囊包裹着，沉在江里淹死了。还有的学者认为这里的"鸱夷"并不是指范蠡，比如清代学者褚人获就认为这个"鸱夷"指的是伍子胥。

其实，西施这个人物在诸子百家的典籍中都被提到过，比较统一的说法是，她是战国人所熟知的美女。《墨子》中有："西施之沉，其美也。"西施因为美貌而被淹死。《庄子》也说了那个有名的"东施效颦"故事。但它们都无一例外没有提及西施和吴越战争，连《史记》也没有提到西施这个人物。

最早把西施和吴越战争联系起来，也是《越绝书》和《吴越春秋》。但是大家都最喜欢范蠡与西施泛舟太湖这种说法，所以这种传说也就流传得最广。但范蠡和西施的故事，是在不断演变的。

《史记·越王勾践世家》在范蠡称陶朱公后，还记录了一段有关陶朱公长子去楚国救二弟未果的故事。但这段故事的真实主角，只可能是战国时期的陶朱公，而不是春秋时期的范蠡了。

　　除了《史记·越王勾践世家》外，司马迁创作的《货殖列传》也有一篇关于范蠡的传记。据说当年勾践被夫差困于会稽的时候，采用了范蠡率先上的《计然》之策，十年之后终于成功复仇。范蠡感叹自己的《计然》之策原本有七种（也有十种的说法），勾践只用了其中的五种就让吴国翻身获胜，那么，剩下那些计策只能留给自己在家里使用了。然后范蠡改名易姓，到齐国自称鸱夷子皮，到陶地自称朱公，做生意累积万贯财产，所以，后人说陶朱公是富商的典范。这些记录与《史记·越王勾践世家》中的相差不大，但也有人认为"计然"是名叫辛文子的人物。

　　了解范蠡故事在典籍中的演变，有助于我们更清楚地发现不同典籍的侧重点，更立体地还原历史人物的特点。

触摸历史

■［成语］

· 长颈鸟喙

出自《史记·越王勾践世家》，吴国灭亡后，范蠡劝告文种尽早离开勾践，因为勾践长着长脖子、鸟嘴巴，这种面相是阴险狡诈之人。后来用这个成语来形容阴险狠毒人的恶相。

■［遗迹］

· 蠡湖

在江苏省无锡市滨湖区，又名五里湖，是太湖延伸入无锡的内湖，据说是范蠡、西施归隐之处。现在的蠡湖景区中有蠡园，园内有春秋阁等景点。

原典

范蠡喟然叹曰[1]："居家则致千金，居官则至卿相，此布衣之极也。久受尊名，不祥。"乃归相印，尽散其财，以分与知友乡党[2]，而怀其重宝，间行以去[3]，止于陶[4]，以为此天下之中，交易有无之路通，为生可以致富矣。于是自谓陶朱公。

——《史记·越王勾践列传》

注释：

1.喟（kuì）然：叹气的样子。

2.知友：知心的朋友。

3.间（jiàn）行：潜行，偷偷行走。

4.陶，宋国地名，在今山东菏泽定陶区。

大意

　　范蠡喟然长叹，说："我拥有家财万贯，做官高达卿相之位，这是平民百姓所能达到的极点了。如果一个人享有财富、名誉太久，那可是不祥之兆啊！"于是，他归还相印，散尽家财，分给知心朋友和邻里乡亲，而自己带着贵重财宝，悄悄地离去，到陶地住了下来，他认为这里是天下的中心，经商的途径多，做生意可以发财致富。于是，他就自称陶朱公。

和光同尘的智者：

老子的故事

《史记·老子韩非列传》

《史记·孔子世家》

《老子》

《庄子》

《史记·老子韩非列传》讲的是老子、庄子、申不害、韩非子四个人的故事，本篇的主角是老子。

　　老子，一般认为姓李，名耳，字聃（dān），楚国（一作陈国）人，古代思想家、哲学家，道家学派的创始人，神话传说中的太上老君。据说老子担任过周室守藏室掌管图书的史官，曾著有《道德经》。对于老子的称呼除了李耳外，还有老莱子、太史儋等说法，也有人认为老子只是个传说中的人物。

隐居的君子

《史记·老子韩非列传》中记录了有关老子的故事，不过，这里提及的并非老子一个人，除了他，还有庄子、申不害、韩非子三个人，我们重点来说说老子。

老子最为后人熟知的名字是李耳，字聃，又叫老聃。在《史记·老子韩非列传》中，这个"老子"的笔墨最多，有趣的是，在这篇文章出现的"老子"不止一个，让我们一一说来。

首先你可能要问了：既然老子姓李，为什么又叫老子呢？据东晋葛洪《神仙传》中的解释，有人说老子是他的母亲因流星受孕而降生在李家的孩子；也有说老子是他的母亲怀孕七十二年或八十一年，从左腋下所生，因为在母胎中待得太久，生下来就已经白发苍苍，所以叫"老子"；还有说老子是他的母

亲走到李树下生的孩子，刚出生的老子就指着李树说这是自己的姓。

其实，"老"和"李"字字形非常相似，很可能是传抄的讹误。春秋时期宋国有老氏，当时还没有李氏出现。李氏作为大姓，大概是在战国后期了。所以，也可能老子的"老"本来就是姓氏，后来"老"被抄写成了"李"，老子也被称为"李"氏就不足为怪了。

《史记·老子韩非列传》中说老子是楚国苦县厉乡曲仁里人，在周朝担任过守藏室之史，负责管理藏书。不过，在春秋末年，这个地方应该属于陈国，所以《列仙传》说老子是陈国人。

《史记·老子韩非列传》记载，孔子到达周室，要向老子请教"礼"。老子对孔子说了一段意味深长的话，大意是："你所说的人物的肉体与尸骨都已经腐朽了，留在世上的只有他曾经的言论。要知道，君子得到时运就会凌驾而起，得不到时运就只能像蓬草一样随风飘落，隐居起来。我听说，好的商人会若无其事地隐藏好自己的货物，品德高尚的君子，从外观上看起来也会给人感觉有些愚笨。你要戒骄戒躁，去掉你高贵的神态，也要收敛自己过多的欲望以及过分远大的志向，这些对你都没有好处。我能告诉你的就是这些了！"

孔子离开后，对弟子说："鸟，我知道它们能飞；鱼，我知道它们会游；兽，我知道它们善跑。善跑的可以用网捕捉，会游的可以用线钓住，能飞的可以用箭射落。至于龙，它能乘着风云入天，能顺着江河入海，我就不知道该拿它怎么办了。我今天见到老子，感觉他就像是一条龙啊！"

孔子见老子的这件事虽然非常有名，但并不太可靠。在《左传》《论语》等典籍中，都没有提及孔子去过周室，更没有老子见过孔子的记录。孔子见老子的记录，最早出自《庄子》。不过，《庄子》本身对于这件事的记载也并不统一。在《天道》篇说孔子为了藏书去周室见老子；在《天运》篇又说孔子是为了问道去沛地见老子。在《庄子》中，老子是一位博古通今、学识渊博的圣人，孔子等学者经常向他请教，可后来传世的说法是老子对儒家主张的"仁义"持否定态度。这样看来，孔子见老子这件事不排除是道家学派为贬低儒家学派而制造的传说。

这样说来，《史记·老子韩非列传》中孔子入周问礼于老子的事迹，大概就是拼接了《庄子》中的两处记录而成的。

《史记·老子韩非列传》接着说，老子潜心研究"道德"，他的学说以隐匿踪迹、不求闻达为宗旨。他在周室洛邑住了很久，目睹周室的衰弱后准备离开。在老子到达关卡的时候，关令尹恳求即将隐居的老子为他写一本书，于是，老子就写了《道德经》。《道德经》分为上下两篇，主要来阐述"道德"的本义，共五千多字，所以也叫《五千言》。写完《道德经》，老子彻底离开了周室，再也没人知道他的下落。

神奇的是，《老子韩非列传》还介绍了另一位"可疑"的老子，他就是楚国人老莱子。这个人是与孔子同时代的人，著有《老莱子》十五篇，阐述的也是道家思想。《庄子》也讲到了这个老莱子，说老莱子劝孔子要去除他的矜持和睿智。《战国策·楚策四》中也有老莱子教孔子事君之道，老莱子说牙齿虽然坚硬，但六十岁就坏掉了，这是牙齿和牙齿之间长期互相磨损的缘故。总之，老莱子也是典型的道家人物形象，但与老聃并非一人。《史记·仲尼弟子列传》也说孔子至周以老子为师，至楚以老莱子为师，明确把老聃与老莱子视为两人。

此外，《史记·老子韩非列传》中还介绍了一个周朝的太史儋，太史儋是战国初年时期的人物，他曾见过秦献公，并预言当初秦国与周朝合在一起，五百年后又分开了；它们分开七十年之后，会有称王称霸的人物再次出现。因为太史儋是周太史，又去过秦国，所以也有人说太史儋就是老子，但也有人说不是。

总之，从典籍中寻找蛛丝马迹，可以肯定的是，老子是一位隐居的君子。

《老子》的哲学

　　尽管有关老子的故事在典籍中的记录比较模糊，但《道德经》(又名《老子》) 是当之无愧的先秦道家经典著作。

　　《道德经》中，老子把一切事物的发展规则称为"道"，认为"道"是无为自然的，也是万物的根源。

"道"又诞生出"阴阳"，就是所谓的"道生一，一生二，二生三，三生万物，万物负阴而抱阳，冲气以为和"。

在老子看来，事物之间普遍存在对立的矛盾，而各种事物之间的矛盾经常往对立面转化。所以，老子更加看重柔弱、卑微的一方，提出"祸兮，福之所倚；福兮，祸之所伏""天下之至柔，驰骋乎天下之至坚"等具有朴素辨证意味的思想。老子认为强大

的一方要防止由盛转衰，就必须"慈故能勇，俭故能广，不敢为天下先，故能成器长"，要懂得爱惜、节俭、谦让；弱小的一方想要战胜强大的对方，就要"将欲歙之，必固张之；将欲弱之，必固强之；将欲废之，必固兴之；将欲取之，必固与之"。

老子的自然哲学延伸出了政治哲学，他反对大国进行对小国的兼并战争，认为"江海所以为百谷王，以其善下之"，"无为"才能拥有天下。他主张小国寡民与无为而治，在他看来，百姓的最佳状态是无知无欲，有过多的智慧反而是坏事，有欲望也不是好事，社会最好退回国家规模很小、国民很少的远古时代，那样才能享受安宁自在的平淡生活。

以上都是传世本《老子》的内容，20世纪的出土文献中也有不同版本的《老子》出现。

成书年代最早的版本是1993年10月出土于湖北荆门的郭店楚简《老子》，它成书于战国中期，分为甲、乙、丙三个版本。这三个版本绝大部分的文句与传世本《老子》基本一致，但不像传世本那样分为《道经》和《德经》，并且全部文字仅有传世本的五分之二。它缺少对"道"的理论阐述，偏重君王治国之术。

1973年12月湖南长沙出土的马王堆西汉帛书《老子》，它成书于汉初，其中分为甲、乙两个版本，两个版本都是《德经》在先，《道经》在后，与《韩非子·解老》记载的一致，但与传世本的顺序不一样。相对于郭店楚简本，帛书本许多文句有一些微观的差别，特别是在篇章次序的编排上和其他版本相差很大。

内容最全的则是2009年1月入藏北京大学的西汉竹简《老子》，它成书于汉武帝时期，现存近5300字左右，与马王堆帛书《老子》类似，也分为《上经》（对应《德经》）和《下经》（对应《道经》），章节划分、文字内容与郭店楚简本、马王堆帛书本、传世本《老子》均有不同。

将各个版本的《老子》对比之后，我们可以判断出《老子》并非老子一人的专著。

触摸历史

■ ［成语］

· 大器晚成

出自《老子》"大方无隅，大器晚成，大音稀声，大象无形"，说的是大的器物要经过长时间的加工才能完成，后比喻能成大事的人有所成就的时刻通常比较晚。

· 功成身退

出自《老子》"功成、名遂、身退，天之道"，指在功业成就后，退休归隐，这是天道的规律。

· 和光同尘

出自《老子》"和其光，同其尘"，指不露锋芒，与世无争的处世态度。

· 天网恢恢疏而不漏

出自《老子》"天网恢恢疏而不失"，指天道如大网，坏人逃不过这个网，作恶的人必将受到惩罚。

■ [遗迹]

·孔子入周问礼碑

在河南省洛阳市瀍河区东关大街东头，据说是孔子向老子问"礼"之处。现为河南省重点文物保护单位。

原典

孔子适周[1]，将问礼于老子。老子曰："子所言者，其人与骨皆已朽矣，独其言在耳。且君子得其时则驾[2]，不得其时则蓬累而行[3]。吾闻之，良贾深藏若虚，君子盛德[4]，容貌若愚。去子之骄气与多欲，态色与淫志，是皆无益于子之身。吾所以告子，若是而已。"

——《史记·老子韩非列传》

注释：

　　1.周：指周都洛邑。

　　2.驾：凌驾，超越。

214

3.蓬：草名，细叶，风吹根断而随风飘转。累（lèi）：飘转行
走的样子。

4.盛德：品德高尚。

大意

孔子到达周都洛邑，想向老子请教关于"礼"的问题。老子说："您所说的礼，制定它的人早已死了，只有他的言论还在。而且君子得到时运就能凌驾而起，得不到时运就像蓬草一样随风飘落，隐居起来。我听说，好的商人会把货物深藏起来，呈现出好像什么都没有的样子，有高尚品德的君子，从外观上看起来往往比较愚钝。去掉您的骄傲和过多的欲望，去掉您高贵的神态和过高的志向，这些对你都没有什么好处。我要告诉你的，就是这些了。"

圣人的传奇人生：孔子的故事

《史记·孔子世家》
《左传》

孔子（前551—前479），孔氏，子姓，名丘，字仲尼，春秋时期鲁国人，古代思想家、教育家、政治家，儒家经典"六经"的整理者，儒家学派创始人。父为叔梁纥，母为颜徵在。孔子自幼爱好学习礼仪，长大后在鲁国为官，并广收弟子。因在鲁国不受重用，便离开鲁国奔走于列国，时间长达十四年之久，但在周游列国期间处处碰壁，最后回到鲁国去世。

《史记·孔子世家》的主角是孔子。《史记》"世家"先秦部分均为有关诸侯国的历史记录，只有《孔子世家》是书写孔子个人的传记，可见，太史公对"圣人"的敬仰之情。

太史公笔下的"圣人"

　　孔子出生于鲁国昌平乡陬（zōu）邑，祖上是宋国司马孔父嘉。孔父嘉死于内乱后，他的儿子（也有说是他的孙子）逃到鲁国，其后代就以孔父嘉的字——孔为氏。孔父嘉的曾孙叫孔防叔，孔防叔的孙子就是孔子的父亲叔梁纥。叔梁纥叫孔纥，字叔梁，曾担任鲁国陬邑大夫，因而也被称作"陬人纥""陬叔纥"。

　　虽然孔子一生都在讲"礼"，他却偏偏是个"非礼"的产物，太史公称其为"野合"，大概就是孔子的父母非婚就生下了他。一般认为，这一年是公元前551年。因为孔子出生时头顶凹陷，像个小土丘，所以取名为"孔丘"，成年之后取字为"仲尼"。

　　由于孔子的父母没有正式缔结婚姻，所以他出生后只能跟随母亲。在孔子年幼时，父亲就去世了，

葬在鲁国东部防山。当时，墓葬讲究不立墓碑，所以孔子无从知道父亲的葬处。母亲怕他遇到孔家人，也不肯告诉他。直到母亲去世后，孔子把母亲的棺木停放在鲁国城南的街道五父之衢，这时陬邑一位赶车人的母亲才把父亲叔梁纥葬地告诉了孔子。于是，他把母亲的尸骨迁往防山，与父亲合葬。

孔子从小就对礼仪非常感兴趣，小时候他在做游戏时，就经常陈列各种青铜器模仿礼仪活动。孔子守丧时，鲁国执政季武子宴请当时的名士，孔子受邀前往参加宴会。季氏的家臣阳虎长得与孔子有几分相似，他意识到孔子可能会成为自己的对手，就谎称季氏并没有宴请孔子。孔子没有与他争辩，默默地离开了。孔子成年后在鲁国任职，先后做过管理仓库、建设牧场的官员，不管做什么工作，孔子都得心应手，把日常事务安排得井井有条。

当时，鲁国由鲁桓公的后代（季氏、叔孙氏和孟氏，合称"三桓"）执政，他们分别世袭了鲁国的司徒、司马和司空，以司徒季氏为首。孟氏族长孟僖子发现了孔子是人才，临终前告诫儿子孟懿子与南宫敬叔，让他们去跟随孔子学礼。这一年孔子才十七岁。随着年龄的增长，孔子的弟子渐渐多了起来。

公元前517年，在孔子三十五岁时，鲁国发生了内乱。当时，鲁昭公不满"三桓"专权，在臧氏、郈氏的支持下，攻打执政季平子，反而被"三桓"联手击败。鲁昭公逃到齐国，被齐景公安置在乾侯（今河北省成安县东南）。因为孔家与臧氏比较亲近，所以孔子只能出逃到齐国。

齐景公很欣赏孔子，向他请教执政之道。孔子认为，国君要有国君的样子，大臣要有大臣的样子，父亲要有父亲的样子，儿子要有儿子的样子，只有这样，才能国泰民安。齐景公对孔子的看法深表同意。

《史记·孔子世家》中说齐景公想重用孔子，却遭到晏婴和其他大夫的反对，孔子因此返回鲁国。然而，这并不是事实。孔子返回鲁国应该是在鲁昭公去世之后，当时季氏立鲁定公为国君。既然有了新国君，跟着臧氏又没有前途，孔子才回到鲁国。

这年是公元前510年，孔子四十二岁。

之后，《史记·孔子世家》记录了两件离奇的故事。

第一个故事发生在公元前505年，季平子去世，季桓子即位之时。季桓子挖井时找到一头羊，告诉孔子自己得到了一只狗。孔子告诉他，那是羊。山林中的怪物叫夔（kuí）和魍魉（wǎng liǎng），水中的怪物叫龙和罔象，泥土中的怪物是一种雌雄莫辨

223

的坟羊。

　　另一个故事是说吴国攻打越国，摧毁了都城会稽并得到一块足足有一辆车那么长的骨头。吴王派使者问孔子这块骨头是谁的，孔子告诉他最大的人骨应该是防风氏的。孔子侃侃而谈，当年大禹召集群神到会稽山，防风氏因为迟到被大禹所杀，他的骨头有一节车长。还补充说道，上古先民最矮的是僬侥（jiāo yáo）氏，只有三尺高；而最高的是防风氏，足有三丈高。

《史记·孔子世家》的这两则故事摘自《国语·鲁语》，但内容与"子不语怪力乱神"的观念背道而驰，所以一般认为并非真实的记录。特别是吴国攻入会稽，本是在公元前494年发生的事，此时孔子已经流亡在外了，不可能出现《史记》中描述的场景。

　　还有一则故事值得推敲。公元前500年，齐景公邀请鲁定公去夹谷参加会盟，鲁定公本想轻车简从赴约。孔子当时负责鲁国会晤的礼仪，要求鲁定公带领军队前去。之后，鲁定公与齐景公夹谷相会，齐景公让莱地人假装演员戴着羽毛、穿着皮衣、拿着兵器上台，想借表演的机会劫持鲁定公。孔子连忙扶着鲁定公退出，并立即指挥鲁国的军队攻打齐国的军队，齐景公见自己的阴谋败露了，只好让本国的军队退下了。

　　关于这件事，《史记·孔子世家》则说孔子下令将这些演员腰斩，这让齐景公非常害怕，于是，乖乖归还了侵夺鲁国郓（yùn）、汶阳、龟阴的土地。

其实，当时双方还立下盟约规定鲁国要率领三百辆战车随同齐国作战，并非齐景公害怕才归还失地的。《史记》中的说法显然是美化孔子了。

《史记·孔子世家》中还说，公元前496年，五十六岁的孔子代理相邦，他的官职达到了人生巅峰。孔子执政三个月后，鲁国的朝政一片清明，齐景公知道此事非常不安。结果，狡诈的齐景公送上美女和骏马给鲁定公和季桓子，他们居然欣然接受了。孔子对此非常失望，愤然离开了鲁国。实际上，根据《鲁世家》《十二诸侯年表》，孔子出奔是在公元前498年，这里的时间存在谬误。

可以看到，《史记·孔子世家》的这几则故事都与真实的历史略有出入，但不难看出，孔子渊博的学识、对礼仪的精通、为人处世的周到以及治国的大能都是太史公所深深敬仰的，在他的笔下，孔子时时刻刻散发着"圣人"的光辉。

周游列国的"流浪者"

　　《史记·孔子世家》中说，孔子最早到达的是卫国，后来因为有人说他坏话，他就离开了卫国。经过匡地时，由于当地人被阳虎侵略过，误把孔子认作阳虎，将他牢牢围困住。孔子自嘲道："周文王已经死去了，我不就是周王朝的礼乐代言人吗？老天尚且没有灭亡礼崩乐坏的周人，匡人又能把我怎么样呢？"虽然话是这样说的，但孔子马上联络到卫国大夫宁武子，这才得以逃脱。

　　孔子到达蒲地后，又返回卫国。卫灵公夫人南子想见孔子，孔子不得已前去。子路不高兴，孔子对天发誓自己绝对不会做"非礼"的事。后来，卫灵公与南子同坐一辆车，让孔子坐第二辆车跟在后面，孔子非常生气，认为卫灵公是不仁不义的好色之徒，于是，再次离开卫国，前往曹国，之后来到宋国。

孔子与弟子在大树下讲习礼仪，宋国司马桓魋（tuí）想杀孔子，故意把树砍掉，弟子担心孔子的安危，催促孔子赶紧离开此地，孔子不慌不忙地说："老天既然把传道授业的使命交给了我，区区桓魋又能把我怎么样呢！"

孔子随后到达郑国，与弟子走失，独自站在郑国外城东门。有个郑国人对孔子的弟子子贡说："东门有个人，额头像帝尧，脖子像皋陶，肩膀像子产，从腰以下比大禹差三寸，看他那疲倦瘦弱的样子，简直就是丧家之犬！"子贡后来把自己听到的话对孔子说了，孔子听后苦笑了一声，他知道自己确实像一只丧家犬。

不久，孔子又去了陈国。有一天，不少鹰隼（sǔn）落在宫廷中死去了，孔子发现它们的身上有楛（hù）木制作的箭身、石头制作的箭头。于是，孔子告诉陈闵公，从前周武王灭商时，肃慎人就前来进贡过这种箭，周武王就把它们赐给长女太姬，太姬后来嫁给了陈国始封君胡公，陈闵公果然在仓库找到了这种箭。

孔子在陈国住了三年，前往卫国。经过卫国蒲地时，遇上公叔氏造反，孔子被抓了起来。弟子公良孺与蒲地人搏斗，蒲人说你们不去卫国就行。孔子嘴上答应了，却仍然带着弟子继续前往卫国。子贡不解地问道："难道我们要违背盟约吗？"孔子答道："被要挟而签订的盟约是不合理的，怎么可能遵守呢？"

到了卫国后，虽然卫灵公热情地亲自迎接孔子，却不肯任用孔子。晋国卿士赵鞅的家臣佛肸（bì xī）占据中牟反叛，招揽孔子前去，在卫国不受重用的孔子也一时心动，想投奔赵鞅。刚到黄河边，听说赵鞅杀了贤臣窦鸣犊、舜华，孔子觉得赵鞅不是仁义之辈，改变主意返回卫国。回到卫国后，一次卫灵公与孔子正在谈话，看见空中飞过的大雁，卫灵公就走神了。孔子明白卫灵公终究是不可靠的，下定决心彻底离开卫国，前往陈国。

公元前492年，鲁国执政季桓子去世，要求儿子季康子召回孔子，没想到，大夫公之鱼极力反对，只把孔子的弟子冉求召回鲁国。孔子只好带着弟子前往蔡国，但蔡国被吴国迁到下蔡，故地归楚国叶县管理。叶县长官叶公问孔子为政之道，孔子建议他做到"近者悦，远者来"就好。

孔子离开叶县前往蔡地，途中遇见隐士长沮、桀溺正在耕田。孔子派弟子子路上前询问，两位隐士一致认为孔子既然不能改变现状，不如跟他们一起归隐田园，躲避乱世。孔子却说："如果天下太平，我就不用到处奔走了！"之后子路又遇到一位肩扛除草工具的老人，老人指责他们四体不勤、五谷不分。孔子感叹道："此人才是真正的隐士啊！"然后，孔子继续坚持走自己选择的路。

孔子在蔡地住了三年，楚昭王打算聘请他。陈人、蔡人害怕孔子被任用，将孔子围困在陈、蔡之间的郊野。孔子和弟子都断了粮，孔子依然坚持给大家讲学、唱歌、弹琴。弟子们因为饥饿难耐很不高兴，但孔子有他的办法，他派弟子子贡去楚国请求援助，楚昭王果然调兵接走了他们。

楚昭王想封给孔子和他的弟子七百里地，被令尹子西阻止。子西认为国君楚昭王的才能不如孔子，楚国大臣的才干也不如孔子的弟子，封地给他们非常危险，楚昭王听后也很惶恐，就没有给孔子他们封地。

公元前489年，六十三岁的孔子又从楚国返回卫国。五年后，孔子的弟子冉求率领鲁军大败齐军，趁机告诉季康子自己的军事才能都是从孔子那里学来的。于是，季康子决定召回孔子。就这样，流亡十四年的孔子终于回到了故乡鲁国。

鲁哀公和季康子向孔子问为政之道，孔子告诉他们任用好大臣最为重要，要任用刚直不阿的人，杜绝邪恶狡诈的人。季康子担忧鲁国出现盗窃之事，孔子直言季康子自己才是最大的窃国贼，百姓不过是上行下效而已。季康子听后很不高兴，一直没有任用孔子。

孔子回国后，继续编订《诗》《书》《礼》《乐》《易》《春秋》等文献，并用它们教育弟子，这些文献就是后世所说的"六经"。《乐》后来失传了，就只剩下"五经"。《诗》是诗歌总集，《书》是官方文件，《礼》是礼仪制度，《乐》是《诗》的乐谱，《易》是占卜用书，《春秋》是历史文献。

尽管孔子的一生在政治上一直不太成功，但他大力倡导发展私学的举措影响了千秋万代。虽然孔子极力维护着贵族制度，不过正是私学的建立加速了贵族政治的瓦解。

孔子原本想培养的接班人弟子颜渊英年早逝，孔子无比悲痛；更遗憾的是，他最喜爱的弟子子路死在卫国，又给孔子一次沉重的打击。后来，孔子也病倒了，弟子子贡去看他。孔子叹息道："泰山要倒了，梁柱要断了，哲人要死了！"一边唱一边流泪。

七天之后，孔子去世，享年七十三岁，"圣人"孔子的一生在公元前479年画上了句号。鲁哀公亲自为他作悼词。孔子被葬在鲁城北面的泗水岸边，弟子们都在那里为他服丧三年。

触摸历史

■ [成语]

· 见贤思齐

出自《论语·里仁》，子曰："见贤思齐焉，见不贤而内自省也。"意思是孔子说见到有才德的贤者就向他看齐，见到不贤明的人就要反省自己。

· 举一反三

出自《论语·述而》，子曰："举一隅不以三隅反，则不复也。"意思是孔子在教导弟子时发现，如果拿一个方面举例而不能让他得知其他三个方面的话，就要换个方式教导他。后用来比喻善于类推，触类旁通。

· 韦编三绝

出自《史记·孔子世家》，说的是孔子读《周易》，将编连简册的绳子都读断了三次。后比喻读书勤奋。

■ ［遗迹］

· 三孔

在山东省曲阜市，为孔庙、孔府、孔林的合称，是全国重点文物保护单位、世界文化遗产。

· 孔子博物馆

在山东省曲阜市南，是为纪念孔子、集中展示孔子思想学说、传播弘扬以儒家文化为代表的传统文化而建设的专题博物馆。

原典

孔子适郑，与弟子相失[1]，孔子独立郭东门[2]。郑人或谓子贡曰："东门有人，其颡似尧[3]，其项类皋陶，其肩类子产，然自要以下不及禹三寸[4]，累累若丧家之狗[5]。"子贡以实告孔子。孔子欣然笑曰[6]："形状，末也[7]。而谓似丧家之狗，然哉[8]！然哉！"

——《史记·孔子世家》

1. 相失：互相走失。

2. 郭：外城。

3. 颡（sǎng）：额头。

4. 要：腰。

5. 累累：通"羸羸"，疲倦瘦弱的样子。

6. 欣然：喜悦的样子。

7. 末：末端，次要的。一作"未"，不是。

8. 然：是，这样。

大意

　　孔子前往郑国，与弟子们走散了，孔子一个人站在郑国外城的东门下。有个郑国人对子贡说："东门有个人，他的前额像帝尧，脖子像皋陶，肩膀像子产，从腰部以下比大禹矮三寸，他垂头丧气的样子就像一只丧家之犬。"子贡把这个人的话如实告诉了孔子。孔子欣然笑着说："他对我外形的描述不一定正确，但他说我像丧家之犬，倒是对极了！对极了！"

孔子的得意门生：

子贡的故事

《史记·仲尼弟子列传》

《史记·货殖列传》

《左传》

《墨子》

《韩非子》

本篇的主角是子贡，他的故事在《史记·仲尼弟子列传》中所占篇幅最大。

　　子贡（前520—？），端沐（一作木）氏，名赐，字子贡，卫国人，以能言善辩著称。子贡不但擅长经商，还曾担任过鲁、卫两国相邦，是孔子的弟子中最富裕的。孔子去世后，弟子们都为他守孝三年，唯独子贡为孔子守孝六年。

社交达人子贡

　　据说孔子的弟子约有三千人，其中才能过人的有七十余位，善于德行的有颜渊、闵子骞、冉伯牛、仲弓；善于政事的有冉有、子路；善于言语的有宰予、子贡；善于文学的有子游、子夏。《史记·仲尼弟子列传》记录的就是他们的故事，而太史公花费笔墨最多的弟子就是子贡。

　　子贡是端沐氏，名赐，卫国人，字子贡。《论语》中记录了不少他与孔子的对话，《史记·仲尼弟子列传》中的对话基本来自《论语》。

　　相传子贡能言善辩，巧言令色，孔子经常批评他。孔子问他："和颜回相比，你俩谁更出色呢？"子贡很谦虚地回答："我怎么能和颜回相提并论？颜回通晓一个道理之后，就能以此推测、顿悟出许多道理；而我明白一个道理，只能由此推出两个罢了。"

子贡心知肚明，在领悟能力方面，孔子更中意的是颜回。

　　子贡也当面问过自己在老师孔子心中的评价，孔子认为他像是一个有用的器物——瑚琏（hú liǎn）。据说瑚琏是夏商时期在宗庙中盛放粮食的器具，类似周朝的青铜器簠（fǔ）与簋（guǐ）。孔子的意思是子贡有大才，能堪重任。

《史记·仲尼弟子列传》中还讲了一个非常有趣的故事。

　　齐国的田常（即陈恒）想造反，却害怕国、高、鲍、晏四大家族的势力勾结在一起，所以想分散他们的兵力去打鲁国。孔子听说这件事，就让弟子们前去阻止齐国攻打鲁国。孔子先后拒绝子路、子张和子石的请求，只答应了子贡，让他作为"谈判"的使者。

　　子贡出发到了齐国，对田常说："您攻打鲁国是错误的，因为攻打鲁国并不能达到您的目的。我们的城墙矮小，护城河窄，国君愚昧，大臣虚伪，士兵和百姓都不想打仗。我看您不如攻打吴国，吴国的城墙高大，护城河宽，国君智慧，大臣英明，士兵和百姓精神饱满，攻打吴国才是得胜之路啊！"

　　听到子贡的话田常脸色大变，怒气冲冲地对子贡说："你认为难的，别人认为很容易；你认为容易的，别人认为很难。现在你说这些话是出于什么目的呢？"子贡不紧不慢地回答道："我听说忧患在国内，就要攻打强国；忧患在国外，就要攻打弱国。您攻打鲁国胜利了，您的国君就会更骄纵，大臣会认为自己更加尊贵，您的处境不就越来越危险了吗？如果齐国攻打吴国失败了，那么，朝廷的势力日渐空虚，士兵和百姓战死国外，齐国的政权不就遂了您的愿，都是您的了吗？"

田常觉得子贡的话不无道理，但还是有一些困惑，便问道："可是，我们齐国的军队已经出发了，现在要转头攻打吴国，这样不会被怀疑吗？"子贡早已成竹于胸："您按兵不动，我去见吴王，让他攻打齐国，您直接迎击就是了！"田常听从了子贡的建议，就派子贡南下去见吴王夫差。

子贡见到夫差，告诉他救援鲁国是能扬名立万的事；而攻打齐国是能真正获利的事。子贡还建议夫差安抚泗水流域的诸侯，讨伐齐国，震慑晋国，就能让吴国立于不败之地。可夫差担心勾践报复，想先攻打越国再考虑子贡的建议。子贡连忙阻止，为夫差分析利弊：越国的力量不如鲁国，而吴国却比齐国强大，如果夫差此时去攻打弱小的越国而畏惧强大的齐国，其他国家都会认为吴国势单力薄，所以行事十分不果敢。子贡还主动请缨去见越王勾践，由他来劝说勾践派遣军队追随吴国的脚步，这样越国的国内就空虚了，夫差就不必害怕了。夫差觉得子贡的建议十分可行，就同意了子贡的请求，派他前往越国。

勾践听说子贡要来，特意提前清扫了道路，还亲自驾车迎接子贡。勾践见到子贡，连忙客气道："我们这里偏远落后，怎么劳您屈尊前来？"子贡直入主题："我劝说吴王攻打齐国，他非要攻打越国。我来到您这里，就是确认下您到底有没有报复夫差的想法，不过有没有这种想法您都是非常危险的，不如和吴国一起对战！"勾践甘拜下风，说自己自不量力与吴国抗争的结果就是被困在会稽山，他很想和吴国联手攻打齐国。

机敏的子贡了解了勾践的想法之后，趁机周旋："不瞒您说，吴王夫差凶猛残暴，这让大臣难以忍受；夫差即位后，吴国战争不断，士兵们已经忍无可忍；而忠臣伍子胥劝谏被杀，自私自利的太宰嚭当道，百姓们民不聊生，怨声载道。要我看，大王您不如出兵辅佐吴王，送重金给他以表谦卑，他一定会同意让越国和吴国一起攻打齐国。如果此战吴国输了，那就是大王的福气；如果胜利了，我就北上去见晋国的国君，让他出兵一起攻打吴国。到时候，大王就一定能完成灭亡吴国的梦想！"勾践听到子贡如此了解自己的心意，非常高兴，准备送给子贡黄金百镒、宝剑一把、良矛二支。但是都被子贡拒绝了。

子贡离开越国后，又回吴国拜见夫差，他告诉夫差此时的勾践十分惶恐，只想仰仗吴国一同作战，不敢有任何非分之想。果不其然，五天后，越国大夫文种也来到吴国，表示勾践愿意带领三千军队随行，还赠送给吴国一批兵器和铠甲。

夫差非常高兴，又找到子贡问他的意见。子贡说："您不能这样做！调动他国的全部兵马使其空虚，还让国君随行，这是不道义的。您可以接受越国带来的礼物，但要辞谢他们的国君一同前行。"夫差再次听取了子贡的意见，将勾践留在了越国。随后，夫差调动全国九郡之兵，前去攻打齐国。

这时，子贡到达晋国，又对晋定公说："吴国与齐国准备开战，如果吴国取得胜利，吴王一定会逼迫晋国。"晋定公吃惊地问道："那应该怎么办？"子贡建议他整顿兵器，休养士卒，静静地等着吴军的到来。晋定公按照他的话做了，子贡就回鲁国复命去了。

后来，吴王夫差带领军队与齐国在艾陵作战，夫差大败齐军，然后继续逼近晋国，与晋定公在黄池相遇。吴、晋两国争雄，晋军大败吴军。勾践趁机袭击吴国，打到吴都外七里处。夫差连忙返回，与越军在五湖作战。吴军多次战败，最后城门失守。越军包围王宫，杀死了夫差和吴国的相邦。三年后，越国称霸。

由此看来，子贡这次游说列国的出行，大大改变了各个国家的形势。在这长达十年的"社交"中，凭借一张能说会道的嘴，他保全了鲁国、扰乱了齐国、灭亡了吴国、强大了晋国，还让越国得意称霸，子贡果然是名不虚传的"大才"！

子贡的多副面孔

《史记·仲尼弟子列传》中"子贡一出，五国各有变"的故事就这样结束了。这个故事非常精彩，没想到，导致吴国灭亡的"幕后黑手"居然是子贡，甚至可以说是孔子本人，太神奇了！

不过，回想一下，我们之前讲过勾践灭吴的故事，并没有谈到子贡在其中发挥的作用。这到底是怎么回事呢？

其实，《史记·仲尼弟子列传》关于"勾践灭吴"

这段故事有明显的虚构色彩。仔细想一想，吴王夫差为什么要攻打齐国？根本原因是夫差想称霸，这完全没有错，但直接原因并非子贡的怂恿，而是狡诈的齐悼公本来联合夫差攻打鲁国，自己却又与鲁国私下讲和，使得夫差找到借口公开伐齐。

而且，据《左传》的记录，当时齐国陈氏的族长不是陈恒，而是陈恒的父亲陈乞。另外，吴、齐艾陵之战后两年，夫差才北上与晋国会盟，并未与晋国交战；在被勾践偷袭吴都后，夫差回国曾与勾践讲和。《史记·仲尼弟子列传》的这些记录，都与《左传》是冲突的。

不过，《史记·仲尼弟子列传》并非无中生有，追根溯源的话，可以在《墨子·非儒下》中找到端倪。据说，孔子在齐国求职失败，对齐景公与晏婴心生怨恨，就把鸱夷子皮，也就是范蠡安插在田常门下。孔子回国后，听说齐国要攻打鲁国，就告诉子贡此时是做大事的好机会。然后子贡到了齐国，见到田常，劝说他攻打吴国，并教高、国、鲍、晏四大家族不要妨碍田常叛乱。随后劝导越国攻打吴国。三年之内，齐、吴都经历了国亡之难，死去的人都数以十万计。墨子对此事的评价是：这都是孔子的阴谋啊！

有趣的是，在《韩非子·五蠹》一文中，也提到了齐国将要攻打鲁国，鲁国派子贡前去游说。齐国人需要的是土地，没有听从子贡的建议，仍然坚持攻打鲁国，一直打到鲁国都城城门十里外，并在这里划定两国边界。韩非子对此评论说："尽管子贡能言善辩，但鲁国的土地仍然被齐国夺去了。所以，机智善辩根本不是保全国家的方法，只能提高自己的实力才能抵抗大国啊！"总之，《韩非子》中并不欣赏子贡这种善于言辞的能力，在他的笔下，子贡甚至是个失败者，与《墨子》《史记·仲尼弟子列传》中的形象恰恰相反。

不过，不管是《墨子》还是《韩非子》，他们记录这个故事的目的都是讲道理，而不是单纯叙述历史。《墨子》很明显是在批评儒家，只不过经过纵横家的流传改造，到了《史记·仲尼弟子列传》这里就演变成对子贡的褒扬了。而《韩非子》不但批评儒家，也批评纵横家，在他看来，他们都是对国家没帮助的"五蠹"（五种蛀虫中的两种）。

那么，为什么这些故事会涉及子贡呢？一方面，子贡确实在孔子的弟子中才能过人，能言善辩；另一方面，子贡也的确多次参与了鲁国对吴国的外交活动。《左传》中记录了子贡的几次外交经历。

公元前488年，夫差与鲁哀公在鄫地会见，执政季康子久久未到，夫差让太宰嚭召见季康子。季康子不敢来，派子贡前去辞谢。太宰嚭认为季康子无礼，子贡以夫差的祖宗太伯、仲雍的故事反击，说当初太伯还能遵守周礼，可仲雍却学习断发文身，这难道合礼？想必其中必有阴谋！太宰嚭听到子贡的回击顿时哑口无言。

公元前484年，鲁国司马叔孙武叔参与艾陵之战，子贡同行。夫差把兵器和盔甲赐给叔孙武叔，让他认真执行国君的命令。但赐剑往往代表着赐死，叔孙武叔一下傻住了，不知如何去应对。这时，子贡又站出来提醒叔孙武叔，只要回答夫差自己愿意接受命令追随大王就可以了！叔孙武叔恍然大悟，连忙叩首拜谢。

公元前483年，夫差与鲁哀公在橐（tuó）皋会见，夫差派太宰嚭请求吴国与鲁国继续结盟。可是，齐国已经被打败，鲁哀公就想反悔，又派子贡去吴国应对夫差。子贡说："以前有盟约就不用重新签订了，如果可以更改，每天结盟又有什么用？如果盟约可以重温，那也可以凉下去的！"鲁哀公终于辞谢了吴国，却私下与卫国、宋国结盟。夫差得知后，召见卫出公，卫出公不来。夫差大怒，出兵包围了卫出公的旅舍。子贡本来就是卫国人，鲁国大夫子服何就派他去游说。

子贡再次找到太宰嚭，太宰嚭知道他嘴皮子厉害，连忙解释说："我们国君想侍奉卫国国君，但是他来晚了，所以才留下了卫国国君。"子贡说："卫国国君出发前与大臣商量，有人支持他来吴国，有人反对他来吴国，双方激烈的讨论导致卫国国君来晚了。你们现在拘禁他，不是让反对的人开心，让支持的人难受，让诸侯害怕吗？这样的局面吴国日后还怎么称霸呢？"太宰嚭觉得子贡的话不无道理，就让夫差放了卫出公。

整体来看，子贡确实口齿伶俐，才思敏捷，在与吴国的外交方面为鲁国争取了不少利益。所以，有关子贡的故事才会演变成"子贡一出，五国各有变"的传奇，但其实这是不可靠的。

《史记·仲尼弟子列传》最后说子贡擅长囤积居奇，贱买贵卖，转手谋利。他还喜爱宣扬别人的长处，却从不包庇别人的过失，做人比较直率、坦荡。关于这个人物的结局，是说子贡一生富庶，家产积累千金，最终死在齐国。这些记述基本符合史实。至于说他出任鲁国与卫国的相邦，找不到其他相关的资料佐证，又接近传说故事了。

除了《史记·仲尼弟子列传》外，《史记·货殖列传》也有子贡的传记。说的是子贡是孔子的弟子，之后在卫国当官，又在曹、鲁之间经商，在孔子七十多位才能出众的弟子里最富有。他出场的时候车马相连，用缯帛作为贡品进献诸侯。他所到的国家，诸侯都与他在庭院中相对施礼，而不像对待普通百姓一样对待他。还说孔子能够名扬千古，与子贡在背后的支持分不开，可见这位"得意门生"的重要性。

触摸历史

■ [文物]

· 上博简《子贡》

上海博物馆藏战国竹简的一篇，又名《相邦之道》，记录了子贡与孔子的问答。

原典

　　陈子禽问子贡曰[1]:"仲尼焉学[2]?"子贡曰:"文武之道未坠于地[3],在人,贤者识其大者[4],不贤者识其小者,莫不有文武之道。夫子焉不学[5],而亦何常师之有!"又问曰:"孔子适是国必闻其政[6]。求之与?抑与之与[7]?"子贡曰:"夫子温良恭俭让以得之。夫子之求之也,其诸异乎人之求之也[8]。"

　　　　　　　　　　　——《史记·仲尼弟子列传》

注释:

1.陈子禽:陈亢,字子禽,又字少禽,一说亦孔子弟子。

2.焉:哪里。

3.文武之道:周文王、周武王的修身治国之道。坠:坠落,失落。

4.识(zhì):志,记住。

5.夫子:孔门对孔子的尊称。

6.适:到,往。

7.抑:还是。

8.其诸:恐怕,或者。

陈子禽问子贡:"仲尼的学问是从哪里学的?"子贡说:"文武之道没有灭绝,仍在世间流传,贤人记住了其中的大道理,不贤的人记住了其中的小道理,文武之道随处可见。夫子在哪里不能学习呢?又何必要有固定的老师?"陈子禽又问:"孔子到一个国家,一定会问这个国家的政事。这是他自己主动索求的,还是别人主动告诉他的?"子贡说:"夫子是凭借他的温和、善良、恭敬、节俭、谦让而获取的这些信息,这或许和别人有所求的方法大不相同吧!"

一个时代的『终结者』：

赵无恤的故事

《史记·赵世家》
《国语》
《战国策》

赵无恤（？—前444），谥襄，又称赵襄子，晋国赵氏宗主，他的父亲是赵简子赵鞅，他的母亲是狄女。虽然母亲地位低微，但赵鞅看中赵无恤的才能，最终选他为继承人。赵无恤即位后攻灭代国，壮大了赵氏的实力。之后，他联合晋国韩、魏两家攻灭智氏，奠定了战国七雄的基础。赵简子与赵襄子被后世称为"简襄之烈"，可以算是赵国的实际创建者。

三晋灭智的前奏

赵无恤的父亲是赵简子赵鞅，也就是"赵氏孤儿"赵武的孙子，他曾担任晋国的卿士。

公元前477年，赵鞅去世，赵无恤继承赵氏宗主。当时晋国有智、赵、韩、魏四大家族，由高大俊美、骑射精通、记忆力惊人、能言善辩、刚毅果断却为人不仁的智瑶继任赵鞅为执政中军将。

之前，赵鞅就把女儿嫁给了代王，赵鞅被安葬后，赵无恤还没脱去丧服，就到北方登上恒山，并请代王前来聚会。在斟酒时，赵无恤让膳食官用铜勺趁机击杀掉代王与他的随从官员。然后，他亲自出兵伐代，一举灭亡代国。代王夫人得知后，大声哭泣，用磨尖的簪子自尽。此时，赵无恤之兄伯鲁已经去世，赵无恤为了团结族人，把代地封给了伯鲁之子周。

赵无恤灭了代国，算是圆了赵鞅的梦，可还有隐患需要处理。据《晋语》，赵无恤又派新稚狗去攻打狄人，取得左人、中人两地。当时，赵无恤正准备吃饭，听到捷报反而面露惊恐的神色。侍者问他为何面露难色，他说自己没有高尚的德行，得到如此福报不过是侥幸罢了。

智瑶也没有闲着。据《吕氏春秋》记录，他的目标是狄人的仇由国，可仇由地势崎岖，易守难攻。智瑶送了一口大钟过去，可是这口钟太大了，根本无法送达仇由国。于是，仇由国国君下令，削平山地、填平溪谷，迎接大钟。大臣赤章蔓枝反对这样做，仇由国国君不听。七天后，智瑶的军队一路跟着大钟，轻而易举地拿下了仇由国。

智瑶与赵无恤虽然分头扩张，但既然都是晋国卿士，也有合作的时候。公元前464年，智瑶、赵无恤一起攻打郑国，虽然最后没有攻下，但晋军也算取得了部分胜利。当晚喝酒庆功的时候，智瑶故意顺手把酒壶砸在赵无恤身上，惹得赵氏族人大怒，纷纷要找智瑶拼命，却被赵无恤拦下。赵无恤告诉族人："先父之所以让我继承他的位置，不就是因为我能忍辱负重吗？"其实，赵无恤心里很清楚，以自己此时的实力不足以与智瑶硬拼，他在等待时机反攻。

智瑶见对外扩张势力也不容易，决定干脆把手伸到国内。公元前457年，智、赵、韩、魏四家把当年战败逃亡的中行、范两家的土地全部瓜分。晋出公大怒，派人联合齐、鲁两国准备攻打四家。没想到，智瑶先下手为强，驱逐了晋出公，晋出公在出逃的路上去世。

随后，智瑶立晋哀公为国君，将国君完全控制在自己手里。接下来，智瑶就要对三家下手了。此时，韩氏族长是韩康子韩虎，魏氏族长是魏桓子魏驹。

经过对赵无恤与韩虎的挑衅，智瑶认定了三家都软弱无能，不敢反抗自己。不过，智瑶不敢硬碰硬，他的计策是向这三家一点一点索要土地，让他

们纷纷不战而灭亡。

据《战国策·赵策》的记录，智瑶伸手的第一个对象就是韩虎。韩虎本来不想给智瑶土地，但听从了亲信段规的劝谏，割让了一个万户之县。智瑶非常高兴，继续向魏驹索要土地。魏驹开始也不想给，经过谋臣赵葭、任章的劝谏，也不得不割让了一个万户之县。

之后，智瑶又向赵无恤索要蔺、皋狼二地，却被赵无恤拒绝了。于是，智瑶就拉拢韩虎、魏驹结盟，准备进攻赵氏。赵无恤也知道战争无法避免，就听取了谋臣张孟谈的建议，投奔先主留下的一块土地——晋阳。

于是，赵无恤派延陵生前行开道，自己率大部队随后跟进。

三晋灭智之战

《史记·赵世家》记录了不少奇谈，应该与太史公阅读过一些赵国文献有关。其中说到，赵氏大臣原过被落在后面，到王泽时见到三个人，他们只露出腰带以上的身体，还拿着封闭的竹棍，让他交给赵无恤。赵无恤斋戒三天后，剖开竹棍，见到里面有一些红色文字。阅读了这些文字后，他恍然大悟，这三人是霍太山山阳侯的使者，他们会帮助赵无恤消灭智氏，赵无恤应当为他们立庙祭祀。

《赵策》又说，赵无恤到达晋阳后，发现城郭已经修好，却没有作为防御使用的箭矢。张孟谈说："当年董安于治理晋阳，官署住处都用植物做墙，可以削下来制作箭杆。"接着，赵无恤又说缺箭头。张孟谈继续说："董安于治理晋阳时，官署厅堂都用铜柱做基石，可以用来当铜用！"这样一来，防御器具就齐全了。

智瑶得知赵无恤出逃，果然率领韩虎、魏驹一同攻打晋阳。晋阳城非常坚固，智瑶这群人一连攻打了三个月，也没有突破赵无恤方的防线。智瑶就把三家的军队分开，包围住晋阳城，然后掘开晋水，反灌城池。

三家包围晋阳整整三个月，晋阳城内已经是一片水泽。城内的人在树上搭巢居住，挂起锅来煮饭，钱财和粮食都快耗尽了。而水面距离城墙顶只有六尺高，如果越过了城墙，晋阳全城官民都会变成鱼虾。

此时，智瑶的谋臣郗（xī）疵根据韩魏两家的行为判断这两家一定会造反，智瑶对他的推断将信将疑。第二天，智瑶索性开门见山地对韩虎、魏驹两人说："郗疵说你们要谋反！"两人极力辩解："我们虽然愚蠢，也不至于放弃眼前的利益，去做不可能完成的事吧！这是郗疵在挑拨离间，为赵无恤谋划出路呢！"郗疵得知智瑶将自己的话泄露出去后，赶忙逃奔到齐国去了。

晋阳城内的人渐渐没有了斗志，也不再对赵无恤有礼，只有高共对他从不失礼，赵无恤也有些失去信心。他问张孟谈："如今粮食匮乏，财物用尽，官员多病，怕是守不住城了！我要向哪家投降好呢？"张孟谈请求赵无恤让他偷偷出城，去见韩、魏两家的族长，赵无恤同意了。

张孟谈见到韩虎和魏驹，以唇亡齿寒的道理游说他们。他们非常恐慌，但也不敢对抗智瑶。张孟谈就与两人秘密结盟，约定好反攻的日期。之后，张孟谈还去见了智瑶，在离开智瑶后，遇见了智氏族人智过。

智过见到智瑶，告诉智瑶他通过张孟谈趾高气扬的傲慢神情推断韩魏两家必然叛变。智瑶不信。智过出来后，又遇见韩虎、魏驹。智过再次找到智瑶，说这两个人的神情也不正常，智瑶仍然不信。智过见智瑶一意孤行，难成大器，就逃跑了。

张孟谈见到赵无恤，告知他智过对自己起了疑心，如果当天晚上不攻打智瑶就会错过时机。于是，赵无恤派张孟谈联系韩虎、魏驹当晚行动，趁着夜色，他们杀了智瑶守卫大堤的士兵，然后掘开晋水，反灌智瑶大营。智瑶猝不及防，赶忙指挥救水。赵无恤趁机打开城门，率领军队进攻韩虎、魏驹从两侧夹击。智瑶大军一败涂地，赵无恤痛恨智瑶，就处死了他。

智瑶被杀后，他的门客豫让逃到了山中。豫让原本是晋国毕氏，曾先后侍奉过范氏、中行氏，后来被辞退，投奔了智氏。为了报答智瑶的知遇之恩，豫让改名换姓，装作服役的犯人去赵无恤家修理厕所，想趁机行刺。结果被赵无恤的左右侍卫发现，赵无恤怜惜他是名义士，就释放了他。

但豫让还不肯放弃，他用漆涂身，剃掉须眉，毁伤面孔，为了彻底不被发现，他还吞炭弄哑了嗓子。豫让趁赵无恤外出巡视，埋伏在桥下。可等赵无恤到了桥上，他的马突然惊起，豫让再次落在了赵无恤手里。

这一次，赵无恤大怒，不再准备饶恕豫让了。豫让请求赵无恤脱下他的衣服，让自己刺几下，来表示已经报仇雪恨，这样就死而无憾了。这件事今天看起来似乎没有什么意义，但古人认为衣服与身体有接触，刺衣服就等同于刺身体。赵无恤被他的凛然大义所感动，脱下了自己的衣服，于是，豫让对准衣服再三击刺，然后自杀而亡。豫让死的那天，赵氏中有正义感的人无不为其流泪叹息。

后来，赵无恤娶了空同氏之女为妻，生了五个儿子。由于兄长赵伯鲁未能继任宗主，赵无恤一直想将宗主还给伯鲁之子赵周。但赵周先于赵无恤离世，所以赵无恤只能立赵周之子赵浣作为自己的继承人。

赵浣的儿子赵烈侯在位时，正式建立赵国。但赵无恤主导的三晋灭智之战，赵、韩、魏三家胜出，实际上已经奠定了"战国七雄"的基础。所以也有学者认为，应该把这一时间视为春秋战国的分水岭。

触摸历史

■ ［ 遗迹 ］

· **代王城遗址**

在河北省蔚县。为春秋时期至汉代代国都城所在地，现为全国重点文物保护单位。

· **晋阳古城遗址**

在山西省太原市晋源区。为春秋至五代时期晋阳古城遗址，最早由晋国赵氏大夫董安于所建，现为全国重点文物保护单位。

· **太原东周赵卿墓**

在山西省，是迄今为止所见春秋时期等级最高、规模最大、随葬品最丰富、资料最完整的晋国高级贵族墓葬。

原典

　　三国攻晋阳[1]，岁余[2]，引汾水灌其城[3]，城不浸者三版[4]。城中悬釜而炊[5]，易子而食。群臣皆有外心，礼益慢，唯高共不敢失礼[6]。襄子惧，乃夜使相张孟同[7]私于韩、魏。韩、魏与合谋，以三月丙戌，三国反灭智氏，共分其地。于是襄子行赏，高共为上。

——《史记·赵世家》

注释：

1. 三国：指智（知）、韩、魏三家。

2. 岁余：一作"三年"。

3. 汾水：一作"晋水"。

4. 版：二尺。

5. 釜：炊具，锅。

6. 高共：一作高赫、高赦，赵襄子大臣。

7. 张孟同：即张孟谈，赵襄子相，太史公避父讳改"谈"为"同"。

大意

　　三国围攻晋阳，一年多后，引来汾水倒灌晋阳城，城墙没有被水淹没的只有六尺之高。城里人把炊具挂起来煮饭，交换孩子来吃。群臣都有了离弃之心，对赵襄子的礼数越来越轻慢，只有高共不敢失礼。赵襄子非常害怕，就连夜派相邦张孟谈去结交韩、魏。韩康子、魏桓子和赵襄子合谋，在三月丙戌这天，三国反过来攻灭智氏，共同分割了智氏的土地。后来到赵襄子赏赐功臣时，以高共为首功。

图书在版编目（CIP）数据

少年读史记. 春秋天下 / 林屋著；刘均绘. -- 北京：天天出版社, 2023.5
ISBN 978-7-5016-2051-7

Ⅰ.①少… Ⅱ.①林… ②刘… Ⅲ.①中国历史—古代史—纪传体②《史记》—少年读物 Ⅳ.①K204.2-49

中国国家版本馆CIP数据核字(2023)第065464号

林屋 著 刘均 绘

战国群星

少年读史记

人民文学出版社 天天出版社

目 录

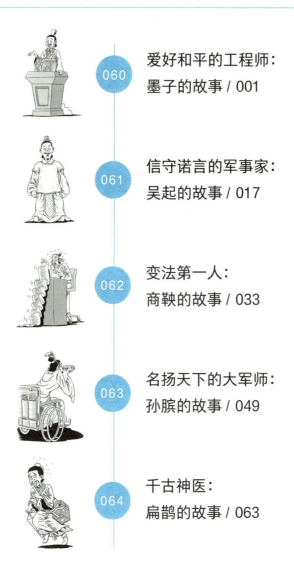

爱好和平的工程师：墨子的故事

墨子的故事

《史记·孟子荀卿列传》

《墨子》

《汉书·艺文志》

墨子，宋国人，一说鲁国或小邾（zhū）国人，春秋战国之际思想家、哲学家，墨家学派创始人，《墨子》的作者。墨子出身平民，提倡"兼爱""非攻""尚贤"等思想，注重科学技术的运用，曾以器械模拟攻守令鲁班折服，并成功阻止楚国、齐国进攻小国。《史记·孟子荀卿列传》中墨子传记仅有寥寥二十四个字，故本文主要依据《墨子》写成。

毋庸置疑，墨子是先秦诸子中一个重要人物。然而，在司马迁的笔下，关于墨子的传记只有寥寥二十四个字的极简介绍，还附在《史记·孟子荀卿列传》这篇的最后。

　　关于墨子的生活时代，从《墨子》中涉及的人物来看，他主要活动时间是在战国初期。孔子去世时墨子应该还年幼，两人没有太多交集，《左传》《论语》也未提到墨子其人其事。

　　关于墨子的籍贯，《史记·孟子荀卿列传》说他是宋国大夫。从他的经历看，一般认为他还是宋国公族，也就是宋襄公的庶兄——公子目夷的后人。后来也有一种说法，说墨子虽然是宋人，但其实生活在鲁国，类似于孔子。这种说法可能更接近事实。也有说，墨子籍贯是靠近鲁国的小邾国（今山东枣庄）。《淮南子》说墨子年轻时也是儒家传人。不过他探索出了一条自己的道路，开创了墨家学派，战国时有"非儒即墨"的说法，可见墨家影响力之大。

高光时刻：止楚攻宋

因为史料的缺失，墨子早期的经历已经不得而知了。只知道他在齐、鲁活动的时候，就已经收了很多弟子。《墨子·公输》说，战国初期，楚惠王打算进攻宋国，请来了鲁国大名鼎鼎的公输班，我们习惯称他鲁班。他为楚国制作了一种叫"云梯"的攻城器械，这是一种可以帮助军队直接翻上城墙的梯子。有了这种工具，楚国要拿下宋国非常容易。因为墨子是宋人，所以他得知消息后，马上从齐国动身，连着走了十天十夜才到楚国郢都，见到了鲁班。

鲁班与墨子从来没见过面，但早已互相耳闻。鲁班问："您找我有什么事？"墨子一本正经地说："北方有一个人侮辱我，我想请您去杀了他。"突然有人上门来提这种要求，鲁班脸色一变："我又不是杀手，你找我干吗？"墨子继续自说自话："我愿意送十镒（yì）金子给您。"一镒是二十两或二十四两，十镒可不是一笔小数目。鲁班再次拒绝："我可是好人，做事讲道义，绝不会杀人！"

墨子站了起来，对着鲁班拜了拜，正色说："听说您制作了云梯，打算用它帮楚国进攻无辜的宋国是吗？让我来展开讲讲您所谓的道义。楚国地广人稀，还要牺牲人口去多占土地，这是楚王没智慧；楚国去攻打没有犯错的宋国，这是楚王不仁义；我觉得您是聪明人，一定明白这些，但您不劝谏楚王，这是您不够忠诚；哦？您说您劝了，但劝谏没达到目的呀，这是您不够强硬；刚刚您说您是好人，做事讲道义，不会杀人，现在却要去杀宋国那么多的人，这说得通吗？"

鲁班被说得哑口无言。墨子见他犹豫，趁机补充说："您就应该别再帮楚王攻打宋国了呀！"鲁班略有为难："可我已经答应楚王了。"墨子胸有成竹："要不把我引荐给楚王，我替您说。"鲁班答应了。

此时的楚国国君是楚惠王。墨子见到他，故技重施地开口："现在有一个人啊，坐着好车、穿着好衣服、吃着好饭菜，却想办法去偷邻居的坏车、破衣服和馊饭菜。这是怎么样一个人呢？"楚惠王上套说："他一定是有盗窃病吧！"

墨子点点头继续："楚国方圆五千里，物产富饶天下第一，还有高大珍贵的树木。再看那宋国，方圆只有五百里，野鸡、野兔都少见，甚至连大点儿的树都没有。您一个楚国的大王去打宋国，这不是和有盗窃病的人一样吗？"

楚惠王知道说不过他，也根本懒得跟他辩论，点点头说："您说得好！但鲁班已经把云梯造好了，宋国是一定要打的。"

墨子却没有放弃，他又把鲁班叫了过来。墨子解下腰带，围作城墙的形状，然后用筷子充当器械，要跟鲁班模拟攻防战。两个顶级"工程师"要在专业领域一较高下，鲁班也接招。但每次鲁班试图进攻，都被墨子成功防御住。最后，鲁班攻城的器械用尽了，而墨子守城的方法却还游刃有余。

最后鲁班抬头看着墨子说:"我知道如何对付你了,但我不说。"墨子一笑:"我知道你会如何对付我,但我也不说。"楚惠王感到奇怪,问他俩这是打什么哑谜呢?墨子说:"鲁班的意思呢,是想杀了我。他以为,杀了我就没人能够守城了。但我的学生禽滑厘等三百人,已经准备好守城器械,在宋国等着楚国攻击呢!即使杀了我,防守的人也杀不完啊!"这话其实是说给楚惠王听的。

楚惠王这才知道,墨子不但有口才、有实力,还有后招。他就只好放弃了攻打宋国。

鲁班输了一局总是不太服气。过去,楚国在水战中经常输给越国。鲁班到楚国后,发明出一种叫钩拒的工具,可以钩住和拒开敌船,非常助力水战。鲁班很得意地向墨子炫耀。墨子不紧不慢地说:"我用仁爱做钩,用恭敬做拒。你怎么对别人,别人就怎么对你。互爱互敬才能互利,互钩互拒就互相伤害了。所以我的钩拒比你的强。"鲁班又削竹子,制成一只能连续飞三天都不落地的喜鹊,十分精巧。

墨子却说："你这竹鹊还不如木匠做的车辖呢。制作出来的器物，要看实用性。你这种发明虽然精巧，但对于大家来说，根本没有用处，就是粗笨。"

鲁班斗技斗不过墨子，斗嘴也斗不过墨子，彻底被他折服，不禁感慨："见到您之后，我才知道，如果行事不合道义，宋国送给我我也不要啊！"墨子也特别会说话："那就相当于我送给您宋国了。如果您一心仁义，就等于我将全天下送给您了呢！"两人相视大笑，化敌为友。

墨子这一趟成功解除了宋国之围，回齐国路过宋国时，正逢天下大雨。墨子想走到里巷的闾门之下避雨，看门人却不认识墨子，不让他过去。可见，墨子虽然救了宋国，但没有拿这事向宋国邀功，可以说是深藏功与名了，很有侠客的风范。

代表普通人的愿望与理念

墨子除了阻止楚国进攻宋国外，还阻止过楚国进攻郑国、齐国攻打鲁国。他有个弟子叫胜绰，曾参与齐国多次进攻鲁国的战争，墨子非常生气，开除了胜绰这个不听话的学生。

墨子思想最核心的部分，就是他"非攻"的主张。不管是宋国、鲁国还是小邾国，这些疑似是墨子的出生地，在当时都是小国家，深受大国欺凌。墨子成长在这样的国度里，自然从小就具备反战思想。

墨子不是一味地反对打仗，他也支持反抗侵略、维护和平的战争。墨子不但带领弟子以实际行动支持这样的防御战争，还研究出不少防御守卫的技术。《墨子》这部书里，有十一篇讲的是器械制造和守城战术。虽然这些篇章，很可能是墨子后学整理的，但墨子无疑是墨家学派的开创者。而这种重视科学技术的理念，在先秦诸子之中，也是独树一帜的。

墨子"非攻"的理论根据，来源于"兼爱"的主张。在墨子看来，一切战争都来源于人们彼此之间不相爱，所以要消灭战争的话，就必须遵守"兼相爱，交相利"的规则。人们不分贵贱，应该互相爱护，彼此帮助。这样爱好和平的理念，自然拥有非常高的境界。不过，要求一切人能够兼爱，实际上却又是一种空想。

墨子还有一个重要主张是"尚贤"，既然能够"兼爱"，那么也应该"尚贤"。墨子出身平民，他的不少弟子应该是手工业者，所以更急于改变社会地位。所谓"官无常贵，民无终贱"，在墨子看来，只要是聪明能干的贤人，无论出身农民、手工业者还是商人，都应当参与政事。像我们熟悉的舜出身于农民、伊尹出身于厨师、傅说出身于囚徒等说法，其实都来自《墨子》的记录。

但墨子并非无原则地谋求官职。楚惠王虽然赞赏他的政治理念，也愿意高薪厚禄供养他，但明确表示，不会按他的理念治国。说穿了，就是把墨子当作花瓶而已。对这样的征召，墨子明确拒绝了。后来越王更有诚意，以五百里地请封墨子。反战的墨子表示，如果大王听我的，我就前来，只求吃饱穿好，不求封地赏赐；如果大王不听我的，我就坚决

不能来。可越国与楚国同是大国，怎么可能放弃战争呢？这事最后也就作罢了。

"节用"是墨子另一大思想。墨子代表的小生产者，除了饱受战争苦难，还深受贵族压迫。所以墨子认为，要限制贵族奢侈腐朽，应当以实用为主，反对铺张浪费，并进一步提出"非乐""非命""节葬"等主张。

"非乐"说的是比起民众的饥寒问题，音乐享受是次要的；"非命"说的是不要等待天命，而要努力生产；"节葬"说的是提倡薄葬短丧，反对厚葬长丧。这样的观点，自然也有进步意义，但也有不少矫枉过正，比如忽视了音乐的教化作用，甚至主张把艺术活动全部取消，这样就使得民众精神生活非常匮乏。为此，墨子在鲁国还与多名儒家学者辩论过。

《汉书·艺文志》有《墨子》七十一篇，现存五十三篇。一般认为，《墨子》最早由墨子本人编写，之后经历墨家学派编撰。在墨子去世后，墨家分为三支，分别是相里氏、相夫氏与邓陵氏。他们有些观点也有不同，但都自称是墨学正统，这样也造成《墨子》一些矛盾之处。

墨家的后人也去了秦国，其政治理念为秦献公所器重，使得秦国迅速强大。不过，秦国国君经过专制集权，又对墨家这种带有游侠性质的组织非常忌惮。所以，墨家在诸子百家中消亡最早，不过，他们的理念却融入了后世的思想中。

【触摸历史】

■ [成语]

· 墨守成规

战国初年墨子善于守城，后人据此创作"墨守成规"一成语，指思想保守，守着老规矩不肯改变。

· 何罪之有

出自《墨子·公输》，说的是鲁班打算为楚国攻宋，墨子质问鲁班"宋何罪之有"，表示用反问的语气来表示清白无辜。

■ ［文物］

· 长台关楚简《墨子》

1956年出土于河南信阳长台关战国楚墓竹简的一种，记录了周公与申徒狄的谈话，与传世本《墨子》相关内容类似，有可能是《墨子》的佚篇。

· 清华简《治邦之道》

清华大学藏战国竹简的一种，阐述了治国安邦的思想，整理者认为是《墨子》的佚篇，也有人认为是儒家的著作。

■ ［遗迹］

· 墨子故里

在河南鲁山西部山区，今有墨子洞、墨子坊等景点，其中墨子洞、墨子坊为鲁山县重点文物保护单位。

【原典】

盖¹墨翟，宋之大夫，善守御，为节用²。或曰并³孔子时，或曰在其后。

——《史记·孟子荀卿列传》

注释：

1. 盖：语气词，无实义。
2. 节用：节约费用，有《墨子·节用》篇。
3. 并：并列。

【大意】

墨翟，是宋国的大夫，善于守卫防御，节约费用。有的人说他与孔子同时，有的人说他在孔子之后。

信守诺言的军事家：吴起的故事

《史记·孙子吴起列传》
《韩非子》
《吕氏春秋》
《战国策》

吴起（？—前381年），卫国左氏（今山东定陶）人，战国时期政治家、军事家、改革家。开始是儒家曾申的学生，在卫、鲁等国任职。后来投靠魏文侯，训练士兵，并担任西河郡守，抵御秦国。魏文侯去世后，因为魏武侯猜忌，吴起只好去了楚国，被楚悼王任命为令尹，主持变法。一年后，楚悼王去世，吴起也被反对的贵族杀死。后世传说是吴起编写的《吴子》，收入宋代《武经七书》。

出身儒家，擅长兵法

吴起是卫国左氏人，在孔子的弟子曾参之子曾申处求学。还有一种说法，曾申从左丘明处学习《左传》，传给吴起，而《左传》也记录了大量的军事活动。可见，吴起出身儒家，同时擅长兵法。

《史记·孙子吴起列传》说吴起早年出仕鲁国，又娶了齐国妻子。后来，齐国军队攻打鲁国，鲁国国君想任用吴起为将军，但又怀疑他因为妻子，会和齐国暗中来往。而吴起一心想成名，就杀死自己的妻子，表示不亲近齐国。鲁国国君这才放下心来，任命他为将军，吴起就率领军队，大败齐军。这个故事比较出名，但其实不那么可靠。在《韩非子》中，也提到了吴起和他妻子的故事，但只说他休妻。相对于《史记·孙子吴起列传》中杀妻求将，休妻的说法显得更为可靠一些。实际上，吴起提倡仁德，在军中廉洁正直，深受将士爱戴。大概因为吴起正是法家先驱，所以才夸大了他对妻子的刻薄寡恩。

吴起因为功劳太大，招来别人嫉恨。此人在鲁国国君面前诋毁他说："吴起不是什么好人！他本来是卫国人，年轻时一直在外面求官，结果不但没有当上官，反而把家产全部耗尽。乡邻们都嘲笑他，他就杀了三十多个人逃跑。为了出人头地，他去拜曾子为师。母亲去世，都没有回去奔丧。曾子因此看不起他，和他断绝师徒关系。吴起又来了咱们鲁国，为了谋取将军的职位，不惜杀了自己的妻子表忠心。鲁国是小国却战胜齐国这样的大国，这会引来其他诸侯的警觉，没准儿会来对付咱们。何况鲁、卫本是兄弟之国，您重用杀人且叛逃自己母国的吴起，不就等于得罪卫国了吗？"鲁国国君觉得有道理，就渐渐疏远吴起了。

是将才，不是相才

　　吴起后来听说魏文侯比较贤明，就去投靠魏国。当时，魏文侯问大臣李克："吴起这个人怎么样呢？"李克比较公正地说："吴起贪图名利，但要论带兵打仗，古代的名将司马穰苴也不如他啊！"于是，魏文侯就任用吴起为主将攻打秦国，果然顺利拿下五座城池。魏文侯又任命他为西河郡守，驻扎在黄河西边，用来防御西边的秦国和南边的韩国。

　　春秋时代兵农合一，还没有职业军人，但这已经不适应战国时代了。吴起到达魏国后，开始建立职业军人"武卒"。武卒筛选也非常严格，他们要先穿上盔甲，再带上戈、剑和十二石的弩机、五十支箭、三天的粮食，一天之内行进百里，才有资格进入行伍。被选拔上也有优惠政策，不但不需要服徭役，还可以得到一定数量的田宅。魏国能成为战国初年最强大的诸侯国，军事实力当然是其中举足轻重的因素。

吴起练兵非常信守诺言，他认为只有这样，才能让士兵遵守军令。《韩非子》说，吴起担任西河郡守时，秦国在附近有个小城，危害到魏国边境农民，但又不值得征调大军前来攻打。吴起就在北城外放置一根车辕，说谁能移到南门，就赐土地与住宅。将士一开始以为开玩笑，都不相信，后来有人试着这样做了，吴起果然履行了承诺。吴起又在东门放置大约一百多斤红豆，说移到西门之外有赏，将士争先恐后去搬运，吴起也赏了。最后，吴起下令说明天攻打秦国城堡，谁先登上城头，就会被任命为大夫，魏国将士斗志昂扬，一个早上就把秦城拿下了。

吴起还非常关心士兵，能够和士兵同甘共苦。《史记·孙子吴起列传》说，吴起担任将军的时候，和最低等的士兵穿一样的衣服，吃一样的饭菜。他睡觉不铺席垫，行走不乘车骑马，亲自背负粮食，和士兵们分担劳苦。士兵有人生了脓疮，吴起亲自为他吸吮脓液。正是因为有这样的主帅，将士们自然也更加愿意卖命。

魏文侯去世，魏武侯即位。吴起担任西河郡守

多年，声望很高，魏武侯却任命田文担任相国。吴起不服，对田文说："我能不能跟您比一下功劳呢？"田文说："好呀。"吴起说："统率三军，让士兵出生入死，敌国不敢图谋，您和我比谁强？"田文说："我不如您。"吴起说："管理文武百官，让百姓亲附，国库充盈，您和我比谁强？"田文说："我不如您。"吴起说："守卫西河，让秦军不敢进犯，韩赵两国归顺，您和我比谁强？"田文说："我不如您。"吴起更加不服气地说："既然这三方面您都自认不如我，为什么职位在我之上？"田文慢条斯理地说："国君还年轻，根基不稳。这个时候，是让您做相国，还是我做相国呢？"吴起沉默了很久说："还是应该由您来做！"吴起这才明白，自己不如田文思考周全。他虽是将才，却并非相才，这也导致他后来的悲剧。

田文去世后，公叔继任相国，娶了魏武侯的公主，他非常嫉妒吴起，就向魏武侯进言，说想知道吴起对魏国忠不忠心，可以用嫁公主的方法试探他。如果他愿意娶公主，就是想长期留下来；如果推辞，就是没有长期留下来的意思。同时，公叔又请吴起上门做客，然后故意让妻子生气，演出一副夫妻不和睦、公主脾气大的情境来给吴起看。吴起见到公主脾气这么大，也就不敢娶其他公主了。魏武侯果然怀疑吴起别有所图，不再信任他。吴起自知难以继续发展，于是就离开魏国去了楚国。

奔楚变法

楚国当时的国君是贤明的楚悼王，他一向听说吴起能力强，于是就任命他为令尹。楚国令尹长期由公族把持，楚悼王敢于任命吴起担任令尹，表明决心有一番作为，由此也开启吴起在楚国的变法。

《史记·孙子吴起列传》说，吴起依法办事，令出必行，裁撤无关紧要的官员，停止对王族的供给，把财政转移到练兵方面。《韩非子》记录吴起对楚悼王说："大臣权势太重，贵族封地太多，他们对上威胁君主，对下压迫民众，不如在贵族三代就收回爵禄，并裁减百官俸禄，减少不必要的机构，用省下来的费用来训练战士！"《吕氏春秋》还说，吴起为了打击贵族势力，将他们从富庶之地迁徙到荒凉地区。除了打击贵族势力，吴起还着手整顿吏治。《战国策》中就说，吴起曾规定大臣不能因私害公，禁止大臣私门请托，严禁纵横家游说，改变楚国风俗。

吴起变法自然遭到贵族反对。不过，在楚悼王的支持下，变法还是有条不紊地进行。在吴起的主持变法下，楚国国力迅速提升。《史记·孙子吴起列传》说楚国向南平定百越，向北吞并陈蔡，打退三晋进攻，向西攻击秦国。不过，陈蔡在当时已灭亡多年，所以这应当不是史实。可以确定的是，在前381年，楚国救助赵国，攻打魏国，一直打到黄河沿岸，取得大胜。

而就在这一年，楚悼王去世。当时，楚悼王还没下葬，被吴起长期打压的贵族们就忍不住一拥而上攻杀吴起。吴起自知性命难保，逃到楚悼王停尸之处，压在楚悼王的尸体上。这些人恨透了吴起，用乱箭将他射死，有些箭也就射到了楚悼王尸体上。按照楚国的法律规定，用兵器来侮辱楚王尸体，是诛灭三族的重罪。果然，太子即位后，就把这些人全部处死，祸及七十多家。吴起用这种方式，为自己报了仇。

吴起在楚国变法时间较短，在他被杀之后，政权重新回归楚国王族。楚国虽然整体强大，但因为贵族专权，实力比较分散。所以后来再也没有北伐至黄河的壮举。后人往往将吴起与商鞅比较，两人虽然都死于非命，但商鞅之法薪火相传，吴起之法却人亡政息。其实这是由秦、楚两国本身的政治土壤决定的，并非二人能力差距。相反，吴起在军事方面的成就，明显在商鞅之上，而商鞅变法本身也参考了吴起改革。

最后，还有一些小知识点供讨论。《汉书·艺文志》有《吴起》四十八篇。《隋书·经籍志》和《新唐书·艺文志》仅有一卷《吴子》六篇，即今天看到的《吴子》。不过，不少学者认为这卷《吴子》是后人的伪作。开篇我们提到，吴起从曾申处学习《左传》。在战国秦汉时候，学者传承文献时，也会对文献加以编纂。所以就有学者认为，《左传》大部分出于吴起之手。因为其中有详尽的鲁国、晋国、楚国史事，与吴起履历相合；而其中对晋国大夫褒扬，却对晋国国君多有贬斥；反过来又对楚国国君褒扬，而对楚国大夫多有贬斥，这与吴起本人政治立场也是相同的。

【触摸历史】

■ ［成语］

· 杀妻求将

　　出自《史记·孙子吴起列传》，说的是吴起妻子是齐国人，为了担任鲁国将领，而杀死妻子来求得信任。后表示为追求功名利禄而不择手段。

■ ［遗迹］

· 沙门城址

　　在河南延津榆林乡沙门村，过去称为吴起城遗址，据说是吴起扼守黄河渡口时的城址，考古发现为汉、宋、金代考古遗址。现为全国重点文物保护单位。

【原典】

　　起之为将，与士卒最下者同衣食。卧不设席[1]，行不骑乘，亲裹赢[2]粮，与士卒分劳苦。卒有病疽[3]者，起为吮之。卒母闻而哭之。人曰："子卒也，而将军自吮其疽，何哭为？"母曰："非然也。往年吴公[4]吮其父，其父战不旋踵[5]，遂死于敌。吴公今又吮其子，妾不知其死所矣。是以哭之。"

——《史记·孙子吴起列传》

注释：

1.席：蒲草编织的卧垫。

2.赢：担负。

3.疽（jū）：脓疮。

4.公：对人的尊称。

5.旋踵：旋转脚跟，此处指作战不退逃。

【大意】

　　吴起担任将军，和最下等的士兵一起穿一样的衣服，吃一样的食物。睡觉不铺席垫，行走不乘车骑马，亲自背负粮食，和士兵们分担劳苦。士兵中有人生了脓疮，吴起为他吸吮脓液。这个士兵的母亲听说就哭了。有人说："你儿子是士兵，而将军亲自吸吮他的脓液，你为什么哭呢？"士兵的母亲说："不是这样。过去吴将军就替他的父亲吸吮脓液，他的父亲作战时就决不退缩，于是死于敌人之手。吴将军现在又吸吮这儿子，我不知道他会死在何处。所以才哭啊。"

变法第一人：商鞅的故事

《史记·商君列传》

《史记·秦本纪》

《六国年表》

《韩非子》

商鞅（？—前338年），出身卫国公族旁支，姬姓，名鞅，又称公孙鞅，后封商地而称商君、商鞅。战国时期政治家、军事家、改革家，法家学派代表人物。最初投奔魏国相邦公叔痤（cuó），因不受重用而入秦辅佐秦孝公。先后主持两次变法，使秦国国力迅速上升，但因此得罪不少权贵。秦孝公去世的当年，商鞅被秦惠王杀死。商鞅的变法理论与具体措施，集中在《商君书》一书中，是商鞅学派的共同著作。

第一次变法

商鞅，是卫国国君的庶系子孙，名鞅。所以也叫卫鞅、公孙鞅，至于"商鞅"的称呼，其实是他在秦国受封商地之后的事了。商鞅年轻时爱好法家学术，但家乡卫国只是个小国，难以施展身手。商鞅就投奔魏国，担任相邦公叔痤的中庶子，也就是侍从一类职官。但他并没得到魏惠王的重用。公叔痤去世后，商鞅听说秦孝公寻访有才干的人，希望重振秦穆公时的霸业。商鞅就离开魏国去了秦国，通过秦孝公宠臣景监进见。

秦孝公召见商鞅，商鞅先后和秦孝公讲尧舜之道、夏禹、商汤、周文、武王的治国之道。秦孝公丝毫不感兴趣，一边听一边打瞌睡。直到商鞅讲起春秋五霸的治国之道，秦孝公才终于开始感兴趣了，后来逐渐听入迷，与商鞅连续谈了几天，也不知道疲倦。因为商鞅讲的"霸道"才是他感兴趣的，对历史太久远的"王道"并不感兴趣。其实，王道讲的是以德服人，而霸道讲的是以力服人。所以霸道虽然见效显著，但也容易迅速败亡；王道虽然见效缓慢，却更有利长治久安。

之后，秦孝公就任命商鞅为左庶长，开始推进变法工作。左庶长是秦国二十等爵位中的第十等。前356年，在秦孝公的支持下，商鞅正式推行第一次变法。关于商鞅变法的内容，在诸多文献里都有提到，概括起来，其中主要有四条：

第一是颁布法律，轻罪重罚。其中比较重要的是连坐法，把十家编为一什，五家编为一伍，让他们互相检举揭发，一家犯法，十家连带治罪。

第二是奖励军功，颁布爵制。规定军功按斩首数量来算，按照爵位的高低，给予耕地、住宅、官职、赋役、奴婢等特权。即使是公族，没有军功也不能享受特权。

第三是重农抑商，奖励耕织。致力于农业生产，

使得粮食丰收、布帛增产的人，可以免除赋税和劳役；因为从事工商业导致贫穷的，妻子女儿都罚没为官奴。

第四是焚烧儒典，禁止游士。为了推行变法，打击复古思想，下令烧毁《诗》《书》；同时下令禁止私门请托，禁止游说求官。

《史记·商君列传》说新法准备就绪还没公布，商鞅怕百姓不相信，就在国都后面市场南门竖起一根三丈的木头，招募百姓将木头搬到北门去，能做到的赏赐十金。百姓开始没人动。商鞅又宣布涨到五十金，这才被一个人搬走了，商鞅马上就给了他五十金，表示令出必行，绝不欺瞒。这个故事与前面吴起的故事类同，可能是商鞅从吴起处学习的谋略。

新法刚推行一年，大家纷纷议论。正在此时，太子触犯了新法。其实，太子当时年龄不大，不见得真会主动犯法，很可能是背后的贵族势力试探商鞅。商鞅就将计就计，下令处罚太子。但太子是国君继承人，不能随意加以刑罚，所以揪出了他的师父公子虔和公孙贾替罚，被判处脸上刺字的墨刑。连太子身边的人都敢拿下，这下没人敢非议商鞅了。

等到新法推行十年，深入到社会各方面。人人拾金不昧，家家富足，治安得到极大提升，社会秩序非常安定。这时，当初说新法不方便的人，又转过来说新法好话。商鞅却认为，这些人是在扰乱法律，下令把他们全部放逐至边疆。此后，就没有人敢议论新法了。商鞅既反对民众批评，也不需要民众赞美，只需要他们好好遵守新法。

第二次变法

商鞅因第一次成功的变法被任命为大良造，这是二十等爵第十六级的官职，相当于相邦。之后，商鞅还亲自率领军队攻打魏国，拿下了魏国旧都安邑（今山西夏县），秦孝公迁都至咸阳。秦国终于再次挺进河东，这都是商鞅变法带来的实惠。

前350年开始，商鞅又主持第二次变法，概括起来，又有以下四点新内容：

第一是破除阡陌，重置封疆。就是将土地收归国有，然后将土地授予农夫，让民众有地可耕。

第二是推行县制，设置官僚。把一些零散的乡、邑、聚合并为县，并在全国设置了三十一个（《秦本纪》说四十一、《六国年表》说三十）县，正式确定了县一级的地方行政机构，让政令可以更通畅。

第三是分立户口，征收军赋。限制官员豢养食客。商鞅规定按照户口征收军赋。男子成年不分家的，要加倍征收赋税。确定一夫一妻为单位的户口，便于扩大农业生产，增加国家赋税。

第四是统一度量衡，颁布标准器。其中包括统一斗和桶等容量单位、权和衡等重量单位、丈和尺等长度单位，秦制一升相当于今天202.15立方厘米，一尺是23.05厘米。

四年之后，太子的师父公子虔自己又犯了新法，被判处了割鼻子的劓刑。这和墨刑都是带有羞辱性质的肉刑，公子虔和公孙贾两人因此对商鞅怀恨在心。在商鞅的主政下，秦国迅速强大，周显王也出面把祭肉赐给秦孝公，表示对他的嘉奖，各国诸侯都前来祝贺。

不幸的结局

前341年，魏惠王在马陵之战中败于齐威王，魏国失去了作为中原霸主的地位。第二年，商鞅趁机劝说秦孝公攻打魏国。在他看来，秦国与魏国相邻，必定你死我活。现在秦国兴盛，魏国新败。秦国可以趁机攻打魏国，占据黄河与崤山的地利，向东实现一统天下的伟业。

秦孝公表示赞许，派商鞅攻打魏国。魏惠王派公子卬（áng）迎击。两军对峙，商鞅耍诈派人给公子卬送信，说："我当初在魏国与您相处甚好，不如当面订立盟约，喝上几杯酒各自罢兵吧，让两国相安无事不好吗？"公子卬同意了，前来与商鞅会盟。没想到却中了商鞅笑里藏刀之计。等会盟结束设宴饮酒时，埋伏已久的秦军士兵突然袭击，抓获了公子卬。商鞅趁机指挥大军攻打魏军，魏军惨败，公子印也被俘虏回秦国。魏惠王非常害怕，只能派使者将河西割让给秦国，双方议和。可见商鞅为达到目的，可以完全不讲信义。因为这场战争，他被封商、於（wū）等十五邑，封号为商君，所以后世才称他商鞅。

商鞅出任相邦长达十余年，引来不少贵族官僚的怨恨。此时，有个叫赵良的人来拜访商鞅，说商鞅现在出门不带护卫非常危险。劝他不如把封地交还，去偏僻的地方隐居，并请秦王重用贤士，这样才可以稍微保得平安。不然，只要现在的秦王一有不测，商鞅的丧期也就不远了。或许是对于改革的执念，或许是对于权力的迷恋，商鞅拒绝了赵良的好意。

前338年，秦孝公去世，太子即位为秦惠王。公子虔等人趁机诬告商鞅谋反，秦惠王从小和他们关系近，自然非常厌恶商鞅，就派人去抓捕。

商鞅逃到秦国边境，想要住旅馆。主人不认识他，就说："商君有令，住店的人没有通行证，主人可要连带判罪呢！"商鞅这才知道，自己作法自毙了。然后他走小路出境，到达魏国。可魏国人也非常痛恨他欺骗公子卬，不肯收留他。商鞅想离开去别的国家，但被魏国人抓住，送回了秦国。

商鞅回到秦国后，只能逃往封地商，发动部属和士兵，向北攻打秦国的郑邑（今陕西渭南华州区）。

秦惠王出兵迎战，杀死商鞅，并诛灭了他全家。不过，商鞅虽然与吴起一样死于非命，因为他制定的秦法毕竟有利于秦王统治，所以秦惠王仍然将他的法律贯彻了下去，秦国也就因此成为战国初年改革最彻底的国家。

【触摸历史】

■ [成语]

· 徙木立信

出自《史记·商君列传》，说的是商鞅为了保证新法实施，下令将木头从南门搬到北门的人，即可获得巨额奖赏。表示通过某种手段树立典型，使公众信服的行为。

■ [文物]

· 商鞅方升

晚清时出土于陕西蒲城，现藏于上海博物馆。系商鞅变法统一度量衡时使用的标准器具，后秦始皇又在其上加刻诏书，也是目前在世唯一一件商鞅变法的实物证据。

■ [遗迹]

· 秦栎（yuè）阳城遗址

在陕西西安阎良区武屯镇关庄和御宝屯，是秦献公、秦孝公两代定都之地，也是商鞅第一次变法之地。现为全国重点文物保护单位。

【原典】

居三年，作为[1]筑冀阙[2]宫庭于咸阳，秦自雍[3]徙都之。而令民父子兄弟同室[4]内息[5]者为禁。而集小乡邑聚[6]为县，置令、丞，凡三十一县。为田[7]开阡陌封疆，而赋税平。平斗桶权衡丈尺。行之四年，公子虔复犯约，劓之。居五年，秦人富强，天子致胙于孝公，诸侯毕贺。

——《史记·商君列传》

注释：

1.作为：修筑建造。

2.冀阙：宫廷外的门阙，公布政令之处。

3.雍：秦国原都城，在今陕西凤翔，此时秦国都城当在栎阳。

4.同室：一户人家。

046

5. 息：生息，养育。

6. 乡邑聚：均为百姓集居之所。

7. 为田：整治田地。

【大意】

过了三年，秦国在咸阳建造宫廷门阙，然后从雍城迁都于此。下令禁止民众父子兄弟同住一室。又把小的乡邑聚集合为县，并设置县令、县丞，全国总共三十一个县。整治田地并重新分界，使得赋税平齐统一。统一斗和桶等容量单位、权和衡等重量单位、丈和尺等长度单位。施行了四年，公子虔再次犯法，被判处割掉鼻子的劓刑。过了五年，秦国富强起来，周显王赐祭肉给秦孝公，诸侯也都前来祝贺。

名扬天下的大军师：孙膑的故事

孙膑的故事

《史记·孙子吴起列传》

《战国策》

银雀山汉简《孙膑兵法》

孙膑，齐国人，《孙膑兵法》的作者，孙武的后人。因为师兄弟庞涓陷害被处斩足的膑刑，故称为孙膑。之后投入齐将田忌门下，帮助田忌赛马成功，受到齐威王赏识。在齐魏桂陵之战、马陵之战中，田忌为主将，孙膑为军师，在两场战役中他都献出奇计，接连战胜魏国，并最终杀死敌人庞涓报仇，名扬天下。

田忌赛马的幕后指挥

《史记·孙子吴起列传》的"孙子"有两个人，第一个是春秋的孙武，第二个就是战国的孙膑，而孙膑就是孙武的后代。孙膑也是齐国人，出生在阿城、鄄城一带。

孙膑年轻时，与庞涓一起学习兵法。后世说孙膑、庞涓都是鬼谷子的弟子，其实在《史记》中并没有这样表述，把孙膑、庞涓说成师从鬼谷子，是宋朝以后的事。庞涓后来投靠了魏国，担任将军。他知道自己能力不如孙膑，就把孙膑秘密招来魏国，然后设置罪名诬陷他，让孙膑被砍掉双脚（膑刑），脸上也被刺字。孙膑的名"膑"，大概就是因此来的。肉刑具有羞辱的性质，因为大家一眼就知道这个人犯过罪。所以孙膑只能隐居在家，不敢见人，这样一来，自然不会被魏王知道他的才能，从而影响庞涓的地位了。

后来有一次，齐国使者来到魏国，孙膑秘密去见了他，希望他能帮自己回国。使者和他一番交谈后，认为他确实是个奇才，就暗中把他放在车里带了回去。齐国将军田忌很欣赏他，对他很尊敬，把他当作老师一样对待。

当时齐国的王公贵族流行赛马的游戏，有一场田忌也参与了。孙膑通过观察，见到他们马脚力相差不大，大概可以分为上、中、下三等。孙膑眉头一皱，计上心来，就对田忌说："我可以让您稳赢，只需要按我说的做就行。"田忌答应了他。

比赛快开始时，孙膑告诉田忌说："现在您用下等马对抗对手的上等马，用您的上等马对抗对手的中等马，用您的中等马对抗对手的下等马。"因为同等级的马的脚力相差不大，这样一来，田忌虽然输了一场，却可以赢两场，总的来说还是赢了。齐威王非常惊奇，田忌就顺势把孙膑推荐给齐威王。

关于齐威王向孙膑请教兵法的过程，《史记》中没有说，不过，1972年在山东临沂银雀山汉墓出土了《孙膑兵法》。《孙膑兵法》分为十五篇，其中与孙膑史事最直接相关的，是《擒庞涓》《见威王》《威王问》《陈忌问垒》四篇。

《见威王》讲的就是孙膑初见齐威王时，陈述自己对战争的看法。孙膑认为，一方面，强国不可以永远依靠战争；另一方面，战争又不可能完全避免。要想取得胜利，必须准备后才行动；小城池想打防御战，必须有足够的储备；兵力少但想战斗力强，必须站在正义的一方。《威王问》说的是孙膑与齐威王、田忌讨论用兵的问答。在回答齐威王提问时，孙膑主要说了在两军势均力敌、敌弱我强和我弱敌强这三种情况下，我方作战的方法。在回答田忌的提问时，孙膑主要回答了妨碍军队行动、使敌人陷入困境、不能攻克壁垒和丧失天时、地利、人和的原因和条件。此外，孙膑还论述了各种阵法和不同兵种的功能与作用。

两场齐魏大战中的智谋

接下来，魏国攻打赵国，赵国向齐国求救。齐威王想任用孙膑为将军，孙膑辞谢说："我是受过刑罚的人，不能担任主将。"所以齐威王就任命田忌为主将，孙膑坐在挂着帘幕的车里当军师，暗中为田忌进行谋划。孙膑提出"围魏救赵"的计策，田忌领兵围攻魏国都城大梁，魏军果然离开邯郸，齐、魏两军在桂陵交战，魏军大败。这就是桂陵之战。

十三年后，魏国与赵国联合攻打韩国，韩国向齐国告急。齐威王又派田忌、孙膑去救援，这次仍然进军大梁。此时，攻打韩国的正是魏国太子申与庞涓，庞涓听说齐军已经越过齐、魏边界，急忙率领军队回都城援救。

孙膑对田忌说："魏军向来号称凶悍勇猛，一直认为齐军胆小怯懦。善于指挥作战的将领不用觉得这不好，反而要充分利用这样的评价。《孙子兵法》说过，军队行军疲惫时容易战败。我们得想办法引诱庞涓的军队消耗。"

孙膑让齐国军队进入魏国时，先砌十万人做饭的灶，第二天撤掉一半，第三天再撤掉三万。这样一来，似乎显示出齐军在不断减少。庞涓打探到了这一消息，果然非常高兴地说："我就知道齐军胆小，这才进入魏国三天，就跑了一多半啊！"于是庞涓放下了他的大部队，只带着少量的轻装部队，日夜兼程往回赶。

孙膑估算到他的行程，当夜就可以到达马陵。马陵道路狭窄，两边都是险峻之地，适合埋伏军队。孙膑命令士兵砍掉树皮，露出白色的树干，然后在上面写着："庞涓死于此树之下。"然后命令一万名射手埋伏在马陵两侧，约定说："晚上看到树下火光亮起，就万箭齐发！"

当然，庞涓果然赶到此处，见到树干上有字，点火照明查看。结果字还没读完，齐军就万箭齐发，

魏军大乱，死伤无数。庞涓自知不能幸免，战败已成定局，拔剑自刎。临死前，他才知道对手是孙膑，感叹说："倒是成就了这小子的名声啊！"齐军乘胜追击，把魏军击溃，俘虏了魏太子申。这就是齐、魏马陵之战，孙膑因此名扬天下。

《史记·孙子吴起列传》中关于孙膑的故事结束了。不过银雀山汉简《擒庞涓》给我们提供了新的史料。《擒庞涓》说到的围魏救赵和桂陵之战，孙膑的对手原来就是庞涓，而且孙膑在桂陵之战中还擒获过庞涓。有学者认为，《史记·孙子吴起列传》的桂陵之战与马陵之战应该是同一件事的分化。《擒庞涓》的记录应该是真实的桂陵之战，而马陵之战则是桂陵之战戏剧化的反映。因为在记录战国历史最客观的古本《竹书纪年》里，齐、魏马陵之战的齐军主将并非田忌，而是田盼（bān）。而庞涓再笨，也不太可能被孙膑两次用类似的计策击败。至于庞涓点火照耀大树，以及庞涓死前的独白，都不像是真实的历史事件，而像是后世戏剧的演绎。

《战国策·齐策》还说，田忌担任齐将，擒获太子申而制服庞涓后，孙膑劝田忌不要解除武装返回，让老弱士兵守卫主地。主地道路狭窄，这样士兵可以以一当十。为什么要这样呢？在齐威王的故事中我们提到过，因为相国邹忌与田忌不和，诬告田忌谋反。所以孙膑建议田忌以主地为根据地，进攻齐国都城临淄，驱逐邹忌。但田忌不忍心叛乱，从齐国逃奔到楚国。邹忌担心田忌回国，派策士杜赫劝说楚王，把江南之地封给田忌。这样一来，田忌如果回国了，就会感激楚国；如果田忌不能回国，邹忌同样会感激楚国。楚王果然把江南之地封给了田忌，而田忌也就再没回齐国。那么，孙膑有没有同行呢？《战国策》提到孙膑与田盼一起参与了马陵之战，那么他大概没有去楚国。

在《汉书·艺文志》里，有"《齐孙子》八十九篇、图四卷"的说法，当时的《孙膑兵法》不但有八十九篇，还有四卷图。银雀山汉简《孙膑兵法》仅有十五篇，可见，有大量的内容已经亡佚。

【触摸历史】

■ [成语]

· 围魏救赵

说的是魏国进攻赵国，齐将田忌采用孙膑策略进攻魏国都城。后指袭击敌人后方，迫使进攻之敌撤退的战术。

■ [文物]

· 银雀山汉墓《孙膑兵法》

1972年出土于山东临沂银雀山汉墓竹简的一种，包括《擒庞涓》《见威王》《威王问》《陈忌问垒》等十五篇，均为前所未见之佚籍。

■ [遗迹]

· 桂陵之战遗址

在山东菏泽牡丹区曹州牡丹园东区，有桂陵纪念碑亭、千年桂陵古井等景区，据说是齐魏桂陵之战所在地。

· 齐魏马陵之战遗址公园

在山东郯城，有庞涓沟等景点。另，今山东莘县有马陵之战纪念馆，河北大名有马陵之战遗址，河南长葛亦有马陵之战遗址。

【原典】

孙子曰："今以君之下驷¹与彼上驷，取君上驷与彼中驷，取君中驷与彼下驷。"既驰三辈毕，而田忌一不胜而再胜，卒²得王千金。

——《史记·孙子吴起列传》

注释：

1. 驷（sì）：套着四匹马的一辆车，也指同驾一辆车的四匹马。

2. 卒（zú）：最终。

【大意】

孙膑说:"现在用您的下等马对付对手的上等马,用您的上等马对付对手的中等马,用您的中等马对付对手的下等马。"等到三等马的比赛全部结束,田忌一场不胜而两场获胜,最终赢了齐王千金。

064

千古神医：

扁鹊的故事

《史记·扁鹊仓公列传》

《韩非子》

《战国策》

《新语》

扁鹊，渤海鄚县（今河北任丘）人，一名秦越人，春秋战国医学家。据说为赵简子、虢太子、齐桓公、蔡桓公、秦武王等看过病。秦国太医令之首出于嫉妒，派人刺杀了他。其实这些患者并非存在于同一时期，可见故事主角未必都是同一位扁鹊。《汉书·艺文志》著录了《扁鹊内经》九卷和《扁鹊外经》十二卷，均已失传。

《史记·扁鹊仓公列传》说扁鹊是渤海郡郑县人。不过，先秦时期没有渤海郡，渤海郡是汉高祖时期才设置的。西汉渤海郡也没有郑县，只有鄚（mò）县，在今天河北任丘鄚州镇一带，可见"郑"当为"鄚"之误。扁鹊为秦氏，名叫越人。神医的早期经历往往被写得非常神奇。传说是有一个奇人长桑君拿出一种药，让扁鹊用草木上的露水吞下，再把全部医学秘方传给扁鹊，之后他就消失了。扁鹊服药三十天之后，双眼能穿过墙透视，甚至还能看穿人内脏中的病症，只是表面上还为病人切脉而已。扁鹊有时候在齐国行医，有时候在赵国行医，在赵国行医的时候一般叫扁鹊。也有说他在齐国卢邑（今山东长清）居住、行医，又号称卢医。

　　晋昭公在位时，卿相赵简子独揽政权。有一次赵简子昏迷了五天，大夫们都很忧虑，于是召来扁鹊。扁鹊诊断病情后，对大家说："他的血脉很正常，你们不必大惊小怪！从前秦穆公昏迷七天才醒，醒来说自己看到了未来，晋国将要大乱，五代都不安定。现在赵执政的病情和他相同，康复后应该也会说一些预言。"果然，两天半之后赵简子就醒了，然后预言了赵简子灭范、中行以及赵襄子灭代，另外还预料了晋国七世之后将会灭亡。大家把扁鹊的话告诉赵简子，赵简子也认为扁鹊是奇人，赏赐给他良田四万亩。

这里有个明显的疏漏：晋昭公于前531年—前526年在位。此时，晋国的执政是韩宣子，而赵简子成为执政要到了前493年，《史记·扁鹊仓公列传》的时间明显有误，当然，《史记·扁鹊仓公列传》错误的不止这一处，我们接着讲。

后来扁鹊路经虢国，正巧碰到虢国太子去世，他来到虢国宫殿前，简单问了太子的"死因"，就毛遂自荐，说自己能让太子复活。

虢国医官不信，认为这只有上古神医俞跗才能做到。因为传说中俞跗检查病人身体就能知道病灶在哪里，还能使用外科手术治好病人。而扁鹊却说，自己根本不需要望闻问切，就可以下诊断，不信去看太子，是不是耳朵有响、鼻子有动，两腿还是温热的。

　　虢国医官把他的话告诉虢国国君。国君一看，果然如此，于是就接见了扁鹊。在扁鹊看来，太子只不过是因为一些原因陷入"假死"，于是就让学生磨砺针灸和砭石，从太子的百会穴下针。过了一会儿，太子果然苏醒了。扁鹊又让另一个学生准备药熨和药剂，混合煎煮，敷在太子腋下，太子就能坐起来了。太子又喝了二十天汤剂，身体果然恢复如初。这次诊断让扁鹊名声大振，大家都说扁鹊能起死回生，扁鹊却谦虚地说："我并非能让死人复活，只是让应该活下去的人恢复健康罢了！"

　　不过，这个故事仍然有漏洞，就是故事发生地虢国。赵简子是春秋晚期人，而虢国于前655年被晋国灭国，距离赵简子的年代早了一百多年。很明显，扁鹊不可能先去晋国，再去虢国。如果这两个扁鹊故事都属实，那么就不是同一个人。扁鹊诊断虢太子的故事，最早见于西汉初年的《韩诗外传》，而扁鹊名叫秦越人，也是这部书提到的。

之后，扁鹊又到了齐国。齐国在位的国君是齐桓侯，他对扁鹊非常礼遇。扁鹊说："您有小病在皮肤与肌肉之间，如果不治疗，就会深入血脉。"齐桓侯不高兴地说："我没有病！"扁鹊走出宫门，齐桓侯对身边的侍从说："这些医生啊急功好利，故意把没病的人说有病，来显示自己有本事。"

又过了五天，扁鹊再去见齐桓侯，说："您的病已经在血脉里了，如果不治疗，就会深入内脏。"齐桓侯依然非常不高兴地说："我没有病！"又过了五天，扁鹊第三次见齐桓侯，说："您的病已经在肠胃之间，如果不治疗，就会更加深入体内啊！"齐桓侯干脆啥也不说，不搭理扁鹊。

又过了五天，扁鹊再去见齐桓侯，这次刚见到他，扁鹊就赶紧转身逃跑了。齐桓侯不理解，派人去问为什么见了大王要跑？扁鹊说："现在国君疾病在骨髓，我已经没有办法了！"又过了五天，齐桓侯终于感到不适，派人召见扁鹊，可扁鹊早已逃出齐国，齐桓侯果然病死。

这位齐桓侯是谁呢？周朝有两个齐国，一个是春秋齐国，一个是战国齐国。春秋的齐桓侯，也就是大名鼎鼎的齐桓公。齐桓公时期故事很多，但没有提到过扁鹊，所以一般认为此人是战国的齐桓侯，

也就是田齐桓公田午。田齐桓公于前374年—前357年在位，此时已经是战国前期，这就又与虢太子、赵简子不在同一时代了。扁鹊见齐桓侯的故事，在《韩非子》中也有记录，但主角不是齐桓侯，而是蔡桓公。蔡桓公是春秋前期人物，于前714年—前695年在位，倒是与虢太子能吻合，但与赵简子还是差得很远。也有人认为田齐桓公定都上蔡，所以也叫蔡桓侯。但战国时上蔡一直是楚国地盘，齐国都城一直在临淄，所以也不可靠。这只能解释为不同的医者传说，都集中在扁鹊一人身上。

最后，扁鹊的名声传遍天下。到达赵都邯郸时，听说当地人尊重妇女，就做妇科医生；到周都洛邑时，听说当地人敬爱老人，就做老年病医生；到秦都咸阳时，听说当地人喜爱小孩，就做儿科医生。随着各地的习俗调整自己的业务范围。但他遭到秦国太医令李醯（xī）的嫉妒，李醯派人刺杀了扁鹊。但汉代的医生依旧遵从扁鹊的医学理论和经验。从扁鹊的结局可以看出，这个扁鹊仍然应该是战国人物，而不是春秋人物。因为邯郸、咸阳明显是战国赵国和秦国的都城。

在《战国策·秦策》中，有扁鹊见秦武王的故事。秦武王把他的病情告诉扁鹊，扁鹊请求医治。左右大臣却认为，秦武王的病灶在耳朵之前、眼睛之下，未必能治好。如果治不好，反而会让耳朵更听不清、眼睛更看不明。扁鹊很生气，把砭石一丢，说："秦王左右的人都这么愚蠢，秦王却要与他们商量国事。凭此就可以了解到秦国内政。"

西汉初年陆贾的《新语》也有一则扁鹊的故事。说的是扁鹊居住在宋国时，得罪了宋国国君，逃跑到卫国。卫国有人快要病死，扁鹊去他家希望为他治病。他的父亲却说："我儿子病重了，需要良医来治，不是你能治好的！"然后就请来了巫师，巫师只会为患者祷告，而患者自然就去世了。这个故事的时代背景不明显。

总体来说，扁鹊有些经历还是过于传奇，比如说能看透人的五脏六腑，肯定不会是真实的记录，只能理解为当时人对神医的传说。扁鹊故事背景的纷乱，则说明这些扁鹊并非同一个人，而是医家一个共同的符号。

据说，黄帝时期还有神医扁鹊，这就更像是一个名号了。出土汉画像石中也有不少扁鹊的形象，都是以人首鸟身的形态出现，说明在汉朝人心目中，他并非一个特定的人物。当然，尽管扁鹊的故事真真假假，我们也能从中一窥战国及秦汉时期的医学发展。

【触摸历史】

■ ［成语］

· 讳疾忌医

说的是齐桓侯不愿意接受扁鹊的治疗建议，导致病情延误无救死亡。该成语系后人从此典故中提炼而出，比喻怕人批评而掩饰自己的缺点和错误。

■ ［文物］

· 老官山汉简《敝昔医论》

2012年出土于四川成都老官山汉简的一种，学者认为"敝昔"即扁鹊，该墓出土的包括《敝昔医论》在内的16种医书即为扁鹊学派著作。

· 扁鹊针灸汉画像石

1950年出土于山东微山，画像石上的扁鹊为一人首鸟身的形象，现藏于曲阜孔庙。嘉祥县也出土了类似的汉画像石。

【原典】

　　后五日，扁鹊复见，望见桓侯而退走。桓侯使人问其故。扁鹊曰："疾之居腠[1]理也，汤熨[2]之所及也；在血脉，针石之所及也；其在肠胃，酒醪[3]之所及也；其在骨髓，虽司命[4]无奈之何。今在骨髓，臣是以无请也。"后五日，桓侯体病，使人召扁鹊，扁鹊已逃去。桓侯遂死。

——《史记·扁鹊仓公列传》

注释：

1.腠（còu）理：皮下肌肉之间的空隙和皮肤的纹理。

2.汤熨：用热水熨帖患处以散寒止痛。

3.醪（láo）：浊酒，醇酒。

4.司命：掌管生命的神。

【大意】

五天后，扁鹊又去见桓侯，可看见他就后退逃跑了。桓侯派人去问为什么。扁鹊说："疾病在皮肉之间的时候，用热水熨帖就能治好；在血脉，针灸和砭石就能治好；在肠胃，药酒就能治好；在骨髓，即使是司命之神也无可奈何。现在疾病在骨髓，所以我没办法再请求给大王治病了。"又过了五天，桓侯感到身体不适，派人召见扁鹊，扁鹊已经逃走。桓侯就去世了。

065

三寸之舌胜百万之师：张仪的故事

《史记·张仪列传》

《史记·秦本纪》

《战国策》

《孟子》

张仪（？—前309年），魏国人，战国时期外交家、谋略家，纵横家代表人物。最初投奔楚国令尹，后被驱逐而入秦。张仪在秦国辅助秦惠王与韩、魏联合，并拆散齐、楚联盟，被秦王封为武信君，担任相邦。秦武王即位后，张仪为避祸逃回魏国，在魏国相邦一职上去世。《史记·张仪列传》是战国纵横家张仪和陈轸、公孙衍等人的传记。《汉书·艺文志》有《张子》十篇，今已无存。

舌头还在就好

《史记·张仪列传》说张仪是魏国人，曾经和苏秦一起拜鬼谷子为师，两人一起学习游说，苏秦自认为比不上张仪。鬼谷先生虽然后世名气很大，甚至说孙膑和庞涓也是他的学生。但其实在《史记》中，也就提到一句他是苏秦和张仪的老师，并没有更多的记载。此外，张仪和苏秦其实不是一代人，《史记·张仪列传》中二人互动的故事，都是虚构的。我们会在讲苏秦的故事中讲到。

张仪、苏秦这样的人，因为主张合纵或连横，所以被后世称为纵横家。什么是合纵？什么是连横？在张仪所处的战国中期，只有中原的韩、魏、周较弱，而四周的齐、楚、秦、赵都比较强。所以韩、魏、周要生存下去，就必须搞好和周边国家的关系。这样一来，他们联合南北的楚、赵就叫合纵，联合东西的齐、秦就叫连横。这就是纵横最早的含义。战国后期，秦国一家独大时，弱国联合起来对付强国，就叫合纵，也就是指东方六国联合对付秦国；而强国联合弱国对付其他弱国，就叫连横，一般指秦国联合六国其中几个，对付另外几个。有趣的是，很多纵横家原籍在中原，比如张仪是魏人、苏秦是周人，但在本国得不到重用。

张仪完成学业，就去游说诸侯。他曾经在楚国令尹席上喝酒，不久令尹发现丢失了一块玉璧，门客们都怀疑是张仪偷的。他们就把张仪抓起来，严刑拷打，但张仪一直矢口否认，他们没有证据，也只好把他放了。张仪回到老家家里，他的妻子叹气说："唉！你要是不读书不去游说，怎么会受到这样的屈辱呢？"张仪却指着自己的舌头，对妻子说："你看我舌头还在不在呢？"妻子笑着说："那当然在啊。"张仪说："这就足够了！"

《史记·张仪列传》说这时苏秦已经说服了赵王去各国合纵联盟。可苏秦又怕合纵被秦国破坏，就设法帮助张仪去了秦国，担任秦惠王的客卿。为了报答苏秦，张仪就承诺在苏秦执政赵国时，不让秦国攻打赵国。之后，张仪又升任秦国相邦，他写信给楚国令尹说："当年我没有偷你的玉璧，你却鞭打我。那这回我要真的来偷楚国的城池了！"

张仪进入秦国后，排挤了秦国原来的执政公孙衍，公孙衍从秦国逃回老家魏国。魏国的相邦是庄子的好友惠施，他一直主张合纵抗秦，就选用了公孙衍。于是由公孙衍发起一场魏、韩、赵、燕、中山五国互相称王的活动，史称"五国相王"。之后秦惠王攻下魏国的两城，使魏惠王被迫接受张仪出任魏国相邦。惠施、公孙衍也因此逃到韩国避难。

两年之后，齐国打败秦、魏联军。魏国又重新合纵，张仪被赶走，惠施、公孙衍回归。前318年，公孙衍发动魏、韩、赵、燕、楚五国攻秦，反而被秦国击败。接着，魏惠王为了争取齐国支持，任命齐人田需为相邦，公孙衍则又去韩国担任相邦。之后秦国攻打韩、魏，使这两国再次投降秦国。《史记·张仪列传》说公孙衍在张仪之后担任秦国相邦，大概也是有误的。据《韩非子》所记，公孙衍是与田需争权夺利失败被杀。

前316年，蜀国与苴（chá）国相互攻打，都来秦国告急。秦惠王想攻打蜀国，又怕道路艰难。此时韩国又来攻打秦国。秦惠王犹豫不决。司马错主张先攻打蜀国，张仪则认为要先攻打韩国。

在张仪看来，攻打韩国、占领周室、挟持天子来号令天下，这才是统一天下的伟业。蜀国偏僻落后，占领它没有实际好处，离帝王的功业更远。而在司马错看来，要使国家富强，就要开拓疆土；要使军队强大，就要先让百姓富足；要使天下统一，就要广施恩惠。只有具备这三种条件，才能完成帝王大业。秦国目前国小民穷，所以应该先易后难。挟持天子难度又高、名声又差，所以不如攻打蜀国。

秦惠王同意了司马错的意见，司马错灭亡巴、蜀，使秦国的实力更加强大。这一次较量，体现出在国家战略方面，张仪确实不如司马错。但他的主要能力在于合纵连横，处理与东方国家的外交关系。

一直在上当的楚王

接下来，张仪就打算拆散齐、楚两大国的盟友关系。秦惠王派张仪出使楚国，楚怀王亲自迎接。张仪就对楚怀王说："请大王和齐国断绝外交关系，我会请秦王献出商於（wū）的六百里地，让秦楚永远成为兄弟之国！"楚怀王贪图六百里地，就答应了张仪。大臣们也都纷纷表示祝贺，只有楚国的纵横家陈轸认为，如果楚国疏远齐国，就会导致秦、齐联合，楚国就会大难临头。楚怀王不听，派使者去与齐国解约。

张仪回到秦国，假装从车上摔下来受伤，一连三个月都没上朝，当然也没有兑现给楚王的承诺。楚怀王认为，张仪这样做，是暗示楚国与齐国断交还不彻底。于是就派勇士去齐国边境上辱骂。齐宣王果然大怒，转而与秦国联合。这时候张仪才整装上朝，对楚国派来接收土地的使者说："什么六百里地，我说的是有六里地要献给楚王啊！"楚怀王受骗，气得七窍生烟，决定攻打秦国。

陈轸此时又劝说楚怀王，不如干脆割让土地给秦国，联合秦国攻打齐国，这样虽然给了秦国土地，但又能从齐国这边得到补偿。何况楚国既然与齐国闹掰了，那就不能再与秦国闹掰。楚怀王正怒火中烧，哪里肯听从，派将军屈匄（gài）进攻齐国，结果被秦军大败，丹阳、汉中一带土地都被占领。楚怀王一口气咽不下，再次出兵秦国，结果又在蓝田被秦军击败。最后楚怀王无奈，只能割地讲和。

后来秦惠王又想用武关以外的土地，交换楚国的黔中郡。楚怀王因为前面吃的这一系列的瘪，非常痛恨张仪，就提出来用黔中郡换张仪。秦惠王本

来不忍心让张仪送死，张仪却自己请求前往。他提前贿赂楚国大夫靳尚，因为靳尚是楚国夫人郑袖的亲信。楚怀王经过郑袖的耳边风，不但赦免了张仪，还对他特别优待。

连横事业的成与败

张仪从楚国回去后不久，开始施展拳脚进行他的连横活动。张仪先游说楚怀王与秦国结盟。楚国大夫屈原劝阻，楚怀王不听，最终答应了张仪。接下来，张仪又游说韩王结盟，成功后被秦惠王封为武信君。然后，张仪又先后游说齐、赵、燕三国与秦国结盟。加上开始的魏国，相当于此时六国全部认了秦国当老大。具体过程《史记》里没有记述。其实，这一大段游说太精彩，反而显得不真实。六国不可能仅靠着张仪一张嘴，就纷纷投降。

后来秦惠王去世，秦武王即位，他做太子时就不喜欢张仪，加上大臣们纷纷说张仪不守信用、反复无常，如果再任用他，会被天下人耻笑。之后他们又说了张仪不少坏话，齐国也派使者出来指责张仪。张仪害怕自己被杀，就想了一个金蝉脱壳之计。

张仪对秦武王说："听说齐王特别痛恨我，我到哪里去，他就会攻打哪里。所以不如派我去魏国，让齐国与魏国交战。大王利用这个时候，攻打韩国、进军洛邑、挟持天子，成就帝王大业。"这一番话正说到秦武王的心坎里，于是秦武王就派张仪去魏国。

齐国果然出兵进攻魏国，张仪让魏王不要害怕，然后派门客去楚国，将自己对秦武王说的那套话，借楚国使者的嘴透露给齐王。然后让楚国使者对齐王说："您如果攻打魏国，实际是消耗齐国的实力，帮助秦国更强大，还让秦王更加信任张仪。到时候张仪不就更有依靠了？"齐王就放弃攻打魏国。张仪出任魏国相邦，一年之后去世。很快六国又恢复了合纵状态。

司马迁非常看不起张仪和苏秦，他认为，张仪的作为比苏秦更阴险狡诈，但为什么社会上的人会更厌恶苏秦呢？因为苏秦先去世，合纵的短处就被张仪暴露了出来。

这其实也是太史公对张仪、苏秦等纵横家的偏见，而这种偏见又可以追溯到孟子。孟子认为，富贵不能淫、贫贱不能移、威武不能屈的人，才能称为大丈夫。孟子说得固然没错，但也应该正视张仪、苏秦等人在当时纵横捭阖的功业。尽管《战国策》《史记》对他们的活动有夸大之处，但也应该承认他们的三寸不烂之舌，有时候作用确实胜过百万之师。

【触摸历史】

■ [成语]

· 挟天子以令天下

出自《战国策》《史记·张仪列传》，说的是张仪向秦惠王献策，向东进攻韩国并控制周室，从而挟持天子来号令天下。后来也作"挟天子以令诸侯"。

■ [遗迹]

· 张仪古道

在山西万荣王显乡张仪村，据说张仪村是张仪故里所在地，张仪古道为张仪去秦国的道路。

· 云梦山

据说是鬼谷子讲学传授苏秦、张仪等弟子之处，今天河南淇县、河北邢台、河南汝阳等地均有云梦山风景区。

【原典】

张仪已学而游说诸侯。尝从楚相饮，已而楚相亡璧，门下意¹张仪，曰："仪贫无行，必此盗相君之璧。"共执张仪，掠笞数百，不服，释之。其妻曰："嘻²！子毋读书游说，安得此辱乎？"张仪谓其妻曰："视吾舌尚在不³？"其妻笑曰："舌在也。"仪曰："足矣。"

——《史记·张仪列传》

注释：

1.意：怀疑。

2.嘻：语气词，表悲叹。

3.不，通"否"。

【大意】

　　张仪已经学成，就去游说诸侯。他曾经跟着楚国令尹喝酒，不久令尹发现丢失了一块玉璧，门客怀疑张仪，说："张仪贫穷而没有品行，一定是他偷走了相邦的玉璧。"于是一起抓住张仪，鞭打他数百下，张仪始终不承认，这才放了他。张仪的妻子说："唉！你不读书游说的话，怎么会受到这种耻辱呢？"张仪对妻子说："你看我的舌头还在吗？"他的妻子笑着说："舌头还在啊。"张仪说："那就足够了。"

儒家亚圣：

孟子的故事

《史记·孟子荀卿列传》

《孟子》

《列女传》

孟子名轲，邹国人，战国中期思想家、哲学家，儒家学派代表人物，被誉为仅次于孔子的"亚圣"，著有《孟子》。孟子提倡以德服人的仁政，反对以力服人的霸政，并提出了民贵君轻的宝贵思想理论。但这些主张在战国这样的乱世，很难被采用。孟子一生辗转于邹、齐、魏、宋、薛、任、鲁、滕等国，均未被重用，最后病逝于邹。《史记·孟子荀卿列传》中孟子传记内容不多，孟子的言行事迹主要由《孟子》一书记录。

孟母的教育

孟子本名孟轲，是邹国人，也就是邾国，在今天山东邹城东南，北边就是鲁国。孔子的孙子孔伋，字子思，他的学生是孟子的老师。《史记·孟子荀卿列传》对孟子的记录不多，所以我们根据《孟子》《列女传》等文献来说说孟子的故事。

根据东汉赵岐《孟子题辞》，孟子是鲁国孟孙氏的后代，大体可信。孟子年幼丧父，却有个贤淑的母亲。孟母的良好教育，对孟子的未来影响很大。

孟子小时候住在一个靠近坟墓的地方。他经常去墓地里玩耍，还喜欢自己造墓、埋棺材。孟母认为这里不适合儿子居住，就带着儿子搬到市场附近。孟子又模仿商人吆喝叫卖。孟母带着他再次搬家，这次住在一所学校附近。孟子就经常摆弄一些祭器玩，并学习进退揖让的礼仪。孟母终于对这个住址满意了。

少年时的孟子外出求学，离家不久就辍学回来。孟母正在织布，见他这样，还没收尾就去割断织布机上的线，一匹布就这样废了。孟母说："你荒废学业就像我割断织线一样。君子通过学知识才能扬名，人不培养德行，不是沦为盗贼就是沦为奴婢！"孟子从此勤奋学习。

一生辗转，不改初心

孟子最早大概是在故乡邹国任职。鲁国与邹国发生冲突，邹国官吏被杀三十三人，老百姓却不愿意拼命。邹国国君邹穆公很恼火，考虑是否要惩罚百姓。孟子劝说："闹灾荒的时候，成千的百姓受害，年老的弃尸荒野，年轻的四处逃荒。那时您的谷仓中堆满粮食，库房装满财宝。官吏却不来报告、处理灾情。上位者不关心百姓还残害他们，这回他们不过是报复。您不需要惩罚普通百姓，只要推行仁政，他们自然就会拥护官吏。"

当然，孟子的主张没有被邹穆公采用，而且邹国在当时是个小国，也无法让孟子施展抱负，于是孟子就离开了邹国，到达了山东半岛最强大的齐国。齐国在位的是齐威王，当时孟子人微言轻，很可能没有受到齐威王的召见。也有说孟子被任命为大夫，但也只可能是名誉性的。总之《孟子》中没有他与齐威王的对话。后来孟母去世，孟子回家守丧，之后返回齐国又离开。

宋国国君宋康王称王不久，孟子就到了宋国。孟子的弟子万章问孟子："宋国这么小一个国家，还想推行王道，如果引得齐、楚两个大国讨伐，怎么办呢？"万章显然对宋国没有信心。孟子却说："如果宋王能推行王道，四海之内的民众都会拥护他。齐国与楚国虽然强大，也不能把宋国怎么样。"

孟子对于落实王道的方法就是劝执政大夫减免税收。宋国大夫说："现在还不能完全减免，打算先减轻一些，然后等到明年再进一步减轻。"孟子听了非常生气，说："有一个人，每天偷邻居一只鸡，别人告诉他这不正派。他却说，打算先减少一些，每个月偷一只，明年就完全不偷。如果知道这种行为没道理，赶快停止便是了，为什么还要等到明年呢？"其实，政策改革有时候确实需要时间，孟子未免太理想化。

后来孟子发现，宋国最大的问题，是贤臣太少。他认为宋国不宜久留，就离开了宋国到达薛国。但薛国也是小国家，孟子没有多留就走了，又回到了家乡邹国。孟子有一次听说鲁平公任用乐正子执政。孟子知道乐正子好贤，高兴得睡不着觉，连忙赶往鲁国。乐正子果然把孟子推荐给鲁平公，但鲁平公的宠臣认为，孟子为母亲办丧事的花销超过父亲的丧事，并非贤人。其实这只是因为孟子先贫后富。鲁平公最终没有见孟子，孟子感叹天命如此，又去了滕国。

当初孟子在宋国时，与出使宋国的滕国太子有交往。滕国太子非常欣赏他，推荐给滕文公，滕文公对孟子也非常欣赏，给予他优厚的待遇。滕文公向孟子咨询，滕国这样的小国夹在齐、楚之间，到底该投靠谁。孟子说："这个问题不是我能解答的。如果一定要我说，您应该凿开护城河，建筑城墙，与百姓一起守卫国家，而不是投靠谁。百姓爱国宁死也不背弃，这样才对。"

可以想象，孟子这样的说辞，在滕文公看来，那就是不切实际的。后来孟子住的旅馆窗户上丢了一双草鞋，管理员来问是不是孟子的弟子偷的。孟子反问："我的学生追随我难道是为了偷东西吗？"对方说："您老人家开课收徒都是来者不拒，谁爱学就可以来啊。"言外之意是，你收徒也没审核学生的人品啊！孟子非常不高兴，就离开了滕国。

当时，魏惠王在马陵之战中输给齐国，太子申被杀死。魏惠王又怒又恨，重金招揽贤者，孟子就去了魏国。

魏惠王见到孟子说："老人家啊！您不远千里而来，给我国能带来什么利好吗？"孟子说："王何必说利好呢？有仁义就可以了吧！"当然，孟子绝不是把"利""义"完全对立，只不过在他看来，治理国家不能只通过攻城略地，而应当着力推行仁政。而且他也不是一味主张施惠于民，当时魏国相邦打算把税率降到二十分之一，孟子就认为这样的税收不够国家开支。

之后，魏惠王又多次向孟子请教。比如《孟子・梁惠王上》（梁惠王就是魏惠王，因迁都大梁，又被称为梁惠王）就记录了一段孟子的经典语录。魏惠王问孟子，自己很为百姓打算，国内饥荒就开仓放粮，但为什么国内人口不增加？孟子认为，这只是皮毛而已，治国应该彻底推行仁政，落实住宅、耕作、教育等一系列措施才行。

魏惠王对孟子非常钦佩，表示愿意听从教诲。但不幸的是，魏惠王第二年就去世了。孟子不喜欢继任的魏襄王，最终离开魏国，再次去齐国。这次到达齐国时，孟子的名气已经今非昔比，师徒一行已经有数十驾车、随从百人。孟子也被齐宣王任命为卿。

齐宣王多次询问孟子，孟子也就推销自己的仁政思想，这部分的对话在《孟子》中最多。比如，齐宣王问孟子："商汤流放夏桀，周武王讨伐商纣，真有这种事吗？"孟子说："史籍上确实有。"齐宣王说："这么说大臣能杀掉君王喽？"孟子就说："破坏仁爱的人叫贼，破坏道义的人叫残，这样的人我们都叫他独夫。我只听说周武王杀了独夫纣，没听说什么大臣弑君啊！"孟子言语非常犀利，有时候让齐宣王非常生气，又无言以对，只好顾左右而言他。

后来发生了燕王哙禅让事件，导致燕国大乱。孟子最初认为可以攻打燕国，因为燕王哙与子之没有道义。但在齐宣王攻下燕都后，孟子又表示反对占领，因为燕国百姓不愿意。孟子就劝齐宣王与燕人一起立新君，然后迅速返回。齐宣王不听，结果果真导致燕人反抗，齐军大败而归。齐宣王自己觉得无法面对孟子。之后再召见孟子，孟子也不愿意见面了。

最后孟子决定离开齐国，返回故乡邹国养老。经历近三十年的东奔西走，他已经明白，自己宣扬的道义和仁政无法在这个时代实现了。所以他就与弟子公孙丑、万章等人一起编撰《孟子》留给后世，此后孟子病逝于邹国。

孟子思想超越孔子之处，也是他最大的闪光点，就是"民贵君轻"的理论。孔子主要讲君臣关系，孟子却扩大到天下万民。在他看来，你怎么样对待别人，别人也怎么样对待你。君臣关系是如此，君民关系也是如此。孟子的语言，也非常铿锵有力，读之荡气回肠。

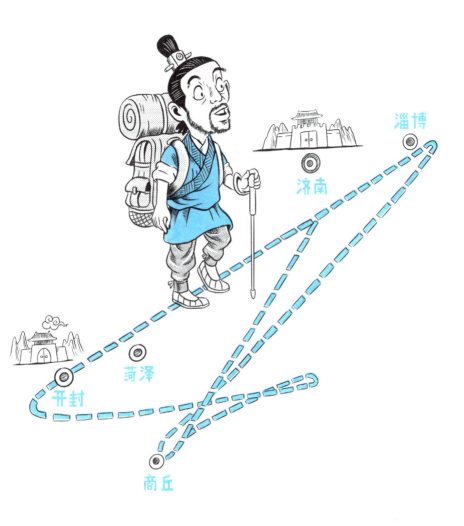

济南

淄博

开封

菏泽

商丘

【触摸历史】

■ [成语]

· 孟母三迁

出自赵岐《孟子题辞》，说的是孟子的母亲为了教育好他，在孟子小时候多次搬家，避开不好的邻居。后形容教子有方。

· 鳏寡孤独

出自《孟子·梁惠王下》中的"老而无妻曰鳏，老而无夫曰寡，老而无子曰独，幼而无父曰孤"，泛指失去依靠、需要照顾的人。

· 揠苗助长

出自《孟子·公孙丑上》，说的是宋国有人为了禾苗成长，用手去揠（yà，拔）禾苗，后来他儿子发现禾苗全部死了。表示违反事物发展的客观规律，急于求成，反而坏事。

· 赤子之心

出自《孟子·离娄下》，说的是伟大的人物不会失去初生婴儿一样的心灵，表示心地纯洁善良，也多指报国之心。

· 独善其身

出自《孟子·尽心上》中的"穷则独善其身，达则兼济天下"，表示不得志时就要约束好自己，得志时就要让天下人得到好处。后也指只顾自己，不顾别人。

· 缘木求鱼

出自《孟子·梁惠王上》中的"以若所为，求若所欲，犹缘木而求鱼也"，意思是爬到树上去找鱼，表示方向或办法不对头，不可能达到目的。

· 不以规矩不成方圆

出自《孟子·离娄上》，说的是以离娄视力之明，鲁班手艺之妙，没有圆规和曲尺，也不能画出方形和圆形。表示行事如果没有准则就办不好事情。

· 出尔反尔

出自《孟子·梁惠王下》中的"出乎尔者，反乎尔者也"，本义是你怎么做就会得到什么后果，现表示人的言行反复无常、前后矛盾。

■ ［遗迹］

·孟林

在山东邹城东北四基山西麓，系孟子和后裔所葬之处，又称亚圣林，有享殿、孟子墓等景点。现为全国重点文物保护单位。

·孟庙、孟府

在山东省邹城南，始建于北宋年间，历代均有维修与扩建。孟庙系祭祀孟子的庙，孟府系孟子后裔居住地。现为全国重点文物保护单位。

【原典】

当是之时，秦用商君，富国强兵；楚、魏用吴起，战胜弱敌；齐威王、宣王用孙子、田忌之徒[1]，而诸侯东面朝齐。天下方务[2]于合纵连衡，以攻伐为贤，而孟轲乃述唐、虞、三代之德[3]，是以所如者不合。退而与万章之徒序[4]《诗》《书》，述仲尼之意，作《孟子》七篇。

——《史记·孟子荀卿列传》

注释：

1. 徒：人。

2. 务：致力于。

3. 德：德政。

4. 序：论列，阐述。

【大意】

那个时候，秦国任用商鞅，实现了富国强兵；楚、魏任用吴起，实现了克敌制胜；齐威王、齐宣王任用孙膑、田忌等人，也实现了诸侯向东来朝拜。天下诸侯都致力于合纵连横，互相攻伐。只有孟子坚持宣扬尧、舜和三代的德政，这与他所游说的君主理念不合。于是孟子只好退隐，和万章等弟子讨论《诗》《书》，阐述孔子的思想，就这样写了《孟子》七篇。

生死豁达的哲学家：庄子的故事

《史记·老子韩非列传》

《庄子》

庄子，宋国蒙邑（今河南商丘东北）人，战国时期思想家、哲学家、文学家，道家学派代表人物，《庄子》作者。早年在宋国漆园担任小吏，后来生活孤苦，以编织草鞋为生。他能够保持节操，拒绝楚王征召；对于生死非常豁达，妻子去世时敲盆而歌，自己去世也不愿厚葬。庄子喜欢用寓言表达思想，文字在战国诸子中最为优美浪漫。

　　《汉书·艺文志》收录《庄子》五十二篇，晋人郭象认为其中三十三篇最有价值，为它们作注，也就是今本《庄子》三十三篇的前身。

快乐的龟与生气的鱼

　　根据《史记·老子韩非列传》，庄子是宋国蒙邑人，名周。他曾经担任漆园地区的小吏。漆园这个地方在蒙邑，也有说在今天的山东曹县。庄子与魏惠王、齐宣王同时代，出生略晚于孟子。

　　后人一般把道家分为黄老学派和老庄学派。黄老学派与老庄学派，都渊源于《老子》，但有很大的区别。因为《老子》这部书，本身强调政治谋略和个人隐逸两方面，黄老学派继承前者，老庄学派继承后者。庄子就是老庄学派的代表人物。庄子的学问无所不包，但中心思想还是传承老子。他撰写了十余万字，大多都是寓言故事。还写了《渔父》《盗跖》《胠箧》等文章，用来攻击孔子后学、彰显老子的学说。他笔下有不少虚构的地名，比如畏累虚（畏垒之山）、亢桑子（庚桑楚），等等。庄子擅长文学，他通过描述事物，来驳斥当时流行的儒、墨。即使是博学之士，也被攻击得无话可说。他的语言就像汪洋大海一样，恣意妄为，只为表达自己的性情，而不在乎别人感受。这样的人，自然也不会被王公贵族所任用。

《史记·老子韩非列传》讲了一个故事。楚威王听说庄子贤能，就派使者带着礼物去聘请他，并许诺任命他为令尹。庄子笑着说："虽然说千金很贵重，卿相很尊崇，但您没见过祭祀用的牛吗？养育喂食它多年，然后披上花纹绸缎，送到太庙去做祭品。到那时候，即使它想成为一只小猪，又怎么可能呢？您赶紧走吧，别玷污我。我宁可在臭水沟里玩得高兴，也不愿意被国君束缚啊！我终身不愿意做官，就为了让自己心志愉快！"《庄子》中也有庄子拒绝楚王礼聘的故事，与这段略有不同。《庄子》说，庄子在濮水垂钓，楚王派两位大夫过去聘请他。庄子拿着钓竿，头也不回，说："我听说楚国有只神龟，死时已经三千岁了。国王用锦缎包好它，放在竹匣中，珍藏于庙堂上。那么这只神龟，是宁愿去世留下骨骸显示尊贵，还是活在污泥里拖着尾巴爬行呢？"大夫说当然是后者。庄子说："那你们回去吧！我也宁愿在污泥里拖着尾巴啊！"

从庄子的姓氏"庄"看，他应当是某位谥号为"庄"的国君后裔，有可能是楚庄王或者宋庄公。庄子父祖一辈可能家庭情况尚可，所以本人年少时读过不少书。但到他这一代时，家道已经没落了下去，这也就导致了他产生厌世心理。《史记·老子韩非列传》说他做过小官，但《庄子》却完全没有提到，相反，记录了他不少穷困的记录。

据说，庄子居住在偏僻的陋巷中，依靠编织草鞋为生，饿得脖子干枯、脸色发黄。有一次，他穷得实在没饭吃，就去找朋友监河侯借粮。监河侯说："好啊，我将要得到封地的租金，到时候借你三百金，可以吗？"

庄子生气得脸色都变了，他说："我昨天来时，听到有人叫我，回头看发现车辙上有条鲋（fù）鱼。

它自称是海神的大臣，需要一点水活下去。我就说我去南方吴越之地，然后引来西江的水救你，怎么样呢？鲋鱼生气得脸色都变了，说我现在只要一点水就能存活，你居然这样说，那还不如早点去卖小鱼干的商店找我呢！"

庄子就是善于用这种讲故事的方式比喻，相对于孟子的犀利铿锵，他的文学性更胜一筹。

天地间的逍遥客

庄子有个好朋友，就是魏国相邦惠施。虽然庄子不愿意和诸侯打交道，也不愿意与学者来往，但唯独对惠施与众不同。尽管庄子鄙视他出仕，但仍然视他为知己。

庄子曾去探望惠施，有人对惠施说，庄子要来取代您的相位。惠施非常惊恐，派人去找庄子。庄子见到他说："南方有一只叫鹓鶵（yuān chú）的鸟，你知道吗？这种鸟啊，从南海飞到北海，不是梧桐树不停歇，不是竹果实不吃，不是甘泉水不喝。有一只猫头鹰得到一只腐烂的老鼠，鹓鶵正好经过，猫头鹰抬头看着它，发出恐吓的声音。现在您是用魏国恐吓我吗？"

庄子和惠施有一场著名的辩论。当时庄子和惠施在濠水的桥梁游玩。庄子说："鲦（tiáo）鱼出游这么悠闲从容，真快乐啊！"惠施说："您又不是鱼，怎么知道鱼的快乐呢？"庄子说："那您也不是我，怎么知道我不知道鱼的快乐呢？"惠施说："我不是您，当然不知道您；那您也不是鱼，您也不知道鱼呀。"庄子说："那我们就回到开头吧。您说我怎么知道鱼的快乐，那是已经知道我知道了。那么我告诉您，我就是在濠水之上知道的啊！"

　　在这场"濠梁之辩"中，对话一开始，庄子表达离世态度，惠施想用逻辑否定他，但庄子最终用诡辩结束了话题。这当然不是说庄子逻辑能力不行，而是庄子对论辩本来是蔑视的。惠施注重客观世界，庄子却更加注重主观世界，他认为是非之争纯属多余。

　　庄子的妻子去世，惠施前去吊唁，庄子叉开双腿坐着，敲着盆子唱歌。惠施看不下去，批评他说："尊夫人和您生活这么久，儿子都长这么大了，她去世您不哭倒也罢了，还敲着盆子唱歌，这不是太过分了吗？"

庄子却淡定地说："她刚去世的时候，我并非不伤心。但是想想啊，人不过是宇宙的一个过客，从无到有，从有到生，从生到死，最后在天地间休息。我如果要哭的话，那不等于不通达命运变化吗？"

庄子对自己的死亡更是看淡。他病危时，庄子不许弟子厚葬自己，说："我以天地为棺椁，以日月星辰为随葬珠玉，世间万物为陪葬品。没有比这更好的了。"弟子说："我们担心乌鸦与老鹰吞吃您的身体啊！"庄子说："天葬是让乌鸦和老鹰食用，土葬是让蝼蛄和蚂蚁食用。从乌鸦老鹰那里夺来身体，而让蝼蛄蚂蚁食用，何必这么偏心呢！"

【触摸历史】

■［成语］

· 望洋兴叹

出自《庄子·秋水》，说的是河伯仰望着海神而感叹，原指在伟大事物面前感叹自己的渺小。后多比喻做事时力不胜任或无条件，从而感到无可奈何。

· 扶摇而上，鹏程万里

出自《庄子·逍遥游》，说的是大鹏鸟能够盘旋而上九万里之高。扶摇而上后比喻仕途得志、迅速上升，鹏程万里比喻前程远大。

· 朝三暮四

出自《庄子·齐物论》，说的是养猴子的人给猴子果实，早上三颗晚上四颗，猴子就生气；早上四颗晚上三颗，猴子才开心。后比喻经常变卦，反复无常。

· 邯郸学步

出自《庄子·秋水》，说的是燕国人去赵国邯郸学习走路，不但没学会还忘记了自己的步法。后比喻模仿人不到家，反把原来自己会的东西忘了。

· 相濡以沫

出自《庄子·大宗师》，说的是泉水干涸时，鱼靠在一起用唾沫相互湿润。后比喻同处困境，相互救助。

■ ［文物］

· 张家山汉简《庄子·盗跖》

于1988年出土于湖北荆州张家山汉墓竹简的一种，内容为传世本《盗跖》的第一章，文字内容基本一致。

· 双古堆汉简《庄子·杂篇》

于1977年出土于安徽阜阳双古堆汉墓竹简的一种，共存残简8篇，内容见于传世本《则阳》《让王》《外物》篇等。

■ ［遗迹］

· 庄周墓

庄周墓有二，一在河南民权庄子故里，现为河南省重点文物保护单位，另有庄子故居遗址、庄子井、庄子胡同等景区；一在山东东明，现为山东省重点文物保护单位。

【原典】

　　楚威王[1]闻庄周贤，使使厚币[2]迎之，许以为相[3]。庄周笑谓楚使者曰："千金，重利；卿相，尊位也。子独不见郊祭[4]之牺牛[5]乎？养食之数岁，衣以文绣，以入大庙[6]。当是之时，虽欲为孤豚[7]，岂可得乎？子亟去，无污我。我宁游戏污渎[8]之中自快，无为有国者所羁，终身不仕，以快吾志焉。"

　　　　　　　　　　——《史记·老子韩非列传》

注释：

　　1.楚威王（？—前329年）：芈姓，名商，楚国国君，楚宣王之子，前339年—前329年在位。

　　2.厚币：丰厚的礼物。

　　3.相：相邦，楚国称令尹。

　　4.郊祭：祭祀天地。

　　5.牺牛：祭祀用的牛。

　　6.大庙：太庙，帝王的宗庙。

　　7.豚：猪。

8.污渎：死水沟。

【大意】

楚威王听说庄周贤能，派遣使者带上丰厚的礼物去迎接他，许诺任命他为令尹。庄周笑着对楚国使者说："千金，是贵重的利益；卿相，是尊崇的职位。您怎么就没见到祭祀用的牛呢？养育喂食它多年，给它披上花纹绸缎，带到太庙去。到那个时候，即使它想成为一只小猪，又怎么可能呢？您赶紧走吧，不要玷污我。我宁可在死水沟里游玩让自己高兴，也不愿意被国君束缚。我决意终身不做官，让自己的心志愉快。"

战国第一间谍：苏秦的故事

苏秦的故事

《史记·苏秦列传》
《战国策》
《战国纵横家书》

苏秦（？—前284年），字季子，东周洛邑（今河南洛阳）人，战国时期外交家、政治家，纵横家代表人物。最初游说东周君，不被任用而入燕。为了帮燕昭王复仇，苏秦进入齐国充当间谍，最终导致五国攻齐，齐闵王发现上当，匆匆处死苏秦。而齐国也一度亡国。

《史记·苏秦列传》是战国纵横家苏秦和苏代、苏厉三兄弟的传记。其对于苏秦活动年份与后来出土的《战国纵横家书》有很多不同。两份文献都写于西汉时期，可以看到关于苏秦的事迹到西汉时就有诸多不确定了。所以本篇我们先按照《史记》的记录讲一遍，再看看其他文献中关于苏秦故事的记载。

　　《史记·苏秦列传》说，苏秦是东周洛阳人，曾经到齐国拜师求学，在鬼谷子先生门下学习。后来又传说鬼谷子在云梦山教导苏秦、张仪等人。不过，鬼谷子其人在《史记》之前的文献里也没提到过，真实身份比较可疑。而对于《鬼谷子》这本书，不少人也怀疑不是鬼谷子，甚至有人还认为，其实就是苏秦的作品。

　　苏秦在外游历多年，不为诸侯所用，经费全部花光，一贫如洗的他只好返回洛阳老家。他的妻妾、兄嫂、弟妹都在背后嘲笑他放下周人擅长的工商业不做，而去耍嘴皮子，混到这个地步不是活该吗？苏秦听了这些话，既羞愧又难受。从此闭门不出，把家中藏书全部找出来翻阅。他感叹说："读了这么多书，却不能获取荣华富贵，读再多又有何用？"

之后，苏秦找到了一本据说是姜太公吕尚所著的《阴符经》。这是一本关于纵横术的著作，正中苏秦的胃口，于是他开始埋头苦读。一年之后，苏秦终于领会了这本书的真谛，他非常激动，认为可以游说国君了。

他先去游说周显王，但周显王身边的臣子都看不起他，周显王也就不信任他。然后，苏秦又去秦国游说，当时商鞅刚被处死，秦惠王非常讨厌外来的说客，所以也不任用苏秦。苏秦就又去了赵国，结果赵国相邦赵成不喜欢他，苏秦就又去了燕国。

燕国在位的是燕文公，燕国实力比较弱，苏秦就游说他联合赵国。燕文公同意，并资助苏秦去赵国游说赵肃侯。按照苏秦的设想，不仅要赵、燕联合，而且要让齐、楚、韩、魏都加入这个合纵同盟，共同对付强大的秦国。赵肃侯也答应了。

此时，秦惠王派公孙衍攻打魏国，擒获统帅龙贾，拿下魏国雕阴。公孙衍继续东进，苏秦担忧秦军攻打赵国，让他的合纵计划破产，于是就设法让张仪去秦国主政。然后苏秦又去游说韩宣王、魏襄王、齐宣王、楚威王，六国最终形成了一个合纵联盟，六国国君推举苏秦担任合纵长，兼任六国相邦。苏秦达到人生最辉煌的时刻。

之后，苏秦返回赵国复命。中途经过洛阳时，随行车马满载而归，诸侯使者纷纷送行，气派堪比帝王。周天子非常害怕，赶紧派人清扫道路、迎接苏秦。当初嘲笑苏秦的家属都不敢抬头看他，伏在地上服侍他吃饭。

苏秦笑着对大嫂说："你为什么对我以前傲慢而现在恭敬呢？"苏秦大嫂也是个实诚人，伏在地上，弯曲着身子，匍匐到他面前，脸贴着地面，说："因为我见到您地位高，钱财多啊！"苏秦感叹："我贫贱时亲戚轻视我，富贵时亲戚敬畏我，何况是一般人？假如我当初在洛阳有二顷良田，现在哪有机会身佩六国相印呢？"

不过，苏秦没有苛待亲朋故友，拿了千金出来做赏赐。以前苏秦去燕国时，向人借过一百钱路费，现在拿出一百金（相当于一百万钱）偿还，对帮助自己的人也一一报恩。随从中有一人未得到报偿，就去问苏秦。苏秦说："我不是忘了您，只是当初在燕国时，您多次想离开我。我当时穷困潦倒，所以一直埋怨您，但也只是想着把您放在最后赏赐啊！"

苏秦回到赵国，被封为武安君。从那之后的十五年，秦国不敢觊觎东方六国。但后来秦国派公孙衍联合齐、魏，攻打赵国。赵国国君责备苏秦，苏秦害怕受罚，请求出使燕国来报复齐国。但随着苏秦离开赵国，合纵盟约也就彻底瓦解了。

接着齐宣王趁着燕文公去世，攻打燕国并取得十座城池。燕易王向苏秦求助，苏秦就去了齐国，游说齐王归还了这十座城池。但燕国一直有政敌诽谤苏秦，苏秦就又说服燕王信任他，最后才官复原职。之后，苏秦劝燕王派他去齐国卧底。燕王同意了，二人演戏，苏秦假装犯罪被驱逐，投奔齐宣王，被任命为客卿。

　　等齐宣王去世，齐闵王即位。苏秦劝说齐闵王
把葬礼办得隆重，表明孝道；高筑宫殿、广建园林，
表明国力。而其真正目的是想削弱齐国。当时，齐
国大夫中不少人与苏秦争宠，有人干脆来刺杀苏秦，
苏秦身负重伤逃跑。齐闵王派人抓凶手，没有找到。

苏秦临死时劝说齐闵王，假装宣布自己是燕国间谍，并把自己扔在闹市。这样一来，刺杀苏秦的凶手就主动出来领赏，果真被齐闵王处死。不过，在苏秦死后不久，他真的是间谍的事情就泄露出来。齐闵王知道后，迁怒于燕国。燕王哙就又任用了苏秦的弟弟苏代、苏厉。

司马迁写完苏秦三兄弟的故事后，感叹苏秦兄弟三人都因为善于游说名扬天下。但苏秦被杀，天下人都嘲笑他，并忌讳学习他的学说。后世流传关于苏秦的事迹也有很多差异，很多类似的故事都附会给苏秦。苏秦出身民间，却能合纵六国，说明才智还是超过一般人。为了让苏秦不要蒙受恶名，司马迁特意整理了关于苏秦正确的事迹。

1973年在长沙马王堆出土的西汉帛书有篇体裁类似《战国策》，主要叙述的就是苏秦事迹，后来命名为《战国纵横家书》，给我们提供了不少新史料。按照这部书的说法，苏秦是张仪的晚辈，张仪去世时，苏秦刚出道。

按照这件出土帛书所记载的内容，我们来重新梳理一下苏秦的故事。

苏秦字季子，从称呼来看，他大概是家中的幼弟，苏代、苏厉反而是他的哥哥。后世说他还有两个哥哥苏辟、苏鹄，兄弟五人都是纵横家。苏秦出道的时候，周显王已经去世，当时在位的是末代周天子周赧王。周室已被西周国、东周国两个小诸侯国分割，周赧王毫无权力，所以苏秦一开始游说的大概是东周昭文君。

前315年，燕王哙禅让给相国子之，当时苏代也是参与者，导致太子平之乱。齐宣王趁火打劫，攻入燕都，燕王哙、太子平和子之都死于这场战乱。燕王哙另一个儿子燕昭王即位，他立志复仇，兴建黄金台来招揽贤才，苏秦正在此时进入燕国。

不过，齐国当时非常强盛，又与强大的赵国、秦国同盟。这三个国家中任意一个实力都足以碾压燕国。所以苏秦只能拆散他们的联盟，借力打力。苏秦发现，三国在看似友好的表面下，掩盖着利益冲突。这个利益就是对宋国的争夺。

前295年，燕昭王封苏秦为相邦、爵位为武安君，以帮助齐闵王夺宋为由，进入齐国。齐国相邦韩珉与秦昭王交好，苏秦怂恿韩珉，联合秦、燕攻打宋国，把赵国搁在一边。宋国距离最近的就是齐国。齐闵王非常高兴，就谋划进攻宋国。

赵国那边得知后，将军韩徐为大怒，提议联合魏国进攻齐国。但相邦李兑却反对撕破脸，一方面，齐国承诺要把宋国蒙邑送给他；另一方面，李兑也很聪明，他指出这是燕昭王想要挑拨离间。苏秦一看计谋败露，只好劝说齐闵王，暂时放弃攻宋。

然后，苏秦去赵国想做解释，结果反而被关押。经过燕昭王出面，苏秦才得以平安返回齐国。但经过苏秦这样一折腾，齐、赵的关系开始产生裂痕。

秦国相邦魏冉也注意到了这点，他提出以秦为西帝、齐为东帝，共同消灭中间的赵国，齐国也就更加壮大。这自然是苏秦不想看到的。苏秦马上怂恿齐闵王放弃帝号，让天下诸侯都憎恶独自称帝的秦国。齐闵王就可以顺理成章，合纵攻秦。到那时候，齐国不就可以独自吞下宋国了吗？齐闵王眼馋宋国这块肥肉，自然答应了。

在苏秦的奔走之下，齐、燕、赵、韩、魏五国形成同盟。不过，五国联盟很快破裂，因为赵、魏都反对齐闵王攻打宋国。齐闵王只好又去拉拢秦国，提出让秦国攻打魏国，齐国攻打宋国。前286年，蓄谋已久的齐闵王终于如愿以偿吞并了宋国。然后，祸患也接踵而至了。

齐国灭宋实力大增，让其余国家都非常不安，他们也各自有各自的盘算：秦国魏冉想得到宋国的定陶，因为这里是天下最富庶的地方。魏国相邦田文本来是齐国王族，也就是大名鼎鼎的孟尝君，因为被齐闵王驱逐，而一直怀恨在心，主动与秦国讲和。赵国有主战派韩徐为。韩国最弱小，危机感最强。

这样一来，秦、韩、赵、魏四国反而达成了同盟，燕国这个时候自然也参与进来了。五国共同推举燕国相邦乐毅担任统帅。前285年，齐闵王终于发现自己被苏秦欺骗，派人去捉拿他，苏秦正忙着焚烧密信，被当场逮住处死。

不过，这一切都晚了，燕军很快攻下齐国都城临淄，齐闵王在逃亡的路上，被楚国将军淖齿所杀。后来齐国虽然复国，但元气已经大损了。

可见，《战国纵横家书》中苏秦的经历与《史记·苏秦列传》记录的基本不同，只有部分相似之处。多数史学家与笔者都认为司马迁笔下苏秦和张仪的游说过于容易，反而都显得不真实。而真实的历史不仅复杂，其实也同样很有趣。《汉书·艺文志》收录了《苏子》31篇，今已无存。也有人怀疑，《战国纵横家书》部分内容可能就属于《苏子》。

【触摸历史】

■［成语］

· 悬梁刺股

"悬梁"为汉代孙敬的典故，"刺股"则出自《战国策》，说的是苏秦年轻时读书昏昏欲睡，就用锥子刺大腿来提神。后人合称"悬梁刺股"，表示学习用功。

· 前倨后恭

出自《战国策》《史记·苏秦列传》，说的是苏秦发达后回家，问自己大嫂说，为什么之前对自己傲慢，现在却对自己恭敬呢？形容对人的态度前后截然不同。

■［文物］

· 马王堆帛书《战国纵横家书》

1973年出土于马王堆汉墓帛书中的一种，共27篇，其中主要以苏秦史料为主，大多数不见于传世文献，可以修正《史记·苏秦列传》的讹误。

■ [遗迹]

· 苏秦墓

苏秦墓现存有二，一在河南洛阳，为河南省重点文物保护单位；一在山东临淄淄川，为山东省重点文物保护单位。

【原典】

苏秦闻之而惭，自伤[1]，乃闭室不出，出其书遍观之。曰："夫士业已[2]屈首受书，而不能以取尊荣，虽多亦奚[3]以为！"于是得周书《阴符》[4]，伏而读之。期年[5]，以出揣摩，曰："此可以说当世之君矣。"求说周显王。显王左右素习知[6]苏秦，皆少[7]之。弗信。

——《史记·苏秦列传》

注释:

1.自伤：自我伤感。

2.业已：已经。

3.奚：什么。

4.周书《阴符》:《战国策》作"太公《阴符》"，当是伪托吕尚的纵横学著作。

5.期（jī）年：一年。

6.习知：熟知。

7.少（shǎo）：轻视，看不起。

【大意】

苏秦听说之后非常惭愧伤感，于是闭门不出，把藏书找出来通读一遍。说："读书人埋头读书，而不能凭此获取荣华富贵，即使读再多又有什么用呢？"于是又找到一本周代吕尚的《阴符》，低头开始阅读。过了一年，苏秦反复思考琢磨，说："这些话可以拿去游说当世的君主了。"就去求见游说周显王。周显王左右大臣向来了解苏秦，都看不起他。周显王也就不信任他。

举世皆浊我独清：

屈原的故事

《史记·屈原贾生列传》
《史记·楚世家》
《新序》
《楚辞》

屈原，楚国王族，芈姓，屈氏，名平，字原；又名正则，字灵均，楚怀王时任左徒、三闾大夫。伟大的爱国主义诗人，浪漫主义诗歌的开创者。主张联齐抗秦，但楚怀王贪图小利，加上佞臣中伤，导致屈原被逐。之后屈原一度被召回，但又再次被放逐。楚怀王死于秦地，楚襄王即位，第三次将屈原放逐。屈原投江而死。1953年，世界和平理事会颁布世界四大文化名人，包括哥白尼、拉伯雷、莎士比亚与屈原。

屈原名平，屈氏是楚国王族，始祖是楚武王时莫敖屈瑕。据《离骚》，屈原又自称名正则，字灵均。后世说他出生于秭归（今湖北秭归）。楚怀王时，屈原担任左徒之官。他学识渊博，记忆力强，既了解兴衰存亡的道理，又熟悉待人接物的辞令。所以能参与国家大事，制定政令；又能接待诸侯使者，处理外交。深受楚怀王信任。

据西汉刘向的《新序》记述，屈原作为楚国使者出使齐国，为秦惠王忌惮，怕两个大国联合起来。于是秦惠王派张仪到楚国，用重金收买楚怀王宠臣上官大夫，并贿赂宠妃郑袖及楚怀王之子子兰、子椒等，让他们都在楚怀王面前说屈原坏话，导致楚怀王对屈原渐渐疏远。

《史记·屈原贾生列传》也说到上官大夫与屈原职务相同，他非常嫉妒屈原的才能，一直想和屈原争宠。楚怀王命令屈原制定法令，屈原刚拟完草稿还未定稿，上官大夫见到后，想加上自己的联合署名，屈原自然不肯。于是上官大夫向楚怀王进谗言，说每次法令颁布，屈原就夸耀自己，认为只有自己能制定出来。完全无视大王。楚怀王信以为真，非常生气，更加疏远屈原。大概正在此时，屈原被免去左徒一职，被派去齐国，实际上是放逐。

小人的谗言与谄媚蒙蔽了忠良，邪恶和歪曲伤害了公理，使得正直之人不被容纳。屈原非常忧愁苦闷，抑郁深思，作出名篇《离骚》。"离"通"罹"。离骚，就是遭遇忧患的意思。在屈原之前，诗歌没有概括全篇的标题。像《诗经》每篇往往用前两字为标题，比如《关雎》《蒹葭》。而其他诗歌则往往以"歌"泛称，比如《徐人歌》《越人歌》。从屈原开始，诗歌才具备了明确的思想主题，这也代表着文人诗歌的横空出世。

《离骚》作为一篇自叙性的政治抒情长诗，波澜壮阔、跌宕起伏，如同一曲优美的交响乐。全诗可以分为两大部分，上半部分叙述的多为现实中发生的事情。屈原说自己有美好的品质与远大的抱负，但因为政治黑暗，反被群小陷害。但自己仍愿坚守清白之志，到死心意也不变。下半部分的叙述则多为想象中发生的事情。屈原说自己渡过湘水，对葬在九嶷山的帝舜表白，坚信自己政治上的正确。然后又来到昆仑山，却被天帝的守门人拒绝。于是又回到楚国，巫师们都让他离去。最后屈原来到西极之地，但忽而又看到了楚国。

《离骚》全篇奇幻瑰丽、似幻而真，是屈原作品乃至整部《楚辞》的代表作。故后人以"骚"来指代《楚辞》，如以《国风》之"风"指代《诗经》，故《诗经》《楚辞》以"风骚"合称，作为古典诗词的渊薮。

不过，《离骚》创作时代有争议。《史记》《新序》都说是楚怀王时期，但刘向在《九叹·思古》中说是屈原在被楚顷襄王放逐江南时所作。

屈原大概在前313年被放逐到齐国。楚怀王与齐宣王继续合作，攻下了秦国重镇曲沃，接下准备进攻秦国商於。秦惠王非常忧虑，当务之急必须拆散齐楚联盟，于是派张仪出使楚国。楚怀王被张仪欺骗，与齐国断交，又被秦国大败。这在之前张仪

的故事中都有讲到。《史记·屈原贾生列传》说齐宣王痛恨楚怀王背弃盟约，不肯发兵来助。但实际上，齐宣王并未放弃楚国，发兵牵制住了秦国盟友魏国。

前299年，秦昭王约楚怀王到秦国武关结盟。屈原连忙劝谏说："秦国像虎狼一样残暴，不能信任，不去为好！"子兰却极力怂恿楚怀王前往，认为不能辜负秦王好意。楚怀王最终还是去了，还把屈原再次夺官流放。从《哀郢》看，此时屈原应该去了陵阳（今安徽青阳），他预料到楚怀王凶多吉少。

楚怀王一到武关，果然被秦人俘虏。楚国大臣立太子即位，就是楚顷襄王，也叫楚襄王。前296年，楚怀王病逝，才被运回楚国。楚人把楚怀王之死的责任归咎子兰，屈原也非常痛恨子兰。但楚襄王却偏偏宠爱幼弟，还封他为令尹。屈原自身已遭放逐，对此无可奈何。

大约此时，屈原创作了另一名篇《天问》。"天问"就是"问天"，对天发问。《天问》全篇大约可以分成三个部分，第一部分问的是天事，第二部分问的是地事，第三部分问的是人事。屈原一口气向上天提出一百七十多个问题，从神话到信史，从万物到自身，整首诗浑然天成，参差利落，铿锵有力。《天问》与《离骚》，是最能体现屈原至情至性的核心诗作。表面来看，诗人问的是天地万物、古往今来，但实际上，诗人借此感慨天道不公，世事无常。把奇幻的神话与现实的古史完美交织在一起，铸就了一篇旷世奇作。

子兰听说屈原非议自己，非常愤怒。大约就是屈原作《天问》，让子兰认为在指桑骂槐。于是子兰又怂恿上官大夫，在楚襄王面前说屈原坏话。楚襄王本非明君，又把屈原放逐到更蛮荒的江南之地，大约在今天的湖南溆浦。屈原在这里生活了若干年。

前293年，楚襄王向秦昭王求和，第二年又娶秦昭王女儿为王后。大约这件事，让屈原对楚国彻底绝望。

屈原披头散发，悲愤长吟，来到湘江边上。他脸色憔悴，身体消瘦。此时，他碰到一位渔父。渔父居然认识他，说："您不是三闾大夫吗？为什么会到这里来呢？"屈原感叹说："举世皆浊我独清，众人皆醉我独醒，所以就被放逐了呀！"

渔父说："圣人对事物看法并非一成不变，而随着社会风气与时俱进。大家都污浊，你为什么不随波逐流？大家都沉醉，你为什么不大口喝酒呢？为什么要坚持自己美玉般的品德，却让自己落到被流放的下场呢？"

屈原苦笑说："我听说过，刚洗头发的人要弹去帽子的灰尘，刚洗身体的人要抖掉衣服的尘土。怎么能以清白之身，蒙受世俗的污染呢？我宁愿逃入江水，葬身鱼腹，也不愿意自己清白被玷污！"

渔父微微一笑念了一首《孺子歌》："沧浪的水清澈时，可以洗我的帽缨；沧浪的水浑浊时，可以洗我的双脚。"然后不再与屈原答话，泛舟而去。

渔父未必是真实存在的人物，他作为与屈原对比的角色出现，更多体现的是一种和光同尘的处世哲学。他唱的《孺子歌》，在《孟子》里也有记载，当年孔子曾以此教导学生。然而这并非屈原认同的处世之道，他终究无法与俗世同流合污，无法面对腐败糜烂的朝堂，唯愿以死明志。

屈原与渔父分别后，走到湘江支流汨罗江（今湖南汨罗）。在这里，屈原写下了绝笔诗《怀沙》，然后抱着石头投江而死。

据南朝宗懔（lǐn）《荆楚岁时记》，这天是五月初五，所以楚人在这天纪念屈原，也就是今天端午节的由来。其实，最早的端午是源于远古祭祀水神的活动。随着祭祀活动的淡化，名人事迹就取而代之。古代的端午这天，吴地有祭祀伍子胥、越地有祭祀孝女曹娥，不过最终屈原成为全国性的祭祀对象。

也有人主张，屈原去世是在前278年。此年，秦国将领白起攻下了楚国郢都，楚襄王东迁于陈。白起攻下郢都后，又继续扫清楚国腹地的势力，并深入江南。屈原或许是不愿意落入敌军之手，或许是对楚襄王彻底失望，所以在汨罗江结束了自己的生命。

《史记·屈原贾生列传》说，屈原去世后，楚国又有宋玉、唐勒、景差等人，他们都擅长辞赋，尊屈原为辞赋之祖。宋玉很受楚襄王宠爱，曾作《神女赋》《高唐赋》等，但只学习到屈原的委婉含蓄，不敢像屈原一样直言劝谏，所以楚国也就一天比一天衰微，最后被秦国灭亡。

　　屈原的作品主要有《离骚》一篇、《九歌》十一篇、《天问》一篇、《九章》九篇、《远游》一篇、《卜居》一篇、《渔父》一篇，被刘向收录入《楚辞》中。他"吾不能变心以从俗兮"的高尚情操、"哀民生之多艰"的爱国情怀、"路曼曼其修远兮"的积极进取、"虽九死其犹未悔"的英雄气概，永远影响着一代又一代的中国人。

【触摸历史】

■ ［成语］

· 独清独醒

出自屈原《渔父》，其中屈原说"举世皆浊我独清，众人皆醉我独醒"，表示自己独自清白、独自醒悟，不与世俗同流合污。

· 哺糟歠醨（chuò lí）

出自屈原《渔父》，其中渔父说"众人皆醉，何不哺其糟而歠其醨"，意思是大家都醉了，你为什么不也跟着喝酒吃糟呢，表示屈志从俗、随波逐流。

· 不知所从

出自屈原《卜居》，其中屈原说"心烦虑乱，不知所从"，表示自己心烦意乱，不知道怎么办，拿不定主意。

■［文物］

· **阜阳双古堆汉简《楚辞》**

　　1977年出土于安徽阜阳双古堆1号汉墓竹简的一种，其中包括《离骚》和《涉江》的残简，证明在西汉前期就有《离骚》《涉江》传世。

■［遗址］

· **屈原故里**

　　在湖北秭归凤凰山，有屈原祠、屈原墓、屈原纪念馆等景区。其中屈原祠为全国重点文物保护单位。

· **屈原墓**

　　在湖南汨罗玉笥山东的汨罗山顶，有12个封土堆，均有"故楚三闾大夫墓"或"楚三闾大夫墓"石碑，系屈原十二疑冢。现为湖南省重点文物保护单位。

【原典】

　　上官大夫[1]与之同列，争宠而心害其能。怀王使屈原造为宪令[2]，屈平属[3]草稿未定。上官大夫见而欲夺之，屈平不与，因谗之曰："王使屈平为令，众莫不知，每一令出，平伐[4]其功，以为'非我莫能为'也。"王怒而疏屈平。屈平疾[5]王听之不聪也，谗谄之蔽明也，邪曲之害公也，方正[6]之不容也，故忧愁幽思而作《离骚》。

——《史记·屈原贾生列传》

注释:

1.上官大夫：楚国大夫，一说即靳尚。

2.造为宪令：制定法令。

3.属（zhǔ）：连缀，撰述。

4.伐：自夸。

5.疾：痛恨。

6.方正：正直。

【大意】

上官大夫与屈原级别相同，因为想在怀王面前争宠，而嫉妒屈原的才能。怀王命令屈原制定法令，屈原刚拟完草稿还没定稿。上官大夫见到之后就想夺为己有，屈原不肯给，上官大夫就向楚怀王说屈原的坏话："大王您让屈原制定法令，大家没有不知道这件事的，而每次颁布一条法令，屈原就夸耀自己功劳，认为'除了我谁也做不出来'。"怀王非常生气而疏远屈原。屈原痛恨怀王听信谗言，让邪恶伤害公理，使正直之人不被容纳，所以就忧愁深思而写成《离骚》。

神机妙算解困局：田单的故事

《史记·田单列传》

《战国策》

《说苑》

田单，齐国王族，妫姓，又称陈单，战国后期军事家。本为临淄的小吏，燕军进入临淄，田单逃往即墨。燕军围攻即墨，田单被推为主将，以反间计与火牛阵大败燕军，顺利复兴齐国。之后，田单迎接齐襄王回临淄，自己担任相邦，被封安平君。之后又收复聊城、狄城。后因赵国邀请，入赵国为相邦，最终病逝于赵国。《史记·田单列传》讲述田单的故事到迎立齐襄王为止，之后的故事则见于《战国策》等史料。

奇兵制胜

　　田单出自齐国王族，但在他这辈已经是远支。在齐闵王时，田单是一个不受重用的小吏。前284年，燕国将军乐毅组织五国联军攻打齐国，之后燕军攻入齐国都城临淄。齐闵王逃到莒（今山东莒县），又与前来救援的楚国将军淖齿发生冲突被杀。

　　田单在这次大难中先逃到了小城安平。刚到达安平时，他就让族人把车轴两端突出的部位锯断，装上铁箍。不久，燕军攻打安平，攻破城池，大家争先恐后逃亡，车轴互相撞击导致车辆损坏，很多人因此都被燕军俘虏。只有田单与族人因为用铁箍包住车轴，得以成功逃脱，到达东边的即墨（今山东平度）。从这就能看出田单心细又有远虑。

　　此时，齐国大小城池都已被燕军攻下，只剩下莒城与即墨二城。乐毅先攻打莒城，齐人王孙贾带领军民共同坚守抵抗。燕军一直拿不下莒城，乐毅又带兵攻打即墨。即墨大夫出城交战，被燕军击杀。即墨军民知道田单足智多谋，就推举田单为守将，带领大家抗击燕军。

前279年，燕昭王去世，燕惠王即位。此时，距离临淄被攻陷已有五年之久了。田单得知燕惠王不喜欢乐毅，就派人去燕国施展反间计，说："齐闵王已经被杀，未被攻克的齐国城池只有两座。乐毅为什么一直攻克不了它们呢？那是因为他想在齐国称王。齐国民心未归附，乐毅就故意拖延时间，以待时机成熟。如果由其他将领带兵，即墨就必破无疑了！"

燕惠王一琢磨觉得有道理，就派将军骑劫代替乐毅。乐毅知道自己被猜忌，回去也凶多吉少，就逃到赵国去了。而在前线的燕军官兵都为乐毅愤愤不平，对新来的将军也不怎么服气。

至于田单那边，就开始给齐军打气了。他命令军民饭前都要祭祀祖先，不少飞鸟因此来争夺祭品。

燕军见到城上飞鸟盘旋，都非常奇怪。田单就散布消息说这是神仙下凡来指导自己作战。之后田单每次发号施令，都假托是神仙的主意。大家也就都相信了。那时候的人都迷信，这样做可以让敌军畏惧，也能安定自己人的心。

田单又散布消息："我怕燕军把俘虏割掉鼻子，放在队伍前列。这样齐军士气被打击，即墨一定会被攻克。"燕军听说之后，果然这样做了。结果城里的军民见到俘虏都被割掉鼻子，反而义愤填膺，同仇敌忾，唯恐被俘。

田单又继续散布消息："我最怕燕国人挖了我们城外的祖坟，侮辱我们的祖先。"燕军听说之后，也这么干了。齐国人从城上看到，大家都痛哭流涕，众志成城，请求出城杀敌。

田单通过这样的策略，使得军民的士气激增。他知道，现在是作战的最好时机。于是就亲自拿起工具，与士兵一起修筑城防，把自己的妻妾、家人都编入队伍，并把城内所有食物分给将士。胜败在此一举了！

接下来，田单命令精锐部队埋伏起来，让老弱妇幼上城防守，装出一副不堪一击的样子，并与燕军约定投降日期。燕国将士信以为真，高呼万岁。田单又命令即墨豪强出面，送给燕军将领一千镒黄金，说："即墨要投降了，希望你们进来后，不要伤害我们。"燕军将领非常高兴，满口答应，意志更加松懈。

既鼓舞了己方士气，又麻痹了敌方意志，接着开始决战了。齐军人少，燕军人多，硬拼不可取。田单就在城中收集了一千多头牛，派人为它们披上红色丝绸，并在身上画上五彩龙纹图案，然后在角上绑上兵刃，在尾巴上绑着浸灌油脂的芦苇。又派人在城墙上凿开了十几个洞穴，到了晚上点燃牛尾巴上的芦苇，通过洞穴偷偷把牛放出去。

牛的尾巴被烧得发热，愤怒地冲向燕军，燕军大惊。牛尾巴上的火把照得彻夜通明，燕军看到对面不知道一群什么神兽冲来，非常害怕。牛群冲入燕军队伍，随意顶撞践踏，燕军非死即伤。田单又派五千壮士紧随其后，对燕军发动袭击，燕军大乱，溃不成军。接着田单就下令全面出城决战，老弱妇幼都敲着铜鼓，声音响彻天地。燕军将士震惊，大败而走。齐军在乱军之中，杀死了燕军主将骑劫，燕军更加溃散，纷纷逃命。

齐军趁机追击，所经过的城池都重新归顺齐国。田单的兵力也像滚雪球一样，越来越多。燕军一路逃跑，一直退到黄河边上，齐国失去的七十多座城池都被收复。最后田单到达莒县，找到了齐闵王之子齐襄王，把他接回临淄，立他为国君。齐襄王非常感激田单，赐他为安平君。

司马迁对田单的军事能力高度评价，在他看来，用兵一方面要正面交锋，另一方面要奇兵制胜。正面交锋与奇兵制胜都要发挥作用，并且相互转换，才让敌人捉摸不定。用兵之初沉静柔弱，让敌人毫无戒备；时机到来时迅速敏捷，使得敌人来不及防御。田单用兵，正是如此。《史记·田单列传》讲述

田单的故事到此为止，不过，我们可以根据《战国策》进行补充。

复国之后

田单驱逐燕军，匡复齐国，被封为安平君后出任相邦。田单非常爱护百姓。有一天经过淄水，见到有位老人因过河，冻得瑟瑟发抖，坐在沙滩上休息。田单命令侍从给老人衣服穿，因为没有多余的衣服，田单就脱下自己的皮衣，给老人穿上。

田单还善于用人，有个叫貂勃的人经常中伤他，他却设宴款待貂勃，问貂勃为什么这样。貂勃比喻说，盗跖的狗朝帝尧叫，并非盗跖尊贵而帝尧贫贱，只是因为帝尧不是它的主人。如果狗离开坏主人，投奔好主人，就不会做这种事了。田单听了，认为貂勃是个贤才，就将他推荐给齐襄王，自己也得到一个得力助手。

齐襄王有九个宠臣，他们非常嫉恨田单，借着要酬谢楚国的名义，让齐襄王派貂勃去楚国。楚王将貂勃留下来款待。他们几个人又对齐襄王说："貂勃为什么敢留在大国呢？不都是仰仗田单的势力吗？田单无君臣之礼，野心很大，希望大王明察！"

第二天，齐襄王召田单入见，田单见状不妙，就脱下衣帽、赤着脚，请求赐死。幸亏齐襄王并非完全昏庸，考虑再三，没有治田单的罪。此时貂勃赶回来，与齐襄王喝酒，齐襄王说："把田单也叫来一起吧。"貂勃已经知道前面发生的事，借机说这是亡国之言，因为周文王尊吕尚为太公，齐桓公尊管仲为尚父，齐襄王却忘记田单的功劳，还直呼其名。如果不杀那九名奸臣谢罪，国家就危险了。齐襄王觉得有理，就杀了那九人，流放他们的家属，然后又将夜邑一万户加赏给了田单。

齐国虽然复国，但聊城、狄城还被燕军占领。

田单就又带兵攻打聊城，不过一年多也没有攻下，还损失了不少士卒。多亏齐国贤士鲁仲连给燕将写信，燕将读后自尽，聊城大乱，田单趁机攻入。之后，田单又攻打狄城。出发前特意拜访鲁仲连，鲁仲连断言他不能取胜。田单听后不服气，说自己仅凭即墨一城和残兵七千，就能打败万辆兵车的燕国，怎么攻不下一个小小的狄城呢？不出鲁仲连所料，田单三个月也没拿下狄城。孩子们都编排童谣，嘲笑田单。

田单百思不得其解，就去请教鲁仲连。鲁仲连指出，当初在即墨时，田单和将士同甘共苦，都有决一死战之心。现在田单富贵了，大家也都贪图享受，所以一直攻不下狄城。田单从善如流，第二天亲自到城墙下巡视，并击鼓指挥，将士同仇敌忾，终于拿下狄城。

后来，燕国进攻赵国，赵王久仰田单大名，于是割让五十七城给齐国，要求交换田单带兵援救。田单前往赵国，率领赵军击退来犯的燕军，又攻下燕、韩两城。次年，齐襄王去世，赵王就请田单为相邦，把他留在了赵国。

不过，田单和马服君赵奢互相不服。田单说："您征兵太多，使得耕种的人太少，后勤就跟不上，这不是自取灭亡吗？我听说帝王用兵不过三万，就能使得天下归服。而将军要十万二十万才肯指挥，所以我并不佩服您呀！"

赵奢却认为，田单不仅不懂用兵，还不明白军事形势。古代天下分为万国，所以只需三万精兵即可。但现在战国七雄都势均力敌，各自几十万兵力，怎么敢说拿三万兵去救援呢？这些兵只能围住城墙一角，进行野战都不够用，还指望这点兵干什么呢？这一番话说得田单心服口服。

田单与赵奢的论辩，正是奇兵与正兵的论辩。田单精通以少胜多的奇兵之术，但赵奢却提倡以多对多的正兵之术。田单善于在逆境中用奇兵，却不擅长在顺境中用正兵，这点鲁仲连早已指出。当然，即使对军事的认识不如鲁仲连与赵奢，也丝毫掩盖不了田单破燕复齐的光辉成就。

　　之后田单病逝于赵国。《荀子》认为田单与楚国庄蹻（qiāo）、秦国商鞅、燕国乐毅齐名，都是战国时期善于用兵之人。

【触摸历史】

■ ［成语］

· 旷日持久

出自《战国策》，说的是赵奢与田单论兵，赵奢认为兵少对付兵多，只会旷日持久多年，最后重蹈齐国灭亡的覆辙，意思是耽误时间，拖延很久。

■ ［文物］

· 汉画像石"火牛阵"

1919年出土于山西吕梁的东汉左表墓，绘制了火牛阵的图像，其中一个拿剑的士兵与一头角上插刀、尾巴束芦苇的牛对峙。现藏于吕梁市汉画像石博物馆。

■ ［遗迹］

· 即墨故城遗址

在山东平度，系西汉胶东王城，始建于春秋齐国，并有燕国刀币出土，当系燕军围攻即墨所留。现为全国重点文物保护单位。

【原典】

田单乃收城中得千余牛，为绛缯[1]衣，画以五彩龙文[2]，束兵刃于其角，而灌脂束苇于尾，烧其端。凿城数十穴，夜纵牛，壮士五千人随其后。牛尾热，怒而奔燕军，燕军夜大惊。牛尾炬火光明炫耀[3]，燕军视之皆龙文，所触尽死伤。五千人因衔枚[4]击之，而城中鼓噪[5]从之，老弱皆击铜器为声，声动天地。燕军大骇，败走。

——《史记·田单列传》

注释：

1.绛：深红色。缯：丝织物。

2.文：纹，花纹，纹理。

3.炫耀：光耀的样子。

4.衔枚：古代行军时防止发出声音，把一种长得像筷子的"枚"衔在口中。

5.鼓噪：擂鼓呐喊。

【大意】

　　田单在城中收集了一千多头牛，为它们披上红色丝绸，在它们身上画上五彩的龙图案，在它们的角上绑上兵刃，在它们尾巴上绑着浸灌油脂的芦苇，并且点燃芦苇的末端。在城墙上凿开了十几个洞穴，晚上把牛放出来，五千壮士紧跟其后。牛尾巴被烧得发热，愤怒地冲向燕军，燕军夜里大惊。牛尾巴上的火把夜晚照得明亮，燕军看到它们身上都是龙的图案，它们所碰到的燕军都非死即伤。五千壮士悄悄袭击燕军，而城里人擂鼓呐喊跟在后面，老弱妇幼都敲着铜器，响彻天地。燕军非常震惊，大败而走。

叱咤风云的战神：

白起的故事

《史记·白起王翦列传》

《史记·秦本纪》

《史记·赵世家》

白起，秦国郿（今陕西眉县东）人，中国古代著名军事家，官至秦国国尉、大良造，封武安君，是战国时期杀敌最多的统帅。曾率军攻克楚国郢都，又在长平之战大败赵将赵括。后因与相邦范雎不和，又患病在身，不愿带兵攻打邯郸，最终引起秦昭王猜忌而被赐死。白起与王翦、廉颇、李牧，被后世誉为战国四大名将。

屡战屡胜

　　白起因擅长军事指挥而被秦昭王任用。前294年，白起被任命为左庶长，这是秦二十爵的第十级爵位，他的第一战是率军攻打韩国的新城，这一战结果如何没有记录。同年，魏冉出任相邦，他非常欣赏白起。白起的时代马上来了。

　　前293年，白起又晋升为第十二级的左更，率军攻打韩国，与韩、魏联军在韩国伊阙交战，白起大败韩、魏联军，俘虏魏将公孙喜。之后，白起又被封为国尉，国尉是全国最高军事长官，是太尉的前身。白起再次攻打韩国，夺取了河东大片土地，之后又晋升为第十六级的大良造。接着，白起又先后与魏、赵作战，屡战屡胜。这奠定了白起在秦国大将中的首席地位。

　　秦国开始制订攻打楚国郢都的计划，这样重要的主帅除了白起别无他选。前279年，白起攻楚，拿下鄢、邓等五座城邑，直逼郢都。第二年，白起再次攻打楚国，楚襄王抵挡不住，弃城东奔。楚国多年经营的郢都，就这样被秦国收入囊中。之后白起就被封为武安君，趁势扫平楚国腹地，并拿下楚国西部巫郡、黔中郡。

长平之战

楚国被严重削弱以后，秦国最大的敌人只有赵国。前273年，赵将贾偃和魏国芒卯攻打韩国，此时韩国与秦国是盟友，连忙向秦国求助。白起前往援救，又在韩国的华阳大败赵、魏联军。但后来秦国与韩国又翻脸，终于引发了一场大战。

当时，韩国在河东有一块地盘，白起先从这块地盘下手。前264年，白起先进攻韩国陉城，次年又进攻韩国南阳地区的太行山道，将河东出太行的道路封住。前262年，拿下韩国在黄河南岸的野王（今河南沁阳），这下连河东沟通本土的水路都断了。韩国上党郡彻底与本土失联。

韩国上党郡守叫冯亭，他不愿意投降秦国，就与当地军民商量，不如投降赵国。这样可以引发秦、赵之争，然后赵、韩再次联合，才有机会抵挡秦国。赵孝成王接收了上党郡，任命冯亭为华阳君，仍然驻守上党郡。但是秦将王龁（hé）最终攻克了上党郡。上党郡军民都不愿降秦，纷纷向赵国逃去。

赵王派军队前去支援，王龁又开始进攻赵国，赵王派廉颇统兵迎战。秦、赵两军开始只是小规模交手。直到秦军攻打赵军阵地，夺下两个堡垒，俘虏四名军尉。廉颇见秦军厉害，就开始修筑围墙，不主动出击，想慢慢消耗秦军。王龁强攻，又俘虏赵军两名军尉，并夺下西部营垒。但廉颇依然坚守不出，王龁也无法继续进攻。两军进入对峙阶段，如果再把时间拖久一点，秦军很有可能因为后勤不足而退败。

秦国相邦范雎就施展反间计，宣传廉颇已经打不过快投降了，而秦国最害怕的是赵国的赵括，那是名将赵奢的儿子。赵王本来就生气廉颇屡战屡败、损失惨重，而现在又不肯出战，真相信他要投降了，就派赵括来代替廉颇。而这个赵括，只是个有理论知识而无实战经验的新手。

秦昭王得知赵括担任主将，马上暗中派白起代替王龁为主将，王龁降为副将。秦昭王还下令军中不准泄露白起的主将身份，如有人违反格杀勿论。这自然是因为白起名气太大，怕引起赵括的警惕，接下来就不容易上钩了。

赵括果然不知道对面是白起，他一到任就把廉颇的防御战略全部推翻，开始主动进攻秦军。这正中了白起调虎离山的计谋。于是秦军假装逃跑，而赵括自以为是乘胜追击，一直追到秦军大营。但白起早已布置好防御，赵括也一直不能攻下。

就在此时，白起布置的第一支两万五千人的伏兵出现，切断赵括的退路，布置的第二支五千人的伏兵，则迅速冲入赵军营垒前，把赵括军队与赵军营垒完全阻隔开来，特别是将运粮通道死死堵住，不让赵括得到粮食补给。

此时，白起开始对赵括进行反攻，赵括抵挡不住，又撤退不了。就也开始修筑壁垒，严防死守，希望等待援军到来。秦昭王得知赵括粮道已断，就亲自前往河内郡，征调十五岁以上青壮年男子全部上长平战场，与赵军殊死搏斗。

赵国士兵就这样被秦军一直围困，断粮不知不觉已长达四十六天，饥饿的士兵们开始崩溃。赵括见状，也知道无法继续防守，于是他率领精锐部队与秦军决战。结果可想而知，赵军大败，赵括本人也被秦军射死。主将已死，四十万赵军投降。白起却认为收编这四十万俘虏，风险实在太大，恐怕会有变数。所以决定先假意接受投降，再将他们杀掉。最终，秦军只释放了年龄偏小的二百四十人回赵国。

扫平上党郡及周边地盘后，白起就准备集中兵力，一举攻克赵国都城邯郸。韩、赵两国国君都非常害怕，他们找来苏秦的兄弟苏代出使秦国，希望能够阻止白起进军。

罪与无罪

苏代了解到魏冉担任秦国相邦时，与白起关系比较和睦，而继任的范雎与白起关系非常一般。苏代就抓住这点，前往游说范雎，指出白起如果灭亡赵国的话，就会位列三公，地位在范雎之上；另一方面即使秦国灭赵，赵国百姓也会依附其他国家，秦国耗费大量国力，却得不到多少土地。于公于私范雎都应该支持让韩、赵割地求和，别再让白起立功。范雎答应了，以将士疲惫为由，劝说秦昭王允许韩、赵讲和。白起得知后，开始和范雎交恶。

此后不久，秦昭王又派王陵攻打邯郸，当时白起在家养病，没有出征。后来因为王陵进展不大，秦昭王增派部队，损失却更加惨重。这时候，白起身体已经康复，秦昭王派他代替王陵。但白起此时反倒不愿意出战了，他认为不像之前乘胜追击，现在秦军远行出征，打不过赵军与诸侯的合击。这可能是基于白起的正确分析，也可能是故意与范雎闹别扭。之后范雎亲自来请他，他就干脆托病不起。

秦昭王只好让王龁代替王陵。王龁虽然也厉害，但果然接连八九个月，也没能攻下邯郸。之后，楚国春申君与魏国信陵君一起支援赵国，王龁损失更加惨重。白起得知后说："早听我的就不会这样。"秦昭王恼羞成怒，强令白起上阵，白起推说病情严重。范雎也来请他，他自然更是不理。

前257年，愤怒的秦昭王将白起官爵全部革除，贬为最低级的士兵，让他离开咸阳，前往阴密戍卫。而白起此时病情发作，一直也没动身。又过了三个月，秦军连连战败，秦昭王非常恼火，多次催促白起离开。此时白起病情好转，开始动身。不过他非常不满，一路上口出怨言，这些话传到了秦昭王的耳朵里。秦昭王与范雎及群臣商议，决定赐死白起。

等白起刚到咸阳西门十里路的杜邮时，秦昭王的使者带来一把剑，让他自裁。白起拿着宝剑，仰天长叹，说："我有什么罪，会落到这个结果？"过了一会儿，又说，"长平之战几十万赵军投降，我把他们全部诱杀，这就该死了吧！"

秦人认为白起无罪而死，都非常同情他，不管是城里还是乡村，国人都纷纷祭祀这位风云一时的名将。

【 触摸历史 】

■ ［ 遗迹 ］

· 长平之战遗址

在山西高平永禄乡，包括尸骨坑等遗址，现为山西省重点文物保护单位。遗址上建有长平之战纪念馆。

· 白起墓

在陕西咸阳东三五三零厂家属院内，即白起自杀之杜邮所在地。现为陕西省重点文物保护单位。

【 原典 】

其将军赵括出锐卒自搏战，秦军射杀赵括。括军败，卒四十万人降武安君。武安君计曰："前秦已拔上党，上党民不乐为秦而归赵。赵卒反覆，非尽杀之，恐为乱。"乃挟⁴诈而尽坑杀⁵之，遗其小者二百四十人归赵。前后斩首虏四十五万人。赵人大震。

——《史记·白起王翦列传》

注释：

1. 搏战：拼搏战斗。

2. 计：考虑。

3. 上党：韩郡名，在今山西长治。

4. 挟：怀抱，怀有。

5. 坑杀：用阴谋杀死。

【大意】

他们的将军赵括出动精锐士卒亲自拼搏作战，秦军将赵括射死。赵括军大败，士卒四十万人都向白起投降。白起考虑说："之前秦国已经攻克上党，上党民众不乐意入秦反而归赵。赵国士卒反复无常，不全部杀掉的话，恐怕会作乱。"于是欺骗赵军并将他们全部杀害，只留下年少的二百四十人回赵国。秦军前后斩首俘虏四十五万人。赵国人非常震惊。

072

073

千古佳话将相和：

廉颇、蔺相如的故事

《史记·廉颇蔺相如列传》
《史记·秦本纪》
《史记·赵世家》

廉颇，战国后期军事家，因军功被封上卿。蔺相如，战国后期政治家、外交家，因完璧归赵被封上大夫，又因渑池之会被封上卿，为廉颇所妒。蔺相如却不计较，处处退让，终于感动廉颇，结为生死之交。后蔺相如去世，廉颇不为赵王所容，在楚国终老。

完璧归赵

廉颇是赵惠文王时期的名将。前283年，廉颇率军攻打齐国，大败齐军，攻下阳晋，因此被封为上卿。蔺相如和他相比，起步就低很多。赵国管理宦官的官员叫宦者令，而蔺相如最初不过是宦者令缪贤的门客。

赵惠文王得到了价值连城的和氏璧。秦昭王听说后，表示愿意以十五座城池换取。赵王就与廉颇等大臣商量，秦国一向言而无信，恐怕不会顺利交换；但如果拒绝，秦国就有了攻打赵国的借口。如何应对秦国呢？缪贤就推举蔺相如作为使者。

因为蔺相如地位不高，所以赵王表示怀疑。缪贤说，当年自己犯罪想逃去燕国，但被蔺相如阻拦了。蔺相如分析燕王当初愿意结交缪贤，是因为缪贤在赵国的地位，如果失去赵国的背景，燕王怕是要把缪贤抓住送给赵王了。然后在蔺相如的劝说下，缪贤认罪，果然得到了赵王赦免。

赵王听完也认为蔺相如有谋算，就召见蔺相如。蔺相如说："如果赵国不答应，是赵国理亏；但如果秦国不交付，是秦国理亏。所以要答应交换，宁可让秦国理亏。不过如果秦国真的耍赖，臣一定把玉璧完好地带回赵国！"赵王同意，派蔺相如出使。

秦昭王在章台接见蔺相如，蔺相如把玉璧献上。秦王非常高兴，就把玉璧传给妻妾和侍从观看，大家高呼万岁。蔺相如观察秦昭王，见他一直不说给城邑的事，就走向前说："玉璧上有个小瑕疵，请让我来指给大王看！"秦昭王信以为真，就把玉璧交给他。

没想到，蔺相如一接过来，立刻退后几步，靠着柱子，愤怒地说："大王想要得到玉璧，赵国大臣都说秦国贪得无厌，不要献出和氏璧。只有我认为老百姓之间都不能互相欺骗，何况是大国呢！况且也不能因为一块玉璧，让大国不高兴吧！赵王诚心诚意地斋戒五天，才派我前来，是尊重你们秦国。而大王却在这么随便的场所接见我，又把玉璧传给妻妾侍从看。我见大王没有交付城池的诚意，才收回玉璧。如果大王逼我，我的头就和玉璧一起，在柱子上撞碎！"

蔺相如举起玉璧，眼睛斜视柱子，做出就要撞上去的样子。秦昭王大惊，连忙向他道歉，并让官员拿出地图，指明那十五城的位置。蔺相如又说："大王也应该斋戒五天，安排九宾大典，我才敢献上呀！"秦昭王同意了。但蔺相如估计秦昭王会言而无信，就派随从穿上平民服饰，怀揣玉璧，从小路逃回赵国。

五天之后，秦昭王请蔺相如前来。蔺相如说："秦国从秦穆公以来，就没有一位君主守约。我实在怕被大王欺骗，所以派人将玉璧带回去了。况且秦强赵弱，秦国不如先把十五城割让给赵国，那样的话赵国就不敢不献上玉璧。这样交换谁也不亏。我希望大王和诸位大臣仔细考虑！"

秦昭王与群臣面面相觑，非常惊讶，万万没想到蔺相如这么机智又强硬。有大臣说要把蔺相如处死，秦昭王却认为，现在即使杀了他也得不到和氏璧了，反而会得罪赵国。最终还是以九宾之礼接见蔺相如，然后放他回了赵国。

不过最后秦国没有把城邑给赵国，赵国也没有把玉璧给秦国。经过此事，赵王任命蔺相如为上大夫。

渑池之会

秦国两次攻打赵国，然后秦王派使者来赵国，提出在渑池（今河南渑池）与赵王会见。赵王害怕不敢去，因为当年楚怀王就是在会盟时被秦国扣押。廉颇和蔺相如却认为，赵王如果不去，就显得软弱胆小。赵王只好带着蔺相如硬着头皮前去，又派廉颇驻守国内。

廉颇为赵惠文王送行，告别时说："大王此行估计不超过三十天，如果到时候还没回来，请允许我们立太子为王，绝断秦国的妄想！"赵王同意了，然后与蔺相如一起到达渑池。

双方喝酒到尽兴时，秦王说："听说赵王爱好音乐，请您弹个瑟听听吧！"这是非常无礼的行为，但赵王不想激怒秦王，就拿出瑟弹奏。秦国的史官就趁机记下："某年某月某日，秦王与赵王饮酒，让赵王弹瑟。"赵王脸色大变，秦王这是把他当作臣子了。

蔺相如却面不改色，他走上前对秦王说："赵王也听说大王爱好音乐，让我给您献上瓦缶，也想听听您奏乐。"秦昭王不肯答应。蔺相如更靠近了一些，伸手把瓦缶递了过去，并跪下再次请求。秦昭王仍然不答应。蔺相如说："在这五步之内，我蔺相如脖子上的血就要溅到大王了！"这是在威胁秦王，我可以杀自己，也可以杀你啊！秦王侍从大惊，想上前击杀蔺相如。蔺相如瞪着双眼，大喝一声，侍从们吓得纷纷后退。

秦昭王非常不高兴，但也无可奈何，只能勉强敲打一下缶应付。蔺相如马上回头对赵国史官说："记下来，某年某月某日，秦王为赵王击缶！"

后面秦国大臣又说："请你们用十五座城向秦王献礼！"蔺相如却说："请你们用咸阳城向赵王献礼！"你一出来我一出，秦国始终没有压倒赵国。

完璧归赵与渑池之会两个故事，充分表现了蔺相如的有勇有谋。那么，以秦国的暴虐，为什么不敢对蔺相如和赵王有所举动呢？其实，主要还是赵国实力并不弱，而且在渑池之会上，赵国也部署了大量军队。齐国和楚国都遭遇惨败，元气大伤。东方六国中，唯一能与秦国决一雌雄的只有赵国。而秦国首要目标是继续削弱楚国，所以也想与赵国修和。

将相和

渑池之会后，蔺相如又被封为上卿，位列廉颇之上。这让廉颇非常不满，他逢人就说："我带兵打仗，有攻城略地之功。蔺相如是低贱的门客出身，不过会耍点嘴皮子而已，却位居我之上。我可不服！"然后还宣布说，"我见到蔺相如，一定会羞辱他。"

蔺相如听说后，不肯与廉颇相会。每次上朝时，蔺相如都称病不来，不与廉颇争夺位次。有次蔺相如出行，见到廉颇迎面过来，马上下令转车头，避开廉颇。蔺相如的门客劝谏他说："我们之所以跟随您，是仰慕您的气节。如今您与廉颇同为卿士，他口出狂言，您却害怕躲避。普通人都不会这么没出息，何况是做将相呢？我们不想再留在您这里了！"

蔺相如坚决挽留他们，问："你们认为廉将军与秦王谁更厉害？"大家说："当然是秦王了。"蔺相如

说:"以秦王的权势,我还敢去呵斥他、羞辱他的大臣。我难道会怕廉将军吗?秦国之所以不敢侵犯我们,是因为廉将军与我都在啊。如果我们互相争斗,一定不能共存。我之所以忍让他,无非是把国家利益排在前,个人私怨放在后!"

这些话传到廉颇耳中,廉颇非常羞愧。他脱掉上衣,背着荆条,到蔺相如门前请罪。廉颇说:"我是个粗野卑贱的人,想不到您如此宽厚有肚量。我向您认错请罪!"两人终于互相交好,并约定为生死之交。

秦、赵讲和后,赵国开始对齐、魏用兵。廉颇、蔺相如团结一致,所以赵国在与齐、魏的战争中一直取得胜利。

廉颇老矣，尚能饭否

前266年，赵惠文王去世，赵孝成王即位。此时，秦昭王任命范雎为相邦，主张"远交近攻"，从韩国下手。韩国在河东的上党郡被白起围成孤岛，郡守冯亭投降赵国。赵王派兵驻扎长平，援救冯亭。此时蔺相如病危，廉颇倒是老当益壮。赵孝成王开始派廉颇去攻打秦军，廉颇坚守营垒，坚决不出，打算消耗秦军。但赵王中了秦国的反间计，派赵括取代廉颇。蔺相如拖着病躯也没能阻拦，结果赵军惨败，全部军队几乎都被消灭。这段在上一篇白起的故事中已经详细讲过。

前251年，燕王喜认为赵国壮丁都死于长平之战，孤儿尚未长大成人，就派栗腹率兵四十万、卿秦率兵二十万，一共六十万大军趁火打劫进攻赵国。赵王派廉颇率兵八万、乐乘率兵五万反击。虽然赵国元气大伤，但瘦死的骆驼比马大，廉颇仍然以少胜多，击败燕军，杀死栗腹。乐乘也击败卿秦，与廉颇会合包围燕国都城蓟城。燕王喜只好割让五座城池请求讲和。赵王把尉文封给廉颇，号为信平君，并代理相邦。之前廉颇因为长平之战免职在家，门客都树倒猢狲散。这次重新任命为将军，这些人就又都回来了。廉颇非常不高兴，让他们各自回家。门客们却振振有词："大家都是像做生意一样交往，您有权势我们就追随，您没权势我们就离开，这有什么好抱怨呢？"廉颇竟无言以对。

前245年，廉颇又攻下魏国的繁阳。此时，赵孝成王去世，赵悼襄王即位。他不信任廉颇，派乐乘代替廉颇。廉颇大怒，攻打乐乘，乐乘逃走，廉颇也知道自己回不去了，于是干脆投奔对面的魏国，但魏王同样不信任他。

后来赵国经常被秦军攻打，赵悼襄王也有重新任用廉颇之意。廉颇在魏国坐冷板凳，自然也想回祖国。赵王派使者去探望，而廉颇的仇人郭开怕他返回，暗中收买了使者。即使廉颇当着使者面吃了一斗米、十斤肉，还披上铁甲、坐上战马，表现自己还能吃能打。可使者回去报告赵王，说廉颇饭量还好，但一会儿去了三趟厕所。于是赵王认为廉颇身体不行，就没有召回他了。

楚王也对廉颇感兴趣，派人迎接他去楚国。廉颇虽然做了楚国将军，却没有战功，经常说："我想指挥的是赵国士兵啊！"最终他病死在楚国都城寿春。后世辛弃疾说"廉颇老矣，尚能饭否"，表达的就是对廉颇壮志未酬的感慨。

【触摸历史】

■ ［成语］

· 完璧归赵

出自《史记·廉颇蔺相如列传》，说的是秦国向赵国提出用城池换取和氏璧，蔺相如向赵王承诺要么交割城池要么带回和氏璧。比喻原物完好无缺归还物主本人。

· 负荆请罪

出自《史记·廉颇蔺相如列传》，说的是廉颇忌恨蔺相如，蔺相如却不计较。最后廉颇为蔺相如感动，脱下上衣背负着荆条去请罪。比喻赔礼道歉时自请处罚。

· 刎颈之交

出自《史记·廉颇蔺相如列传》，说的是廉颇向蔺相如负荆请罪后，两人结为可以同生共死、患难与共的朋友。

· 胶柱鼓瑟

出自《史记·廉颇蔺相如列传》，说的是蔺相如认为赵括只会把调弦的柱子用胶封住而去弹奏瑟。比喻固执拘泥，不知变通的人。

■［文物］

· **汉画像石"完璧归赵"**

画有蔺相如完璧归赵故事的汉画像石，在陕北地区发现较多，在山东、四川仅各发现一例。

■［遗迹］

· **古秦赵会盟台**

位于河南渑池，据说为前279年的秦、赵渑池会盟遗址，现为三门峡市重点保护单位。

【原典】

既罢[1]归国，以相如功大，拜为上卿[2]，位在廉颇之右[3]。廉颇曰："我为赵将，有攻城野战之大功，而蔺相如徒以口舌为劳，而位居我上，且相如素贱人[4]，吾羞，不忍为之下。"宣言曰："我见相如，必辱之。"相如闻，不肯与会。相如每朝时，常称病，不欲与廉颇争列[5]。已而相如出，望见廉颇，相如引车[6]避匿。

——《史记·廉颇蔺相如列传》

注释：

1.罢：结束。

2.上卿：卿为国家执政，分为上、中、下三等，上卿最高。

3.右：周、秦以右为尊，相当于上。

4.贱人：低贱的人。

5.争列：争夺位次。

6.引车：掉转车头。

【大意】

渑池之会结束归国后，赵王以蔺相如功劳大，封他为上卿，位在廉颇之上。廉颇说："我是赵国将领，有攻城略地的大功，而蔺相如不过有点口舌之功，却位居我之上，而且蔺相如平素就是低贱之人，我感到非常羞耻，不堪忍受在他之下。"于是宣称，"我见到蔺相如，一定会羞辱他。"蔺相如听说后，不肯和廉颇相会。每次上朝时，蔺相如就总称病，不想和廉颇争夺位次。不久之后蔺相如出行，远远望见廉颇，就掉转车头躲避他。

先秦最后一位宗师：荀子的故事

《史记·孟子荀卿列传》

《荀子》

《叙录》

荀子，名况，时人尊而号为"卿"，赵国人，战国后期思想家、哲学家、文学家，儒家学派代表人物，《荀子》作者，李斯、韩非等人的老师。荀子一生辗转齐、秦、楚、赵等国，一度担任楚国兰陵令，最终在楚国去世。荀子思想基础源于儒家，但对各家都有批判吸收，其思想兼具王道与霸道两方面，虽然更加实用，但也因此被后人非议。

《汉书·艺文志》有《荀子》三十三篇，今本仅有三十二篇，或许有一篇脱落，也可能"三十三"是"三十二"的误笔。

国君最需要什么？

《史记·孟子荀卿列传》说荀子是赵国人。后来有些文献也称他为"孙卿"，这是为了避汉宣帝刘询的讳。荀子五十岁的时候到达齐国讲学。齐国过去有不少大学者。到齐襄王即位时，因为国家衰落逐渐凋零，老一代的邹衍、田骈等人都已去世，荀子成了年龄最大、资历最深的宗师。当时齐国要补充大夫的名额，荀子三次担任稷下学士的祭酒，成为诸学士的首领，位居大夫之列。但好景不长，齐国有人诽谤荀子，荀子就去了楚国。

楚国主政的是令尹春申君黄歇，他非常欣赏荀子，任命他为兰陵（今山东兰陵）县令。前238年，春申君死于政变，荀子也被废黜，就在兰陵安家。大概在此时，他招收了李斯、韩非等学生。

荀子非常厌恶乱世的政局，因为昏庸亡国的国君接连不断。他们不遵从人事，却迷惑于装神弄鬼，相信吉凶变异的兆象。当时，有一些浅陋的儒生也局限于细小的礼节，而庄子学说又过于滑稽诙谐。于是荀子研究了儒、墨、道三家的活动成败，写下了几万字的《荀子》。

根据《荀子·强国》，荀子与齐国相邦有交往，这位相邦大概是田单。荀子对田单说："身处管理他人的地位，又推行管理他人的办法，那是商汤、周武王之道。但如果只有地位，而没有办法，就是夏桀、商纣的结局。所以有地位不如有办法。您既然拥有相邦的地位，为什么不推荐贤士给君主，让他们一同出谋划策参与治国？这样就可以一统天下了！"

荀子的意思是，齐国虽然有胜人之势，却无胜人之道。君主与相邦拥有了权势，但还需要推行商汤、周武王的王道，善于用人。当然，这需要在位者克制私欲，然后再与贤人一同治国，这样自然吸引民众归附了。不过，田单并未采取荀子的策略，之后荀子大约就去了秦国。

荀子见到了秦国相邦范雎。范雎问荀子："您到秦国见到了什么？"荀子说："我见到秦国有险要的防御、有利的地形，还有秀美的山川、丰富的资源。又见到民众音乐不庸俗、服饰不妖艳，并且服从官吏。官吏认真负责，谦恭守信，一心为公。朝廷行政毫不拖沓，好像安闲无事，都有古朴之风。秦国四代国君长盛不衰，并非侥幸而是必然，这就是我看到的一切。但即便如此，秦国还是有所隐患。可能是因为没有大儒吧！实行儒者之道的才能称王，兼容并蓄的只能称霸，什么都没有的就会灭亡。这也是秦国的弱点吧。"

后来，荀子又去见了秦昭王。秦昭王问荀子："那么儒者对国家到底有什么好处呢？"荀子说："儒者效仿古代圣王，推崇礼仪，谨慎为臣，让君主受尊重。君主任用他，他会做一个称职的大臣。不任用他，他会做一个本分的老百姓。当年孔子出任鲁国司寇，商人不敢欺骗买家、抬高物价，奢侈浪费、胡作非为的人也都逃走。后来孔子住在家乡阕党时，当地人将捕获的鸟兽分给百姓，有父母在堂的多分一些，因为孔子的孝悌精神感动了他们。所以儒者为臣，就使朝政完善；为民，就让民风淳朴啊！"

秦昭王又问："那么，大儒身居高位又会如何呢？"荀子说："大儒身居高位，作用就非常大了。大儒既然有坚定的意志，就会用礼节修治朝廷，用规章整顿官府，用忠信感染百姓。做一件不义的事，杀一个无罪的人，这样取得天下的手段，儒者绝对不会用。君主名声因此就能尊贵显赫，使得身边的人歌颂他，远方的人来投奔。四海之内好像一家人，没有人不服从的。怎么能说对国家没好处呢？"秦昭王听后赞叹说："对啊！"

荀子承认秦国确实有不少优点，但问题在于没有任用儒者。想要解除忧患，必须任用仁人君子。虽然秦昭王赞同他的说法，也任用不少儒家学者担任博士。但博士更多只是充当顾问，没有实际的权力。秦国坚持的仍然是法家理论。荀子在秦国待不下去，于是又去了楚国。

事实证明，荀子的意见是正确的。荀子与孟子最大的不同，就是不再片面强调"王道"，而是重视"霸道"的现实作用。后来，秦国虽然倚仗武力统一全国，但只经过短短十五年，也就迅速走向了灭亡。而汉朝实践荀子理论，国祚就比秦朝更久。

汉宣帝称汉朝制度"霸、王道杂之"，实际上后世王朝基本也沿袭此道。近人谭嗣同说"二千年来之学，荀学也"，充分肯定荀子思想在后世的影响力。尽管孔子、孟子更受到后世儒家的尊崇，《荀子》没列入"四书五经""十三经"，但荀子思想才是古代政治的真正指导。

根据刘向《叙录》，荀子被春申君任命为兰陵令后，有人对春申君说："商汤依靠七十里地称王，周文王依靠方圆一百里地称王天下。荀卿是贤者，现在您给他一百里土地，楚国不是危险了吗？"于是春申君辞退荀子。荀子非常失望，回到故乡赵国。

如何打造最强军队？

当时正值邯郸保卫战后，楚国将军临武君前来救援赵国，荀子就与临武君在赵孝成王面前讨论兵法。据《荀子·议兵》，赵孝成王问什么是用兵之道。临武君抢先回答说，得到天时地利，观察敌人动向，在敌人未到达之前，占据有利的地势，就是用兵的要领。荀子却认为不是这样。在他看来，用兵之道的根本，在于让民心一致，善于使民心归附，这才是用兵的要领。

临武君不服，他说："孙武和吴起天下无敌，难道一定要靠民众归附吗？"荀子说："我讲的是称王天下的志向，而您讲的只是一般诸侯的伎俩！仁者掌握军队，并不是靠欺诈取胜。能被欺诈的，只是防备松懈、疲惫不堪、君臣离心的军队罢了！"

其实，临武君讲的战场取胜之道并没错，但荀子更加高屋建瓴，敏锐指出军事力量的背后实际上是政治力量。赵孝成王和临武君果然都被绕进去了，两人异口同声问："那称王者的军队该采用什么方法？"荀子认为，君主贤能，尊重礼法，国家就安定；君主无能，轻视礼法，国家就混乱。

赵孝成王与临武君想听点实际的，又问："还是说说怎么才能成为一个将军吧？"荀子指出了战争的六项原则：赏罚坚决、讲究信用、军备防御要周密坚固、军队行动要紧张迅速、侦察敌情要秘密深入、了解对方才能决一胜负；五种要权衡的情况：不要只想保住将帅地位、不要急于求胜忘记失败、不要注重政令忽略外敌、不要见到有利不顾有害、不要吝啬财物奖赏；三项最高原则：要时刻提高警惕备战、不能让军队打没胜算的战争、不能纵容军队欺压百姓。此外，荀子还指出，对待战事的方方面面要始终谨慎而不疏忽大意。

临武君又追问道："那么王者的军队，法令和制度又怎么样呢？"荀子说："士兵服从将帅命令第一，建立战功其次。不杀老弱病残，不践踏庄稼，不擒拿不战而退的敌人，不放过负隅顽抗的敌人，不把投降的敌人当战俘。不杀百姓，而杀骚扰百姓的人。实行王道的军队，只有讨伐不义，没有所谓的攻打。敌军死守就不强攻。敌军上下一心，要表示嘉许他们的精神。不毁坏城池，不去屠杀平民。不偷袭，不长期在外驻军。这样一来，那些国家混乱的人民，都会向往被王者统治，希望这样的军队来自己的国家！"

可见，荀子并非只会高谈阔论的儒生，他对战争也有着清晰的看法。这一番话说得临武君心服口服，连连叫好。

《叙录》中记述有人又对春申君说，荀子是天下贤者，离开楚国，您不会觉得不安吗？春申君就又派人礼聘荀子。荀子回信给春申君，作歌赋来讥讽楚国的时政。春申君明白荀子赤胆忠心，非常悔恨，坚决要聘请荀子。荀子这样才回到楚国，继任兰陵令，并在这里终老。

【触摸历史】

[成语]

· 兵不血刃

出自《荀子·议兵》中的"故近者亲其善，远方慕其德，兵不血刃，远迩来服"，表示武器上没有沾血，指没有经过激战就取得了胜利。

· 青出于蓝

出自《荀子·劝学》中的"青，取之于蓝，而青于蓝"，意思是青色是从蓝草中取出，但颜色比蓝草更深，后比喻学生超过老师或后人胜过前人。

· 锲而不舍

出自《荀子·劝学》中的"锲而舍之，朽木不折；锲而不舍，金石可镂"，不停地雕刻，比喻做事或学习有恒心。

· 约定俗成

出自《荀子·正名》中的"约定俗成谓之宜，异于约则谓之不宜"。表示某种事物的名称或社会习惯，经过长期的社会实践而被公认，并为大家遵守和沿用。

■ [遗迹]

· 荀子庙

位于山东省临沂市兰陵县兰陵镇东南，包括三大牌坊区、巨擘门、荀子墓、后圣殿、劝学广场等景区。荀子墓为山东省重点文物保护单位，当为纪念性之衣冠冢。

· 荀子文化园

在山西安泽荀子故里，包括山门、大殿、荀子塑像、荀子文化广场等景区，安泽据说是荀子的故乡。

【原典】

齐人或谗荀卿，荀卿乃适楚，而春申君[1]以为兰陵令[2]。春申君死而荀卿废，因家[3]兰陵。李斯尝为弟子，已而相秦。荀卿嫉浊世之政，亡国乱君相属[4]，不遂[5]大道而营[6]于巫祝，信禨祥[7]，鄙儒小拘[8]，如庄周等又滑稽乱俗[9]，于是推儒、墨、道德[10]之行事兴坏，序列[11]著数万言而卒。因葬兰陵。

—— 《史记·孟子荀卿列传》

1.春申君（？—前238年）：即黄歇，楚国令尹。

2.兰陵令：兰陵的县令，在今山东兰陵。

3.家：安家，居住。

4.相属（zhǔ）：相接连。

5.遂：遵从。

6.营：通"荧"，迷惑。

7.禨（jī）祥：吉凶变异之事。

8.小拘：拘守小节。

9.乱俗：伤风败俗。

10.道德：即道家，又称道德家。

11.序列：论述整理。

【大意】

齐国有人诽谤荀子，荀子就到达楚国，春申君任命他为兰陵令。春申君死后荀子被废黜，于是就在兰陵安家。李斯曾经是荀子的弟子，后来在秦国担任丞相。荀子憎恶乱世的政治，昏乱王国的国君接连不断，不遵从人事而迷惑于巫祝，相信吉凶变异之事，浅陋的儒生拘守于小节，像庄周等人又因滑稽荒唐败坏社会风俗，于是荀子就推究儒、墨、道三家活动的成败，论著数万字就去世了。于是就被葬在兰陵。

独具慧眼的商人：吕不韦的故事

《史记·吕不韦列传》

《史记·秦本纪》

《战国策》

吕不韦（？—前235），韩国阳翟（今河南禹州）人，一说卫国濮阳（今河南濮阳）人。战国末期商人、政治家，主编杂家著作《吕氏春秋》。在赵国经商时见到秦公孙子楚，入秦游说，帮助子楚成为继承人。子楚即位，以吕不韦为丞相，带兵灭亡东周。秦王政即位，又以吕不韦为相国，后来将其贬为庶人流放，吕不韦自杀而死。《史记·吕不韦列传》说吕不韦是秦王政的生父，但此说法并不可信。

奇货可居

《史记·吕不韦列传》说吕不韦是韩国阳翟的大商人，《战国策》则说他是卫国濮阳人。大概吕不韦是卫国人，在韩国经商。不管是卫国还是韩国，都位于四通八达的中原地区，商业文化比较浓厚。吕不韦往返列国，低买高卖，家产累积千金之多。

当时秦国是秦昭王在位，太子是安国君公子柱。安国君很宠爱自己的华阳夫人。华阳夫人来自楚国，没有生子。安国君有二十多个儿子，其中一个排行居中的儿子叫异人。异人的母亲夏姬不受安国君宠爱，异人也就被作为人质送往赵国。

秦国与赵国屡有干戈，赵国自然对异人没有好脸色。异人虽然是大国王孙，但车马钱财并不富足，生活非常窘迫。

有一日，吕不韦去邯郸做生意。他见到异人，非常兴奋地说:"异人就像一件奇货,可以囤积居奇,等待高价卖出啊!"据《战国策》,吕不韦还和父亲讨论过。吕不韦问:"耕田可以获利多少倍?"父亲说:"十倍。"吕不韦问:"贩卖珠玉呢?"父亲说:"百倍。"吕不韦问:"那么拥立国王呢?"父亲说:"那不可以数计算啊!"吕不韦说:"农民努力耕作尚不能丰衣足食,但立为国王可以获利后世。秦国公子异人在赵国做人质,我愿意为他效力!"

吕不韦对异人说:"秦王已经老了,安国君被立为太子。我听说安国君宠爱华阳夫人,她虽然没有生儿子,却有选择下一任太子的权力。您有兄弟二十多人,您又排行居中,不受宠爱。即使安国君即位,您又如何指望争夺太子之位呢?"异人失落地表示赞同。

吕不韦接着说:"您很穷,又住在赵国,拿不出什么东西献给家长、结交宾客。我虽然不富有,但也愿意资助千金,为您游走秦国,侍奉安国君与华阳夫人,让他们立您为太子!"异人一听,将信将疑，但眼下也没有其他出路。只好叩头拜谢，说："如果真能够按您所说这样，我愿意和您共享秦国。"

吕不韦先拿了五百金给异人，作为他日常开支和结交宾客的费用，又拿出五百金，买了各种奇珍玩物。然后吕不韦前往秦国，见到了华阳夫人的姐姐，通过华阳夫人的姐姐，把这些珍宝献给了华阳夫人。吕不韦趁机说异人贤能明智，结交诸侯宾客遍天下，经常说视夫人如同天人，日夜哭泣思念太子和夫人呢。华阳夫人被哄得非常高兴。

据《战国策》，吕不韦还游说了秦王后的弟弟阳泉君。吕不韦说："虽然您手下的人身居高位，但太子安国君那里却没有您的人。秦王年事已高，百年之后太子即位，您的处境就危若累卵了。如今公子异人是贤才，朝中却没有母亲相助。如果王后立他为太子，那么异人未来可以掌权，王后不就等于有依靠了吗？"

接着吕不韦又劝说华阳夫人："听说以美色侍奉别人的，色衰而爱弛。夫人不如趁早在诸公子中，挑选一个有才华又孝顺的当养子，立他为继承人。那么未来您的儿子即位，您就不会失势了。您不在美丽时为自己谋划，等到容貌衰退，太子还会听您的话吗？异人非常贤能，他的生母不受宠爱。如果夫人能立他为继承人，那么一生在秦国都会受到尊崇了！"

华阳夫人果然认可了吕不韦这个双赢的合作主张，就给太子吹枕边风，说异人非常有才，大家都夸奖他。然后就哭着说自己希望立他为继承人，以便未来能有个依靠。太子答应了，就与华阳夫人刻下玉符承诺。之后太子夫妇送了不少礼物给异人，并请吕不韦担任他的师父。异人的名声也就越来越大。

吕不韦在异人身上的投资巨大。在《史记·吕不韦列传》中，还将自己心爱的歌姬赵姬让给他。后来赵姬生下了儿子政，异人就将她立为夫人。这个政就是后来的秦始皇，此处按下不表。长平之战后，秦军围攻邯郸，赵国难以抵挡，想杀了异人泄愤。

异人非常害怕，就和吕不韦商量，拿六百斤金子贿赂守城官员，这才得以脱身，逃到秦军大营，就被带回秦国。至于赵姬母子就躲在赵姬娘家。因为赵姬娘家也是赵国富豪，所以也能平安无事。

据《战国策》，异人回国后，吕不韦让他穿上楚国衣冠，拜见华阳夫人。因为华阳夫人是楚国人，所以看见异人的外表和谈吐非常亲切，为他改名为"楚"，所以异人的名字在《史记》中都被记为"子楚"。

前251年，秦昭王去世，太子安国君即位，就是秦孝文王，华阳夫人为王后，子楚为太子。赵国也将赵姬母子送回了秦国。前250年，子楚即位，就是秦庄襄王。他以华阳王后为华阳太后，生母夏姬为夏太后，次年任命吕不韦为丞相，封为文信侯，以洛邑十万户为食邑。正是这一年，吕不韦带兵攻灭了东周国。

物盛必衰

前247年，秦庄襄王去世，太子政即位为王。吕不韦又从丞相被提拔为相邦，左丞相、右丞相都是相邦的下属，可见吕不韦已经达到人臣之极。不仅如此，秦王政还尊称吕不韦为"仲父"，就是排第二的父亲，类似齐桓公对管仲的尊称。

战国时期有"四公子"，即齐国孟尝君、赵国平原君、魏国信陵君和楚国春申君，他们都结交宾客，礼贤下士。吕不韦也想和他们一争高下，就招来三千文人学士。然后命令这些文人学士，将自己的所见所闻记录下来，分为八《览》、六《论》、十二《纪》，总共二十多万字。

吕不韦认为这部著作包括了天地万物古往今来的道理，所以就命名为《吕氏春秋》。吕不韦还下令把《吕氏春秋》刊登在咸阳城门上，悬挂着一千赏金。宣告说，如果有人能够增删一字，这些赏金就全部归他。是否有人真的领赏没有记录，但宣传的目的应该是达到了，大家都得知了这部作品。

吕不韦安排门客嫪毐（lào ǎi）接近赵太后。赵太后果然喜欢上了嫪毐。为了避人耳目，干脆带他离开咸阳，搬到旧都雍城居住。嫪毐跟随在赵太后左右，所受赏赐非常丰厚，甚至代理裁决太后管辖的事务。嫪毐家中也豢养了奴仆无数，其中上千人都是为了求官，先到嫪毐家去充当门客。后来，有人告发说嫪毐作乱，还与赵太后生下两个儿子，甚至声称如果秦王政去世，就让他们的儿子即位。秦王政派官员查证，嫪毐三族都被诛杀，食客们也被没收家产，迁徙至蜀地。

之后，秦王政还查到嫪毐与吕不韦的关系，但念在吕不韦功劳大，又有不少宾客说情，所以不忍心杀他，而是免除了他的相邦一职，将他派回封地居住。不过，吕不韦虽然人走了，但影响力还在，诸侯国前来的使者宾客经常问起他的事，这让秦王政非常不安。

于是，秦王政写信给吕不韦说："你食邑万户，可对秦国有什么功劳呢？你号称仲父，可和秦王室有什么血缘呢？你全家都搬到蜀地去吧！"吕不韦见秦王的态度，害怕日后像嫪毐一样连累家人，就喝下毒酒而死。

《史记·吕不韦列传》讲到这里，差不多也就结束了。传记中提到吕不韦是秦王政的生父，这种说法可信吗？显然是不可信的。首先，赵太后的身世描述就有问题，如果赵太后是赵国富家女，怎么又会做吕不韦的歌姬呢？其次，吕不韦真的这样做，风险非常大。秦王政身份如果在当时就存疑，秦国人不可能支持他当王，吕不韦也不能保命。最后，《史记·吕不韦列传》这件事，在《史记·秦始皇本纪》里没有提到，但和《史记·春申君列传》的故事比较相似。在那个故事里，说的是楚考烈王无子，相国春申君就将怀孕的姬妾李氏献上，后来生下的儿子就即位为楚幽王。但这个记录的破绽非常明显，因为楚幽王还有异母兄弟楚哀王、楚王负刍等合礼法的继承人。有人认为,《史记·吕不韦列传》是汉朝初年为了丑化秦始皇,从《史记·春申君列传》这个故事抄来的。

关于嫪毐事件,在《史记·吕不韦列传》里说嫪毐与赵太后的关系比较隐蔽。其实,以当时的社会风气和思想观念,两人的关系很可能是公开的。《战国策》说嫪毐的权势足以与吕不韦分庭抗礼,嫪毐甚至还自称"秦王假父"。在《史记·秦本纪》中也说到,嫪毐其实是想向华阳太后和吕不韦夺权,被平叛才杀死,还牵连出一批高级官员。

其实,秦王政要杀吕不韦,并非因为宫闱这点事。在至高权力面前,只有可能动摇统治的力量才需要处决。这个被秦王政忌惮的力量,正是《吕氏春秋》这部皇皇巨著。

《吕氏春秋》一书,承载了吕不韦的思想主张,也为秦统一规划了政治蓝图。然而其思想内容,却与秦孝公以来,秦国主导的法家思想完全不合。

比如说，《吕氏春秋》主张统一天下用"义兵"，提出"诛暴君振苦民"的思想，反对纯粹用武力征服、以首级行赏。相对于秦一直的严刑厚赏，《吕氏春秋》批评那是"衰世之政"，主张"凡用民，太上以义，其次以赏罚"。最重要的是提出"君道无为"，甚至还主张禅让。此外，《吕氏春秋》还说："天下非一人之天下，天下之天下也。""置君非以阿君也，置天子非以阿天子也。""凡君之所以立，出乎众也。"这些言论，毫无疑问是与秦法家唱反调的。

所以秦王政自然要给吕不韦安插罪名，嫪毐之乱就是个很好的理由，但其实并无多少确切证据。甚至嫪毐可能也并非吕不韦介绍，而是赵太后自己的赵国故交。

汉初推行的"黄老无为"与吕不韦的主张有相通之处。如果秦王政肯用吕不韦的主张，秦朝是否不至于那么短命呢？

【触摸历史】

■ [成语]

· 奇货可居

出自《史记·吕不韦列传》，说的是吕不韦认为在赵国做人质的王孙子楚是值得囤积的珍奇货物，后比喻挟持某种独特的技能或成就作为资本，以捞取名利地位。

· 一字千金

出自《史记·吕不韦列传》，说的是吕不韦把《吕氏春秋》刊登在咸阳城门上，悬赏能够增删一字的人就赏赐千金。后用来称赞诗文精妙，价值极高。

■ [遗迹]

· 吕不韦墓

在河南洛阳偃师区南蔡庄大冢头村东，据说是吕不韦之墓，当为纪念性之墓冢。现为河南省重点文物保护单位。

【原典】

吕不韦乃以五百金与子楚[1]，为进用[2]，结宾客；而复以五百金买奇物玩好，自奉而西游秦，求见华阳夫人[3]姊，而皆以其物献华阳夫人。因言子楚贤智，结诸侯宾客遍天下，常曰"楚也以夫人为天，日夜泣思太子及夫人"。夫人大喜。

——《史记·吕不韦列传》

注释：

1.子楚（前280年—前247年）：即秦庄襄王，《战国策》称其本名异人，为亲近华阳太后而改名子楚，秦孝文王与夏太后之子，于前249年—前247年在位。

2.进用：费用。

3.华阳夫人（？—前230年）：秦孝文王后，芈姓，本为楚人。

【大意】

　　于是吕不韦拿了五百金给子楚，作为日常费用，供他结交宾客；又拿出五百金买奇珍和玩物，自己带着西行至秦国，求见华阳夫人的姐姐，通过她把这些东西都献给华阳夫人。吕不韦对华阳夫人说子楚贤能明智，结交的诸侯宾客遍天下，经常说："子楚把夫人看得像天一样，日夜哭泣思念太子和夫人。"华阳夫人听后非常高兴。

掌握心理学的游说专家：韩非子的故事

韩非子的故事

《史记·老子韩非列传》

《韩非子》

韩非子（约前280年—前233年），韩国公子，名非，荀子弟子，战国末期思想家、哲学家，法家学派集大成者，《韩非子》作者。韩非子集合了法家三派学术理论，并发扬了道、儒两家观点。其著作深得秦王政赏识，秦王政甚至为得到他而攻打韩国。但李斯与姚贾嫉妒他的贤能，设计将其害死。《汉书·艺文志》有《韩非子》五十五篇，今本亦为五十五篇，大部分为其本人作品。

韩非子，是韩国的诸公子之一。他从小有口吃的毛病，不善于说话，但却爱好刑法方面的学问，他与李斯都是荀子的学生，李斯也自认不如他。荀子一般被认为属于儒家，但他的思想与法家有相似之处。他的弟子韩非子则更远离儒家，又继承了道家黄老学派的观点，后世一般把他视为法家的集大成者。

　　韩非子看到韩国逐渐衰弱，屡次上书规劝韩王，但韩王一直不采纳他的意见。韩非子痛恨韩王治理国家却不修明法律，不能驾驭大臣，也不求贤纳士，无法富国强兵。更恨韩王只会任用一些夸夸其谈的浮华之辈，让他们的地位超过有功劳和实干的人才。韩非子悲叹廉洁正直之人不容于邪恶枉曲之人，于是作了《孤愤》《五蠹》《内外储》《说林》《说难》等十余万字的著作，也就是《韩非子》。

　　其中《说难》一篇，是对游说君主的方法进行了阐释，《史记·老子韩非列传》对此进行了摘录，这也是《韩非子》中比较重要的一篇。

韩非子认为，游说的困难主要在于如何了解君主的心理。如果他求名，就用名去游说他；如果他求利，就用利去游说他。反之就会失败。

　　然后，韩非子列举了一些游说的危险：如果无意泄露出君主的秘密，或者说出了对方的严重过失，这样就容易导致危险；如果你与君主的关系不够深厚，就不要把心里话全部说出来，因为即使意见被采纳也不会记住你，但意见行不通时你又会有人身危险；君主有了主意而想独占功劳时，你再去参与也会有危险；君主说一套做一套时，你掌握他的真实目的也会有危险；勉强君主做他不想做的事，阻止君主做他想做的事，自然也都会有危险。

　　韩非子还认为，和君主议论在位的大臣，他会认为你挑拨离间；议论低贱的平民，他又会认为你卖弄权势；议论喜爱之人，他会认为你想利用他；议论憎恶之人，他会认为你在试探他；言辞简略，他会认为你没有才华；辞藻华丽，他会认为你徒有其表；顺从他的主张，他会认为你胆小；自己深谋远虑，他

会认为你傲慢。这些都是游说的难处。

韩非子接着说，游说最重要的是趋利避害。君主认为自己计策高明，就不要谈论他以往的过失；君主认为自己决断勇武，就不要用自己的主张去激怒他；君主认为自己力量强大，就不要用让他为难的事去否定他。在谈起与君主类似的人，谋划与君主相同的事时，都要把人与事加以美化。只有这样，君主才不会怀疑自己，才可以展开口才和智慧，也可以指出君主的对错，这样游说才算是成功的。

然后韩非子讲了一些故事来佐证自己的观点。首先说伊尹做过厨师，百里奚做过俘虏，都是为了求得君主的任用。他们是圣人尚且做这么低贱的事，游说者又怎么能把游说看成耻辱呢？

然后说宋国有个富人，因为下雨，家里的墙倒塌了。儿子说："不修好的话，会有人偷东西！"邻居的老人也这样说。果然当天晚上就丢了很多东西。他们全家人都认为，儿子特别聪明，而怀疑是邻居老人所为。又说春秋前期郑武公把女儿嫁给胡国国君，大臣关其思却认为可以攻打胡国，郑武公宣称他挑拨离间，把他给杀了。胡国国君从此不防备，结果就被郑武公灭亡。

韩非子认为，这两个游说者的预见都是正确的，但言重的却被杀死，言轻的也被怀疑。所以了解某些事并不难，如何处理才比较困难。

韩非子接着讲故事。从前弥子瑕受卫国国君喜爱，有一次母亲生病，弥子瑕假传国君命令，驾着国君的车子回家了。按照当时的法律要斩双足。国君却称赞他孝顺，为了母亲的病宁愿被断足。后来有次在果园，弥子瑕吃到一个桃子觉得很甜，就献给了国君。国君也称赞他敬爱自己，吃到好吃的能想着国君。但等到弥子瑕得罪了国君，国君就说："这个人曾假传我命令驾驶我的车，还把自己吃剩的桃子给我吃！"

韩非子认为，弥子瑕本人的德行其实没有改变，只是国君对他的爱憎发生变化了。所以说，国君喜爱，就会认为他聪明能干；国君憎恶，就会认为他罪有应得。因此需要去游说的人，必须调查君主的爱憎。

除了知道君主心理、了解对方爱憎之外，韩非子还指出，龙属于虫类，可以驯养、嬉戏、骑耍，但它喉咙下端有一尺长的逆鳞，如果触碰一定会被伤害。游说者如果不触犯君王的逆鳞，那就差不多算得上善于游说了！

有人把韩非子的著作传到秦国。秦王政见到这些书，非常欣赏，甚至攻打韩国，向韩王索要韩非子。韩王本来就不重视韩非子，借机打发他出使秦国。

《韩非子》之所以这么吸引秦王，因为它是集法家思想之大成，这与秦国数代君王执行的思想一致。其中提出的主要政策，概括起来主要有三点：第一是加强君主集权，打压贵族势力。同时，要从基层逐步提拔优秀的人才为帝王所用；第二是以法律为教导，以官吏为老师；第三是必须要赏罚分明，让民众努力开发土地，守卫城池。韩非子是法家集大成者，所提倡的有有道理的一面，也有极端的一面，比如在他看来，人与人的关系是建立在相互的利害关系之上，父母对儿女也是如此，所以国君任用官员，等同于商业买卖。这样一来，国君也就不需要讲究仁、义、智、能，禁令威严才能阻止暴行，道德宽厚不能休止争乱。这显然不正确。

秦王非常喜欢韩非子，但还没完全信任他。正好秦国李斯和另外一个大臣姚贾嫉妒韩非子，怕他抢了自己的风头，就在秦王面前诋毁说："韩非是韩国公子。大王要吞并诸侯，韩非到最后，肯定是帮助韩国而不是秦国，这是人之常情。大王如果不用他，又让他对秦国了解以后再放他回去，不是给秦国留下祸根吗？"

秦王政一时听信了他们的话，下令将韩非子移交司法。李斯趁机派人给韩非子送毒药，催促他喝下。韩非子不愿意，希望能向秦王政当面辩解，而李斯自然是不让他见。后来秦王政后悔，派人去赦免，但韩非子已经死了。

不过，韩非子虽然被杀，却不能证明他失败；与商鞅一样，虽然自己死于非命，但他的主张是成功的。韩非子去世后的第三年，秦王政开启了攻灭六国的战争，并将通过十年时间统一天下。

【 触摸历史 】

■ [成语]

· 滥竽充数

出自《韩非子·内储说上》，说的是齐宣王喜欢合奏，南郭处士不会吹竽也去吹；齐闵王喜欢独奏，南郭处士就逃跑了。比喻没有本领的人冒充有本领，或以次充好。

· 买椟还珠

出自《韩非子·外储说左上》，说的是楚国人拿着宝珠，用华丽的盒子装着拿去郑国卖。郑国人买下盒子却还回宝珠。比喻没有眼力，取舍不当。

· 守株待兔

出自《韩非子·五蠹》，说的是宋国人耕地捡到一只撞死在树根上的兔子，他就一直在此处等待。比喻死守经验，不知变通，亦用以讽刺妄想不劳而获的侥幸心理。

· 自相矛盾

出自《韩非子·难势》，说的是楚国人拿着矛和盾去卖，说自己的矛什么都能刺穿，盾什么都能抵挡，有人问用你的矛刺你的盾会如何呢？比喻行事或言语互相抵触。

· 郢书燕说

出自《韩非子·外储说左上》，说的是楚国人写信给燕相，让侍从举起蜡烛，然后误把"举烛"写入信里，燕相误以为建议要提拔人才。比喻牵强附会，曲解原意。

【原典】

李斯、姚贾[1] 害[2]之，毁之曰："韩非，韩之诸公子也。今王欲并诸侯，非终为韩不为秦，此人之情也。今王不用，久留而归之，此自遗患也，不如以过[3]法诛之。"秦王以为然，下吏治非。李斯使人遗[4]非药，使自杀。韩非欲自陈，不得见。秦王后悔之，使人赦之，非已死矣。

——《史记·老子韩非列传》

1姚贾:秦国上卿。

2害:嫉妒。

3过:罪过。

4遗(wèi):赠送。

【大意】

李斯、姚贾嫉妒韩非子，就诋毁他说:"韩非，是韩国的公子之一。现在大王希望吞并诸侯，韩非最终还是帮韩国而不会帮秦国，这是人之常情。现在大王不用他，他留下久了再回去，这是留下祸患，不如定个罪名通过法律杀死他。"秦王认为他们说得对，就把韩非移交官吏治罪。李斯派人送给韩非毒药，让他自杀。韩非想辩解，又见不到秦王。后来秦王后悔了，派人赦免韩非，但韩非已经死了。

壮士一去不复还：

荆轲的故事

《史记·刺客列传》

《燕丹子》

荆轲（？—前227年），卫国人，祖上为齐国庆氏，战国末年刺客。早年游说卫元君，不被任用，之后辗转到燕国，与隐士田光等人结交。燕太子丹想报复秦王政，通过师父鞠武找到田光，田光推荐荆轲。之后荆轲带上秦将樊於（wū）期的头颅与燕国督亢地图，借着进献的机会，企图用匕首刺杀秦王政。但最终功败垂成，荆轲也被秦王杀死。荆轲去世后，秦王政灭燕。高渐离刺杀秦始皇，也失败被杀。

荆轲是卫国人，祖上是齐国庆氏，大概就是春秋齐相庆封，庆封被灭族后，子孙逃到卫国。卫国人称荆轲为庆卿；后来荆轲到了燕国，燕国人又称他魏荆卿。庆、荆是通假字，卿是对人的尊称。

荆轲喜好读书和击剑，早年凭借剑术游说卫元君，卫元君没有任用他。荆轲到榆次（今山西晋中榆次区），与盖聂讨论剑术。盖聂认为荆轲说得不恰当，就对他怒目而视。荆轲见状就走了出去，盖聂认为荆轲是怕了自己。后来荆轲又到邯郸游玩，与鲁勾践下六博棋，争执棋盘上的路数。鲁勾践生气地呵斥他，荆轲也不说话就走了。鲁勾践自然也认为荆轲胆小。那么荆轲真的胆小吗？从《史记·刺客列传》后面的情节来看，面对盖聂和鲁勾践的"小怯"，不过是为他面对秦王政的"大勇"作铺垫。

荆轲到达燕国后，与一个狗屠和擅长击筑的高渐离交好。荆轲好饮酒，三人天天在集市喝酒。喝醉以后，高渐离击筑，荆轲和着歌，相互娱乐，不一会儿又一同哭泣，旁若无人。荆轲虽然混迹在酒徒中，但为人深沉稳重，喜好读书。他曾游历过诸侯列国，与贤者豪杰都有不少交往。燕国隐士田光知道他并非平庸之辈，对他也非常友好。

不久后，在秦国做人质的燕太子丹逃回燕国。太子丹曾在赵国和秦王政同为人质，少年时本来互相交好。秦王政即位后，太子丹又被送到秦国做人质。这时秦王政已经做了大国国王，就对太子丹不再友好了。太子丹这才怨恨而逃，回国后一直寻找报复的方法。

过了一段时间，秦国将领樊於期得罪了秦王政，逃到燕国，太子丹接纳了他。太子丹师父鞠武认为不妥，劝太子丹将樊於期送往匈奴，消除秦国攻打燕国的借口，然后联络三晋、齐、楚与匈奴，这样才可以对付秦国。

太子丹却认为，鞠武的计划需要的时间太长，而自己内心慌乱，希望除掉秦王，片刻都不想多等。至于樊於期已经穷途末路，不能因为害怕秦国而抛弃他。鞠武就推荐了田光，田光又把荆轲推荐给太子丹。田光说完后就离开，太子丹对他说："我和先生说的国家大事，希望您不要泄露！"田光俯身下去，微笑着说："好！"

田光见到荆轲，转达了太子丹的愿望，荆轲也同意了。田光又说："太子让我不要泄露，这是在怀疑我。希望您立即去见太子，就说我已经死了，不会泄露秘密！"然后自刎而死。田光这样的说辞，主要是让荆轲没有退路，只能接受太子丹的请托。

荆轲见到太子丹，说明了田光的情况。太子丹跪拜下去，痛哭流涕。荆轲坐稳之后，太子丹离开座位，以头叩地，说秦国已经开启了攻灭诸侯的步伐，燕国抵挡不住，然后说出自己的想法，希望招募勇士劫持秦王，让他如数归还侵占各国的土地。如果不行，就杀了他。秦国大将带兵在外，国君在国内被杀，君臣彼此猜忌。燕国借此机会，就可以联合各国打败秦国了。但自己不知道委托谁，希望荆轲仔细考虑。

荆轲仔细思考了一会儿，表示自己不能胜任。

太子丹以头叩地，请他不要推托，荆轲这才答应。太子丹就尊荆轲为上卿，住进上等的宾馆，供给上等的饮食。并每天去他的住所，送给他各种奇珍异物。

不过，过了很长一段时间，荆轲仍然没有行动的意思。此时，秦将王翦已经灭亡了赵国，大军继续向北挺进，抵达燕国南部。太子丹非常害怕，对荆轲说："秦国军队早晚会渡过易水，到时候我想再供养您，恐怕也不行了！"

荆轲说："您就算不说，我也要开始行动了，但没有让秦国信任我的东西。秦王悬赏黄金千斤、封邑万户购买樊将军的头颅。如果能得到樊将军的头颅，与燕国督亢地区的地图，我把它们献给秦王。秦王一高兴就会接见我，这样我才有机会报效您啊！"太子丹说："樊将军穷途末路才投靠我，我怎么忍心伤害他？还请您想想别的方法吧！"

荆轲明白太子丹不忍心，就私下去会见樊於期，说："您与秦国有灭门之仇。现在秦王还用黄金千斤、封邑万户，来悬赏您的首级。您打算怎么办呢？"樊於期仰望天空，叹息流泪，说："我想到这些痛入骨髓，但却有什么办法呢？"荆轲说："我有一计，既可解除燕国忧患，又可以洗刷您的仇恨。"

樊於期走近，说："什么办法？"荆轲说："希望得到您的首级献给秦王，秦王一定会接见我。到时候，我左手抓住他的衣袖，右手刺向他的胸膛，就可以洗刷您的仇恨，解除燕国的祸患了！"樊於期听后掀起一边衣袖，露出肩膀，一只手紧握另一只手的手腕，说："这是我日日夜夜咬着牙齿，扪着心窝的仇恨，今天才遇见您能帮我复仇啊！"然后当场自刎。

太子丹听说后，驾车前来，趴在尸体上痛哭。然后太子丹把樊於期的头颅用匣子装了起来，并准备了天下最锋利的匕首。那匕首是赵国铸剑大师徐夫人铸造的，价值千金。太子丹让工匠在上面抹上见血封喉的毒药，又物色到勇士秦舞阳做荆轲的助手。

太子丹催促荆轲出发，但荆轲一直没走。过了一些日子，太子丹以为荆轲反悔，就再次去催促，说："日子不多了，您有动身的打算吗？要不我先派秦舞阳去吧！"荆轲生气了，说："您这是什么意思？只顾着去，不顾着回吗？我之所以暂时留步，是在等待另一位朋友。既然您认为我故意拖延时间，那就告辞了！"

太子丹和门客们，都穿戴上白色衣冠为他送行。白色，有送葬的意思。到易水边上饯行之后，荆轲准备上路，高渐离击筑，荆轲和歌，荆轲向前边走边歌说："风萧萧兮易水寒，壮士一去兮不复还！"于是荆轲上车走了，始终没有回头。

荆轲到秦国后，先准备好价值千金的礼物，赠送给秦王政宠臣中庶子蒙嘉，通过蒙嘉进见了秦王政。秦王政非常高兴，穿上礼服，安排下非常隆重的九宾之礼，在咸阳宫接见荆轲。

荆轲捧着樊於期首级，秦舞阳捧着地图，一前一后前进。可到殿前台阶下时，秦舞阳脸色大变，害怕得发抖，秦国大臣非常奇怪。荆轲回头看着秦舞阳笑笑，然后上前对秦王政跪拜，说："我们是北方蛮夷之人，没有见过大王，所以心惊胆战。希望大王能包容他，让他完成使命！"

　　秦王政对荆轲说："那你把他带来的地图递过来

吧！"荆轲就从秦舞阳手中，取过地图献给秦王。秦王展开地图，到尽头时露出匕首。荆轲趁机左手抓住秦王衣袖，右手拿起匕首刺去。秦王政大惊，赶紧抽身跳起，衣袖也被挣断。秦王政连忙拔剑，但剑太长，又套太紧，抓住剑鞘，一直拔不出来。

荆轲追逐秦王政，秦王政绕着大殿柱子逃跑，大臣们吓得目瞪口呆。因为按照秦国法律，殿堂上大臣都不允许携带兵器，而侍卫拿着武器只能守卫殿外，没有国王命令谁也不准进入。仓促之间，大臣只能赤手空拳上去撕打荆轲。侍从医官夏无且带着药箱，举起药箱砸向荆轲。秦王政就一直绕着柱子跑。

此时，有位侍从喊了句："王负剑！"秦王政恍然大悟，把剑推到背后，果然拔了出来。秦王政顺势一剑，砍断荆轲的左腿。荆轲无法行走，举起匕首扔向秦王政，却只击中铜柱。秦王政又用剑接连刺伤荆轲身体八处。

荆轲自知今日无法活命，就坐在地上，靠着柱子大笑，又开双腿骂道："之所以大事未成，是因为我想活捉你，让你退还诸侯的土地啊！"这时候侍卫们才进来，大家一拥而上，杀死了荆轲。事后秦王政对大臣赏罚，夏无且被赐黄金二百镒。

经过这次惊险的刺杀，秦王政大发雷霆，派秦将王翦攻打燕国，当年，王翦攻下燕国都城蓟。燕王喜和太子丹逃奔辽东郡。秦将李信追击燕王喜，代王嘉写信给他，劝他杀掉太子丹。燕王喜无可奈何，只能杀掉儿子，将头颅献给秦军。秦军才暂时撤退，但五年之后，秦国终于灭亡了燕国，俘虏燕王喜。

秦王政统一天下后，称为秦始皇。他下令通缉太子丹与荆轲的门客，大家纷纷逃亡。高渐离更名换姓，在宋子（今河北赵县）当酒保。但后来又不愿意继续隐姓埋名，出来暴露身份，依旧击筑唱歌。

秦始皇听说后召见他，赦免他的死罪，但熏瞎了他的眼睛，让他留在身边击筑。后来有一次，高渐离把铅藏在筑内，趁机举筑击向秦始皇，但没有击中，高渐离也因此被杀死。而秦始皇也不敢再接近六国人了。

【触摸历史】

■ ［成语］

· 旁若无人

出自《史记·刺客列传》，说的是荆轲与高渐离经常在燕国集市喝酒，喝醉后荆轲唱歌，高渐离击筑，好像旁边没有其他人。表示态度自然，也表示很骄傲。

· 切齿拊（fǔ）心

出自《战国策》《史记·刺客列传》，说的是樊於期听说荆轲献策，说自己因为秦王而日夜咬着牙齿，拍击胸膛。比喻咬牙捶胸，极端痛恨的样子。

· 无可奈何

出自《战国策》，说的是樊於期自杀，太子丹大哭，但也只能用盒子装下樊於期首级。比喻感到没有办法，只能这样了。《史记·刺客列传》作"不可奈何"。

· 变徵之声

出自《战国策》《史记·刺客列传》，说的是荆轲在易水离开送行诸人时，以变徵为音阶起点唱歌，其音苍凉凄清。七声音阶的音级由低到高依次为：宫、商、角、变徵、徵、羽、变宫。变徵比宫要高，二者构成增四度的关系。

· **图穷匕见**

出自《战国策》《史记·刺客列传》，说的是荆轲把督亢地图献给秦王，一点点展开地图，到最后露出藏在里面的匕首。比喻事情发展到最后，真相或本意显露了出来。

■ ［文物］

· **"荆轲刺秦王"汉画像石**

出土荆轲刺秦王汉画像石较多，其中山东嘉祥武氏祠有三块，绘制了秦王拿着玉环准备投向荆轲的画像，与《史记·刺客列传》的记录不同。

■ ［遗迹］

· **荆轲墓**

全国荆轲墓较多，河南淇县、陕西蓝田、江苏丰县、河北肃宁、河北易县等地均有。易县荆轲墓在荆轲公园内，墓上有辽代建筑荆轲塔，现为全国重点文物保护单位。

· 燕子塔、镇灵塔、黑塔、白塔

易县五塔的其余四座，均建于辽代，分别纪念燕太子丹、樊於期与燕国人左伯桃、羊角哀。燕子塔现为河北省重点文物保护单位。

【原典】

太子及宾客知其事者，皆白衣冠以送之。至易水¹之上，既祖²，取道³，高渐离击筑⁴，荆轲和而歌，为变徵之声，士皆垂泪涕泣。又前而为歌曰："风萧萧兮易水寒，壮士一去兮不复还！"复为羽声⁵慷慨，士皆瞋目，发尽上指冠。于是荆轲就车⁶而去，终已不顾。

——《史记·刺客列传》

注释：

1.易水：今易水河，在今河北易县。

2. 祖：本义为古人出行前祭祀道路之神，后泛指饯行。

3. 取道：上路。

4. 筑：一种乐器。

5. 羽声：以羽声为音阶起点，其音慷慨激昂。

6. 就车：登车。

【大意】

太子丹和门客中知道这件事的人，都穿上白衣戴着白帽为荆轲送行。到易水边上，饯行之后，荆轲准备上路，高渐离击筑，荆轲和着唱歌，发出苍凉凄清的变徵之声，在座的士人都流泪哭泣。荆轲向前走而唱歌说："风萧萧兮易水寒，壮士一去兮不复还！"又发出慷慨激昂的羽声，士人都激愤得瞪大眼睛，头发倒竖顶起帽子。于是荆轲上车走了，始终没有回头。

深谙韬晦的名将：王翦的故事

《史记·白起王翦列传》
《史记·秦始皇本纪》

王翦，秦频阳（今陕西富平东北）东乡人，中国古代著名军事家，封武城侯，率领军队先后灭亡赵、楚、百越等国。其子王贲（bēn）则灭亡魏、燕、代、齐等国，父子二人为秦始皇统一天下立下赫赫战功，并深谙韬晦自保之术，最后得以善终。秦朝建立后，王贲跟随秦始皇东巡至琅琊山，病逝于秦始皇时期。其孙王离在巨鹿之战为项羽所杀。王翦、白起、廉颇、李牧，被后世誉为战国四大名将。

王翦是秦国频阳东乡人，少年时就喜好军事，在秦王政时成为将军，但那时他的年龄已经大了。前236年，王翦带兵攻打赵国阏与，取得胜利，并连续攻克赵国九城。前230年，内史腾灭韩，标志秦王政开启了统一的步伐，而王翦与儿子王贲，就是秦王政最为倚重的统帅。

前229年，王翦攻打赵国。一年之后，攻克赵都邯郸，赵国灭亡。因为荆轲刺秦失败，秦王政又派王翦继续进军，攻打燕国都城蓟，燕王喜慌忙出逃辽东。秦王政同时又派王贲进攻楚国，虎父无犬子，王贲大败楚军。之后王贲掉头进攻魏国，魏王投降，魏国灭亡。

秦国将军李信年轻气盛，威武勇猛，当时带领几千兵击败燕军，俘获太子丹，深得秦王政宠信。秦王政就问李信："你能带多少人灭楚呢？"李信说："最多二十万就够了！"秦王政又问王翦，王翦却回答说："非六十万不可！"

秦王政哈哈大笑："王将军真老了，这么胆小啊。

还是李将军勇敢,他的话不错!"秦王政就派李信统兵二十万伐楚。王翦见秦王不信任自己,就推托有病回家养老。

之后,李信却被楚军大败。秦王政又惊又怒,这才醒悟王翦才是对的,不能节省的地方,不应该节省。于是秦王政亲自驾车前往频阳,向王翦道歉,并请他出山。王翦推辞说:"老臣疾病缠身,昏庸无能,大王还是另择良将吧!"秦王政再次道歉,坚持要请王翦出山。王翦就说:"如果非要我上的话,那还是得要六十万人啊!"秦王政答应了。

之后,王翦率领军队出发,秦王政亲自送行。王翦却请求秦王赐给他良田美宅。秦王政有些不理解,说:"将军尽管上路吧!为啥要怕未来日子不好过呢?"王翦就说:"我替大王带兵啊,即使有功也难以封侯,所以趁着大王现在还器重我,就请大王赐予我这些田产,来让我给子孙后代留点家产吧!"看见他这副小家子气的样子,秦王政哈哈大笑,没有表态。

王翦出发到了函谷关，又接连五次派使者，去向秦王政请求赏赐。他的部下都不理解，他为什么这么贪婪，就说："将军您这样也太过分了吧！"王翦却说："你这么说不对啊！秦王为人残暴多疑，他把全国兵力都调给我，我不为子孙请求赏赐，来表明自己出战的意志不过是一些钱财赏赐而已，难道要让他平白无故怀疑我有更大的野心吗？"原来，这只是王翦自保的策略。

　　王翦率军到达前线，楚王负刍知道王翦厉害，征调全国军队抵抗。王翦却修筑营垒，不肯交战。楚军多次挑战，王翦坚守不出。不仅如此，王翦让将士每天休息沐浴，供给他们好饭好菜，王翦还同他们一起吃饭。过了一段时间，王翦问部下："士兵在玩什么游戏？"回答说："正比赛谁把石头丢得远呢！"王翦就认为，士兵已经休息得很好，可以进行作战了。

　　楚军见秦军始终不肯应战，发兵东去。王翦趁机追击，调动精兵猛烈攻击，大败楚军，杀楚将项燕，之后又俘虏楚王负刍，灭亡楚国。这里的叙述与《史记·楚世家》表述一致。《史记·秦始皇本纪》却说，王翦先俘虏楚王，后杀项燕与昌平君。但整体而言，都是王翦的功劳，这点没有疑问。

王翦灭楚后，又向南征服百越部落。与此同时，王贲带领李信又消灭了燕国、代国，并接受了齐国投降。至此，秦始皇完全统一中国，除了最早的韩国之外，都由王翦父子统兵灭亡，可谓是居功至伟了。

王翦、王贲具体何时去世，文献没有记录。不过，《史记·秦始皇本纪》引用的琅琊石刻却有一些线索。

前219年，一批大臣跟随秦始皇到达琅琊山，其中有"列侯武城侯王离、列侯通武侯王贲"。值得注意的是，王离为王贲之子、王翦之孙，为何他排名却在父亲之前？有人认为，此处的王离当是王翦之误；也有人认为，王离作为孙子，继承了祖父爵位，所以排在父亲前，那么王翦此时已经去世了。总之，

"武城侯"最早应该就是王翦的爵位。

《史记·白起王翦列传》也说，到秦二世的时候，王翦与王贲都已经去世，王离在巨鹿之战中则被项羽击杀。当时人认为，将领世家三代必然失败，因为杀的人太多，后代要受到上天的惩罚。

在司马迁看来，所谓"尺有所短、寸有所长"，王翦与白起一样功绩卓著，但白起不能应对范雎带来的祸患，王翦也不能帮秦始皇树立德政，而是只会一味曲意逢迎。所以王离被项羽俘杀，那是理所当然了。其实从王翦的为人处世看，明显要比白起灵活圆润。但要说他不肯辅佐秦始皇去树立德政，对于一位老将军来说，却又是有些苛求了。

【触摸历史】

■ ［成语］

· 尺有所短，寸有所长

出自屈原《卜居》，表示人或事物各有其长处和短处，太史公在《史记·白起王翦列传》中用来形容白起与王翦两人。

■ ［文物］

· 王翦墓

在陕西富平到贤镇东门外纪贤村永和堡北，据说富平为王翦故乡，现为陕西省重点文物保护单位。

【原典】

始皇闻之，大怒，自驰如 频阳，见谢 王翦曰："寡人以不用将军计，李信 果辱秦军。今闻荆兵日进而西，将军虽病，独忍弃寡人乎！"王翦谢[4]曰："老臣罢[5]病悖乱[6]，唯[7]大王更择贤将。"始皇谢曰："已矣[8]，将军勿复言！"王翦曰："大王必不得已用臣，非六十万人不可。"始皇曰："为[9]听将军计耳。"

——《史记·白起王翦列传》

1.如：到。

2.谢：道歉。

3.李信：秦将，参与灭赵、楚、燕、齐等战争。

4.谢：推辞。

5.罢：通"疲"。

6.悖乱：悖逆昏乱。

7.唯：希望。

8.已矣：口语用词，完了，算了。

9.为：通"唯"，用于句首，无实义。

【大意】

　　秦始皇听说后，非常愤怒，亲自驱车前往频阳，见到王翦道歉说："寡人因为不用将军的计谋，让李信带兵，果然辱没了秦军啊！现在听说楚军每日向西推进，将军虽然生病，怎能忍心抛弃寡人呢！"王翦推辞说："老臣疲劳病痛、悖逆昏乱，希望大王更换贤明的将领。"秦始皇又道歉说："就这样吧，将军不要再说了！"王翦说："大王必须用臣的话，非得给臣六十万人不可。"秦始皇说："那就听将军的吧。"

图书在版编目（CIP）数据

少年读史记. 战国群星 / 林屋著；刘均绘. —— 北京：天天出版社, 2023.5
ISBN 978-7-5016-2051-7

Ⅰ. ①少… Ⅱ. ①林… ②刘… Ⅲ. ①中国历史—古代史—纪传体②《史记》—
少年读物 Ⅳ. ①K204.2-49

中国国家版本馆CIP数据核字(2023)第065498号

林屋 著

刘均 绘

秦汉雄风

少年读史记

人民文学出版社 天天出版社

目 录

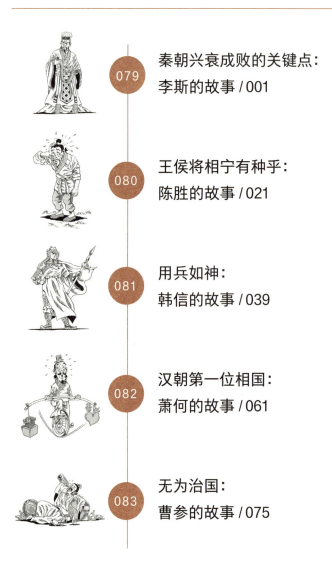

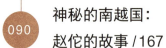

秦朝兴衰成败的关键点：李斯的故事

李斯的故事

《史记·李斯列传》

《史记·秦始皇本纪》

李斯（？—前208年），楚国上蔡（今河南上蔡）人，秦朝政治家、文学家、书法家，法家学派代表人物。李斯初任楚国郡中小吏，后追随荀子学习，之后到秦国任职。在秦始皇统一天下的过程中立下功劳，并在秦朝统一后担任左丞相，与赵高、胡毋敬作《仓颉篇》，推动了秦朝文字改革。秦始皇去世后，李斯与赵高合谋，篡改诏书立秦二世为君。后来李斯又被赵高陷害，被秦二世下令处死。

异国客卿

　　李斯是楚国上蔡人，年轻的时候担任郡里的小吏。他去办公处上厕所，见到厕所中的老鼠吃脏东西，每次有人或狗靠近，老鼠就会受到惊吓。李斯走进粮仓时，见到粮仓中的老鼠，吃的是囤积的粟米，住的是大屋子，根本不用担心人与狗的惊扰。于是李斯感叹说："人就和老鼠一样，有出息与否，取决于自己所处的环境啊！"他认为郡这个平台对他来说太低。当时大儒荀子正好在楚国，李斯就辞去公职，跟随荀子深造帝王之术。

　　等到李斯学业完成，考虑到楚王不成事，东方其他诸侯也都衰弱，于是他打算西行前去秦国，就去荀子处辞行。李斯说："我听说一个人遇到机会，就千万不能错过。现在各路诸侯都让游说之士掌权。秦王想吞并各国而称帝天下，这正是我施展抱负的时机。最大的耻辱莫过于卑贱，最大的悲哀莫过于贫穷。长期卑贱和贫困的人，如果还厌恶功名利禄，标榜与世无争，这就太蠢了。我不是这样的人，所以我要去投奔秦王，用自己的才能谋求富贵。”

李斯到了秦国。当时秦庄襄王刚去世，李斯傍上了吕不韦这棵大树，当了他的门客。吕不韦很赏识他，提拔他担任秦王政身边的郎官。李斯就开始游说秦王政。

李斯说："人的成败，在于对先机的把握。秦穆公没有吞并东方国家，是因为那时候能一争高下的诸侯国多。但从秦孝公时代开始到现在，秦国奴役诸侯们已六代。以秦国的强大，大王的贤明，足以扫平诸侯，成就帝业，统一天下。这是万世难逢的好机会，如果不抓住这个机会，等诸侯们强盛起来，重新订立合纵盟约。即使您像黄帝一样圣明，也拿他们无可奈何了！"

秦王政认为有道理，任命李斯为长史，担任丞相的属官。李斯就开始帮秦王政谋划，他暗中派遣谋士带着金银珠宝去东方六国，游说掌权者为秦国所用；如果能够收买，就赠送他们珠宝；如果不能收买，就派遣刺客除去他们。通过这种方法，离间诸侯君臣，然后再派良将攻打。李斯的方案卓有成效，秦王政又提拔他为客卿。客卿是外来人员担任的卿职。

逐客令

此时，韩国人郑国以修筑渠道为名，前来秦国做间谍，不久之后被发现。秦国的王族和大臣都劝秦王政把外来的客卿全部驱逐。李斯自然也身在其列，但他不甘心就这样结束来之不易的仕途。于是，他写了很有名的《谏逐客书》。

李斯写道："驱逐客卿是错误的。当初秦穆公招揽贤才，由余、百里奚、蹇叔、丕豹、公孙支等，他们都不是秦国人。秦穆公任用他们，才能吞并二十余国，称霸西戎。秦孝公采用卫国人商鞅之法，移风易俗，国家因此强盛。秦惠王用张仪之策，攻取三川，吞并巴蜀，占领上郡，瓦解合纵，让这些诸侯国乖乖服从秦国至今。秦昭王任用魏国人范雎，扩大国王权力，杜绝私门权贵，使秦国奠定统一基础。先王们都依靠客卿的力量，如果不是这些客卿，秦国怎么变得强大富饶呢？"

李斯接着说："而且大王收罗这么多珍宝，又有哪件是秦国出产的呢？击缶弹筝才是正宗的秦国音乐，郑卫之声是外国音乐。现在您不听秦国正乐，而去欣赏郑卫之声，无非是贪图眼前享乐，满足耳目需求。但您用人却不是这个标准，只要不是秦国人一律驱逐。这样看来，大王看重的是珍宝，却轻视人才。这样可不是制服诸侯，统一天下的方法啊！"

李斯最后总结道："我听说土地广阔，粮食就丰富，国家广袤，人口就众多，军队强盛，士兵就勇敢。泰山不排斥泥土，才堆积出高大；河海不挑剔细流，才充盈成浩瀚。成就帝王之业的人不抛弃民众，才显示出盛德。地不分东西南北，民不分本国彼国，这正是五帝三王无敌天下的原因。值得珍重的特产，很多不是产自秦国；愿意效忠秦国的人，也有不少不是本土的士人。大王抛弃百姓，就是帮助仇人；排斥宾客，就是资助敌国。有才之士不敢入秦。这样下去，国家就危险了！"

秦王政最终被李斯说服，废除了逐客令，恢复李斯客卿的官职。之后李斯又升任廷尉，担任全国最高司法官员。后来秦王政统一天下，成为秦始皇。因秦国在吕不韦之后已废除相邦，改设右丞相和左丞相，李斯就担任了左丞相。

巩固统一的功臣与罪臣

有一次，秦始皇在咸阳宫设宴招待群臣，博士的主官、仆射周青臣赞颂秦始皇一统天下，而博士淳于越反对周青臣，主张秦始皇推行分封制。秦始皇下令交由李斯裁决。

李斯说："古时候天下人互相不服，就称赞古代，否定当代。大家都认为自己学问好，而否定帝王政策法令。现在陛下统一天下、明辨黑白是非，他们还批评国家的法律，认为自己观点与国家不同就是水平高。如果不禁止的话，不但陛下权威下降，下面人也拉帮结派，影响统治。因此，臣请求将民间收藏的《诗》《书》与诸子百家著作，全部销毁。不过医药、占卜、种植等书籍不在其列。想要学习法令，就以官吏为师。三十日内还没办好的，判处黥刑并罚筑城苦役。"

秦始皇批准他的提议，这就是著名的"焚书"，先秦许多文献古籍因此没有流传下来，中国文化遭到巨大损失。之后秦始皇修明法律，李斯在此过程中也出了不少力。另外，李斯还是古代史上一名卓越的书法家。东汉许慎《说文解字序》就说，秦始皇统一规范小篆，为了把文字推广到全国，由李斯作《仓颉篇》、赵高作《爰历篇》、大史令胡毋敬作《博学篇》，作为全国官民模仿的规范字帖。《史记·秦始皇本纪》中提到的泰山刻石、琅琊刻石、峄山刻石等，相传文字也是李斯的创作。

李斯的儿子都娶秦朝公主，女儿都嫁秦朝皇族，风光至极。李斯长子叫李由，担任三川郡守。李由回到咸阳时，李斯设下酒宴，文武百官都去道贺，门前车马数以千计。李斯感叹说："老师荀子说凡事不要过头，我本是平民百姓，皇帝把我提到这个位置。现在我作为人臣职位最高，荣华富贵到了极点。但事物发展都是盛极而衰，我真不知道未来会怎样啊！"

公元前210年，秦始皇出巡，幼子胡亥和李斯、中车府令兼符玺令赵高等人都跟随。七月，到达沙丘时，秦始皇病重，命令赵高写诏书，让长子扶苏回咸阳办理丧事，意思就是即位。书信没交给使者，秦始皇就去世了，只有胡亥、李斯、赵高和五六个亲信宦官知道。李斯认为皇帝去世，还未确立太子，恐怕天下不安，就封锁秦始皇的死讯，让宦官假冒皇帝正常批准奏疏。

赵高此时扣押诏书，煽动胡亥篡位，胡亥同意了。赵高又拉李斯入伙。李斯开始不同意，赵高说："您想想，和蒙恬相比，谁能力强，谁和扶苏关系好？扶苏即位，肯定会任命蒙恬为丞相，那么到时候您恐怕不能善终；胡亥仁爱又聪明，可以立为继承人。这对我们都好。"

李斯仍然不同意，说自己只执行皇帝遗诏。赵高坚持要拉李斯下水，说："你不及时做决定，怎么算是聪明人？"李斯说："我本是平民百姓，受到皇帝提拔，又怎么敢辜负他？"可赵高揪住李斯不放，他说，圣人都不循规蹈矩，而是适应变化，顺从潮流，见微知著。

李斯接着反驳说："晋国更换太子，三代不得安宁；齐桓公兄弟争位，兄长被杀；商纣杀害亲人，不听劝谏，都城被夷为废墟。因为违背天意才沦落至此！我李斯怎么能参与这些阴谋？"赵高仍然坚持，搬出了子孙后代的事，说："您听从我的，爵禄会永世相传，如果不听，一定会祸及子孙！"

李斯终于被说动了，他仰天长叹，挥泪叹息。然后与胡亥、赵高一同商议，伪造秦始皇给自己的诏书，立胡亥为太子；又伪造诏书，让扶苏和蒙恬自杀。一干人返回咸阳，胡亥即位为秦二世。赵高被任命为郎中令，作为秦二世的侍卫长官。

盛极而衰终成尘

　　秦二世听从赵高意见，为加强皇帝权威，诛杀了不少皇族和大臣。之后法令刑罚越来越残酷，群臣人人自危。李斯和赵高不一样，他还是有良心的。他多次进谏，但秦二世不听。而秦二世为了享乐，继续建造阿房宫，并修筑直道、驰道，加重赋税，最终导致陈胜、吴广等人反叛。

　　当时李由担任三川郡守，不能抵挡农民将领吴广的军队。但之后章邯击败了吴广，秦二世就派使者去三川，调查李由是否与吴广勾结，并因此责备李斯。李斯非常害怕，又因贪图功名利禄，不愿就此辞职。所以只能曲意顺从秦二世，希望得到宽容，于是他就上了一份奏疏。

　　李斯在奏疏中说，贤明的君主要对下属严加督责，让臣子不敢不全力效命。然后劝说秦二世远离崇尚节俭与仁义、爱规劝陈说、英烈死节这三类人。国家只需要言听计从的臣子，这样权力才不会落入臣下之手。这种话果然令秦二世非常高兴并接纳推行。以至于荒唐到官吏向百姓收税越多，就越会被认为贤明；官吏只要杀人越多，就越会被认为忠贞。当时路上的行人，就有一半是犯人。

赵高为了不让秦二世听到群臣的声音，劝说他深居宫中，自己来裁决公务。李斯对此表示不满，赵高就设计陷害李斯。

赵高劝李斯进谏秦二世，李斯说自己连面都见不到。赵高说，等皇帝空闲，我就通知你。可每次赵高都趁秦二世玩得开心时叫李斯来进谏，这让秦二世非常生气，认为李斯故意看不起自己。赵高又乘机煽风点火，说："李斯在外权力比陛下还大！他其实想割地封王。陈胜等叛民都是李斯在楚国的邻县人，所以李由才故意不出击。而且还听说李斯和陈胜有书信来往呢，但尚未调查清楚，所以不敢报告给您。"秦二世半信半疑，先让人调查李由。

李斯知道赵高在捣鬼，就趁秦二世在甘泉宫观看表演时，上书揭发赵高夺权。秦二世不信，认为赵高忠心耿耿，又精明能干。李斯说，赵高贪得无厌，欲望无尽，非常危险。秦二世仍然不信，还怕李斯篡位，于是把这些话告诉了赵高。赵高果然反咬一口，说如果自己死了，丞相就可以篡位了。最后秦二世批准赵高查办李斯。

　　李斯被捕下狱，仰天长叹，说："昏君无道，怎么能为他出谋划策！关龙逢、比干、伍子胥，忠心耿耿难逃一死，因为所忠非人。我的智慧不如他们，而秦二世暴虐超过夏桀、商纣。并不是我不劝谏，而是他不听我的。古代圣王都有节制，所以才长治久安。秦二世对待兄弟暴虐，迫害忠臣，加重赋税，天下一半人都反了，秦二世还以赵高这种奸臣为辅佐，我一定会看到贼人攻入咸阳的那天！"

　　赵高将李斯家人和宾客全部拿下，审问李斯与李由谋反一案。李斯被严刑拷打一千余下，不堪忍受，只好招供。他自负能言善辩，而且又立有大功，何况确实没有反心，就上奏疏为自己辩护，希望能得到赦免。李斯在奏疏中列举了自己帮助秦始皇统一六国、驱逐胡貉百越、帮助封赏大臣、修建社稷宗庙、统一文字度量衡、修建驰道、轻徭薄赋等七条。不料，这封信先落到赵高手中，赵高看完就让狱卒把它扔了。

之后，赵高就派门客十多人假扮成皇帝身边的御史、谒者、侍中，轮流反复审问李斯。李斯辩解无罪时，就会遭到严刑拷打。后来秦二世真的派人去讯问，李斯还以为要挨打，就承认了罪状。赵高把供词交给秦二世，秦二世非常高兴，认为如果没有赵高，自己就真的要被李斯蒙蔽了。李由之前被楚将项梁所杀，赵高也就顺便编了一套李由谋反的罪状。

前208年七月，李斯被判处极其残忍的刑罚而死，并株连三族都被处死。

司马迁认为，李斯以平民百姓的身份，辅助秦始皇完成统一，位居三公，受到重用，学习儒家"六经"的要旨，却不能致力于政治清明。而是凭借显赫地位阿谀奉承、推行严刑峻法、听信赵高邪说，废扶苏立胡亥。等到天下反叛，李斯才想直言劝谏，这不是太愚蠢了吗？人们都认为李斯忠心耿耿，但司马迁通过考察事情的真相，就和大家看法不同。不过，司马迁对李斯的功业评价还是颇高的。

触摸历史

■ ［成语］

· 东门逐兔

出自《史记·李斯列传》，说的是李斯在被杀时，对次子感叹自己希望一起在老家上蔡东门打猎、追逐兔子都不可能了。比喻为官遭祸，抽身悔迟。

■ ［文物］

· 汉简《仓颉篇》

出土汉简《仓颉篇》有安徽阜阳汉简、甘肃永昌水泉子汉简、北大汉简等版本，内容较为丰富；尼雅、居延、敦煌、肩水金关汉简也有发现，内容较为零碎。

■ ［遗址］

· 李斯墓

在河南上蔡蔡国故城遗址西南李斯故里，墓西有李斯跑马岗和李斯饮马涧等景点，当为纪念性之衣冠冢。现为河南省重点文物保护单位。

原典

年少时，为郡小吏，见吏舍厕中鼠食不洁，近人犬，数¹惊恐之。斯入仓，观仓中鼠，食积粟，居大庑²之下，不见人犬之忧。于是李斯乃叹曰："人之贤不肖譬如鼠矣，在所自处耳！"乃从荀卿学帝王之术。学已成，度楚王不足事，而六国皆弱，无可为建功者，欲西入秦。

——《史记·李斯列传》

注释：

1.数（shuò）：多次。

2.庑（wǔ）：大屋。

大意

　　李斯年轻的时候，担任郡里的小吏，看到办公处的厕所里的老鼠吃脏东西，有人或狗走近，多次惊到它们。李斯走进粮仓，看到粮仓中的老鼠，吃的是屯积的粟米，住在大屋子下，不用担心人和狗的惊扰。于是李斯感叹说："人的贤能与否和老鼠一样，在于自己所处的环境啊！"于是就跟随荀子学习帝王之术。李斯学业已经完成，考虑到楚王不成事，而六国都衰弱，没有可以建功立业的，就想西行去秦国。

王侯将相宁有种乎：
陈胜的故事

《史记·陈涉世家》

睡虎地秦简

陈胜（？—前208年），字涉，阳城（今安徽界首市内，一说在河南登封市东南）人，秦末农民军领袖，张楚国国王，布衣政权建立第一人。前209年，陈胜与吴广担任戍卒屯长，在大泽乡杀死将尉起义，打响秦末起义的第一枪。之后在陈县（今河南淮阳）建立张楚政权，陈胜为张楚王，又命令部下攻打秦朝。但最后陈胜被秦将章邯击败，车夫庄贾叛变将其杀害。不同于《汉书·陈胜传》，《史记》将陈胜列入《世家》，表达了司马迁对陈胜独到的赞誉。

鸿鹄之志

　　陈胜年轻时家里很穷，汉初贾谊《过秦论》说，陈胜家里把破瓮当窗户，用绳索拴门轴，住宅非常简陋，平时还给人做佣工。《史记·陈涉世家》也说，陈胜年轻时为地主种田，有一次，他突然停止了手上的劳动，怅然良久，然后说："如果我们中有人以后富贵了，一定不要忘记其他人呀！"一起种田的伙伴说："你帮人种田，哪来富贵呢？"陈胜感叹说："唉！燕雀怎么会知道鸿鹄的志向呢？"

　　秦二世元年（前209）七月，秦朝征调九百名"闾左"去渔阳郡（今北京一带）戍守。"闾左"就是住在巷子左边的人家，一般认为是平民。平民调去守卫边疆，是秦朝的一种徭役。陈胜和吴广担任这支小部队的屯长，当时一般以五十人为一屯，屯的首领就被称作屯长。

当时，恰好天降大雨，道路不通，陈胜和吴广等人估计，已经耽误了到达渔阳郡规定的时间期限。按照秦律规定，超期要被处死。陈胜就和吴广商量说："现在逃跑也是死，起义也是死，同样都是死，为什么不反抗呢？那样即使死了也值。"

陈胜说："天下人苦于秦朝统治已经很久了。我听说现在的皇帝胡亥是始皇帝的幼子，不应即位，应该即位的是公子扶苏。扶苏因为屡次劝谏，被始皇帝派出去驻守。听说他没什么罪，还是被胡亥杀害了。百姓知道他贤明，却不知道他去世了。项燕是楚国将军，也深受楚人爱戴。有人以为他死了，有人以为他逃了。我们不如假借扶苏和项燕的名义，号召天下人起义，应该会有很多人响应。"吴广也同意了。

陈胜、吴广就去占卜起事的吉凶。卜者知道他们的想法，说他们能成功，但还是要问鬼神的意思。陈胜、吴广很高兴，说："这是让我们先在大家中间树立威信呢！"于是他们找来一块白帛，用朱砂写下

"陈胜王"三字。当时有渔民捕到了鱼，他们悄悄把帛书塞在鱼肚子里。

有戍卒买鱼烹煮，见到鱼肚子里的帛书，大吃一惊。陈胜就又派吴广到附近草木丛生的祠庙里，半夜点燃篝火，模仿狐狸叫"大楚兴，陈胜王"。戍卒们都非常惊恐。第二天，他们都议论纷纷，对着陈胜指指点点。

吴广一向关心戍卒，不少人愿意为他效力。当时这支队伍由两个将尉统领，吴广趁将尉醉酒时，故意声称要逃跑。将尉大怒，拿鞭子抽打吴广，大家愤愤不平。其中一个将尉拔出佩剑想杀吴广，吴广奋起夺剑将他反杀。陈胜此时也站了出来，把另一个将尉也杀死了。

之后，陈胜、吴广就召集戍卒们说："大家在这里遇到大雨，耽误了到达的期限，按照规定要被处斩。即使不被杀，戍边的人十之六七也会死。再说，大丈夫不死则已，要死就要名扬后世，王侯将相难道应该是世代相传的吗？"这就是有名的口号"王侯

将相宁有种乎"！

戍卒们异口同声说："我们听你俩的！"陈胜、吴广就假借扶苏、项燕的名义起义，让大家露出右臂盟誓，并用将尉的头做祭品，宣布大楚国建立。陈胜自封为将军，吴广为都尉。

有人通过睡虎地秦简《法律问答》的规定，认为秦朝徭役迟到仅仅是鞭打，所以陈胜在制造谎言误导民众。实际上，徭役与戍役的性质不同，徭役更多是行政性质，而戍役则类似军事性质。按照战国秦汉时期的军法，迟到被杀是常见情况。

只存在半年的张楚政权

陈胜军队先进攻大泽乡，攻克后又攻打蕲县（今安徽宿州埇桥区）。攻下县城后，陈胜派葛婴带领一支分队，攻略蕲县以东。自己则率领主力部队西进，一连攻下数地，不少民众也纷纷加入起义军行列。到达陈县时，已经有了兵车六七百辆，骑兵一千多，步兵数万。陈县为陈郡郡治所在地。当时，郡守和县令都不在，陈胜军队就杀死郡丞，占领陈县。

之后，陈胜召集陈县掌管教化的三老与豪族前来议事。大家都认为，陈胜拿着兵器身披铠甲，讨伐昏君灭亡暴秦，重新建立楚国，论功劳来说应该称王。于是陈胜自封为王，国号由大楚改为张楚。而这时候，其他郡县承受不了秦朝暴政的民众，都纷纷杀死官吏响应陈胜。

陈胜收到消息，又分出了三支队伍，一支是由吴广为假王，就是代理国王来掌管，拥有与陈胜一样的权力，进攻荥阳（今河南荥阳）；一支由武臣率领原魏国名士张耳、陈余，进攻原赵国地区；一支是汝阴人邓宗带头，向南攻打九江郡。

此时，原楚国地区也有不少民众都聚集起义，如起义军秦嘉等人，将东海郡守庆（单字人名）包围在郯县（今山东郯城）。陈胜派武平君畔去统率他们，但秦嘉不愿意接受陈胜领导，自立为大司马，并假托陈胜的命令杀了武平君畔。可见，当时的起义军不是都听从陈胜。

吴广包围了荥阳，三川郡守李由据城坚守，吴广久攻不下。陈胜召集原楚国的豪杰商量对策，任命了上蔡人蔡赐担任上柱国，作为张楚政权的最高军事长官，又提拔了陈县的贤者周文为将军。

这个周文资历很老，曾在春申君帐下任职，又在项燕手下担任占日①官员。他自称熟悉兵马，所以陈胜派他率领大军，西入咸阳。周文一路招兵买马，到达函谷关时，已有战车千辆、士兵数十万。大军浩浩荡荡，顺利攻下函谷关，到达骊山东边的戏亭。

当时朝廷没想到起义军这么快攻下函谷关，从上到下乱成一团，就赦免了在骊山服役的囚徒，以及家奴所生的儿子，将他们全部编入军队中，调集来攻打周文的军队。

---

① 观察太阳的运行，以此制定历法。

不过这支军队主力并非这些人，而是守卫咸阳的中央军，当时的统帅是少府章邯。中央军是秦朝最精锐的军队，大概也就是兵马俑的原型。周文抵挡不过，退出函谷关，驻扎在曹阳（今河南灵宝市东北）。章邯整顿军队，继续前进，再次击败周文。周文退到渑池，第三次被章邯击败。见大势已去，周文自尽，军队随之溃散。

这边周文死了，那边武臣又反了。原来武臣到达邯郸之后，自立为赵王，以张耳、召骚为左右丞相，陈余为大将军。陈胜得知后非常生气，想处死武臣他们留在陈县的家属。蔡赐连忙阻止，说："秦朝都还没灭亡，就杀掉赵王君臣的家属，难道您又想制造一个新的暴政的秦国？不如直接封立他们吧！"

陈胜只好顺水推舟，派使者去这个赵国祝贺，不过也没有释放他们的家属，只是催促他们发兵进攻函谷关。而武臣的诸大臣却商量，陈胜并不想认武臣为王，如果陈胜灭了秦国，接着就会攻打他们，不如派人向北攻取原燕国地区，扩大自己的地盘。

到时候如果陈胜灭亡了秦国，回头也无法压制他们；如果陈胜不能灭亡秦国，那他们更可以坐收渔利了。

武臣同意了，派原上谷郡卒史韩广攻打燕地。但韩广到达燕地后，又受燕地豪族们怂恿，有样学样地自立为燕王。武臣也只能将韩广留在赵国的家属送过去。

陈胜派去攻略魏地的周市（fú）占领魏地，又攻打齐地狄县（今山东高青）。狄县人田儋杀死县令，自立为齐王，并击败周市。周市退回魏地，打算立魏国王族魏咎为王，并坚决推辞立自己为王的想法。魏咎当时在陈胜那里，周市连续派遣使者往返五次，陈胜自知周市难以控制，只好再次顺水推舟，将魏咎派过去做魏王，周市成为魏国相邦。

吴广那边还在围攻荥阳，但周文的失败引来军心不安。将军田臧与人商量说："周文已经溃败，秦军早晚要来。我们拿不下荥阳，到时候一定大败。不如留下少量军队围攻，我带大部队准备迎战秦军。"他们嫌吴广不配合，就假冒陈胜命令，杀了他。

陈胜也没有办法，反而只能封田臧为令尹兼上将军。

不过章邯后来大败田臧，又解了荥阳之围，并一路收复陈县周边地区。最后围攻陈县，逼得陈胜退到汝阴。陈胜转往城父时，他的车夫庄贾将他杀死，投降秦军。

陈胜从称王到被杀，仅仅持续半年左右。为什么会这么快失败呢？除了秦朝的中央军强悍外，司马迁还揭露了一个重要原因。

之前，有一位与陈胜一起佣耕的朋友，听说他做了张楚王，就前来陈县拜见他。守宫门的长官将他抓住，听他反复解释才放了他，却不肯为他通报。后来陈胜出宫门时，他拦路叫喊，陈胜才召见了他，带他坐同一辆车返回宫中。

此人进入宫殿，见到陈胜的殿堂和帷幕，不由感叹说："夥（huǒ）颐，陈涉王的宫殿真是高大深邃啊！"此人在宫殿也越来越随便，经常和人讲陈胜的一些往事。有人就对陈胜说："您这位客人愚昧无知，胡说八道，有损大王的威严啊！"陈胜觉得有理，就将此人杀了。

后来，陈胜的老朋友们都慢慢散去，没有亲近陈胜的人了。陈胜还任命朱房做中正、胡武做司过，专门负责监察群臣。群臣回到陈县，只要稍微不服从命令的，就会被抓起来治罪，而朱房、胡武也不是什么正直的人，他们利用权力，专门排挤不喜欢的人，一旦抓住把柄就随意惩处，陈胜却非常信任他们。将领们也逐渐疏远陈胜。

可见陈胜的失败，主要还是在天下未定之时，过于追求物质享乐及国君威严，属下纷纷攻城略地，他自己却留在陈县想坐享其成，逐渐对属下和军队失去实质的控制。

陈胜虽然被杀，但他打响了反秦起义的第一枪，接踵而至的刘邦、项羽终于灭亡了秦朝。后来陈胜被安葬在砀县，谥号为隐，汉高祖专门安置了三十户人家为陈胜守墓，到汉武帝时一直祭祀不绝。《汉书·陈胜传》说，一直到王莽建立新朝，陈胜的祭祀才断绝。

触摸历史

■ ［成语］

· 鸿鹄之志

出自《史记·陈涉世家》，说的是陈胜年轻时与人佣耕，别人说种田怎么会富贵呢？陈胜说燕雀怎么会知道鸿鹄的志向呢？比喻拥有远大的志向。

· 斩木为兵，揭竿为旗

出自西汉贾谊《过秦论》，说的是陈胜、吴广起义时砍削树木当兵器，举起竹竿当作军旗。比喻武装起义。

· 夥颐为王

"夥"是楚语中众多的意思，"颐"是语气助词。出自《史记·陈涉世家》，说的是陈胜年轻时候的朋友见到陈胜的宫殿发出感叹，之后就有了这个成语。比喻地位本来低的人突然富贵以后排场很大，带有贬义。

■ ［遗迹］

· **陈胜墓**

在河南永城芒砀山主峰西南麓。现为河南省重点文物保护单位，当为纪念性之衣冠冢。

· **陈胜吴广起义旧址**

在安徽宿州埇桥区大泽乡镇涉故台，据说为陈胜、吴广大泽乡起义所在地。

原典

陈胜、吴广喜，念[1]鬼，曰："此教我先威众耳。"乃丹书[2]帛曰"陈胜王[3]"，置人所罾[4]鱼腹中。卒买鱼烹食，得鱼腹中书，固[5]以[6]怪之矣。又间[7]令吴广之次所[8]旁丛[9]祠中，夜篝火，狐鸣呼曰"大楚兴，陈胜王"。卒皆夜惊恐。旦日[10]，卒中往往[11]语，皆指目[12]陈胜。

——《史记·陈涉世家》

注释：

1.念：思考，考虑。

2.丹书：用朱砂写。

3.王（wàng）：动词，为王。

4.罾（zēng）：一种用木棍或竹竿做支架的方形渔网，此处为动词，用罾捕获。

5.固：当然，仍然。

6.以：通"已"，已经。

7.间（jiàn）：暗中。

8.次所：驻扎的地方。

9.丛：丛生树木，古代有以丛生树木作为社神祭祀的习俗，祭祀之祠则为丛祠。

10.旦日：明日。

11.往往：处处。

12.指目：手指目视。

大意

　　陈胜、吴广很高兴，考虑鬼神的启示，说："这是让我们先威服众人。"然后就用朱砂在一块白色帛书上写下"陈胜王"三个字，放置在别人用罾捞上来的鱼腹中。有戍卒买来鱼烹食，得到鱼腹中的帛书，自然就认为奇怪了。陈胜又暗中派吴广到驻地附近草木丛生的祠庙里，夜晚点上篝火，模仿狐狸叫说"大楚兴，陈胜王"。戍卒们感到惊恐。第二天，戍卒之中处处议论，都对着陈胜手指目视。

081

用兵如神：韩信的故事

《史记·淮阴侯列传》
《史记·高祖本纪》

韩信（？—前196年），淮阴（今江苏淮安）人，古代著名军事家。韩信出身平民，最初追随项梁、项羽，因不受重用转而投奔刘邦。后被萧何举荐，担任汉大将军，率军先后灭亡三秦、魏、代、赵、齐等国，被封齐王，还协助刘邦在垓下消灭项羽，用兵如神。之后改封楚王，又改封淮阴侯，最后因涉嫌谋反，被吕后处死。韩信与萧何、张良，被称为"汉初三杰"，是西汉开国的三大功臣。

莫欺少年穷

韩信是淮阴人，年轻时家里很贫穷，没有资格被选为官吏。他又不肯去做买卖，经常去别人家蹭饭，不少人都厌恶他。母亲去世，穷得无法安葬，但韩信仍然挑选了一块又高又空旷的地方，想着未来能在周边安置万户守陵人家。

淮阴县下乡有个南昌（一作新昌）亭，韩信前后接连几个月去亭长家蹭饭。亭长妻子因此很嫌弃他，有一次提前做好饭，端到房间床上去吃。等饭点时韩信又来了，桌子上却没有饭。韩信羞愤之下，就再也不去了。

之后韩信在城下钓鱼，见到几位大娘洗涤丝绵。其中一位见韩信饥饿，拿出饭菜给他吃。韩信一连吃了几十天，韩信对大娘说："我一定要重重报答您！"大娘却生气地说："你一个大丈夫却不能养活自己，我看王孙你可怜才给你饭菜吃，难道还指望你报答吗？"

后来有次在淮阴城中上，一位年轻的屠夫羞辱韩信，说："你虽然长得人高马大，又喜欢舞刀佩剑，但其实很胆小。你要不怕死的话，就用剑刺我；如果怕死，就从我胯下爬过去！"韩信仔细打量他一番，趴在地上从他胯下爬过。整街人哈哈大笑，觉得他真是胆小鬼。

投奔刘邦

等到项梁北上淮河，韩信前往追随。后来项羽任命他为郎中，负责自己的护卫，韩信屡次献策都不被采纳。等刘邦就任汉王时，韩信果断离开项羽，投奔刘邦。因为名气太小，只捞到个官名为连敖的小官。

后来韩信因犯罪被判死刑，韩信与同伙十三人被押到刑场，其他人都被杀。轮到他时，韩信抬头看着监斩官夏侯婴，大声喊："汉王不是想统一天下吗？为什么要杀壮士呢！"夏侯婴见他仪表堂堂，说话不同凡响，下令释放。与韩信一番交谈后，夏侯婴非常欣赏他，把他推荐给了刘邦。刘邦任命他担任治粟都尉，管理粮仓。

丞相萧何注意到了他的才能，多次向刘邦推荐，刘邦起初没当回事。等刘邦到达都城南郑，韩信见刘邦不重用自己，跟着大家一起逃跑。萧何连忙把韩信追了回来，又推荐给刘邦，并说想夺取天下，非韩信不可。在萧何的建议下，刘邦封韩信为大将军，并选了一个良辰吉日，正式任命。当时，将领们都以为要封自己，没想到竟是韩信。大家非常惊讶，面面相觑。

之后，刘邦问韩信到底有什么计策指教自己。韩信先推辞一番，然后问刘邦认为自己各方面与项羽比如何。刘邦沉默了一会，自认为不如项羽。而在韩信看来，项羽不过是匹夫之勇、妇人之仁，大家迫于威势归附他。刘邦只需要反其道而行之，重用人才，分封功臣，就能以正义之师东归。项羽分封的三秦王不得人心，刘邦却深受秦地百姓拥戴，又符合义帝的盟约。刘邦非常高兴，与韩信相见恨晚。

暗度陈仓

之后，刘邦、韩信率领大军平定三秦。这里有个"暗度陈仓"的典故。原来，刘邦在从关中入汉中时，为了不引起项羽怀疑，烧毁途经的栈道，表示不再返回，却从另外一条陈仓道悄悄折返，袭击三秦。在元代戏剧中，说刘邦派樊哙一边"明修栈道"

吸引三秦王注意，另一边"暗度陈仓"从陈仓道袭击。但在《史记》中，只有"暗度陈仓"的策略，根本没有"明修栈道"。

还有一点容易混淆的地方，就是韩信和韩王信，到底是谁建议暗度陈仓。韩王信是韩王之孙，与韩信同名同姓。按照《史记·高祖本纪》，当时"韩信"向刘邦建议，而在《史记·韩信卢绾列传》中，韩王信说过基本相同的话，故这个"韩信"应当是韩王信。但《史记·淮阴侯列传》中韩信也有类似的献策，同时又说刘邦采用韩信计策。或许韩信、韩王信都有类似的建议，或许是其中一人的建议被混淆为另一人了。

后来，刘邦在彭城被项羽大败，所幸韩信收集兵马，在荥阳与刘邦会合，将楚军阻拦在东边。不少之前投降刘邦的诸侯，此时见势又降而复叛。魏王豹就假借探望母亲，回到魏国，封锁黄河渡口，宣布反叛。刘邦派人招降，魏豹不听。刘邦任命韩信为左丞相，攻打魏豹。据《汉书·韩彭英卢吴传》，韩信得知对方大将是乳臭未干的柏直，就知道魏豹成不了事。

当时魏豹主力驻扎在黄河东面的蒲坂，韩信就在对面这头排列战船，假装要从这边渡河，吸引魏豹的注意。同时韩信暗中派遣部队前往上游，用木制的盆瓮编成一道桥梁，迅速渡过黄河，直捣魏国都城安邑。魏豹完全没有防备，率领军队惊慌而返，被韩信击败俘虏。

背水一战

接下来，韩信跟刘邦借兵，向东攻打赵、代两国，刘邦就派张耳带领三万兵跟随他。当时，代王陈余帮赵王赵歇抵御，丞相夏说驻守代国。韩信先进攻代国，顺利一举擒获夏说。此时，刘邦在前线兵力不够，派人调走了韩信的精锐部队，韩信也不在意。

韩信前往赵国，要翻过太行山。太行山拥有八条狭窄的通道，合称"太行八陉（xíng）"，韩信打算从其中的井陉道东出。赵歇、陈余在井陉出口安排好了二十万大军抵御。陈余谋士李左车献计，由自己率军从小路截断韩信的后勤补给。陈余却认为韩信远道而来，非常疲惫，如果避而不击，会被天下人认为胆小。

韩信听说陈余的态度，非常高兴，领兵进入井陉道，在距离出口还有三十里时驻扎下来。然后连夜挑选两千名轻骑兵，让他们每人拿着一面红旗，从隐蔽的小路上山，并叮嘱他们，等到赵军追逐汉军时，迅速冲入对方营寨，将他们的旗帜换成自己的旗帜。

之后，韩信下令说消灭赵军再饱餐。大家都不相信，但也只能答应。韩信又派一万人作为先锋出井陉口，背靠着泜（zhī）水布阵。赵军远远望见，哈哈大笑，因为背水作战没有退路，是布阵的大忌。陈余因此也认为韩信不懂兵法，更加轻视他。

天刚破晓，韩信率领大军大摇大摆出井陉。陈余指挥军队进攻，韩信抛下旗帜和仪仗，逃到泜水岸边的汉军营寨。赵军果然倾巢出动，一边争抢旗帜和仪仗，一边追杀韩信和张耳。汉军没有退路，全军殊死奋战，拼命抵住赵军的攻击。

此时，韩信派出去的轻骑兵，迅速进入赵军营寨，将两千面汉军红旗插了上去。赵军不能打垮汉军，士气逐渐下降，想要撤退回营。但他们惊恐地发现，营寨竟然插满了汉军的旗帜！大家以为汉军已完全占领营寨，吓得纷纷乱跑，将领诛杀逃兵，也不能阻止。汉军前后夹击，彻底击溃赵军，赵歇和陈余都被斩杀。

诸将向韩信道贺，大家非常奇怪，兵法讲究背面靠山、正面朝水，为什么将军要背水布阵呢？韩信说，这正是《孙子兵法》说的"陷之死地而后生，置之亡地而后存"啊，如果大家有生路，都慌忙逃跑了，谁还会拼死作战呢？大家听后都对他心服口服，认为自己比不上他。之后，韩信又把李左车奉为上宾，并采纳了他的意见，派使者劝降燕王臧荼。

君臣的裂痕

此时刘邦又被项羽击败，基本成了孤家寡人，他怕韩信不肯收留，所以到达韩信驻地后，自称汉王使者，一大早到达营寨，迅速进入韩信、张耳卧室，夺取了他们的印信和兵符，又任命张耳为赵王、韩信为赵相进行安抚，并让他们自己招募军队攻打齐国。

韩信辛苦打出来的军队，就这样被刘邦轻易调走。可见，韩信虽然在军事上很厉害，但政治手腕完全不如刘邦。不过韩信确实有本事，又迅速拉扯出一支队伍，然后朝齐国进军。

韩信在半路上，听说刘邦派郦食其（lì yì jī）招降了齐王田广，打算停止进军。他的谋士蒯（kuǎi）彻却认为，刘邦没有下令让韩信停止进攻啊，我们停下来不就被郦食其抢功了？韩信觉得有理，继续发兵攻击田广。田广没有设防，韩信顺利打到都城临淄。田广怒而烹杀郦食其，然后弃城而逃，派使者向项羽求救。韩信迅速攻下临淄，追杀田广。

项羽派司马龙且率领二十万军队，与田广合兵。部下劝龙且（jū）坚守不出，让他劝说齐国那些已投降韩信的城邑反叛，从而断绝汉军补给，韩信自然不战而降。龙且却骄傲地认为，这样自己就没有破敌的功劳了，于是决定发兵攻打韩信。

汉军与齐楚联军在潍水对峙。韩信下令连夜制作一万多口沙袋，放置在上游堵住水流，然后率领一半军队过河。刚一交战，韩信就假装战败逃跑。龙且以为韩信胆小，率领大军渡河追逐。

等联军渡过一半时，韩信下令挖开沙袋，河水汹涌而下，正在渡河的联军立即被洪水冲走。韩信趁机回兵反击，杀死龙且。田广与岸上的军队四散而逃。韩信继续追击，全部歼灭楚军，田广也在逃亡路中被杀。

韩信就这样平定了齐国。这时候韩信派人向刘邦上书，请求封自己为假齐王，也就是代理齐王。刘邦勃然大怒，但只能接受张良、陈平的建议，为了拉拢韩信，干脆册立他为真齐王，同时命令他攻打项羽。

龙且全军覆没后，项羽开始害怕韩信，派策士武涉去劝说，称刘邦不可信任，一再背弃与项羽的盟约，韩信替他竭尽全力，以后一定会被他擒拿，不如现在背叛刘邦、联合项羽，三分天下。韩信辞谢了武涉，他认为自己在项羽帐下时只是个卫士，刘邦却册封自己为大将军，对自己言听计从，自己才有今天，所以至死也不能背叛刘邦。蒯彻也劝说韩信，韩信仍然不听。

之后，韩信率领军队到垓下与刘邦合兵，击败项羽。而项羽刚被消灭，刘邦果然再次发难，夺下韩信兵权，将他改封为楚王，建都下邳（今江苏邳州）。

良弓藏

韩信衣锦还乡，先是召见漂母，赏她千金。又召见南昌亭长，赏他百钱，算是当年的饭钱，指责他是有始无终的小人。最后召见侮辱他的屠夫，让所有人想不到的是，韩信任命他做中尉。韩信认为，自己能忍受一时之辱，才能成就今天的功业。

项羽有个部将钟离昧，与韩信关系不错。项羽去世后，他躲到韩信这里。刘邦听说后，让韩信抓捕钟离昧，韩信没听。后来有人上书告发韩信谋反，刘邦假装巡视云梦泽，通告诸侯到楚国陈县集合。

韩信感觉要针对自己，想发兵反叛，又认为自己无罪。有人建议他杀了钟离眜，刘邦一高兴，不就没事了吗？韩信就去找钟离眜商量。

钟离眜认为被韩信出卖，生气地自杀而死。韩信带着钟离眜的头去见刘邦，竟以谋反的罪名被拿下押上囚车。韩信这时才感叹兔死狗烹。但后来刘邦也只撤销了他的楚王爵位，改封为淮阴侯，可见刘邦心中清楚韩信不会真谋反。

韩信居住在都城长安，形同软禁。他明白刘邦是忌惮自己的才干，也就经常托病不出。整天在家闷闷不乐，怨恨自己沦落到和周勃、灌婴等人同为列侯。樊哙、周勃、灌婴等人都是刘邦的重臣，韩信却毫不掩饰自己的鄙夷。他去拜访樊哙，樊哙非常敬佩他，对他跪拜送迎，自称臣子。韩信出门后，哈哈大笑说："我竟然和樊哙这种人为伍！"

有一次，刘邦与韩信议论将领高下。刘邦问："我能统率多少兵马？"韩信说："最多十万。"刘邦问："那你呢？"韩信说："多多益善！"刘邦笑着问：

"那你怎么被我抓了？"韩信说："陛下不能带兵，却能驾驭将领；何况陛下是上天所赐，不是人力所能及的啊！"

后来，陈豨（xī）被任命为巨鹿郡守，向韩信辞行。韩信告诉他说，虽然刘邦信任陈豨，但陈豨管辖不少精兵。如果有人告发陈豨造反，第一次刘邦不会相信，第二次就会怀疑，第三次就会派兵围剿。到时候不如真的造反，韩信愿意为陈豨做内应。陈豨非常敬佩韩信，深信不疑，说一定听从韩信指教。前196年，陈豨果然反叛，刘邦亲自率领大军征伐。韩信托病没有随从，暗中和家臣商量，打算在夜间假传诏书，赦免服役的罪犯与奴隶，袭击留守的吕后和太子。

韩信的一位家臣之前得罪了他，被关起来准备处死。他的弟弟得知韩信的密谋，就向吕后告发。吕后找来萧何谋划。先派人告诉韩信刘邦已经凯旋，陈豨也被处死。然后让萧何亲自劝韩信要进宫庆贺。萧何是当初举荐韩信的人，韩信对他没有起疑心。

果然韩信刚一进宫，就被捆绑起来，在长乐宫的钟室被处死。之后韩信三族都被诛灭。

司马迁亲自游览至淮阴，还去韩母墓前考察，父老都说韩信从小志向就与众不同。在司马迁看来，如果韩信谦恭退让，不要恃才傲物，功勋自可与周初的周公、召公、太公相比，子孙后代也能享受祭祀。可在天下安定之时，却还图谋叛乱，被灭族不是活该吗？

韩信沦为淮阴侯后，确实不收敛锋芒，整日怨天尤人。不过，《史记·淮阴侯列传》对于他的谋反记录却不太可信，大概就是刘邦、吕后泼的脏水。既然韩信担任齐王、楚王手握重兵时都没有背叛，在长安做了一个形同软禁的淮阴侯，却与一个在外的陈豨串通，胜数可以说微乎其微了。

触摸历史

■ [成语]

· 胯下之辱

出自《史记·淮阴侯列传》，说的是淮阴屠户让韩信从自己胯下爬过，韩信照做了。表示非常严重的侮辱。

· 国士无双

出自《史记·淮阴侯列传》，说的是萧何对刘邦评价韩信，说其他的将领容易得到，但韩信这样的人才在全国独一无二。表示国家独一无二的人才。

· 背水一战

出自《史记·淮阴侯列传》，说的是韩信在泜水背面布阵与赵军决战。比喻处于绝境之中，为求出路而决一死战。也多指带有决战性质的行动。

· 多多益善

出自《史记·淮阴侯列传》，说的是刘邦问韩信可以带多少兵，韩信认为"臣多多而益善耳"，表示越多越好。

■ ［遗迹］

· 韩信故里

在江苏淮安淮阴区，有漂母祠、漂母墓、韩侯钓台、韩侯祠、胯下桥、韩侯公园等景点。

· 韩信城遗址

在江苏淮安清江浦区城南乡韩城村，据说是韩信所筑城，考古发现为宋元时期遗址。现为江苏省重点文物保护单位。韩信城东南有韩母墓。

· 拜将台

在陕西汉中市城南门外，亦称拜将坛。相传为刘邦拜韩信为大将军时所筑，北台建有台亭阁，南台上书"韩信拜将坛"碑。

原典

汉王[1]之入蜀[2]，信亡楚归汉，未得知名，为连敖[3]。坐法[4]当斩，其辈十三人皆已斩，次至信，信乃仰视，适见滕公[5]，曰："上不欲就天下乎？何为斩壮士！"滕公奇其言，壮其貌，释而不斩。与语，大说之。言于上，上拜以为治粟都尉⁶，上未之奇也。

——《史记·淮阴侯列传》

注释：

1.汉王：指刘邦。

2.蜀：指刘邦的汉国，因在秦岭以南，包括广大古蜀国地而称，都城在汉中南郑，在今陕西汉中南郑区。

3.连敖：春秋战国时期楚国官名。原名连尹、莫敖，后合为一个官号。根据后人注释，这个官职主要负责外事接待，秦始皇时称典客，汉武帝时改为大鸿胪。在当时是不受重视的小官。

4.坐法：犯法获罪。

5.滕公：即夏侯婴（？—前172年），沛县人，西汉开国功臣。

6.治粟都尉：秦汉官名，管理粮仓。

大意

　　刘邦进入蜀地，韩信离开楚国投奔汉国，因为不知名，所以仅被任命为连敖。因为犯罪被判处斩，他们一伙十三人都被斩杀，轮到他时，韩信抬头仰视，正好见到夏侯婴，韩信说："汉王不想得到天下吗？为什么要斩杀壮士！"夏侯婴对他说的话表示惊奇，认为他相貌壮美，下令释放不再处斩。夏侯婴与他交谈后，非常欣赏他，就将他推荐给刘邦。刘邦任命他为治粟都尉，但还没有认为他才能出奇。

082

汉朝第一位相国：萧何的故事

《史记·萧相国世家》
《汉书·萧何曹参传》

萧何（？—前193年），沛县丰邑（今江苏丰县）人，古代著名政治家，西汉第一位丞相、相国，封酂（cuó）侯。本为沛县小吏，又任泗水郡卒史，后随刘邦起兵。刘邦担任汉王，任命萧何为丞相。之后萧何举荐韩信，并留守关中，负责提供兵员和粮草。等到刘邦登基为帝，以萧何为功臣第一。他帮助吕后杀韩信后，又升为相国。萧何与韩信、张良，被称为"汉初三杰"，是西汉开国的三大功臣。

过人的远见

　　萧何是沛县丰邑人，刘邦同乡。他通晓法律，在当地无人能及。《汉书·萧何曹参传》也说，他写的文书都没有缺陷，因此担任秦朝沛县属吏，在沛县颇有名望。

　　萧何一直都看好刘邦。刘邦还是平民时，萧何就多次保护他。刘邦当了亭长，萧何又经常资助他。刘邦有次去咸阳服役，官员都送他三百钱，只有萧何送他五百钱。后来朝廷派御史下来督察地方工作，萧何被看中，提升为泗水郡的卒史。萧何在郡中考核也是第一。御史又打算将他调入中央，萧何大概看出秦王朝危机四伏，所以一再辞谢，仍然选择留在泗水。

　　《汉书·萧何曹参传》说，刘邦起兵后，以萧何为丞督事，成为自己手下的一号人物。等刘邦进入咸阳后，将领们争先恐后，抢夺金帛财物。只有萧何进入丞相和御史的官署，将他们掌管的法律条文、地理图册、户籍档案等资料收藏起来，这些资料为刘邦以后争霸乃至称帝都提供了重要帮助。

刘邦被封汉王，开始还不愿意，想攻打项羽。萧何出来及时制止，他在当时就为刘邦制订了立足汉中、平定三秦、谋取天下的计划，刘邦非常满意，就任命萧何为丞相。

等到刘邦领兵东进，就以萧何为关中留守。萧何负责制定法律、安抚民众、整顿户口、供给粮草。刘邦多次被项羽击败，幸亏萧何及时输送兵员和粮草。而萧何也非常谨慎，遇到大事都不敢擅自做主，往往先禀告刘邦；来不及时自己才酌情处理，然后再向刘邦汇报。

后来刘邦与项羽一度对峙，刘邦既然攻不下项羽，就开始担忧后方，多次派使者慰问萧何。谋士鲍生指出刘邦在怀疑萧何，不如将萧家子弟都派去前线。萧何听从了，刘邦的疑虑这才消除一些。

万世功勋

等到刘邦消灭项羽后，论功行赏。大家都争功，一年多都没确定。刘邦力排众议，指出萧何功劳最显赫，将他封为酂侯，为群臣食邑之首。大家都表示不服，自己披坚执锐、出生入死，而萧何只是写写字、说说话，凭什么在大家之上呢？

刘邦就说了："你们知道打猎吗？打猎时追咬野兽的是猎狗，但发现野兽的是猎人。大家能抓到野兽，功劳只是猎狗；萧何能发现野兽，功劳如同猎人。而且，各位追随我也只是一家两三人，而萧何全族几十人都跟随，功劳难道不大？"大家就都不敢说话了。

列侯食邑已经确定，然后又开始排名次，大家纷纷推举曹参。刘邦心里自然还是想着萧何，但也觉得不好继续反驳大家。

这时，大臣鄂千秋站了出来，他说："不对！曹参夺取地盘的功劳是一时的，然而陛下身边士卒经常逃散，幸亏萧何调兵补充。汉军与楚军对峙多年，粮食严重不足，也是萧何运输粮食。陛下经常失去崤山以东地区，还是萧何保全关中。这都是万世功勋！即使少了上百个曹参，对汉室有什么损失？怎么能让一时功劳，凌驾于万世功勋之上？萧何第一，曹参第二！"

这一番话正中刘邦下怀，于是刘邦同意了，并特许萧何可以佩剑穿鞋上殿，并且不需要快步行走。之后刘邦还封萧何子弟十余人食邑，并且念当年萧何比别人多送自己两百钱，刘邦就又给萧何加封了两千户。

后来，刘邦平定陈豨之乱，吕后与萧何合谋杀了韩信。刘邦回来后，又将萧何提拔为相国。丞相名义上是相国的副职，与御史大夫、太尉并列，而相国才是真正的一国之相。春秋战国被称为相邦，汉代因避刘邦讳而改为相国。萧何也就成了汉朝第一位相国，又加封了五千户，还拥有了一支五百人的卫队。

当时，不少人都来表示祝贺，只有召平表示不乐观。召平认为刘邦在外征战，萧何在朝留守，反而增加封邑，其实是刘邦对萧何有所怀疑，就劝萧何将家产捐助军队。萧何听从他的计策，虽然打消了刘邦部分疑虑，然而刘邦内心一直有所怀疑。这倒不是萧何为人如何，主要还是他位居一人之下，自然引来刘邦的猜忌。

自污自保

后来刘邦又前往平定英布叛乱，并多次派使者询问萧何在做什么。萧何此时一边安抚百姓，一边又捐助军队。但萧何有门客认为，萧何已经很得民心了，不能再继续勤勉工作了，不如采取低价赊借的手段，强行购置民众的田产，败坏自己的声誉。

萧何听从了他的计策，等刘邦返回时，民众拦路举报萧何。刘邦哈哈大笑，本来都不再怀疑萧何了。但萧何本性贤明，不够圆滑，见刘邦心情好，又去请求将上林苑废弃的土地给百姓耕种。刘邦大怒，说萧何受了这些民众的贿赂，下令将萧何移交廷尉，关在监狱。

幸亏一位王卫尉向刘邦说情，认为萧何只不过在职责范围内，为民请命而已。刘邦其实更多还是警告而非要惩治萧何，当天就赦免了他。萧何光着脚去谢罪，刘邦也不好意思，说："算了吧！你为民众请求上林苑，我不答应，所以我是桀纣一样的君王，而你是个贤相。我将你拘捕，是让百姓知道我的过错啊！"

萧何与曹参一向不和，萧何病重时，汉惠帝亲自去探望病情，趁机询问："您如果去世了，谁能接替您当相国？"萧何说："知臣莫如君！"汉惠帝接

着问："曹参如何？"萧何连连叩头，说："陛下得到了合适的人选，臣也死而无憾了！"

萧何虽然强买地产自污，但他真正为自己购置的住所，都是在贫苦偏僻之处，房屋连矮墙都舍不得修。他说："如果子孙后代贤能，就会学习我的俭朴；如果子孙后代不贤能，那这样的房子也不会被权贵看上而夺取呢！"

汉惠帝二年（前193年），萧何去世，谥号为文终侯。尽管他的后代因犯罪屡次被革除爵位，但皇帝却一直寻找他的后代续封，直至西汉灭亡，这样的待遇在大臣中无人能及。司马迁也认为，萧何的功劳堪与周初的闳夭、散宜生等人相比。

触摸历史

■ ［成语］

· **成也萧何，败也萧何**

　　出自南宋洪迈《容斋续笔》，说的是韩信由萧何举荐又由萧何害死，所以民间有"成也萧何，败也萧何"的谚语。比喻事情成功失败、好坏得失都出在同一个人或物身上。

■ ［遗迹］

· **萧何追韩信处**

　　在陕西留坝马道镇北侧的凤凰山下，据说是萧何追韩信之处。现为汉中市重点文物保护单位。

原典

及高祖起为沛公，何常为丞督[1]事。沛公至咸阳，诸将皆争走金帛财物之府分之，何独先入收秦丞相御史[2]律令图书藏之。沛公为汉王，以何为丞相。项王与诸侯屠烧咸阳而去。汉王所以具[3]知天下阨[4]塞，户口多少，强弱之处，民所疾苦者，以何具得秦图书也。

——《史记·萧相国世家》

注释：

1.丞：辅佐。督：督察。

2.御史：秦官名，汉称御史大夫，为最高监察官员，并掌管国家图书资料。

3.具：都。

4.阨（è）：阻塞。

大意

等到汉高祖起兵为沛公，萧何经常帮他督察事务。刘邦到达咸阳时，诸将领都争跑着进入府库瓜分金帛财物，只有萧何先收藏秦朝丞相御史掌管的律令和图书资料。刘邦担任汉王时，任命萧何为丞相。项羽与诸侯屠杀烧毁咸阳离开。刘邦之所以详尽地知道天下关塞，户籍多少，势力强弱，民间疾苦，都是萧何完整地得到秦朝图书资料的缘故。

无为治国：曹参的故事

《史记·曹相国世家》
《汉书·萧何曹参传》

曹参（？—前190年），沛县（今江苏沛县）人，西汉第二位相国，封平阳侯。本为沛县小吏，后随刘邦起兵，被封为右丞相，跟随韩信灭亡魏国、齐国。西汉建立后，担任齐国相国，推行道家黄老学说，无为而治。萧何病逝后，曹参继任相国，又将齐国的治国之道带到中央，使得民众能够休养生息，开启"文景之治"的先河。曹参主张无为治国，全部遵循萧何当年的规定，不加任何更改，被后人称为"萧规曹随"。

久经沙场，被封齐相

曹参是沛县人，担任秦朝沛县狱掾，负责掌管监狱。曹参与萧何都是沛县大族出身，本人也非常有才干和名望。刘邦起义时，曹参担任刘邦的中涓，类似侍从的一类官职。与萧何长期在后方从事文职不同，曹参更加擅长作战。之后，他基本跟随刘邦、韩信身边。

《史记·曹相国世家》中关于曹参的军事经历，记录非常详细，应该是来自宫廷封侯的记录，也可以补充刘邦、韩信传记史料的不足。类似的还有其他开国功臣的传记记录。不过，这些记录比较琐碎，也缺乏故事性，我们就不详细展开讲了。

要注意的是，刘邦派曹参随从韩信作战，实际上对韩信也起到监视作用，日后韩信不敢轻易背叛，曹参在其中也有一定作用。而后来群臣论功劳以曹参第一，当然也是因为他跟随韩信，韩信所有的战功，曹参也有一份。

曹参的战功总共有攻下两个国家，一百二十二个县城；俘虏两位国王、三位国相、六位将军以及大莫敖、郡守、司马、侯、御史各一人。大莫敖是楚国官名，位于令尹、司马之下，此人当是项羽的下属。

之后，韩信被封为楚王，刘邦又把长子刘肥封为齐王，任命曹参为齐国相国。刘邦分封爵位时，曹参就被封为平阳侯，拥有平阳县一万零六百三十户作为食邑。

后来陈豨造反，刘邦前去讨伐。曹参也带齐国军队前往，大败陈豨部将张春。后来英布叛变，曹参又跟随刘肥带领齐国十二万人马，会合刘邦大败英布，之后齐军又往南追逐英布，并回军平定了反叛的诸县。

汉惠帝上台后，因为废除了诸侯国设置相国的规定，曹参由齐相国改称齐丞相。齐王刘肥年龄还不大，曹参实际上就全面负责齐国的治理。曹参在此之前，虽然多以将领身份出现，但他除了驰骋沙场外，执政能力同样毫不逊色。

曹参把齐国的老人、儒生都召来，向他们询问安抚百姓的方法。不过，齐地一直以文化兴盛著称，几百名儒生众说纷纭，曹参不知道该听谁的。他听说胶西郡有位盖公，精通黄老学说，主张清静无为，曹参比较感兴趣，就去礼聘前来。他对盖公非常礼遇，让出府邸的正堂，让盖公住在里面。从此之后，曹参治理就采用黄老学说，出任齐相九年，齐国安定，国人称道。

清静无为

等到萧何去世，曹参听到消息，连忙让门客收拾行李，说自己要回长安当相国了。过了不久，汉惠帝果然派使者前来。

　　曹参以前在沛县，与萧何关系很好。但两人分别做了将军和丞相后，就逐渐有了隔阂。可萧何去世时，向汉惠帝推荐的贤臣只有曹参。而曹参接替萧何做后，对萧何定下的制度也完全遵循，没有任何改变。可见，两人虽然有点儿私人矛盾，但都不会因为个人感情影响到公事。

　　曹参在郡国选拔了一批人，任命他们为相国的属官。这些人比较木讷，却属于实干型的。而对于那些夸夸其谈、追求声誉的人，曹参一概不用。可见，曹参为政，更多强调的是干实事，而不需要太

多粉饰太平的人。

　　曹参自己天天喝酒，不少官员和宾客见曹参不务正业，都想劝谏他。不过，每次他们刚上门，曹

参就拉着他们，一同喝酒。大家想说话，曹参就继续敬酒，直到大家酩酊大醉，曹参才让他们离开，始终不给他们说正事的机会。

曹参住所的后花园靠近官吏的宿舍，官吏们天天在里面饮酒高歌，大呼小叫。曹参的侍从非常讨厌这些人，把曹参请到后花园去，希望能制止他们。没想到，曹参却吩咐属下设下酒席，席地而坐，痛饮美酒，也跟着对面唱起歌来。曹参自己的属下有小过错，曹参也都会为他们隐瞒，所以相国府中也一直平安无事。

曹参的儿子曹窋（kū）担任中大夫，是汉惠帝的侍从官。汉惠帝也埋怨曹参不干事，是不是看不起自己？就让曹窋回去对曹参说："先帝刚刚离去，新皇帝非常年轻，您作为相国，却整日饮酒作乐，遇到事情都不向皇帝报告，那您到底怎么考虑国家大事呢？"然后叮嘱曹窋，不要泄露是汉惠帝问的。

后来曹窋等到休假回家，就用这些话问曹参。没想到，曹参勃然大怒，让侍从抓住曹窋，打了二百大板。然后曹参说:"你赶紧回宫侍奉皇上吧!国家大事可不是你能问的。"曹窋只好灰溜溜地回去向汉惠帝报告。

等到曹参上朝时,汉惠帝就责备他说:"为什么要惩罚曹窋呢?这是朕的想法。"曹参马上脱下帽子谢罪,说:"那么陛下请仔细考虑下,您与先帝谁更英明神武?"汉惠帝说:"朕怎么敢仰望先帝呢!"曹参又问:"那陛下觉得我和萧何谁更贤明能干?"汉惠帝说:"您好像也不如萧相国呢!"曹参说:"那就对了嘛!先帝与萧何平定天下,明确法令。现在陛下垂拱而治,我等尽守职责、遵循法令,不就行了吗?"汉惠帝哑口无言,说:"好!您下去休息吧!"

曹参担任相国三年后去世,谥号为懿,故也称平阳懿侯。老百姓歌颂萧何、曹参说:"萧何为法,颥(jiǎng)若画一;曹参代之,守而勿失;载其清静,民以宁一。"意思就是说,萧何立法,整齐划一;曹参接替,遵循不变;清静无为,百姓安宁。

不过,曹参的后代没有萧何的后代幸运。到汉武帝征和二年（前91年）时，曹窋的玄孙平阳侯曹宗，因卷入太子刘据反叛案，获罪被杀，封国也被废除。根据《史记·萧何曹参传》，他的后人直到汉哀帝时才续封。

司马迁也认为，曹参的战功之所以如此多，是因为和韩信共事；而等到韩信谋反被杀，他的功劳就都到了曹参一人名下。

曹参虽然久经沙场，却并非不懂文治。他治国的方法，就是采用无为而治的黄老学说，让饱受战争之苦的百姓得以休养生息，并将这一套方法带到中央。汉初推行无为而治的政策，社会经济迅速恢复，曹参可以说居功甚伟。

触摸历史

■ ［成语］

· 萧规曹随

　　出自西汉扬雄《解嘲》，说的是萧何去世，曹参继任相国，延续了萧何的规章制度。比喻后一辈的人完全依照前一辈的方式进行工作。

■ ［遗迹］

· 萧何曹参遗址公园

　　在陕西咸阳渭城区，有萧何墓和曹参墓。陕西城固亦有萧何墓，现为陕西省重点文物保护单位。当皆为纪念性之衣冠冢，真实墓穴当在长陵陪葬区。

原典

参免冠[1]谢[2]曰："陛下自察圣武孰与高帝？"上曰："朕乃安敢望先帝乎！"曰："陛下观臣能孰与萧何贤？"上曰："君似不及也。"参曰："陛下言之是也。且高帝与萧何定天下，法令既明，今陛下垂拱[3]，参等守职，遵而勿失，不亦可乎？"惠帝曰："善。君休矣！"

——《史记·曹相国世家》

注释：

1.免冠：脱帽。

2.谢：谢罪。

3.垂拱：垂衣拱手，不做什么事情，多指帝王无为而治。

大意

曹参脱下帽子谢罪说:"陛下自己考虑下,您和高帝谁更英明圣武?"汉惠帝说:"朕怎么敢仰望先帝呢!"曹参问:"陛下看我和萧何谁更贤明能干?"汉惠帝说:"您好像比不上他!"曹参说:"陛下说对了。高帝与萧何平定天下,明确法令,现在陛下垂拱而治,我等尽守职责,遵守法令而不更改,不也是可以的吗?"汉惠帝说:"好。您休息吧!"

084

智计无双：张良的故事

《史记·留侯世家》

张良（？—前186年），字子房，西汉开国功臣、少傅，封留侯。父祖为韩国相邦，韩国灭亡，张良散尽家财，刺杀秦始皇，失败后隐居下邳，得到《太公兵法》。秦末张良起兵，追随刘邦并屡次献策；楚汉战争时，又劝刘邦拉拢韩信、彭越、英布对付项羽。西汉建国后，劝刘邦迁都长安，并帮助吕后稳定太子地位。因为身体不佳，且为政治避祸，晚年热衷于道家导引辟谷之术。

下邳奇遇

张良的祖先是韩国人，传说他的祖父张开地，担任过韩昭侯、韩宣惠王、韩襄王的相邦；父亲张平，担任过韩僖王、韩悼惠王的相邦。不过，这种说法并不可信。战国史料中并未提到张开地和张平是韩国相邦，可能只是普通的大夫而已。

前230年，秦国灭亡韩国。当时张良家里有奴仆三百，是富贵人家，但他的弟弟去世了他也不厚葬。为什么呢？因为他把全部财产都用来花费寻找勇士，想刺杀秦王来为母国复仇。

正好张良在淮阳学习礼法，又到东方见到了东夷首领沧海君。沧海君向他推荐了一个大力士，还造了一个一百二十斤重的铁锤。等秦始皇到东方巡游时，张良与大力士在博浪沙（今河南原阳东）伏击秦始皇，却因铁锤误中副驾车而功亏一篑。张良与大力士连忙逃跑。秦始皇大怒，在全国搜捕他们。

张良改名换姓，逃到下邳躲藏起来。

有一次，张良在下邳一座桥上闲逛，遇到一位身穿粗布衣服的老人。老人走到张良面前，故意把鞋子扔到桥下，然后对张良说："喂！那个小子！下去帮我捡鞋！"张良很惊讶，想揍老人，但还是忍住了，跑到桥下捡了鞋。可老人又把脚伸出来，说："帮我穿上！"

张良想，既然捡都捡了，就跪着帮他穿上了。老人穿好鞋子，笑着离开了。张良没反应过来，一直看着老人的背影。老人走了一里路后折回，说："孺子可教啊，五天后天亮时，来这里等我吧！"张良觉得事有蹊跷，就跪下答应了。

五天之后，天刚刚亮，等张良过去，老人已经到了。老人非常生气地说："你跟长辈约见，怎么反而迟到了！"然后约他五天后早点来，就离去了。五天之后，鸡刚打鸣，张良就去了，没想到，老人又比他先到。老人再次约他五天之后早点来，然后拂袖而去。

这回张良学聪明了，不到半夜就过去了。过了一会儿，老人也来了。这次老人非常高兴，拿出一部书，说："你读了此书就可以做帝王师。十年之后发迹，十三年后你来济北，谷城山下的黄石就是我！"说完就走了。天亮后，张良一看此书，是吕尚的《太公兵法》。

张良虽然隐居下邳，但有时候也会行侠仗义。项羽的叔父项伯有次杀了人，张良就帮助他躲藏了起来。这导致了日后项伯在鸿门宴上救助刘邦。

等到陈胜起义，张良也在下邳聚集了一百多名青年响应。当时景驹自立为楚王，驻扎在沛县东南的留县。张良本想投奔景驹，却在半路上碰到了刘邦，张良就先归附他。刘邦任命张良为管理马匹的厩将，张良多次向刘邦献策。刘邦非常赏识他，常常采用他的计策。所以张良认为刘邦才是天选之子，没有再去景驹那里。

在张良与下邳桥上老人道别后的十三年，张良跟随刘邦到济北，果然在谷城山下见到一块黄石。

张良就把黄石带回去供着。等到张良去世，黄石也与他一起下葬，后世祭祀张良也会一起祭祀黄石。当然，这些都是后话了。

最佳谋士

刘邦投靠项梁，项梁拥立楚怀王为君。张良趁机劝说项梁恢复韩国，扩大同盟力量。在张良的推荐下，项梁就任命原韩国的横阳君韩成为韩王，张良也被任命为韩国司徒，派他们夺取韩国故地。韩成、张良夺下几座城邑，却又被秦军夺了回去，只能在前线打打游击。后来刘邦西进时，张良跟随刘邦，这才顺利攻克十多座城。

刘邦让韩成留守韩国阳翟，自己带领张良一起南下，攻下南阳，并西进至武关、峣关。当时刘邦想派两万人攻打峣关，张良却认为秦军不可轻视。在他看来，峣关守将是屠户之子，比较重视利益。张良就建议刘邦准备好五万人口粮，并且多挂楚军旗帜，让秦军误认为刘邦有五万军队。然后又派人带着珍宝前往招降。

秦军守将以为刘邦兵强马壮，就主动提出倒戈，一起袭击咸阳。张良又指出，虽然守将愿意投降，但秦军士兵如果不听从也没用。在张良的建议下，刘邦突然发兵攻城。守将本以为已经投降，完全没作防备，只好退守蓝田，刘邦追上再次击败他们，这样才顺利攻入咸阳。

当时，刘邦进入宫殿，看到数以千计的宫室帷幕、珍宝美女，都快挪不动腿了。樊哙劝他出去住，他不听。张良又出来劝谏，说："因为秦朝暴虐无道，您才能到达这里。既然为天下诛灭暴政，就应该主张清廉朴素。现在您刚进入秦都，就享受安乐，不是在助纣为虐吗？而且忠言逆耳利于行，良药苦口利于病，您应该听樊哙的啊！"刘邦觉得有理，这才回军驻扎在霸上。

等到项羽入关，想攻打刘邦。项伯连夜来到刘邦军营，想叫张良一起离开。张良不同意，将情况告诉刘邦，并邀请项伯来见刘邦，使刘邦与项伯结亲。之后在鸿门宴上，刘邦就与项羽成功和解。

刘邦被封汉王时，本来只有巴蜀地区。刘邦赏赐张良，张良将这些财物全送给项伯，之后又帮刘邦厚赠项伯。项伯向项羽求情，才为刘邦得到汉中。

等到刘邦前往封地时，张良一路相送，并劝告刘邦烧断经过的栈道，表示不再回秦地，以此消除项羽的疑心。随后张良也把刘邦烧毁栈道的消息告诉项羽，并且报告说齐王田荣反叛。于是项羽就不再提防刘邦，转而谋划攻打田荣。

不过后来项羽还是杀了韩成，只因他追随过刘邦。张良自知留下凶多吉少，慌忙抄小路逃至刘邦处。当时刘邦已经平定三秦，封张良为成信侯，让他跟随自己伐楚。

张良体弱多病，无法独当一面，一直跟随刘邦，

在他身边出谋划策。多次在关键时刻，扭转不利局面或制止祸端。项羽把刘邦围困在荥阳时，郦食其主张分封六国后裔，如果六国君臣甘愿做刘邦的臣民，不就自然能征服项羽了吗？刘邦同意了，下令刻好六国国王的印信，让郦食其带着印信去册封。郦食其还没出发，张良赶到，马上阻止了刘邦。

张良指出，商汤分封夏桀后裔，周武王分封微子，是因为有控制他们的能力。但刘邦杀不了项羽，更别说分封了。天下才士都离开家乡，跟随刘邦，不就是希望建立功劳，以后获得自己的封地吗？现在要恢复六国，让他们回去侍奉过去的国君，那么刘邦又能用谁打天下？六国后代被立，也难保不会向项羽投诚。这样做，一定会走向失败。刘邦这才反应过来，大骂郦食其是书呆子，下令销毁掉印信。

韩信攻下齐国，想担任假齐王，刘邦非常生气。也是多亏张良、陈平劝告刘邦，刘邦才派张良授予韩信"齐王信"的真齐王印信，这才稳住韩信。之后刘邦追击项羽，因为韩信、彭越没有按约定会师，导致刘邦再次失利。又是张良向刘邦献计，召来韩信、彭越会师，最后一举消灭项羽。

稳定朝堂的柱石

西汉建立后，刘邦封赏功臣，张良虽然并无独立带兵的战功。但刘邦指出，张良"运筹策帷帐之中，决胜于千里之外"，是刘邦身边最佳的谋士，让张良从最富庶的齐国挑选三万户作为封邑。张良却推辞说："我与陛下在留县相识，这是上天将我赐给陛下，我只愿受封留县，不敢承受三万户的封赏！"刘邦就将张良封为留侯。

之后刘邦又大封功臣二十多人，其他人日夜争功，难分高下。刘邦在洛阳南宫，望见他们坐在地上讨论，就问张良这些人在说什么。张良严肃地说他们要谋反，因为刘邦起义靠的是他们，但夺取天下赏赐的都是朋友，杀的都是仇人。这些人既担心没有封赏，又害怕因过失被杀害，所以要聚在一起商量造反。

接着张良指出，所有人都知道刘邦最憎恶的人是雍齿。当年刘邦起义时，雍齿割据老巢丰邑反叛，但后来又立了不少功，刘邦也不忍心杀他。张良就劝刘邦，这时候不如先封赏雍齿，大家见到，就不会怀疑自己得不到封赏了。于是刘邦先封雍齿为侯，然后催促丞相、御史迅速做好论功行赏工作，一场叛乱就此消弭于无形。

西汉建立时都城在洛阳，娄敬建议刘邦迁都关中。但因为开国功臣都是关东人，所以更偏向留在离家近的洛阳。唯独张良支持娄敬，指出洛阳不如关中地势险要，且那里土壤肥沃，这才坚定刘邦迁都长安的决心。张良到长安之后，被封为少傅，但因体弱多病，开始研究方术，不食五谷，长期闭门不出。当然，张良也是为了躲避朝堂上的人祸。

刘邦想废掉太子刘盈，另立刘如意。吕后不知如何是好，有人建议她找张良，因为刘邦最信任张良。吕后派建成侯吕释之去求张良，张良认为这些骨肉间的事，自己劝谏没有任何作用。吕释之没有放弃，竭力劝求张良。张良被逼无奈，这才给吕后指明方法，就是去请商山四皓出山。商山四皓包括东园公、夏黄公、绮里季、甪里先生，是商山的四位隐者，刘邦非常敬重他们，但一直不能请出山。如果刘盈能够把他们请出来，刘邦一定对刘盈刮目相看。吕后就派人带着太子的书信，通过谦恭的言辞和丰厚的礼品，果然将四人请了出来，暂住在吕释之府上。

后来，等到刘邦自己的身体越来越差，又想更换太子。张良此时劝谏，刘邦也不听了，张良就托病不再上朝。后来太子侍奉刘邦，商山四皓站在太子身后。刘邦非常吃惊，四人都说，因为刘邦轻慢士人，所以自己只能躲避；但太子谦恭有礼，所以愿为太子效力。刘邦由此知道太子羽翼已丰，难以动摇，就说："那就麻烦诸位，始终如一去照顾太子吧！"

除了迁都定储外，张良还跟随刘邦平定陈豨之乱，并劝刘邦立萧何为相国。张良后来宣称："我家世代为韩国相国，韩国灭亡后，不惜钱财向秦国复仇。现在凭借三寸之舌为帝王师，封邑万户，位居列侯，对于平民来说至高无上，我已经非常满足了。我愿意抛弃世间俗事，去追随赤松子遨游啊！"再次表明自己希望远离功名利禄之心。

刘邦去世八年之后，张良去世，谥号为文成侯。

触摸历史

■ [成语]

· 忠言逆耳利于行，良药苦口利于病

出自《史记·留侯世家》，说的是刘邦入秦想住在宫殿，樊哙劝他出去住，张良形容樊哙的话是"忠言逆耳利于行，良药苦口利于病"。

· 运筹帷幄，决胜千里

出自《史记·高祖本纪》《史记·留侯世家》，说的是刘邦评价说在军帐之内作出部署，决定千里之外的胜利，自己不如张良。表示雄才大略，指挥若定。

■ [遗迹]

· 博浪沙

在河南原阳东郊，据说为张良刺杀秦始皇之处。现为新乡市重点文物保护单位。

原典

沛公入秦宫，宫室帷帐狗马重宝妇女以千数，意欲留居之。樊哙[1]谏沛公出舍，沛公不听。良曰："夫秦为无道，故沛公得至此。夫为天下除残贼[2]，宜缟素[3]为资[4]。今始入秦，即安其乐，此所谓'助桀为虐'。且'忠言逆耳利于行，良药苦口利于病'，愿沛公听樊哙言。"

——《史记·留侯世家》

注释：

1. 樊哙（？—前189年）：沛县人，西汉开国功臣，封舞阳侯。

2. 残贼：残忍暴虐，残忍暴虐的人。

3. 缟（gǎo）素：缟和素都是白色丝织品，代指穿着简朴。

4. 资：资本，凭借。

大意

　　刘邦进入秦朝宫殿，宫室帷幕狗马珍宝美女数以千计，刘邦希望留下来住在这里。樊哙劝谏刘邦出去住，刘邦不听。张良说："秦朝无道，所以沛公才能到这里。为天下除去残忍暴虐，应该以衣着简朴为凭借。现在刚入秦都，就要享受安乐，这就是所谓的'助桀为虐'。况且'忠言逆耳利于行，良药苦口利于病'，希望沛公能听樊哙的意见。"

08.5

刘邦最信任的谋士：陈平的故事

陈平的故事

《史记·陈丞相世家》
《新论》

陈平（？—前178年），阳武县（今河南原阳）户牖乡库上里人，西汉开国功臣，封曲逆侯。少时家境贫困，初投靠魏王咎为太仆，后投奔项羽为校尉，又投奔刘邦为校尉，施反间计离间楚国君臣。西汉建国后，又为刘邦设计擒下韩信，并帮助白登脱围。汉惠帝时任左丞相，对吕后曲意逢迎，升右丞相。吕后去世后，与周勃设计铲除吕氏势力，立汉文帝。陈平的功劳不在"汉初三杰"之下，但大多属于阴谋诡计，所以难与"汉初三杰"齐名。

追随明主

陈平是阳武县户牖乡人。年轻时父母早逝，与兄长陈伯住一起。陈伯有田地三十亩，而陈平不喜欢耕地，只喜欢读书，陈伯就供养他外出求学。

陈平长得身材高大，相貌堂堂。有人问他："你家这么穷，你吃了什么，长得这么壮？"陈平大嫂恨他不干农活，在旁边说："只不过吃糠皮罢了，有这样的小叔子，还不如没有呢！"可陈伯很照顾这个弟弟，听说后非常生气，竟把妻子给休了。

陈平成年后，当地富豪都不肯把女儿嫁给他，陈平自己也不愿娶穷人的女儿。乡里有个叫张负的富翁，他的孙女嫁了五次，丈夫都去世了，于是没有人敢再娶她。但陈平不介意，他想通过这门亲事，来实现自己的富贵。

当时乡里有人办丧事，陈平过去帮忙。张负也过去了，见到陈平高大魁梧，非常满意。陈平也特意好好表现，干到很晚才离开。有一天，张负暗中跟随陈平，想看他家境如何。陈伯家住在靠近城墙的偏僻小巷，一张破席子就当作门了。不过，门外却有很多车轮痕迹，张负一看，知道有不少达官贵人经过此地。

张负回家后告诉儿子张仲，说想把孙女嫁给陈平。张仲不以为然。张负却认为，陈平仪表堂堂，怎可能一直贫贱？他看到陈平虽然穷，却与达官贵人有交往，自然是个有潜力的人，最终就把孙女嫁给了陈平。

陈平太穷，拿不出置聘礼和办酒席的钱。张负就借钱给他，还告诫孙女说不要看不起陈平，要真心待他，敬重他的家人。从此，陈平有了不少钱，社会关系也就越来越广了。

陈平所住的库上里祭祀土地神，陈平有次主持切割祭肉，就是把祭完神的肉切块分配。因为切割非常平均，大家都非常满意，夸奖他很会分割祭肉。

陈平却感叹，说："唉，如果能够让我来主宰天下，也会像分割祭肉一样啊！"

后来，陈平的机会终于来了。陈胜起兵后，魏咎为魏王。陈平和乡里一伙年轻人投奔魏咎，被任命为太仆，负责管理魏咎的车辆。陈平向魏咎进言，魏咎不听，加上有人说陈平坏话，陈平就离开了魏国，又回到家乡。

项羽攻到黄河边时，陈平又投奔项羽。项羽入秦之后，陈平被赐为卿。等到项羽东归，殷王司马卬反叛，项羽封陈平为信武君，让他率领魏咎旧部平叛。之后陈平击败司马卬，项羽非常高兴，又任命他为都尉，赏赐黄金二十镒。

好景不长，刘邦东出后，司马卬又投降刘邦。项羽大怒，责怪陈平等人平叛不力，想要处死他们。陈平把黄金和官印退回给项羽，然后自己一个人带着宝剑就往小路逃跑了。当他渡黄河时，船夫怀疑他是逃亡将领，身上肯定藏有金银财宝，盯住他想杀了劫财。陈平马上意识到了，干脆大大方方解开衣服，帮船夫撑船。船夫见他全身上下一无所有，也就放过了他。

陈平后来又投奔了刘邦。刘邦赐给他饮食，让他吃完后去休息。陈平却说："我有要事前来，所说的话不能留到明天！"刘邦对他很感兴趣，就和他交谈了一番。因为陈平在项羽手下担任都尉，刘邦也就封陈平为都尉，并让他与自己同坐一辆车，负责监督诸将的护军。

其他将士见状非常不满，纷纷说："大王得到的只不过是一个楚国逃兵，还不知道他本事高低，就和他同坐，还来监督我们这些老将！"刘邦听说后，不以为然，反而更宠幸陈平。后来刘邦在彭城被项羽击败，退守荥阳，又任命陈平为韩王信的副将，驻扎在广武一带。

陈平不在刘邦身边，周勃、灌婴这些将领更是纷纷诋毁陈平。他们说，陈平中看不中用，在楚、魏待不下去才降汉。又收受将领贿赂，照顾行贿多的，打压行贿少的，就是个反复无常的小人。

刘邦此时也开始怀疑陈平，就找到陈平质问他是不是三心二意。陈平说："我在魏王那儿做事，魏王不采纳我的建议；我去项王那儿做事，项王宠信的都是亲戚。所以我才离开他们，独身而来。我的计谋如果值得采纳，就希望大王采用；不值得采纳，我就辞官回家吧！"刘邦马上向他道歉，不仅赏赐了他，还提拔他为护军中尉，监督全体将领。将领们这才不敢议论了。

心思婉转

陈平的计谋很少是阳谋，虽然有效，但是因为总靠欺骗、曲意逢迎等不光彩的方式，所以也被后世诟病。

当年项羽把刘邦围困在荥阳，刘邦无计可施，

问陈平怎么办。陈平建议把项羽身边的骨鲠之臣除去。刘邦拿出四万斤黄金给陈平活动，并不过问他的支出情况。陈平就开始从事离间活动，扬言说钟离昧等人功劳很大，却不能封王，所以他们想联合刘邦消灭项羽。果然引起项羽猜忌，不再信任钟离昧等人。

之后，项羽派使者去刘邦处打探。刘邦备下丰盛的筵席，等见到使者，假装吃惊说："我以为是亚夫（范增）的使者，原来是楚王的啊！"让手下把饭菜替换成差的。使者回去禀告项羽，项羽果然开始怀疑范增。

范增主张迅速攻下荥阳，项羽偏偏不肯听。范增大怒，请求辞官，然后在回乡中途病逝。最受刘邦忌惮的项羽谋士就这样被除去。之后，陈平连夜派两千名妇女出荥阳东门，吸引楚军攻击，刘邦与陈平就趁机从西门逃走。

汉朝建立后，有人上书告发韩信反叛，建议发兵擒住韩信。刘邦拿不定主意，又去问陈平。陈平说:"有人上书韩信谋反,外人知道吗?"刘邦说:"不知道。"陈平问:"韩信本人知道吗?"刘邦说:"不知道。"陈平问:"那么陛下和韩信谁掌握的军队强?"刘邦说:"他的厉害。"陈平问:"陛下的将领谁用兵能超过韩信?"刘邦说:"都不如他。"

陈平叹气说:"既然如此,陛下怎么还和他正面作战?"刘邦问:"那怎么办呢?"陈平说:"古时天子有巡狩各地、会见诸侯的惯例。陛下不如假装去云梦一带出游,在他的封地附近会见诸侯。等韩信照例前来拜见时,只需要一位壮士,就能将他擒获呢!"刘邦采用他的计策,果然轻而易举就擒获了韩信。

之后刘邦与功臣确定封赏,陈平就被封为户牖侯。陈平却推辞说,这是当年举荐他的魏无知的功劳。刘邦非常高兴,认为陈平不忘本,同时又赏赐了魏无知。后来,刘邦经过曲逆县(今河北顺平),登上城楼后,见到曲逆房屋很大,感叹说天下只有洛阳与曲逆最为壮观。因为陈平功劳大,刘邦就将陈平改封为曲逆侯,以全县五千户为食邑。之后陈平又跟随刘邦平定陈豨与英布的反叛，封邑也就不断增加。

刘邦去世，汉惠帝刘盈即位，命王陵为右丞相，陈平为左丞相。可不幸的是，汉惠帝在位七年就去世了，年仅二十三岁。接着吕后想封吕氏子弟为王，王陵坚决反对，陈平曲意逢迎。于是吕后将王陵提为太傅，剥夺了他的实权，由陈平接任右丞相，宠臣审食其（shěn yì jī）为左丞相。陈平由此成为吕后、少帝之下第一人。

此后陈平一直假意附和吕后，等到吕后去世，陈平就与周勃合伙，终于灭亡了整个吕氏家族，拥立汉文帝刘恒即位。汉文帝认为周勃亲自带兵诛灭吕氏，功劳最大，陈平就主动将右丞相一职让给周勃。汉文帝又废黜审食其，任用陈平为左丞相，并赏赐黄金千斤，加封食邑三千户。

等汉文帝慢慢熟悉国家大事后，有一次召见周勃，问全国一年判决案件多少、钱粮开支多少，周勃都答不上来。汉文帝又问陈平，陈平说案件可以问廷尉，钱粮可以问治粟内史。汉文帝问："那您又主管什么呢？"陈平说："宰相对上辅佐天子，对下养育万物，对外镇抚四夷，对内爱护百姓，让公卿大夫各胜其责！"汉文帝听后，连连称赞。

周勃非常惭愧，退朝后埋怨陈平，说："您平时怎么不教我这些话呢？"陈平却笑了，说："您担任丞相还不知道自己的职责吗？如果陛下问起长安城盗贼多少，您也要凑数去回答吗？"周勃这才知道，自己终究是武人，才干比陈平差得很远。又过了一段时间，周勃就托病请辞，由陈平独自担任丞相。

前178年，陈平去世，谥号为献侯。

触摸历史

■ [成语]

· 陈平分肉

出自《史记·陈丞相世家》，说的是陈平在乡里主持分祭肉很平均，使得大家都很满意。比喻一个人处理事情很公正。

· 盗嫂受金

出自《史记·陈丞相世家》，说的是周勃、灌婴等人不服陈平监督自己，就污蔑陈平与嫂子私相授受并接受将领行贿。后比喻因为小的错误而遭遇谗言进而被疑的事。

■ [遗迹]

· 陈平墓

在陕西西安鄠邑区石井镇曹家堡村西北，为清陕西巡抚毕沅立碑。现为陕西省重点文物保护单位，当为纪念性之衣冠冢，真实的陈平墓当在长陵陪葬区。

原典

平行闻高帝崩，平恐吕太后及[1]吕媭[2]谗怒，乃驰传[3]先去。逢使者诏平与灌婴屯于荥阳[4]。平受诏，立复驰至宫，哭甚哀，因奏事丧前。吕太后哀之，曰："君劳，出休矣。"平畏谗之就[5]，因固请得宿卫[6]中。太后乃以为郎中令[7]，曰："傅[8]教孝惠。"是后吕媭谗乃不得行。

——《史记·陈丞相世家》

注释：

1. 及：遭受。

2. 吕媭（xū）（？—前180年）：吕后之妹，樊哙之妻，封临光侯，吕后去世后被处死。

3. 驰传：驾驭驿站马车疾行。

4. 荥阳：汉县名，在今河南荥阳。

5. 就：成功。

6. 宿卫：值宿宫禁，担任警卫。

7.郎中令：秦汉九卿之一，负责侍卫皇帝，守卫皇宫。

8.傅：辅助，教导。

大意

陈平在行路途中听说刘邦去世，恐怕吕后听信吕媭的谗言而对自己有怒气，就驾驭着驿站的马车疾行先走。碰到使者下诏书让陈平和灌婴驻扎在荥阳。陈平接受诏书后，又继续疾驰到宫中，在刘邦丧前哭得非常悲哀，趁机向吕后启奏樊哙的事。吕后哀怜他，说："您辛苦了，出去休息吧。"陈平还是害怕吕媭要来进谗言，于是坚决请求留在宫中担任警卫。吕后就任命他为郎中令，并且说："辅佐教导好惠帝。"之后吕媭想进谗言就没办法成功了。

086

一统草原的匈奴单于：

冒顿的故事

《史记·匈奴列传》

《汉书·匈奴传》

冒顿（mò dú）（？—前174年），挛鞮（luán dī）氏，匈奴单于、军事家。本为头曼单于太子，弑杀头曼即位，相继吞并东胡等部落，是首位统一草原的部落首领。之后南下将刘邦围困在白登城，后与刘邦讲和，汉匈和亲、结为兄弟。吕后、汉文帝执政时，继续与冒顿和亲，冒顿又趁机吞并了月氏，并征服了西域诸国。

北方草原的风

　　《史记·匈奴列传》以匈奴为传名，但也提到了先秦时的其他北方部族。在司马迁的笔下，匈奴的祖先是夏朝的后裔，叫作淳维，早期有山戎、猃狁、荤粥等名称。他们以游牧为生，逐水草而居，没有城池和固定住所，也没有农业种植，更没有文字书籍。从孩提时就开始捕猎，成年时就作战，重利益而轻礼仪。以肉为主食，以皮毛为衣，不讲究尊老爱幼，也不遵循中原的伦常。

　　其实，司马迁这里提到的社会风俗，应当是秦汉时的匈奴风俗，而非上古戎狄部族的风俗。《史记·匈奴列传》又说了周朝的犬戎、山戎、赤狄、白狄、义渠等部族，这些部族，其实都不是生活在长城以北的游牧民族，而是生活在长城以南的农业民族，也并非匈奴前身。他们虽然带有不少早期部族的特征，但不能以游牧民族视之。春秋战国时期，这些不同部族之间已经融合。

中原国家与匈奴真正交往，已经是在战国中后期了。当时秦、赵、燕都与匈奴有交界，因此都修筑长城抵御匈奴。匈奴也被称为"胡"，赵武灵王"胡服骑射"，其实就是模仿匈奴的衣服和骑射。匈奴东部有一个部落就被称为"东胡"，燕将秦开曾去那里做人质，获得东胡人信任，回国后率军大败东胡。赵国名将李牧也防守过匈奴，使得匈奴不敢进入赵国的边境。

秦始皇灭六国后，又派蒙恬率领十万大军攻打匈奴，收回了匈奴所占黄河以南的土地，并沿着黄河修筑四十四个县城，将罪犯迁徙到这里守边。然后又沿着高山溪谷修筑城池，西至临洮，东达辽东，也就是雄伟的万里长城。然后蒙恬继续北上，开疆到了黄河以北。

此时，匈奴东部有东胡、西有月氏（yuè zhī），都非常强大。匈奴单于（首领）叫头曼，他打不过蒙恬，就向北迁徙。等到秦末内乱时，头曼开始南下，进入了黄河以南。

一段历史的开端

　　头曼的太子叫冒顿，而单于宠爱的阏氏（yān zhī，单于和王的妻子）又给他生了个小儿子。头曼想要立小儿子为太子，就派冒顿到月氏当人质，然后发兵进攻月氏，企图借月氏之刀杀冒顿。但冒顿却偷了月氏的好马，骑着逃回匈奴。头曼觉得这个儿子有利用价值，就命令他统率一万骑兵。

　　冒顿却知道父亲想除去自己的居心，他发明了鸣镝，也就是一种响箭。然后他对部下下令，说："凡是我射向的目标，如果谁不跟从我全力以赴地射杀，就要问斩！"冒顿首先去射鸟兽，有部下不跟随，冒顿果然杀了他们。不久，冒顿又射向自己的好马，有部下犹豫没出手，冒顿马上又杀了他们。再过一阵子，冒顿用箭射向自己亲近的人，还是有部下不敢出手，冒顿马上杀了他们。又过一阵子，冒顿射向父亲头曼的好马，大家都跟着射。冒顿通过这种训练让部下都能绝对听从指挥。接着冒顿跟随头曼去打猎，突然用鸣镝射向头曼头部，部下也

都跟着射向头曼，头曼身亡。冒顿把他的后母、弟弟和不服从自己的大臣全杀死，自立为单于。

　　此时，东胡王听说冒顿自立，就来索要头曼的

千里马。群臣不同意，冒顿却认为不应该吝惜。过了一阵子，东胡王又来索要冒顿的一个阏氏。群臣大怒，请求出兵攻打，而冒顿同样认为不需要吝惜。于是东胡王越来越骄傲，认为冒顿惧怕自己。

当时东胡与匈奴之间有一块一千多里的空地，东胡与匈奴分别在空地两边修建哨所。东胡王派使者对冒顿说："你们不能越过你们的哨所，我们要占领中间这片土地！"群臣中有人同意，冒顿却勃然大怒，说："土地是国家根本，怎么能送给他们！"然后下令攻打东胡，谁敢后退一律杀头。

东胡王一直轻视冒顿，根本没有防备，这一战冒顿非常顺利就灭亡了东胡。之后匈奴又驱逐了西边的月氏，并吞并了南边的娄烦、白羊部落，而且还入侵燕、代两国。当时正值楚汉之争，冒顿趁机发展军队，兵力达到三十余万。之后，冒顿又征服了北方的浑庾、屈射、丁零、鬲昆、薪犁等部落。匈奴的贵族、大臣都非常支持冒顿，认为冒顿很贤能。

刘邦建立汉朝后，将韩王信迁到代地马邑（今山西朔州）。冒顿进攻马邑，韩王信投降。之后冒顿南下攻打晋阳（今山西太原）。刘邦率领三十二万大军相迎，当时正值大雪天，匈奴人适应这种严寒条件，而汉军战士手指冻僵，情况非常不利。

冒顿埋伏了精锐部队，然后假装战败逃跑。刘邦刚统一天下，非常骄傲自满，认为匈奴人不堪一击，就下令追逐，发现匈奴一些老弱残兵。于是刘邦下令全军出击，因为汉军大多是步兵，所以在刘邦到达平城（今山西大同）时，后续部队还未及赶上。冒顿就趁机指挥四十万精锐骑兵，在白登山将刘邦围困起来。

连续七天，白登山外的汉军无法将军粮送入刘邦处。刘邦被逼无奈，只好采取陈平的计谋，派使者秘密送给冒顿宠爱的阏氏很多礼物。阏氏就对冒顿说："双方君王不能互相围困，得到汉朝的土地也不适合我们居住，何况汉王有天神的帮助，希望单于认真考虑吧！"当时，冒顿还约了韩王信会师，但韩王信的部下未能按时到达，冒顿疑心他们与刘邦想里应外合，所以故意解除了包围圈的一角，刘邦趁机逃脱，冒顿也领兵返回。

面对如此强悍的敌人，刘邦只好派使者刘敬到匈奴，缔结和亲的盟约。但韩王信和他的部下都仇恨刘邦，屡次攻打代郡和云中郡来挑衅。后来陈豨谋反失败，又有一些部将投降匈奴，所以冒顿也跟着南下侵略代地。刘邦就派娄敬将汉朝公主正式送给单于当阏氏，并每年赠送匈奴一定数量的物资，相互结为兄弟，冒顿这才作罢。

刘邦去世后，冒顿更加狂妄，屡屡违背和约，南下骚扰，还写信挑衅过吕后和汉文帝。但是汉初的国力让汉军没有胜算，而匈奴强盛的兵力甚至消灭了西边的月氏，平定西域二十六国，一统北方。所以汉朝自上而下只得忍耐并维持表面的友好。前174年，冒顿死去，他儿子稽粥即位，也就是老上单于，汉匈关系即将彻底破裂。

触摸历史

■ [遗迹]

· 白登山森林公园

在山西大同云州区水泊寺乡马铺山，据说就是冒顿围困刘邦的白登山所在处。

· 匈奴历史博物馆

在内蒙古呼和浩特昭君博物院内，是世界上唯一一所系统展示匈奴历史与文化的博物馆。

· 吉呼郎图匈奴墓群

在内蒙古锡林郭勒苏尼特右旗，是我国在阴山以北发现的第一处匈奴墓群，为内蒙古2021年度十大重要考古发现之一。

原典

　　高帝自将兵往击之。会[1]冬大寒雨雪，卒之堕指[2]者十二三，于是冒顿详[3]败走，诱汉兵。汉兵逐击冒顿，冒顿匿其精兵，见[4]其羸弱[5]，于是汉悉兵[6]，多步兵，三十二万，北逐之。高帝先至平城[7]，步兵未尽到，冒顿纵精兵四十万骑围高帝于白登[8]，七日，汉兵中外不得相救饷[9]。

——《史记·匈奴列传》

注释：

1. 会：正值。

2. 堕指：冻掉手指。

3. 详（yáng）：通"佯"，假装。

4. 见（xiàn）：通"现"，显现。

5. 羸（léi）弱：瘦弱。

6. 悉兵：全部发兵。

7. 平城：汉县名，在今山西大同东。

8. 白登：山名，在平城东南十七里，今山西大同东。

9.救饷：援助粮饷。

大意

刘邦亲自带领大军前往迎击冒顿。正值冬天寒冷大雨雪，士兵中有十之二三的人手指都冻僵了，于是冒顿假装败走，引诱汉军。汉军追逐冒顿，冒顿隐藏精兵，只出示一些老弱残兵，于是汉军派出全部兵力，其中以步兵居多，共三十二万，向北追逐匈奴。刘邦先到达平城，步兵没有都到达，冒顿带领四十万精锐骑兵将刘邦围困在白登山，一连七天，在白登山外的汉军无法向白登山内援助粮饷。

政论达人：
贾谊的故事

《史记·屈原贾生列传》
《汉书·贾谊传》

贾谊（前200年—前168年），洛阳人，西汉文学家、政论家，撰有著名的《过秦论》，是最早系统论述秦朝灭亡的政论文章。初为河南郡守吴公征辟，又担任文帝博士，升任大中大夫。因被排挤，转任长沙王太傅，作《吊屈原赋》《鵩（fú）鸟赋》，哀叹命运。后又担任梁王太傅，仍关切朝廷，作著名的《治安策》一文，提出"众建诸侯而少其力"的削藩战略，因梁王摔死，贾谊悔恨，亦病逝于任上。

贾谊是河南郡洛阳人，十八岁时因为饱读诗书、擅长写文而在当地闻名。当时河南郡守吴公，听说贾谊才学优异，就把他召到郡里任职，对他非常器重。

　　吴公是上蔡人，曾经向同乡李斯学习过。汉文帝即位后，吴公在年度考核中为全国郡守第一，汉文帝就把他调入长安担任廷尉。吴公向汉文帝推荐贾谊，说他年轻有才，精通百家学说。汉文帝就又征召了贾谊，让他担任提供咨询的博士一职。

　　当时贾谊才二十来岁，在诸博士中年龄最小。但汉文帝下令讨论问题时，年长的博士都答不上来，只有贾谊一人能够对答如流。大家也都认为贾谊非常优秀，无人能及。汉文帝也非常喜爱他，仅仅一年，就提拔他为大中大夫。大中大夫是侍从皇帝、提供咨询应对的官职。

　　在贾谊看来，大汉建立至今已经有二十多年了，不需要再沿袭秦朝的制度。所以他提出汉朝此时应该更改历法和服色、订立制度和官名，并为此草拟了若干条礼仪制度。之后各项法令的更改，包括让诸侯回封地任职，这些都是贾谊的主张。

汉文帝与大臣们商议，想提拔贾谊列入三公九卿。不过贾谊的主张，深刻影响到军功集团的利益，周勃、灌婴、张相如、冯敬这些老臣都很嫉妒他，他们诽谤贾谊说："这个洛阳来的小年轻，学识浅薄，还想独揽大权，把国事弄得一团糟。"汉文帝虽然想任用贾谊，但也忌惮军功集团，只好慢慢疏远贾谊，后来就将他调任为长沙王太傅。

贾谊向汉文帝辞行，前往长沙赴任。他想到长沙地势低洼、气候潮湿，认为自己命不久矣，而且又是因谗言被贬谪，所以内心非常郁闷。在渡过湘江的时候，他想起了一个历史人物——屈原，于是他就写下了《吊屈原赋》，来表达自己的愤愤不平。贾谊在担任长沙王太傅的第三年时，一天有一只鸮（xiāo）鸟飞进了他的住宅，停在了贾谊座位旁边。鸮鸟又叫鸱（chī）鸮，就是猫头鹰，楚人把鸮叫作"鵩"，认为猫头鹰出现不吉利。贾谊被贬于此，一直闷闷

不乐，悲痛伤感，所以又作了《鵩鸟赋》。

一年多后，汉文帝召回了贾谊，任命他为梁王刘揖的太傅。刘揖是汉文帝幼子，又喜欢读书，深受汉文帝宠爱，这也说明了汉文帝对贾谊的重视。可几年后，刘揖骑马时，不慎从马背摔下来去世。贾谊认为自己作为太傅失职，非常伤心悔恨，痛哭一年多也去世了，年仅三十三岁。

到汉武帝即位时，提拔了贾谊两个孙子为郡守，他的孙子贾嘉非常好学，与司马迁也有书信往来。到汉昭帝即位时，贾嘉还出任了九卿之职，也算完成了祖父的遗愿。

《史记·屈原贾生列传》对贾谊的记录到此为止，《史记·秦始皇本纪》则保存了贾谊《过秦论》全篇。在《过秦论》中，贾谊分析了秦朝迅速灭亡的原因，在于"仁义不施而攻守之势异也"，是对于秦亡原因和教训最早系统分析总结的一篇文章。

《汉书·贾谊传》又补充了贾谊在梁国的一段经历：当时匈奴强盛，经常侵犯汉朝边疆。汉朝刚建立，法律制度都还粗疏而不严明，诸侯王权力太大，封地太广，先后有淮南王刘长、济北王刘兴居谋反事件发生。有鉴于此，前174年，贾谊上书陈述政事，希望汉文帝能够政治改革，这就是有名的《治安策》。

在贾谊看来，目前天下最严峻的问题是越来越大的诸侯王势力。贾谊认为，必须立即削弱诸侯国，最好的办法就是"众建诸侯而少其力"，让现在诸侯王的子孙，依次分割父辈的封地，直到土地瓜分完毕为止。这样，诸侯国越来越多，土地却越来越少，就使它们无法与中央对抗，不至于成为威胁了。

前172年，汉文帝出于对弟弟的哀悯，封淮南王刘长年幼的儿子刘安、刘勃、刘赐、刘良四人为列侯，贾谊上书进行劝阻，认为这是祸患。不过，汉文帝没听。

梁国是大国，地理位置关键，于是在梁王刘揖死后，在贾谊的建议下，汉文帝改封次子淮阳王刘武为梁王，另迁哥哥刘肥的孙子城阳王刘喜为淮南王。

贾谊去世后，汉文帝想着他的话。于是将刘喜迁回城阳，把淮南国分为三个小国，立刘长的三个儿子刘安、刘勃、刘赐为王。前164年，又找到机会把齐国分为六个小国，尽封齐王刘肥在世的诸子为王，加上城阳一地，原来的齐国变成了七个小国。

到汉景帝即位，果然因削藩爆发"七国之乱"，梁王刘武据守梁国，最终打败七国。到汉武帝时，刘安、刘赐因为谋反被除国。刘长后人的叛乱，证明了贾谊的预见；梁国的部署以及叛乱的迅速平定，证明贾谊的策略卓有成效。只可惜他命途多舛，英年早逝。

触摸历史

■ ［成语］

· 长治久安

出自《汉书·贾谊传》，说的是贾谊上《治安策》说"建久安之势，成长治之业"。形容国家长期安定、巩固。

■ ［遗迹］

· 贾谊故居

在湖南长沙天心区太平街步行街景区，有贾太傅祠、太傅殿、寻秋草堂、碑廊等景点，另有一口据说是中国保存时间最长的古井，现为湖南省重点文物保护单位。

· 贾谊墓

在河南洛阳孟津区平乐镇新庄村东北邙山，现为全国重点文物保护单位邙山陵墓群的一部分，当为纪念性之衣冠冢。

原典

于是天子议以为贾生任公卿[1]之位。绛[2]、灌[3]、东阳侯[4]、冯敬[5]之属尽害[6]之，乃短[7]贾生曰："雒阳[8]之人，年少初学，专欲擅权，纷乱诸事。"于是天子后亦疏之，不用其议，乃以贾生为长沙王[9]太傅。贾生既辞往行，闻长沙卑湿[10]，自以寿不得长，又以適[11]去，意不自得。

——《史记·屈原贾生列传》

注释：

1.公卿：三公九卿，汉初三公包括丞相、太尉、御史大夫，九卿包括奉常、廷尉、治粟内史、典客、郎中令、少府、卫尉、太仆、宗正。

2.绛：即绛侯周勃。

3.灌：即颍阴侯灌婴。

4.东阳侯：即张相如（？—前165年），西汉开国功臣。

5.冯敬（？—前142年）：西汉开国功臣，时任御史大夫。

6.害：妒忌。

7. 短：指出缺点。

8. 雒阳：即洛阳。

9. 长沙王：长沙国国王，西汉开国功臣吴芮后代，文帝时唯一异姓王爵。

10. 卑湿：地势低洼而潮湿。

11. 適（zhé）：通"谪"，贬谪。

大意

于是汉文帝召集大臣商议让贾谊担任三公九卿中的职位。周勃、灌婴、张相如、冯敬等人都妒忌他，就说贾谊的坏话："那个洛阳来的人，年纪轻学识少，只想独揽大权，搞乱国家大事。"于是汉文帝后来也疏远贾谊，不用他的奏议，并任命贾谊为长沙王的太傅。贾谊辞别汉文帝前行，听说长沙国地势低洼且潮湿，自认为寿命不久，又因为自己是被贬谪而去，所以非常不高兴。

时代的缩影：周勃和周亚夫的故事

《史记·绛侯周勃世家》
《汉书·张陈王周传》

周勃、周亚夫是汉初军功集团中唯一一对相继出任丞相的父子。周勃（？—前169年），沛县人，汉初开国功臣。本为手工业者，跟随刘邦起兵，被封绛侯。汉惠帝时任太尉，与陈平平定"诸吕之乱"，立汉文帝，升右丞相。周亚夫（？—前143年），周勃之子。初任河内郡守，后封条侯、中尉，汉景帝时任太尉，平定"吴楚之乱"后出任丞相。因被人诬告谋反，绝食死于狱中。

此一时，彼一时

　　周勃的祖先是卷县（今河南原阳）人，后来迁到沛县。周勃平时用竹篾或苇子编织养蚕的蚕箔，并兼职在别人办理丧事时吹箫奏歌。周勃虽然平时不是以武力为生，但力气很大，能拉开强弓。

　　等到刘邦起兵时，周勃成为刘邦的中涓（亲近的侍从官），跟随他攻打秦朝，多次率先攻到城下，登上城墙，多有战功。刘邦被封汉王时，周勃也被封为威武侯。后来刘邦东出，周勃也一直随从作战。汉朝建立后，燕王臧荼反叛，周勃又跟随刘邦出征。刘邦封赏功臣时，周勃得到绛县（今山西绛县）为封邑，故称为绛侯。

　　韩王信反叛，周勃跟随刘邦出征，并与匈奴作战，因战功最多，被封为太尉。后来又平定陈豨割据的代郡，在燕王卢绾反叛时，又代替樊哙出征，攻下燕国都城蓟县（今北京），对于稳定汉初政权贡献非常大。

周勃不喜欢辞藻学问，每次召见儒生和游士，都要求他们有话快说。但他为人老实忠厚、质朴刚强，刘邦认为他可以托付大事。刘邦去世后，汉惠帝又任命周勃担任太尉。吕后去世，周勃就联合右丞相陈平，诛灭了吕氏家族，立刘邦第四子代王刘恒为皇帝，即汉文帝。

汉文帝即位后，以周勃为右丞相，并赏赐他黄金五千斤、食邑一万户，位居陈平之上。过了一个多月，有人对周勃说："您已诛灭了吕氏，拥立代王即位，名望威震天下。您拥有丰厚的赏赐和尊贵的地位，但时间久了将会引祸上身啊！"周勃听说这番话后，果然害怕起来，于是向汉文帝请求辞职。

一年多后，陈平去世，汉文帝又把周勃召回担任丞相。可过了不到一年，汉文帝又说："之前朕下令列侯都返回自己的封国，但不少人还未离开，丞相您是朕器重的人，希望您能带头离开吧！"于是罢免周勃，让他返回封国绛县。

　　绛县属于河东郡管辖，周勃回去之后，河东郡守与郡尉常来巡视绛县，周勃提心吊胆，害怕自己被杀。经常全家手持武器、身穿铠甲会见郡守和郡尉。这样一来，反而被人告发，说周勃要谋反。文帝把此事交给廷尉查办，廷尉又交给长安县审理。长安官员逮捕周勃，进行审讯。

　　周勃非常恐惧，不知道如何应对，连狱吏都开始欺辱他。周勃只好贿赂狱吏，狱吏这才愿意帮他，在木简背后写下"以公主为证"五个字给他看。原来周勃长子周胜之此时已经娶了汉文帝的女儿，周勃就请儿媳妇出面来证明自己清白，并把自己后来加封的赏赐，都送给汉文帝的舅舅薄昭。

　　等到汉文帝亲自审理周勃谋反案时，薄昭出面向姐姐薄太后求情，太后也认可周勃不会谋反。等汉文帝朝见太后时，太后就拿起头巾扔向他，板起脸说："绛侯过去带着皇帝的印玺，在北军领兵时不反叛，反而要在小小的县城反叛吗？"

汉文帝心里未尝不清楚周勃不会反叛呢。既然敲打了周勃一番，也就够了。汉文帝就向太后谢罪，说狱吏已经查清楚了，然后派使者赦免周勃，恢复他的爵位和食邑。周勃出狱之后长叹，说："我曾经率领百万大军，哪知道狱吏会这么尊贵呢？"

周勃回到绛县后，于前169年去世，谥号为武侯。长子周胜之继承爵位。六年后，周胜之与公主感情不和，又犯了杀人罪，所以封国被废除。一年后，汉文帝又从周勃其他儿子中挑选了时任河内郡守的周亚夫，封他为条侯。封地条县，在今河北景县。

君令有所不受

有位名叫许负的相师曾为周亚夫看相，说："你三年以后封侯，八年以后出将入相，在大臣之中无与伦比，但在九年后会饿死啊！"周亚夫大笑："我的兄长已经继承父亲的侯爵了，如果他死了自然有儿子接替，怎么轮得到我？而且我真的富贵了，又怎么会饿死？"

前158年，匈奴大举入侵边境。汉文帝任命了三位将军，一位是驻扎霸上的刘礼，一位是驻扎棘门的徐厉，一位就是驻扎在细柳的周亚夫。汉文帝亲自去犒劳军队，当到达霸上和棘门的军营时，一路奔驰而入，畅通无阻，将军、官兵都骑马相送。

后来汉文帝到达细柳营，军中官兵却拿着兵器、穿着铠甲，非常肃穆。汉文帝的向导官到达军营，不准他进入。官员称天子就要到达，守门的都尉却说："军中只听周将军的命令，不听天子的诏令！"不久，汉文帝到了，都尉竟仍不肯放行。

汉文帝就派使者拿着符节给周亚夫下诏，说自己要进去慰劳军队。周亚夫这才下令打开营门。守卫官对汉文帝的车马随从说："将军有规定，不准策马奔驰！"汉文帝就下令拉紧缰绳，缓缓前进。

进入营中，周亚夫拿着兵器拱手行礼，说："甲胄在身，不能跪拜，请允许以军礼参见陛下！"汉文帝非常感动，面容也变得庄重起来，俯在车前横木上，向将士致意。又派人去向周亚夫致谢，说皇帝特意来慰问将军。完成慰劳的礼仪后，汉文帝就率领大臣们离开了。

刚出营帐大门，大臣们都露出惊讶的神色。汉文帝赞叹说："这才是真正的将军！之前在霸上和棘门看到的，那简直是如同儿戏。那样的将军，不怕被敌人袭击俘虏吗？至于亚夫，又有谁敢侵犯他呢？"后来因为匈奴撤退，三支军队都撤销了，周亚夫则被提拔为九卿之一的中尉，负责首都的军防。

汉文帝去世前，告诫太子说："如果有危急情况，周亚夫是真正能够领兵的人！"汉景帝即位，就任命周亚夫为车骑将军。

前154年，吴、楚七国之乱，周亚夫又被升任太尉，担任全国最高军事长官，带兵平叛。周亚夫对汉景帝说："楚军勇猛强悍，交战很难取胜。不如先放弃梁国，吸引他们进攻。我再去截断他们的粮道，这样就能胜过他们了！"汉景帝采纳了他的意见。

周亚夫把各路军队会合在荥阳，当时吴国军队在进攻梁国。梁王刘武是汉景帝的弟弟，请求周亚夫援救。周亚夫却领兵跑到东北昌邑县，坚守不出。梁王天天派使者求援，周亚夫认为坚守对大局更有利，坚决不肯发兵。

梁王只好向汉景帝报告，汉景帝下令周亚夫援救。可周亚夫连皇帝的命令也不听，而是派人率领一支轻骑兵，断绝吴楚联军的后方粮道。吴军缺乏粮食，希望与周亚夫速战速决，周亚夫依旧坚守不出。

直到吴军因为饥饿不堪，开始向汉军军营发动总攻。他们朝军营东南角奔来，周亚夫却让将士提防西北角。不出周亚夫所料，吴王果然是声东击西之计，所以吴军迟迟不能攻入，只好撤退。此时周亚夫派遣精兵追击，大败吴军。吴王抛弃大军，只带领几千精锐部队逃跑，到达长江以南据守。

周亚夫趁机指挥军队追击，招降了吴军全部残军，并悬赏千金买吴王头颅。一个多月后，吴王果然被越人所杀。周亚夫仅用了三个月，就平定了"吴楚之乱"。大家才认识到，他的计谋是正确的，唯独梁王埋怨周亚夫见死不救。

周亚夫回朝后，被提拔为丞相。后来，汉景帝废除太子刘荣，周亚夫极力争辩，未能成功。而景帝也从此对他疏远。梁王每次入朝，也跟窦太后说周亚夫的坏话。

窦太后为王皇后的兄长，也就是汉景帝的大舅子王信求封侯，汉景帝认为先帝没有给窦家亲属封侯，所以自己也不能给王家亲属封。窦太后说，兄长在世不能被封，已经让自己非常悔恨了。汉景帝就和周亚夫商量。周亚夫抬出刘邦的盟誓来，说："非刘氏之人不得封王，非军功之人不能封侯，如果谁不遵守，天下人一起攻打他。王信没有立功，封他是违背盟约呀！"汉景帝默不作声，只好作罢，但从此更加怨恨周亚夫。

后来匈奴王唯徐卢等五人降汉，汉景帝也想封他们为侯，认为可以鼓励匈奴其他贵族投奔汉朝。周亚夫此时又站出来了，他说："那几个人背叛自己的君主，陛下如果封他们为侯，那以后怎么责备您那些不守节操的大臣？"封外戚对国家确实没有帮助，但封匈奴降王还是有价值的，所以这次连汉景帝也不同意周亚夫的意见，坚持将五人封为列侯。周亚夫很生气，称病退居家中。前147年，汉景帝干脆宣布周亚夫身体不好，免除了他的丞相职务。

不久，汉景帝在宫中召见周亚夫，赏赐的酒食只有一大块肉，没有刀筷。周亚夫非常不满，转头叫掌管筵席的官员递来餐具。汉景帝笑着说："这些还不能满足你吗？"周亚夫慌了，连忙脱下帽子谢罪。汉景帝站起来，周亚夫快步离开。汉景帝目送他离去的背影，说："此人碰到一点不如意的事情就不满意，可不能够胜任少主的大臣啊！"这说明汉景帝已经动了杀心。

又过了不久，周亚夫的儿子从工官那里买了

五百件甲盾。本意是为父亲殉葬时使用，因为克扣了搬运工人的工钱，工人就状告周亚夫之子谋反，这自然也牵连到周亚夫。汉景帝交给官吏查办，周亚夫被捕时想自杀，被夫人阻止。后来官吏传讯周亚夫，周亚夫不肯回答。汉景帝大怒，下令把周亚夫移交廷尉审理。

廷尉问周亚夫："您是不是想造反？"周亚夫说："我购买的器物都是殉葬用的，怎么可以说是造反？"狱吏说："您即使不在地上造反，也要到地下去造反吧！"逼迫周亚夫交代罪行。周亚夫不愿意继续受辱，开始绝食，五天后吐血而死，封国也被废除。周亚夫去世后，汉景帝马上封大舅子王信为侯。

一年后，汉景帝又改封周勃另一个儿子周坚为平曲侯，周坚的儿子周建德即位后，又因为所献助祭的黄金品质不好，被汉武帝判决有罪，封地被废除。《汉书·张陈王周传》说，一直到汉平帝时周家后人才得以续封。

按照太史公的观点，周勃、周亚夫的结局似乎都是性格导致的咎由自取。实际上，周勃祖孙五人的经历，应当视为一部汉初军功集团兴亡史的浓缩版，是汉朝皇帝改革分封制度、稳固统治的必然选择。尤其是周亚夫，对汉室江山社稷可谓有再造之功，却成为死于非命的丞相，不能不令人唏嘘。

触摸历史

■［成语］

· 从天而下

出自《汉书·周勃传》，说的是赵涉建议周亚夫平叛时南下武关到洛阳，这样诸侯都以为周勃从天而下。比喻出人意料地突然来临或出现。后也作"从天而降"。

■［遗迹］

· 周亚夫墓

在河北景县县城，景县为周亚夫封国条县所在地。现为河北省重点文物保护单位，当为纪念性之衣冠冢。

· 杨家湾汉墓

在陕西咸阳杨家湾村，出土了大量陶器、铜器、漆器、铁器、车马器和玉片，学者推测为周勃、周亚夫家族墓，现为全国重点文物保护单位长陵陪葬墓区组成部分。

原典

至营，将军亚夫持兵[1]揖曰："介胄[2]之士不拜，请以军礼见。"天子为动，改容式车[3]。使人称谢："皇帝敬劳将军。"成礼而去。既出军门，群臣皆惊。文帝曰："嗟乎，此真将军矣！曩者[4]霸上[5]、棘门[6]军，若儿戏耳，其将固[7]可袭而虏也。至于亚夫，可得而犯邪！"称善者久之。

——《史记·绛侯周勃列传》

注释：

1.兵：兵器。

2.介胄：甲胄，身甲和头盔。

3.式车：将身子俯在车前的横木上表示尊敬。

4.曩（nǎng）者：以往，从前的。

5.霸上：又作灞上，在陕西西安灞桥区。

6.棘门：在陕西咸阳东北。

7.固：一定。

汉文帝到达营帐，将军周亚夫手执兵器作揖说：
"身穿甲胄的人不方便下拜，请求以军礼与陛下相
见。"汉文帝为周亚夫感动，改变脸色而将身子俯在
车前的横木上向将士致意。接着派人去称谢说："皇
帝来慰劳将军。"礼仪完毕就离开了。汉文帝出了
军营大门，群臣都非常惊讶。文帝说："唉，这才是
真将军啊！之前霸上、棘门那些军队，和儿戏一样，
他们的将军可以被袭击和俘虏。至于周亚夫，谁可
以进犯他呢！"就这样连连称道了很久。

神秘的南越国：

赵佗的故事

《史记·南越列传》

《淮南子》

《史记·郦生陆贾列传》

赵佗（？—前137年），真定（今河北正定）人。秦始皇时南征百越，被任命为龙川县令。秦二世时继任南海郡尉。楚汉之争时，吞并桂林、象郡，自立为南越武王。汉高祖时接受册封，吕后时又自称南越武帝。汉文帝时继续臣服，但在国内仍自称为帝，直到汉武帝时去世。赵佗是岭南地区开发的先驱者，也是中国历史上最长寿、在位时间最长的帝王之一。

南越国是西汉前期盘踞在岭南地区的一个政权，定都番禺（今广东广州），于前111年被汉朝攻灭。南越国是什么人建立的呢？

故事要从秦始皇开始说了。据《淮南子·人间》，秦朝灭亡六国后，秦始皇又继续发兵南征岭南，一方面是开疆拓土的需要，另一方面也是为了掠夺这里盛产的犀牛角、象牙、翡翠与珠玑。这一带的土著统称为越人。

秦始皇以屠睢为国尉，率领五十万军队南征，分成五路大军，分别屯驻在镡城（今湖南靖州）、九嶷（今湖南宁远）、南野（今江西南康）、余干（今江西余干）和番禺五地。为了及时与敌人作战，五路将士三年之间几乎无暇解下盔甲、放下兵器。当时监禄负责运转粮饷，但粮食跟不上，就派士卒凿开运河打通粮道，这就是沟通漓江和湘江的灵渠。

等到秦军杀死越人西瓯首领译吁宋，越人全部逃入丛林中，不肯降服。然后他们又推举强悍勇猛的壮士，趁着夜色率领大家袭击秦军，杀死数十万秦军，血流成河。秦始皇只好继续调拨军队攻打岭南，其中就有任嚣、赵佗等将领。

任嚣、赵佗等人最终平定岭南，并在此处设置桂林、南海和象郡三郡，然后把因犯罪被迁徙的百姓迁于此。秦二世时天下大乱，当时南海没有设置郡守，南海郡尉任嚣为最高长官，赵佗为他的下属龙川县令。南海郡的郡治正是在番禺县。

当时任嚣病重，就召赵佗来番禺，说："秦朝推行暴政，百姓怨恨，陈胜、吴广、项羽、刘邦等人反叛，中原不知何时安宁。南海郡偏僻遥远，我担心强盗前来掠夺，所以希望切断通往中原的道路，静观中原变局。不过我病重了。番禺北有高山，南有大海，东西几千里，又有中原人辅佐，可以自己建立国家。其他官员都不值得与我商讨，所以把你单独召来说这些事！"赵佗同意了。

于是任嚣向赵佗颁布任命的文书，由他代理南海郡尉的职务。等到任嚣去世后，赵佗就向边境的横浦、阳山、湟溪关等地传布檄文，说："强盗的军队将要前来，务必迅速断绝道路，集结军队守卫！"

然后，赵佗又借口诛杀了秦朝任命的官吏，任命自己的亲信取代这些职务。等到秦朝被灭，中原进入楚汉之争，赵佗趁机兼并了桂林、象郡，统一了岭南三郡，然后正式建立南越国，自号为南越武王。

前196年，刘邦派陆贾前往南越，任命赵佗为南越王，并与他剖符为信、互通使者，让南越与汉朝和睦共处。

对于陆贾出使南越的经过，《史记·南越列传》没有细说，但在《史记·郦生陆贾列传》有记载。陆贾是楚国人，刘邦派遣他带着赐给赵佗的南越王之印前往。陆贾到达南越见到赵佗，当时赵佗梳着当地流行的锥子一样的发髻，双腿像簸箕一样叉开来接见陆贾，一副很随便的样子。

陆贾说："您本来是中原人，亲戚弟兄和祖先坟墓都在真定。您却丢了中原的习俗和衣冠，在弹丸之地南越与天子为敌，那可要大祸临头了！秦朝暴虐无道，诸侯纷纷而起，汉王首先入关。项羽背叛盟约，诸侯纷纷加入，亦被汉王消灭。这不是人力能办到的，是上天辅佐的结果啊！

"天子听说您称王，将相都想要消灭您，但天子爱惜百姓，派我来授您金印。您本应到郊外相迎，拜倒称臣，而您却如此桀骜不驯。如果让朝廷知道的话，挖掘烧毁您祖先的坟墓，诛灭您的宗族，再派一名偏将率领十万人马前来，那么南越人杀掉您投降汉朝，可是易如反掌呢！"

赵佗听到后，马上站起来，对陆贾道歉说："我在蛮夷之中住得太久，所以才失去礼仪啊！"接着他又问陆贾，说，"我比萧何、曹参、韩信这些人如何？"陆贾说："您似乎强一点。"赵佗说："那我比皇帝呢？"

陆贾说："皇帝从丰沛起兵，讨伐暴虐的秦朝，灭亡强大的楚国，人口以亿计算，土地方圆万里，这是开天辟地以来从未有的功绩。您现在只有几十万人，还都是没开化的蛮夷，又住在狭小的山地海边，就和汉朝一个郡差不多，怎么能相比！"赵佗听了反而哈哈大笑，说："那我也只是不能在中原发迹罢了，如果我从中原起家，又有哪点比不上刘邦呢？"

　　两人一番交谈，赵佗非常欣赏陆贾，把他留下来，饮酒作乐好几个月。赵佗说："南越人中没有能和我

说得来的，你到来后，我每天都能听到新鲜事啊！"

赵佗送给陆贾一个价值千金的包裹，另外还送了价值千金的礼品。陆贾返回了汉朝，被刘邦任命为大中大夫。

等吕后执政时，官吏请求禁止南越在边境市场购买铁器。赵佗大怒，他说："当年高祖皇帝册封我为南越王，双方互通使者和物资。现在吕后竟听信谗言，把我们视为异类，断绝我们的必需品供应。我猜这一定是长沙王的主意吧？他想靠汉王朝来吞并我们南越！"

于是赵佗自立为帝，出兵攻打长沙与南越交界的边邑，攻克了几个县城。出了这一口恶气，赵佗才撤兵离去。吕后也很生气，派隆虑侯周灶前往出击。当时正值酷热潮湿，不少将士都得了重病，汉军无法翻过阳山岭（约在今湖南南部宜章县和郴州市之间）。一年多后，吕后去世，这支军队也就返回了。

当时汉文帝刚即位，赵佗趁机凭借军队在边境挑衅，并且行贿周边的闽越、西瓯和骆越等国，让它们都归附自己。南越俨然成为百越部落的"天子"，领地从东到西长达万里。然后赵佗自己也打造了皇帝的黄屋左纛（dào）之车，并以皇帝身份发号施令，自认为和汉朝地位相同。所谓黄屋，是皇帝车上用黄丝绸制作的车盖内部；所谓左纛，是皇帝车上用牦牛尾制作的装饰物，设在车衡的左边。

汉文帝即位后，派人去真定县的赵佗父母墓设置守墓人家，每年按时祭祀；还召来赵佗的堂兄弟，赏赐官职和厚礼；然后又派老资格的陆贾出使南越。

陆贾责备赵佗自立为帝，不向天子报告。赵佗非常心虚，向汉文帝写信道歉，说："臣是蛮夷的大长老，从前高后将南越隔离，我怀疑是因为长沙王的谗言，又听说高后杀光了我的宗族，挖掘并烧毁我的祖坟，所以我才会侵犯长沙边境。在岭南这个穷乡僻壤，东面闽越管个上千人就能称王，西面西瓯、骆越这样衣服都穿不上的荒蛮之地也可以称王国。我狂妄地偷偷用皇帝的尊号不过是自娱自乐呢，怎么敢当真向天子禀报呢？"

赵佗叩头谢罪，表示要长期做汉朝的藩属，遵守纳贡的职责。然后宣布："两位豪杰不能共存，两位贤者也不能并立，汉朝皇帝是贤明天子，从此我去除帝位，不再乘坐黄屋左纛的车子！"

　　陆贾回京报告，汉文帝非常高兴，一直到景帝时代，赵佗仍然向汉朝称臣，在春秋两季都按时派使者朝见。但在南越国内，赵佗仍然自称皇帝，只是派使者朝见时才称王。一直到汉武帝建元四年（前137年），赵佗才去世。

　　秦军南征百越是秦始皇在位年间，至前214年设置岭南三郡，此后赵佗被任命为龙川县令，年龄应该不会太小，至少有二十多岁。秦置三郡到赵佗去世则相隔了七十七年之久，赵佗算起来应有百岁左右，在位时期也接近七十年之久。赵佗因为寿命太长，儿子已经先他去世，由赵佗之孙赵胡即位。赵胡又叫赵眜，就是南越文王。

触摸历史

■ ［遗迹］

· 南越王墓博物馆

在广东广州越秀区，依托赵佗之孙赵胡墓葬建立，墓中出土文物一万余件，也是岭南地区的唯一一座汉代彩绘石室墓，现为全国重点文物保护单位。

· 南越王宫博物馆

在广东广州越秀区，依托秦代造船遗址、南越国宫署遗址建立，现为全国重点文物保护单位。

· 南越国木构水闸遗址

在广东广州越秀区北京路步行街光明广场负一层，是世界上发现的年代最早、规模最大、保存最完整的木构水闸遗址，现为全国重点文物保护单位。

· 越王井、南越王庙

在广东龙川，现为广东省重点文物保护单位；另有一越王井在广东广州越秀区广东科学馆内，现为广州市重点文物保护单位。二井据说都是赵佗所凿。

· 赵佗城遗址

在广东乐昌城西岸武水泷口，曾叫任嚣城，据说是赵佗断绝岭南通道时修建的城池。现为乐昌市重点文物保护单位。

原典

嚣死，佗即移[1]檄告横浦、阳山、湟溪关曰："盗兵且至，急绝道聚兵自守！"因稍以法诛秦所置长吏，以其党为假守[2]。秦已破灭，佗即击并桂林、象郡，自立为南越武王。高帝已定天下，为中国劳苦，故释佗弗诛。汉十一年，遣陆贾因立佗为南越王，与剖符通使，和集[3]百越，毋为南边患害，与长沙接境。

——《史记·南越列传》

1.移：传递。

2.假守：权宜派遣而非正式任命的地方官。

3.和集：也作"和辑"，和睦团结。

大意

　　任嚣去世后，赵佗传递檄文到横浦、阳山、湟溪三关说："盗贼的兵将要前往，迅速断绝通道集合兵力防卫！"于是慢慢用法律诛杀秦朝所置官吏，并任命他的党羽为代理。秦朝已经灭亡，赵佗就攻击兼并了桂林郡、象郡，自立为南越武王。刘邦已经平定天下，因为中原地区的百姓劳苦，所以放过赵佗没有诛杀他。到汉高祖十一年，刘邦派陆贾去立赵佗为南越王，和赵佗破开符节各执一半为约，并且互通使者，让赵佗使百越和睦团结，不要成为汉朝南方的祸患，此时南越与长沙国接壤。

091

人生沉浮：

窦婴和田蚡的故事

《史记·魏其武安侯列传》

《汉书·窦田灌韩传》

窦婴（？—前131年），字王孙，观津（今河北武邑）人，窦皇后堂侄，七国之乱时为大将军，后封魏其侯。田蚡（？—前131年），长陵（今陕西咸阳）人，王皇后胞弟，初为窦婴宾客。武帝即位后，窦婴为丞相，田蚡为武安侯、太尉。窦太后去世后，田蚡为丞相，他与灌夫交恶，窦婴为灌夫辩护失败，被处死。窦婴与田蚡这对冤家，按照公历来算，最后竟在同一年去世。

窦婴是观津人，汉文帝时窦皇后的堂兄之子。《汉书·窦田灌韩传》说他字王孙，在汉文帝时担任吴国国相，后来因病免职。汉景帝刚即位时，窦婴担任詹事，是皇后、太子的属官，掌管皇帝的家事。

窦太后很疼爱汉景帝的弟弟梁孝王，当时汉景帝还没有立太子，有一次梁孝王入朝，汉景帝设宴款待。当时汉景帝喝酒上了头，随口说了句："朕去世后要把皇位传给梁王！"窦太后在旁边，非常高兴。窦婴却举杯敬汉景帝，说："天下是高祖打下来的，帝位应该父子相传，这是祖上的规定，陛下凭什么擅自传给弟弟？"

窦太后因此开始反感这个堂侄，窦婴也嫌弃自己官职太小，借口生病辞职。窦太后干脆取消了他任意出入宫门的资格，连节日也不准他朝见。

但后来七国之乱时，汉景帝认为皇族与母族都没人比得过窦婴，就召见了他。窦婴开始推辞，汉景帝坚持任命他为大将军，并赏赐千金。窦婴就推荐了闲居在家的袁盎、栾布等名将贤士，并把汉景帝赐的黄金都放在走廊，由下属军官任意取用，自己一点儿都没带回家。之后窦婴驻守荥阳，负责监督攻打齐、赵的两路兵马。"七国之乱"平定后，窦婴因功被封为魏其侯。

窦婴喜好结交宾客，所以吸引不少士人归附。每次朝廷讨论军国大事，也只有窦婴能与丞相周亚夫平起平坐。前153年，汉景帝立刘荣为太子，命窦婴担任太子太傅。但三年后，汉景帝就废黜太子，窦婴多次据理力争，仍然无果。于是窦婴又耍脾气，以生病为由隐居在蓝田南山下。宾客纷纷劝他出山，他就是不肯。

有人劝他说："皇上给您富贵，太后给您荣宠，您保太子失败，却又不能殉职；现在还称病退隐不参朝会，这不摆明了是要张扬皇上的过失吗？如果皇上和太后要加害您，那么您全家都危险了啊！"窦婴认为他说得对，就又回到宫中了。

可见，窦婴其人虽有才能，但性格比较刚烈直率，动不动称病辞职，这也酿成了日后的悲剧。等到丞相刘舍被免职，窦太后就多次推荐窦婴继任。而汉景帝认为，窦婴其人骄傲自满，草率轻浮，难以担当重任，最终任命了卫绾做丞相。

田蚡是长陵人，汉景帝时王皇后同母异父的弟弟，身材矮小，其貌不扬，但为人能言善辩。《史记·窦田灌韩传》还说他读过盘盂诸书，"盘盂"就是青铜器，看来他还是早期的金石学者。但窦婴当上大将军时，田蚡还只是郎官，像晚辈一样跟从窦婴。等王皇后地位确定，田蚡也就慢慢显赫，担任大中大夫，身边也开始有了不少宾客。汉景帝去世后，王太后对不满的朝臣和诸侯或安抚或镇压，大都也是采用田蚡身边宾客的策略。后来王太后就封田蚡为武安侯，封自己另一个弟弟田胜为周阳侯。

田蚡刚开始掌权，就觊觎丞相一职。而他知道，自己最大的对手不是别人，正是他过去依附的窦婴。所以，他也学窦婴对宾客谦卑有礼，并推荐不少名士出山，想借此压倒窦婴势力。前140年，丞相卫绾被免职，汉武帝打算任命新的丞相和太尉。

籍福劝田蚡，说："窦婴显赫已久，大家一向归附他。您发迹比较晚，不能和他相比，就算皇上任命您为丞相，也一定要让给窦婴。他当丞相，您当太尉，地位也是同等的，您又有了让贤的好名声！"田蚡就把这想法告诉太后，汉武帝果然任命窦婴为丞相、田蚡为太尉。

籍福又去找窦婴道贺，说："您喜爱好人而厌恶坏人，现在您因为好人的称赞出任丞相，但坏人同时也会来诽谤您。如果您能让好人和坏人兼容并存，丞相职位才能保持长久；如果不能做到这点，您马上会因为诽谤而离职！"窦婴不听。

窦婴、田蚡两人都喜好儒家学说，现在大权在握，就有改革政治的想法。他们先推荐儒者赵绾担任御史大夫、王臧担任郎中令，又将两人的老师、鲁国大学者申培请到长安，并准备为汉武帝设立最隆重的明堂，按照礼法来改革服饰和制度。

之后，他们还想命令列侯全部回到自己封地去，这就招来不少列侯的不满。因为不少列侯都娶了公主为妻，自然想留在朝中。所以这些人不停向窦太后说窦婴、田蚡的坏话。而窦太后恰恰喜爱黄老学说，因此也非常厌恶窦婴、田蚡、赵绾、王臧四人。后来赵绾向汉武帝上奏，要求不要把政事启奏太后。窦太后得知后大怒，下令罢免赵绾和王臧，并将两人下狱。

至于窦婴和田蚡，毕竟都是外戚，窦太后也就只罢免两人职务。窦婴回到家中闲居，但田蚡不同，他虽然没有官位，但因为是王太后的弟弟，所以依然有资格参政，而且后来汉武帝还采纳了他的不少意见。这样一来，窦婴身边的宾客纷纷投奔田蚡。窦太后去世后，汉武帝罢免了丞相许昌，任命田蚡继任丞相。

汉武帝即位时年龄比较小，而诸侯王中不少人比较年长。田蚡认为，如果不彻底整顿，多任用自己的人从而加强权威，将来没人会服从皇帝。所以田蚡每次入朝奏事，一说话就是大半天，刚开始他的意见汉武帝都接受。可他仍然想扩充自己的势力，于是推荐了不少人为官。有些人开始只是闲居在家，经过田蚡推荐，一跃成为高级官员。这样一来，汉武帝也逐渐对他不满。有次汉武帝终于生气了，说："你要任命的官吏任命完了吗？朕也想任命几个呢！"还有一次，田蚡还要求把考工室（主做以兵器为主的器械，下设牢狱，囚系有罪大臣）的官署地盘划给自己，用来扩建住宅。汉武帝大怒，说："你为什么不把武库也拿走！"之后田蚡才开始收敛一些。

但整体来说，田蚡还是骄横奢侈。自己兄长与他同坐，都要屈居他之下，因为他认为自己是丞相，不能受委屈。住宅的规模与豪华程度都超过其他贵族，派出去采购往返的人络绎不绝，前堂都是钟鼓，后房都是美女。诸侯为了巴结他，纷纷送他珍宝狗马，数不胜数。

此时窦婴却过得非常不开心。窦婴的后台是窦太后，但现在窦太后去世了，汉武帝与他关系比较疏远，没多少感情，宾客们作鸟兽散，有的甚至对他傲慢无礼。只有灌夫一人对他一如从前，窦婴也就对他非常厚待。

灌夫是颍阴人，父亲张孟原是颍阴侯灌婴的家臣，受到灌婴宠幸而赐姓灌。后来灌孟跟随颍阴侯平定"七国之乱"，战死军中。灌夫不肯带父亲灵柩回去，而是带领十多位勇士继续冲锋陷阵，由此名扬天下。"七国之乱"平定后他被任命为中郎将。

灌夫刚强直爽，喜欢喝酒，经常犯事，好几次当官又丢官，最后闲居在长安家中。他不喜欢读书写字，偏爱打抱不平，颇有侠客精神。他家中有钱财几千万，食客数十上百。自失去权势后，宾客越来越少。所以灌夫与窦婴惺惺相惜，只恨相知太晚。

后来，灌夫在为母亲服丧时拜访田蚡，田蚡随意说了句："我想和你一起拜访魏其侯，可惜你正在服丧不方便。"灌夫说："您肯屈驾光临，我哪敢推辞呢？我去告诉魏其侯，让他准备好酒席，您明天早点来吧！"田蚡满口答应。灌夫告诉窦婴，窦婴就买了很多酒肉，与夫人连夜打扫房间，布置好酒席，一直忙到天亮，让管家在宅前恭候田蚡。

可一直到中午田蚡也没来，灌夫就驾车去接田蚡。田蚡当时还在睡觉，假装非常惊讶，道歉说："我昨天喝醉了，忘记说的话了！"这才驾车前往，但故意拖拖拉拉，灌夫更加生气。等到窦婴家，灌夫喝醉了，翩翩起舞，还邀请田蚡。田蚡不肯起来，灌夫就出言讥讽。窦婴连忙扶着灌夫离开，并向田蚡致歉。窦婴就与田蚡两人一直喝到天黑。

后来田蚡派籍福去索取窦婴在城南的田地。窦婴非常怨恨，说："我虽然已经被废弃不用，可将军又怎么能凭借权势夺取田地？"灌夫也在旁边大骂籍福。籍福是个和事佬，没跟田蚡说这些话，只是说窦婴年岁已高，快要去世了，让田蚡等等。

不久后，田蚡听说其实是窦婴和灌夫不愿意给，非常生气说："魏其侯之子杀人，是我出手相救。过去我服侍他的时候，没有什么事不听他的。为什么他舍不得几顷田地？灌夫又有什么资格干涉？不给就不给！"从此田蚡怨恨上了窦婴和灌夫。

前131年，田蚡上奏弹劾灌夫，说他在老家横行霸道，百姓深受其苦，请求查办。汉武帝说这是丞相职责，不必请示。灌夫手中也有田蚡的黑料，原来田蚡收了淮南王刘安的钱，帮他说话。多亏双方宾客从中调解，田蚡才与灌夫暂时和解。

同年，田蚡娶燕王之女为夫人，窦婴叫上灌夫一起去道贺。灌夫推辞不去，窦婴非要拉上他。酒席上，田蚡起身敬酒，大家都离开座位，伏在地上；而窦婴起身敬酒时，只有几个老朋友离开座位，其余人也就稍微动了动上身，这让灌夫非常不高兴。

灌夫给田蚡敬酒时，田蚡也只是稍微欠了欠上身，说自己不能满杯。灌夫非常生气，但也苦笑着说："您是贵人，这杯就给您了！"田蚡仍然不答应。后来灌夫敬到临汝侯灌贤，见灌贤正和长乐宫卫尉程不识说悄悄话。灌贤是灌婴的孙子，算起来还是灌夫家的主人，但年龄比较小。

灌夫气不打一处来，拿灌贤发泄说："你平时把程不识骂得一文不值，现在长辈给你敬酒，你却跟

191

女人一样跟他说悄悄话！"田蚡说："你侮辱程将军，难道不给你尊敬的李将军面子？"李将军就是名将李广，当时担任未央宫卫尉，与程不识平起平坐。可灌夫大怒："杀我的头、穿我的胸，我也不在乎，还管他什么程将军、李将军呢！"

现场气氛非常尴尬，宾客们纷纷借着上厕所的机会离去，窦婴也叫上灌夫一起。田蚡大怒，下令扣留灌夫。籍福起身替灌夫道歉，并按住他脖子让他道歉。灌夫更生气了，就是不肯。于是田蚡下令将他捆在客房，宣布宴会是太后的诏令，弹劾灌夫是对太后不敬，将他下狱。之后追查他的家乡的事，并抓捕他的亲属，一一判决死罪。

窦婴知道灌夫是为自己不满，既羞愧又害怕，让宾客向田蚡求情，田蚡不理会。灌夫被拘禁后，也无法向皇帝告发田蚡收受刘安贿赂一事。窦婴打算挺身而出，亲自去找皇帝。夫人劝他，窦婴认为，不能让灌夫去死而自己独活。

窦婴入宫，把此事原原本本地禀告给汉武帝，认为这点罪名不足以判灌夫死刑。汉武帝认为有道理，就召来田蚡与窦婴辩论。田蚡认为灌夫骄横放纵、大逆不道。窦婴没法反驳，反而攻击田蚡。田蚡说："我喜欢的不过是歌舞异人、能工巧匠之流，哪像魏其侯和灌夫，专门招募豪杰壮士，日夜讨论对朝廷的不满，不是抬头看天，就是低头画地，他们是要做什么？"

其实一开始，汉武帝是有点偏向窦婴的，倒不是说汉武帝多喜欢窦婴，恰恰是汉武帝反感田蚡专权，希望借此对其进行敲打。不过，这一番话触动了汉武帝，灌夫骄横、田蚡奢侈，这些皇帝都不在意，他在意的是外戚蓄养宾客、拉帮结派的行为。

汉武帝下令让大臣们商议。御史大夫韩安国首鼠两端，认为窦婴也对，田蚡也对。只有主爵都尉汲黯为人正直，认为窦婴对。内史郑当时开始说窦婴对，又不敢坚持。其他人都默不作声。汉武帝怒骂郑当时："你平日经常说这两人的好坏，今天怎么不敢说话了，朕要把你们这些人都杀了！"然后宣布退朝。汉武帝大概还是希望有人能帮窦婴说话，但没人敢出来说。

王太后听说这件事，抱怨说："我活着的时候，别人就敢作践我弟弟；我去世后，那不得宰了他了？皇上怎么能像石头人一样，不做主张呢！"汉武帝只能道歉，说："都是皇室外戚，所以只能辩论，否则不是一个狱吏就能搞定的吗？"

田蚡退朝和韩安国同乘，田蚡指责韩安国。韩安国却说："魏其侯诽谤您，您应该摘下官帽、解下印绶，退给皇上，说魏其侯是对的。这样皇上会称赞您谦让，魏其侯也会羞愧自杀。别人诽谤您，您也诽谤他，互相谩骂，不是有失身份吗？"田蚡只好认错。

有了王太后的批示，汉武帝只好派御史按田蚡弹劾灌夫的罪行进行追查，发现果然有不少罪名能坐实，而窦婴因为替灌夫辩解，就以欺君之罪被拘禁。

不过，窦婴还有最后一张王牌：汉景帝临死时，曾有遗诏给窦婴，准予他有急事可以直接上奏皇帝的权利。窦婴知道灌夫一定会被灭族，就让侄子上书汉武帝，说自己有先帝遗诏，希望得到召见。汉武帝下令查询尚书保管的先帝遗诏，却没有找到备份，而窦婴手上这份又是自己家臣盖印加封的。这样一来，窦婴又被加上一条伪造诏书的罪名，应该斩首示众。

前130年十月，灌夫与他的家属全部被处死。窦婴听说非常悲愤，又中了风，心中绝望打算绝食而死。后来窦婴又听说汉武帝不想杀自己，就开始吃饭和治病。但就在这个时候，汉武帝又听说不少关于窦婴的坏话。当然，这些坏话大概都是田蚡编派的。甚至尚书保管遗诏的备份，也是王太后和田蚡销毁的。所以两个月后汉武帝决定下令将窦婴斩首示众。

有意思的是，就在转年春天（按公历为同年），田蚡就病了，嘴里一直说服罪谢过之类的话。巫师来诊断他的病，声称看到窦婴和灌夫的鬼魂缠着他，之后田蚡就病死了。儿子田恬继承爵位，但后来因穿着短衣进入宫中，犯有不敬之罪，封爵也被废除。

窦婴和田蚡实际上就是新旧外戚的代表，窦婴的显贵是因为窦太后，田蚡的显贵是因为王太后。但窦太后还活着时，就不喜欢窦婴；窦太后去世后，窦婴自然更没有了依靠。不过，窦婴毕竟是个过气的外戚，田蚡才是真正与汉武帝争权的现任外戚，所以田蚡自己死掉，对于汉武帝来说，是最好的结果了。

触摸历史

■ [成语]

· 沾沾自喜

出自《史记·魏其武安侯列传》，说的是汉景帝评价窦婴，说他经常觉得自己美好而得意。比喻对自己的成绩感到满足得意，表现出一种轻浮的样子，多用于贬义。

· 恨知相晚

出自《史记·魏其武安侯列传》，说的是窦婴、灌夫失势后两人走到一起，有"恨知相晚"之感，意思是以太晚相识为恨，后也作"相知恨晚""相见恨晚"。

· 首鼠两端

出自《史记·魏其武安侯列传》，说的是汉武帝让大臣商议窦婴、田蚡谁有理，韩安国认为两人都有理，田蚡骂韩安国首鼠两端。比喻迟疑不决或动摇不定。

原典

魏其锐身[1]为救灌夫。夫人谏魏其曰:"灌将军得罪丞相,与太后家忤[2],宁[3]可救邪?"魏其侯曰:"侯自我得之,自我捐之,无所恨。且终不令灌仲孺独死,婴独生。"乃匿其家,窃出上书。立召入,具言灌夫醉饱事,不足诛。上然之,赐魏其食,曰:"东朝廷[4]辩之。"

——《史记·魏其武安侯列传》

注释:

1.锐身:挺身。

2.忤:违逆。

3.宁:怎么。

4.东朝廷:指太后所居住的长乐宫。

【大意】

　　窦婴为救灌夫挺身而出。窦婴夫人劝窦婴说："灌将军得罪了丞相，和太后家相违逆，怎么可以救呢？"窦婴说："侯爵是我自己得到的，也是我自己要抛弃的，没什么悔恨的。况且终究不能让灌仲孺一人去死，我一人活着。"于是背着家里人，暗中出来上书。汉武帝召窦婴入宫，窦婴详细说了灌夫喝醉酒的事，不足以因此被杀。汉武帝同意，赐窦婴进食，说："来东朝廷辩论吧。"

一桩悬案的主角：淮南王刘安的故事

《史记·淮南衡山列传》

《汉书·淮南衡山济北王传》

刘安（前179年—前122年），西汉中期文学家、思想家，淮南王刘长长子，他主持编写的《淮南子》，是以道家为主体、集先秦诸子百家思想大成的杂家著作。刘安初封阜陵侯，后为淮南王。因父亲惨死，一直想篡位复仇。后来想起兵又犹豫不决，同谋伍被主动投案，他只能自尽。

淮南王刘长是刘邦第七子，汉文帝即位后，刘长骄横无礼，甚至僭越想当皇帝，结果被废，流放蜀郡。前174年，刘长在半路绝食而死。

两年后，汉文帝因为怜悯刘长，将他只有六七岁的四个儿子都封了侯，其中长子刘安封为阜陵侯、次子刘勃为安阳侯、三子刘赐为阳周侯、四子刘良为东城侯。前164年，汉文帝又把淮南国一分为三，分别立刘安为淮南王、刘勃为衡山王、刘赐为庐江王，此时刘良已去世，没有后代。

吴楚七国叛乱时，吴王派使者联络刘安，刘安打算响应，但淮南国相据城防守，不理会刘安，只听命朝廷。吴王又联络刘勃、刘赐，不过二人均不肯加入叛军。叛乱平定后，汉景帝把刘勃调任为济北王，又调刘赐为衡山王。

此时，刘安年岁渐长，因为父亲的死，他也想反叛朝廷。他行善政、安抚百姓，同时广泛传播自己的美名，想让人们支持自己。前139年，刘安入京朝见，与太尉田蚡交好。田蚡迎接他入朝时，还跟他说:"现今皇上没有太子,大王您是高帝的孙子,天下无人不知您的仁义。如果有一天皇上去世,除了您还有谁能即位呢?"刘安大喜,厚赠田蚡,也开始暗中结交宾客,策划反叛。

前135年,象征天下大乱的彗星出现,有人劝说刘安借机造反。他就加紧制造兵器与攻城器械,并且向郡守诸侯行贿、收买说客人才。一些投机分子就趁机编造一些邪说奉承他,刘安更加高兴,赏赐给他们很多钱财,谋反之心也更加严重。

后来,因为刘安年龄大,汉武帝就赐给他几案和手杖,恩赐他不必入京朝见。刘安有个女儿刘陵,能言善辩,刘安就给她很多钱,让她结交汉武帝身边的人,为自己刺探消息。

刘安的王后生太子刘迁,娶汉武帝的外甥女为妃。刘安怕太子妃知道阴谋,就让太子不要亲近太子妃,逼得太子妃自己回娘家。刘安对王后、刘迁和刘陵都非常宠爱,即使他们经常掠夺百姓田地房宅,给无辜的人定罪、随意处罚,刘安也不管。

有一次，刘迁与郎中雷被比剑，被雷被不小心击中。见刘迁非常生气，雷被很害怕，借着朝廷征兵攻打匈奴，打算报名前往。刘迁一直对刘安说雷被坏话，刘安免去雷被的官职。雷被就逃到长安申冤。汉武帝下令廷尉与河南郡守审理，拘捕刘迁。

　　刘安和王后不愿意交出太子，考虑发兵反叛，但一连十几天也未真正下决断。这时朝廷下来诏令，就地审理刘迁，拘捕令下来后被寿春县丞扣留，淮南国相想控告县丞不敬。刘安要求国相不要追究，国相不听。刘安就派人上书控告国相，结果廷尉审理一番，反而牵连出刘安。

　　刘安派人暗中打探朝中大臣的意见，听说大家都请求拘捕自己，非常害怕。刘迁献策，如果有使者前来拘捕，就杀掉他和淮南中尉，发兵造反。不过，汉武帝最后只派中尉殷宏来询问罢免雷被的原因。刘安也就没有动手。

　　等殷宏回到长安，大臣又认为，刘安阻挠雷被从军，应该判处死罪，汉武帝不同意。大臣又认为，可以废除他的王位，汉武帝仍然不同意。大臣又请求削除淮南国五个县，汉武帝最终批准了削除两个县，然后赦免刘安的罪行。刘安却认为自己这么仁义，被处罚实在太过屈辱，心中对朝廷更加怨恨。从长安回来的使者，凡是说国祚混乱，刘安就很高兴；要是说王朝太平，刘安就很生气。

刘安的庶长子叫刘不害，刘安不喜欢他，王后与刘迁也不敬重他。刘不害的儿子刘建埋怨刘迁不问候自己的父亲，而且父亲还不能封侯。他就暗中结交好友，想要告发刘迁，让父亲刘不害取代太子地位。刘迁得知此事，多次把刘建抓住拷打。

刘建后来听说了刘迁曾经想杀害中尉，就让朋友上书，说自己和父亲经常被迫害。汉武帝把此事转交廷尉，廷尉又交给河南郡守处理。当年刘长杀死了辟阳侯审食其（shěn yì jī），审食其的孙子审卿与丞相公孙弘交好，就借机向公孙弘诬陷刘安反叛。公孙弘决定深入调查，让河南郡守审问刘建，刘建供出了刘迁和他的党羽。

刘安担心事态严重，就想立刻举兵反叛，他又询问伍被，汉朝天下是否太平。伍被回答太平，刘安非常不高兴，又问伍被大将军卫青为人如何。伍被说好友黄义跟随卫青攻打匈奴，认为卫青通晓军事；谒者曹梁出使长安，认为卫青号令严明，古代名将也无人能及。不过刘安还是决定起兵，并规划了一条作战路线，有几个大臣都认为有九成胜算，只有伍被认为难以成功。

　　后来，伍被给刘安献了一条计策，让刘安伪造汉武帝印玺，以及中央部门官员、地方各级郡国官员的官印，还有使者的官帽。接着派人假装获罪进入长安，作为内应服侍丞相公孙弘和大将军卫青。之后假借自己宫中失火的名义，等淮南国相和大臣们来救火，就马上刺杀他们。接着派人从南方赶来，号称南越军队入界，然后趁机发兵。一旦发兵，就马上刺杀卫青，并劝说公孙弘投降。

　　那边廷尉张汤把刘迁之事报告给汉武帝，汉武帝派张汤拘捕刘迁。张汤来到淮南国，刘安与刘迁商议，打算践行伍被的计策。但内史正好外出，中尉也去迎接张汤。刘安认为杀淮南国相一人没用，刘迁则认为自己的罪名不过是谋杀中尉，但其他共谋者都死了，应该没有人知道了，也劝刘安先不要发兵。刘安也就没有动手。

伍被此时却独自去见张汤，告发自己参与刘安谋反的全部经过。廷尉下令拘捕了王后和刘迁，并包围王宫，将所有参与谋反的宾客都抓起来，又搜出了不少谋反的器具，然后向汉武帝上报。汉武帝让公卿大臣一起审理，牵连出列侯、高级官员、地方豪强几千人，按律法都应判处死刑。大家都认为，刘安大逆不道，应该诛杀无赦。

公孙弘、张汤等把大家的议论上奏，汉武帝派宗正拘捕刘安。宗正还没有到达淮南国，自知大势已去的刘安就自刎而死。王后、刘迁和所有参与谋反的人都被满门抄斩。汉武帝本来不想杀伍被，因为伍被在劝阻刘安时也说了不少朝廷好话。但张汤认为他是最早的同谋，罪不可赦，然后伍被也被杀死。淮南国被废为九江郡。

刘安虽然是政治上的失败者，却是文化史上的杰出人物。据《汉书·淮南衡山济北王传》，刘安召集宾客和游士数千人，编写《内书》二十篇、《外书》若干和《中篇》八卷，谈论神仙、炼丹的也有二十多万字。汉武帝爱好文学，所以很尊重刘安。每次给刘安书信或赏赐，都命司马相如等人先对诏书把关。刘安向武帝献《内篇》，因为是新作，汉武帝还专门秘藏起来，然后诏令刘安作《离骚传》，刘安用一个上午的时间就完稿，之后又向汉武帝献上《颂德》《长安都国赋》。

刘安因为修习道术，去世后被视为仙人。《论衡》引儒书说，刘安并没有死，而是全家都升仙了。他留下的药渣被家里的鸡犬食用，鸡犬都跟着他升仙了，也就是"一人得道，鸡犬升天"的典故。后世《风俗通义》《搜神记》《神仙传》等亦均有关于刘安的记载。

【触摸历史】

■ ［成语］

· 一人得道，鸡犬升天

　　出自《论衡》，说的是刘安服用仙丹后升天，家里的鸡犬服用了药渣也跟着飞升。比喻一个人做了官，和他有关的人也跟着得势。

■ ［遗迹］

· 淮南王刘安家族墓地

　　在安徽寿县城北八公山南麓，有两处封土墓冢，一为清人所立"淮南王刘安墓"，一为"刘家古堆墓"。现为全国重点文物保护单位。

· 八公山森林公园

　　在安徽淮南，据说淮南王与淮南八公经常活动于此，故命名。山上有淮南王宫、升仙台等景点，升仙台据说是刘安升仙之处。

原典

时时怨望[1]厉王[2]死，时欲畔[3]逆，未有因也。及建元二年[4]，淮南王入朝。素善武安侯，武安侯时为太尉[5]，乃逆[6]王霸上，与王语曰："方今上无太子，大王亲高皇帝孙，行仁义，天下莫不闻。即宫车一日晏驾[7]，非大王当谁立者！"淮南王大喜，厚遗武安侯金财物。阴结宾客，拊循[8]百姓，为畔逆事。

——《史记·淮南衡山列传》

注释：

1.怨望：怨恨。

2.厉王：即淮南厉王刘长（前198年—前174年），刘邦第七子，刘安之父。

3.畔：通"叛"。

4.建元二年：前139年。

5.太尉：秦汉三公之一，掌管全国军事。

6.逆：迎接。

7.宫车晏驾：帝王之死的讳称。

8.拊循：安抚、抚慰。

大意

刘安经常怨恨父亲之死，想要叛逆，但没有机会。等到建元二年时，刘安入朝。刘安与田蚡一向交好，田蚡当时担任太尉，就在霸上迎接刘安，和刘安说："现在皇上没有太子，大王是高皇帝的亲孙子，又行使仁义，天下没有不知道的。如果有一天皇上去世，除了大王还有谁能即位呢！"刘安非常高兴，厚赠田蚡金银财物。然后刘安暗中结交宾客，安抚百姓，都是为了反叛做准备。

094

不教胡马度阴山：

李广的故事

《史记·李将军列传》

《汉书·李广苏建传》

李广（？—前119年），陇西成纪（今甘肃静宁）人，西汉中期名将，秦将李信后代，善骑射，武艺高超，匈奴人称"飞将军"。汉文帝时初从军，因军功任中郎，并参与平定"七国之乱"。后长期在边郡任太守，屡次与匈奴作战。但因为各种原因，一直未能封侯。前119年，年迈的李广随卫青作战，因迷路延误军期，不愿受审而自尽。唐人王昌龄诗"但使龙城飞将在，不教胡马度阴山"中的"飞将"，说的就是李广。

艺高人胆大

李广的祖先是秦朝将军李信，李家原来住在槐里（今陕西兴平），后迁往陇西成纪。李家世代传习射箭之术。前166年，匈奴进攻萧关，李广前往参军，因善于骑射，斩杀不少敌人，被任命为中郎，担任汉文帝的侍卫。他的堂弟李蔡也被任命为中郎。后来兄弟两人又都出任武骑常侍，成为年俸八百石的武官。

李广多次随从汉文帝出征，经常冲锋陷阵、格杀猛兽。汉文帝非常赏识他，曾感叹说："可惜你没遇上好时机，如果赶上汉高祖的时代，早就封为万户侯了。"

汉景帝即位后，李广任陇西都尉，后又任骑郎将。"七国之乱"时，被任命为骁骑都尉，跟随周亚夫平叛，在昌邑城下夺下敌军的军旗，从此扬名。

不过，李广因为接受了梁王的将军印信，让汉景帝很不高兴，没有对他进行封赏。

之后李广又调任为上谷太守。上谷是汉朝时的边境，匈奴每天都来滋事。当地掌管边境实务的典属国叫公孙昆邪，他认为李广依靠自己武力，经常与敌人正面作战，恐怕加剧矛盾，就建议汉景帝将他调离上谷，任上郡太守。上郡也是北部边境，但没有上谷危险。此后，李广长期担任汉朝北境各郡太守，以作战勇猛出名。

后来，匈奴大举入侵上郡，汉景帝派宦官跟随李广学习。这位宦官带着几十名骑兵出行，遇到三名匈奴步兵。匈奴兵放箭，将几十名骑兵基本都射死，宦官带伤逃回。李广说："这一定是匈奴的射雕手！"他就带领一百名骑兵追逐，跑了几十里赶上三人，李广命令骑兵左右包抄，他亲自冲上前，射死两人，活捉一人，那人果然是匈奴的射雕手。

李广把射雕手捆上马后，远远看到几千名匈奴骑兵。他们见到李广只有一百人，都以为他们是前来诱敌的，就在山上摆好阵势。李广的部下非常恐慌，都想飞奔逃跑，但被李广制止了。他艺高人胆大，居然下令不退反进，直到离匈奴阵地只有约两里的地方，又让所有人下马休息。大家更加恐慌，说敌人那么多又那么近，万一发动进攻，他们所有人都得死。李广认为，如果这时候逃跑，马上会被追杀，到时候一个都逃不了；如果停留不走的话，让匈奴误认为他们在诱敌，后面设有大部队埋伏，反而不敢前来攻击。

此时，有一名匈奴将领出阵巡视，李广马上叫上十几名骑兵，骑上马冲上去将他射死。然后李广又回到队伍，让大家在地上随便休息。此时正值黄昏日暮，天色昏暗，匈奴兵越来越感觉奇怪，就是不敢进攻。直到半夜，匈奴兵见李广还没动静，以为真布置了伏兵要偷袭，他们就撤退了。第二天一早，李广带队安全地返回到了大营。

几年后，汉景帝去世，汉武帝即位。当时李广已经是当世名将，汉武帝就将他调任未央宫卫尉，统领禁卫军，另外一位边塞郡守程不识调任长乐宫卫尉。

李广与程不识带军带兵很少遭遇险境，不过二人行事风格完全不同。李广作战基本不用严格的队形和阵势，靠近有水草的地方驻扎就行，晚上也不需要打更防卫，军中各种文书也相对简化，但他警惕性高，在远方都布置有哨兵。而程不识对队形、阵势、文书的要求都非常严格。因此士兵更喜欢跟随李广，此外李广为官清廉，赏赐全部分给部下，饮食也和将士在一起。他带兵遇到断粮缺水时，如果见到粮食和水，士兵还没有吃喝到，他自己就一口不碰。直到去世时，做了四十多年二千石俸禄的官员，家中也没有余财。他对待士兵宽厚，所以深受将士的爱戴。

后来马邑之战，李广被任命为骁骑将军。不过单于发现了汉军的计谋就逃跑了。四年后，李广又被任命为将军，出雁门关进攻匈奴。因为匈奴兵力太多，李广不幸战败被俘。单于因为非常仰慕李广，下令说一定要留活口。

　　李广当时受伤行动不便，被放在两匹马中间的网兜里。匈奴兵行进了十多里地，李广假装伤重而死让匈奴兵放松了看守。他偷偷眯眼看见旁边有个匈奴少年骑着一匹好马，然后突然一纵而起，跳上对方的马，抢了他的弓，并把对方推下马。李广骑着马一路往回飞奔，匈奴几百名骑兵连忙来追。李广一边逃跑，一边回马射杀。一路跑了几十里，遇到了自己的残军，才一起返回关塞。

　　李广回到长安，被交给执法官。官员认为他损失太重，连本人都被生擒，应该依法斩首。李广只得按照当时的律法拿钱来赎罪，被贬为平民。

　　之后，李广一直在蓝田的家中隐居。有一天晚上外出和人饮酒，回来经过霸陵亭。霸陵亭尉喝醉了酒，大声呵斥不让他通行。李广的随从说："这是以前的李将军！"霸陵尉说："现任将军尚且不行，何况是以前的呢？"就扣留了李广，等到天亮才让他通行。

后来李广被任命为右北平太守，点名要这个霸陵尉跟他一起赴任。一到军中，李广就把霸陵尉杀了。其实，霸陵尉不让李广夜行，正是秉公执法的表现。李广虽然勇敢过人，但在这件事上却显得心胸狭隘、公报私仇了。《汉书·李广苏建传》说李广之后还上表谢罪，但汉武帝念在他是边疆重臣，最终没有追究。

天赋异禀，却难封侯

李广身材高大，双臂如猿，善于射箭可以说是天赋，他的子孙和其他人向他学习，也没有人能比得上他。他语言迟钝，不爱说话，和将士在一起就是经常画军阵、比射箭，按射中密集还是疏散来喝酒。专门以射箭作为消遣，所以箭术如神。

李广射箭也有一套原则，就是绝不射无把握的箭。如果敌人逼近，不在数十步之内的话，李广估计射不中就不会射。但只要一射箭，敌人必然会倒下。李广对自己箭术非常自负，所以要求自己做到箭无虚发，但这样的结果，就是有时候打仗会被敌军围困，射猎时会被猛兽所伤。

李广驻守右北平，匈奴称他为"汉飞将军"，好几年不敢入侵。李广在担任各地郡守期间，听说有老虎，都会亲自去射杀。一次外出打猎，李广见到草中一块石头，以为是老虎就一箭射去，过去一看原来是块石头，而箭头都已经射进去了。可见李广武艺过人。

关于李广射石的传说，不少文献有类似记载。在《李广苏建传》中，说李广把整支箭都射入了；《西京杂记》也说李广把箭羽都射进去了。类似传说最早见于《吕氏春秋》，说的是春秋神箭手养由基"射石没羽"，《史记·楚世家》中的楚国国君熊渠子也有类似传说。太史公与李广是同时代人，这个传说可能相对可信一些。

后来郎中令石建去世，汉武帝让李广接替。前123年，又任命李广为后将军，跟随大将军卫青出征匈奴。不少将领因为斩杀敌军被封侯，但李广的军队却无战功。

两年之后，李广又率领四千骑兵出右北平，博望侯张骞率一万骑兵同时出发，兵分两路出发。走过了几百里，李广被匈奴左贤王率领四万骑兵包围，张骞的部队迟迟未到。将士都很害怕，李广就派儿子李敢，带领几十名骑兵奔入匈奴军阵，李敢不愧是李广之子，杀人后又顺利出来，借此声称匈奴敌军很好对付，安定军心。

李广下令布成圆形阵型，抵御匈奴攻击。这场战事极其惨烈，汉军死了将近一半，箭也快用尽了。李广就命令士兵不要再放箭，自己操着大黄弓弩射杀匈奴将领。李广一连射杀几人，匈奴军队震惊，开始慢慢散开，减弱了对汉军的攻击。到了晚上，将士都吓得面无人色，只有李广神色如常，整顿军队。大家也就都佩服他的勇敢。

第二天白天，李广又指挥军队奋力作战，张骞的军队赶到。匈奴军见讨不到便宜，这才撤退。这次战败的主要责任，当然在于张骞迟到；如果张骞能按时行进，李广应该会有战功。但这样一来，结果是李广几乎全军覆没。汉武帝念在他功过相抵，没有封赏也没有处罚。张骞被贬为平民。

当初，李广与堂弟李蔡一起担任汉文帝的郎中。到汉武帝时，李蔡出任代国国相，前124年，担任轻车将军，跟随卫青攻打匈奴右贤王有功，被封乐安侯。到前121年，李蔡被提拔为丞相。李广名声和才能都远超堂弟，但一直没有封侯，连九卿都没做过，就连他下属的一些将士，都有人因战功被封侯。此时李广已经老了，他也非常郁闷。

前119年，大将军卫青、骠骑将军霍去病率军攻打匈奴，李广请求随行。汉武帝认为他年事已高，没有答应。李广反复请求，汉武帝才任命他为前将军。

卫青出边塞后，捉住了匈奴士兵，得知单于所在地，就带领精兵前往追逐。李广向卫青请求担任前锋，想与单于决一死战。但出发前汉武帝提醒过卫青，说李广年老，运气又差，别让他与单于对敌。卫青老友公孙敖正担任中将军，之前因犯事被革除侯爵，卫青想给他立功的机会，就故意把李广调开。命令李广与右将军赵食其（zhào yì jī）队伍合并，从东路出击。东路迂回绕远，水草较少，行走就会比较慢，立功自然又难了。

李广与赵食其合兵后，因为东路难走，又缺少向导，所以老是迷路，结果就落到卫青后面。等卫青和单于交战，单于逃跑，卫青也就撤退了。卫青在半路遇到李广和赵食其。卫青派长史慰问李广，并询问迷路的原因，好向皇帝汇报。李广不肯对答。长史就要求李广的部下去受审和对质。

李广挺身而出，他说："校尉们没有责任，是我自己迷路了，我亲自去受审和对质！"到了卫青的幕府，李广对他的部下说："我从少年开始，与匈奴打了七十多仗，今天有幸跟随大将军出征，能与单于

交战；可大将军又让我去绕路，偏偏又迷路了，这难道不是天意吗！我已经六十多岁了，不能再受那些刀笔吏的侮辱！"说完这些话后，李广就拔刀自杀了。

李广军中的所有将士都为他痛哭。老百姓听到李广的死讯，不论男女老少，无论见没见过他，都为李广落泪。

太史公也见过李广，说他老实厚道、不善言辞，但天下人都为他的死而悲痛。就像不说话的桃李，树下却被行人踩出一条小路。

触摸历史

■ ［成语］

· 飞将数奇，李广难封

出自《史记·李将军列传》，说的是李广命运不好，始终难以封侯，最后还自杀而死。后人用这两个成语表示有能力的人命运不好。

· 桃李不言，下自成蹊

出自《史记·李将军列传》，篇末太史公用"桃李不言，下自成蹊"这句谚语来评价李广。比喻为人真诚笃实，自然能感召人心。

■ ［遗迹］

· 李广陵园

在甘肃天水秦州区石马坪村文山山麓，传说李广葬于此地，李广墓现为天水市重点文物保护单位，当为纪念性之衣冠冢。

原典

广居右北平[1]，匈奴闻之，号曰"汉之飞将军"，避之，数岁不敢入右北平。广出猎，见草中石，以为虎而射之，中石没镞[2]，视之，石也。因复更射之，终不能复入石矣。广所居郡闻有虎，尝自射之。及居右北平射虎，虎腾伤广，广亦竟射杀之。

——《史记·李将军列传》

注释：

1.右北平：汉郡名，郡治平刚县，在今内蒙古宁城西南。

2.镞（zú）：箭头。据《汉书·李广传》则为"中石没矢"，整根箭都射入石中了。

大意

　　李广驻守在右北平郡的时候，匈奴听说他，称他是"汉之飞将军"，都避开他，数年不敢侵犯右北平。李广出猎，见到草中的石头，以为是老虎，就射向它，石头把箭头都吞没了，李广去看，原来是石头。于是再次去射，但怎么也不能再次射入石头了。李广在所驻扎的郡中听说有老虎，就曾经亲自去射老虎。等到李广驻扎在右北平郡射老虎，一只老虎奔腾起来伤到了李广，而李广竟然也射杀了它。

231

西汉最耀眼的名将：卫青和霍去病的故事

《史记·卫将军骠骑列传》

《汉书·卫青霍去病传》

卫青（？—前106年），字仲卿，平阳（今山西临汾）人，父为平阳小吏郑季，母为平阳侯家仆卫媪，姐姐卫子夫是汉武帝的第二任皇后。霍去病（前140年—前117年），父为平阳小吏霍仲孺，母为卫子夫的二姐卫少儿，他与卫青是舅甥关系。二人为汉武帝所宠，多次与匈奴作战，卫青封大将军大司马长平侯，霍去病封骠骑将军大司马冠军侯。

陆上丝绸之路的基础

　　《史记》中说卫青的父亲郑季本是平阳侯曹寿的下属，却与曹寿的小妾卫媪相好生下卫青。不过，《汉书·卫青霍去病传》说卫媪是曹寿家的仆人而不是小妾，这种说法更可信。卫媪在生卫青之前，就与一个卫姓男子生了一个儿子卫长子，以及三个女儿卫孺、卫少儿、卫子夫。卫青就也跟着姓了卫。后来卫媪又生了两个儿子，一个叫步、一个叫广，父亲是谁不清楚，反正也都跟着姓了卫。

　　卫青小时候去父亲家放羊。郑季前妻的儿子们，都把卫青当作奴仆使唤。卫青年轻时曾跟人去甘泉宫，有个犯人给他相面，说："你是贵人，将来能封侯！"卫青笑着说："我只是仆人的儿子，不被打骂就满足了，怎么会想封侯呢？"

　　卫青长大后，担任平阳侯府上的骑兵，经常跟随曹寿的夫人平阳公主，她是汉武帝的姐姐。前139年，卫子夫进入皇宫，得到汉武帝宠幸有了身孕，引来陈皇后的嫉妒。陈皇后的母亲大长公主拘捕了在建章宫任职的卫青，想杀死他泄愤。幸亏卫青的朋友骑郎公孙敖等人将他救了出来。

汉武帝为了保护他，就任命他担任建章监，并加侍中，留在自己身边。之后汉武帝封卫子夫为夫人，卫青就为大中大夫。他们其他兄弟姐妹都得到封赏，连带着公孙敖都越来越显赫。大姐卫孺嫁给太仆公孙贺，甚至与二姐卫少儿私通的陈掌也获得赏赐。

前130年，汉武帝任命卫青为车骑将军，与太仆公孙贺、大中大夫公孙敖、卫尉李广，分兵四路，各带领骑兵一万讨伐匈奴。结果是公孙贺没有见到敌人；公孙敖战败，损失七千人；李广更是战败被俘，逃了回来。唯独卫青到达匈奴龙城，杀敌数百。这是卫青第一次讨伐匈奴。通过这次战争，汉武帝发现了卫青的军事才能。《汉书·卫青霍去病传》说，汉武帝封卫青为关内侯。

前128年，卫子夫生皇长子刘据，被立为皇后，卫青的地位自然也水涨船高。同年，汉武帝又派卫青率领骑兵三万攻打匈奴，又杀敌数千。第二年，匈奴入侵杀辽西太守，汉武帝又派卫青和李息出兵，不但打败了匈奴，还夺回了匈奴占领的河南地区，驱逐了匈奴白羊王和楼烦王。之后汉武帝把河南地区改为朔方郡，卫青也因此被册封为长平侯。

匈奴没有善罢甘休，之后的两年，匈奴都来侵略汉朝。前124年，汉武帝又一次大规模组织攻击匈奴。这次明确以卫青担任主将，统率卫尉苏建、左内史李沮、太仆公孙贺、代国国相李蔡各部，大行李息、岸头侯张次公等从右北平发兵，可见卫青地位之高。

卫青的目标是匈奴右贤王，右贤王却根本没想到汉军能到此地，当天喝了很多酒。等到夜里，汉军从天而降包围了右贤王。右贤王大惊，在几百名精兵护卫下，带着小妾杀出重围。但手下的十多个

小王和一万五千民众则没这么好运，统统被汉军俘获。

　　经过这场胜利，汉武帝封卫青为大将军，成为诸将之首，卫青的三个儿子也被封侯。卫青却认为儿子们年龄还小没有军功，坚决推辞，并为部将请赏。李广的堂弟李蔡，正是在这次战争中封侯，而运气不好的李广正好没参与这场战争，错失封侯机会。

少年将军，封狼居胥

　　前123年，汉武帝又任命卫青统率公孙敖、公孙贺、赵信、苏建、李广、李沮攻打匈奴，最初斩杀敌人数千。一个多月后，赵信、苏建遇到了单于大军，被匈奴大败，赵信本就是匈奴人，顺势投降匈奴，剩下苏建一个人逃回。因为赵信、苏建全军覆没，卫青只好撤退了。

这两场战争打通了河西走廊，为汉朝通往西域以及丝绸之路的建立奠定基础，同时诞生了另一个大军事家——霍去病。

卫少儿的儿子霍去病这年十八岁，担任汉武帝的侍中。在近两次卫青征伐匈奴的战役中，霍去病都有参与。霍去病虽然年轻，但善于骑马射箭，汉武帝也有意锻炼他，就让卫青拨给他一些精兵指挥，任命为剽（piāo）姚校尉。

霍去病两次都只带领八百人单独行动，却斩杀敌军两千零二十八人，其中还包括匈奴相国，并生擒了单于叔父，功劳在全军中排第一。汉武帝因此任命霍去病为冠军侯。

前121年，武帝任命霍去病担任骠骑将军，作为主将带领一万骑兵征伐匈奴。霍去病不负汉武帝厚望，杀死匈奴折兰王，砍下卢胡王首级，抓获浑邪王之子和匈奴相国、都尉，杀敌八千余人，并缴获了休屠（chú）王祭天用的金人。这年，霍去病才二十一岁。

同年，汉武帝又任命霍去病、公孙敖、张骞、李广进攻匈奴，霍去病与公孙敖一路，张骞与李广一路。结果公孙敖走错了路，没能与霍去病相会。霍去病却无所谓，他攻打了祁连山，俘虏匈奴酋涂王等一批匈奴高级官员，杀敌三万零二人，降服二千五百人。

霍去病之所以这么能打，除了个人的军事才能外，汉武帝确实也把优良的士兵、战马和装备派发给他，所以霍去病也敢深入敌军作战。而他的运气确实也好，从来没遇到什么危机。这样一来，霍去病战功越来越大，也就越来越受到尊崇，显赫程度媲美舅父卫青了。

浑邪王经常败于汉军，单于想杀死浑邪王。浑邪王就叫上休屠王一起投降汉朝，汉武帝怕他们诈降，就派霍去病率领一万骑兵迎接。浑邪王的副将们看到霍去病的军队，不少人又害怕了，纷纷逃跑。霍去病领兵赶过去，一口气斩杀匈奴八千逃兵。然后命浑邪王一人先渡河，霍去病再带领浑邪王数万部队渡河，最后平安返回长安，汉军并无一人伤亡。汉武帝大喜，自然又重赏了霍去病。

前119年，武帝派卫青、霍去病，各率领五万骑兵和几十万步兵深入漠北。精兵都归霍去病指挥，卫青与李广、赵食其等走一条路，霍去病单独走另一条路。

投降的赵信给单于出谋划策，说汉军越过沙漠，一定人困马疲，这样一来，匈奴可以轻松俘获汉军。单于就把辎重全部安置在后方，而把精兵安排在前方。卫青与匈奴大军相遇后，先让军队排成环形营垒，然后派五千骑兵攻击匈奴，匈奴也派一万骑兵杀来。

当时天色将近黄昏，大风吹起沙石，打到将士脸上，双方都无法看到对方。卫青命令左右两翼的军队也跟上，包抄单于。单于见到汉军源源不断，而且士气还很高昂，认为继续作战不利。于是单于连夜乘坐骡车，在几百名精兵保护下，冲出包围圈逃走。

汉军与匈奴对战，本来双方都互有损失。但在单于逃跑之后，匈奴士兵也四散而逃。卫青趁机派轻骑兵连夜追击，虽然没有追到单于，却俘获和斩杀敌军一万人，而且还到达了赵信所筑的赵信城，将里面的粮食补给全部付之一炬。

霍去病也率领了五万骑兵，他任命李广第三子李敢担任副将，越过大漠，遇上匈奴左贤王的军队，霍去病作战勇猛、战术得当，斩获远远超过了卫青，共俘虏和杀敌七万零四百四十三人。霍去病一直打到匈奴的狼居胥山（今蒙古国首都乌兰巴托东部肯特山），在这里祭天，又到达姑衍山（肯特山北面），在这里祭地，并在瀚海（今俄罗斯贝加尔湖）休整。以上三个地方是匈奴最核心的地带，这一战绩可谓前无古人，令汉朝国威远播，后人也将"封狼居胥"作为武将的至高荣誉。

卫青、霍去病出征时，共有十四万战马，返回时却不满三万，可见骑兵损失比较惨重。汉武帝又为二人设置大司马官职，卫青、霍去病都加封为大司马，并规定骠骑将军官阶及俸禄与大将军平等，让两人平起平坐。从此之后，汉武帝对霍去病的倚重超过卫青，似乎有用霍去病制衡卫青的意思。而卫青身边的朋友和门客也都渐渐改投霍去病。

汉武帝为霍去病修筑府邸，让他去看看，他说了一句非常有名的豪言："匈奴未灭，无以家为！"从此，汉武帝更加宠爱他。不过，霍去病因为少年时就追随在汉武帝身边，不像舅父卫青能够体会士卒的疾苦。出兵打仗时，汉武帝派官员额外赠送他几十车食物。他回来时，车上还有不少剩余的，但一些士兵竟然还在挨饿。有时候不少士兵都饿得站不起来，他竟然还悠闲地踢着蹴鞠玩。与霍去病相反，卫青仁爱善良，谦恭退让，深得士兵爱戴。

前117年，年仅二十四岁的霍去病去世，汉武帝非常悲伤，调遣边境的铁甲军，从长安一直排列到自己未来的茂陵，为霍去病修筑了一座外形像祁连山的墓，赠谥号为景桓。霍去病有个儿子霍嬗（shàn），继承了他冠军侯的爵位。但六年之后也去世了，霍氏绝后，封国被废。霍去病去世后，因为汉朝战马不足，转而攻打东越、南越、朝鲜、西羌和西南夷等地区，卫青也没有出战的机会。后来卫青的三个儿子都因为犯法被废掉侯爵。前106年，卫青去世，谥号为烈，长子卫伉（kàng）继承侯爵。

太史公与苏建交流过。苏建说自己当初劝谏过卫青，希望卫青可以学习古代招纳贤才的名将，但被卫青拒绝了。因为在卫青看来，窦婴与田蚡喜欢收揽宾客，下场并不怎么好。因为招纳贤才是皇帝的权力，大臣只需要干好自己本职工作即可。霍去病也效仿了舅父做法。所以在太史公看来，天下人不愿意称颂他们，但毫无疑问会受到汉武帝的宠爱。

不过，太史公说天下人不愿意称颂卫青，恐怕也并非史实。卫青相比霍去病性格宽厚，无疑更能受到将士的爱戴；至于士大夫，在《史记·淮南衡山列传》中，淮南王刘安的策士伍被也提到，跟随卫青出战匈奴的黄义，以及淮南国的使者曹梁，都对卫青赞不绝口。既然李广能够"桃李不言，下自成蹊"，卫青自然也可以了。

触摸历史

■ ［遗迹］

· 西汉酒泉胜迹

在甘肃酒泉肃州区城东，是一座以汉文化为主题的古典园林。景区内有汉古酒泉等景点，汉古酒泉据说是霍去病倾酒入泉之处，也是酒泉市地名的由来。

· 霍去病墓

在陕西兴平南位镇道常村西北，位于茂陵东1公里处茂陵博物馆内，文物遗存有石雕石刻十四件。现为全国重点文物保护单位。

· 卫青墓

在陕西兴平南位镇道常村西北，位于茂陵东北1公里处，与茂陵博物馆一墙之隔。现为全国重点文物保护单位。

原典

　　天子为治第[1]，令骠骑视之，对曰："匈奴未灭，无以家为也。"由此上益重爱之。然少而侍中[2]，贵，不省[3]士。其从军，天子为遣太官[4]赍[5]数十乘，既还，重车[6]余弃粱[7]肉，而士有饥者。其在塞外，卒乏粮，或不能自振[8]，而骠骑尚穿域[9]蹋[10]鞠。事多此类。

——《史记·卫将军骠骑列传》

注释：

1.治第：修建大宅子。

2.侍中：汉代官名，侍卫皇帝左右。

3.省（xǐng）：探望，问候。

4.太官：主管膳食的官员。

5.赍（jī）：送给。

6.重车：一作"车重"，即辎重车。

7.粱：粟米。

8.自振：自给。

9.穿域：就地画球场。

10.蹋：踢。

大意

汉武帝为霍去病修建大宅子，让霍去病去看，霍去病说："匈奴都还没有消灭，不需要安家。"汉武帝由此更加喜爱霍去病。但是霍去病年轻时就担任侍中，身份高贵，不懂得关心士卒。他带兵作战，汉武帝派遣太官赠上数十辆车的食物，等到霍去病返回，辎重车还剩下很多肉和米，而士兵中却有人还饿着。霍去病在塞外的时候，士兵缺乏粮食，有的连饭都吃不上，而霍去病还在画球场踢球。类似这样的事情有很多。

097

汉赋辞宗：司马相如的故事

《史记·司马相如列传》
《汉书·艺文志》

司马相如（？—前118年），字长卿，本名犬子，西汉中期文学家、辞赋家，蜀郡成都（今四川成都）人。初为汉景帝郎官，后投靠梁孝王，作《子虚赋》。梁孝王去世后，他回到蜀郡，娶临邛（qióng）富户女卓文君。汉武帝欣赏他的辞赋，征选他为郎官，于是司马相如又作《上林赋》。之后他被派遣出使蜀郡，将西南夷纳入汉朝版图，后任孝文园令，病逝于茂陵家中。司马相如是汉赋的代表人物，被后人称为"辞宗""赋圣"。

司马相如不是他的本名，他少年时喜欢读书击剑，因为仰慕蔺相如，自己改名为司马相如。司马家比较有钱，给他买了一个郎官的职务，担任汉景帝的侍卫，后来又做了武骑常侍。司马相如擅长辞赋，但汉景帝不喜欢，司马相如也不喜欢自己现在的工作。

后来梁孝王来长安朝见汉景帝，跟随他来的有邹阳、枚乘、庄忌等名士。这些人都能言善辩，司马相如和他们一见如故。后来司马相如就干脆以生病为由，辞去官职，跑到梁国去。梁孝王喜爱士人，让司马相如和他们住在一起，司马相如也就是在梁国写下《子虚赋》。

等到梁孝王去世，士人们也就树倒猢狲散，司马相如也回了成都老家。这个时候，司马相如家境已经衰落，又没有事情可以做。临邛（今四川邛崃）县令王吉与他关系好，请他来临邛县看看，司马相如就乘坐车马前往。

司马相如来到临邛后，住在城内一座小亭内。王吉每天很恭敬地来拜访，最初司马相如还以礼相待，后来觉得厌烦，干脆假装有病，拒绝和王吉见面。但没想到的是，王吉反而越来越恭敬。王吉这样的态度，吸引到了临邛富户卓王孙和程郑的注意。

卓王孙有家奴八百，程郑也有数百，两人是临邛数一数二的富豪。他们就商量说，看来这位是县令的贵客，我们不如准备酒席去宴请，酒席就定在了卓家，当然也请了王吉。等王吉到达卓家时，客人已经来了上百人。

中午时，卓家派人去请司马相如，司马相如又推托有病不来。王吉亲自去请，司马相如终于勉强前来。满座客人都惊叹他的风采。酒兴正浓，王吉走上前，把一张琴递给司马相如，说："听说您特别喜欢弹琴，希望能聆听一曲！"司马相如辞谢一番，就开始弹奏了一两支曲子。

卓王孙有个女儿叫卓文君，刚守寡不久，喜欢音乐。听到司马相如弹琴，卓文君从门缝里偷偷看他，见到他仪表堂堂、典雅大方，就对他一见倾心，又怕他不了解自己的心思。不过等到宴会完毕，司马相如就托人以重金赏赐卓文君的侍者，传达了自己的倾慕之情。

　　其实，这一切都是司马相如与王吉计划好的，为的就是抬高司马相如的地位，然后用琴声引诱卓文君。当然，司马相如的最终目标并非卓文君，而是卓王孙的财产。

　　卓文君果然连夜逃出家门，与司马相如私奔，

司马相如带她回成都老家。卓文君到司马相如家一看，只见家徒四壁、空无一物，深感被骗。但既然已经私奔，那也无可奈何。卓王孙得知女儿私奔，也非常生气，放话说不忍心杀掉女儿，但也不肯给她一分钱，态度非常坚决。

过了一段清贫的生活，卓文君非常不愉快，要求司马相如和她回临邛，就算向兄弟们借钱度日也比现在好。两人就一起回到了临邛。到达临邛后，司马相如把车马卖掉，盘下了一家酒店。司马相如让卓文君亲自向顾客卖酒，而自己则穿着短裤和雇工们一起干活，在大街上清洗酒器。卓王孙听说此事，觉得非常羞耻，于是闭门不出。

不少人劝说卓王孙，说："你只有一个儿子两个女儿，家里并不缺钱。现在，文君已经嫁给了司马相如，他虽然贫穷，却是值得依靠的人才，何况他还是县令的贵客，你不要这么轻视他。"卓王孙只好送给卓文君一百个家奴和一百万钱，还把嫁妆也追加上了。司马相如立刻变得财大气粗，带上卓文君回到成都，用这笔钱购置田地住宅，成了富裕人家。

过了一段时间，汉武帝读到了司马相如的《子虚赋》，认为写得非常好，这一定是先贤古人的作品，感叹说恨不能和作者生活在同一时代。当时在汉武帝身边侍奉的是狗监杨得意，杨得意是司马相如的蜀郡老乡，就说作者正是司马相如。汉武帝非常惊喜，就召司马相如入宫。

司马相如说："这篇文字确实是臣写的，但是写给诸侯的，不值得陛下看。请让我再为天子写篇游猎的赋文吧！"汉武帝答应了，让尚书把笔和简给司马相如。司马相如就以"子虚""乌有先生""无是公"三人为主角，在《子虚赋》之后又写了篇《上林赋》。"子虚""乌有""无是"，表示三人是虚构人物，文章主要借助三人对话，描绘了天子与诸侯的园林美景，最后则规劝皇帝要节俭。汉武帝读完特别高兴，又将司马相如任命为郎官。

几年后，汉武帝派唐蒙攻略西南夷地区，征发了巴蜀二郡官吏士卒上千人，郡中运输人员上万人。

唐蒙还用军法处置违令的西南夷首领，巴蜀百姓大为恐惧。汉武帝就派司马相如责难唐蒙，并告诉巴蜀百姓，唐蒙所为并非皇帝本意。

后来，唐蒙征发士卒修筑通往西南夷的道路，两年都没有修成，并且死了不少人，耗费钱财无数。蜀地民众和不少汉朝官员都表示反对。而邛、筰（zuó）等部落听说夜郎等归附的部落得到汉朝很多赏赐，也想归附汉朝。

汉武帝向司马相如询问情况，司马相如说这些地方离蜀郡很近，在秦朝时就已设置过郡县，道路相对容易开通，而且价值比夜郎这些地区大。汉武帝就任命司马相如为中郎将，带领三名副使出发。司马相如到达蜀郡，太守和官员都到郊外迎接，县令还亲自背负弓箭开路。

卓王孙与临邛父老也都来拜见。卓王孙非常感叹，认为自己当初不识货，就又送了一份丰厚的资产给卓文君，让她与儿子平分家产。司马相如到达蜀郡，部落首领纷纷表示臣服。汉朝就此平定了西南夷，拆除了原来的关卡，扩大了汉朝版图。

司马相如擅长用辞赋投皇帝所好或表达自己的政治观点。之前蜀郡时，不少蜀郡父老和朝廷官员都说开通西南夷没有用处，司马相如当时也想劝武帝，但自然自己建议在先，也不好违背前言，就写文章假借自己与蜀郡父老对话，自己通过质问对方来劝谏皇帝，并通过这篇文章让大众也了解皇帝的心意。还有一次他跟随汉武帝去长杨宫打猎，汉武帝喜欢骑马追逐野兽，击杀熊和野猪，司马相如上书劝谏，汉武帝也认为他说得不错。打猎回来路过宜春宫，司马相如又献上《哀秦二世赋》，点数秦二世的过失以劝诫当世。司马相如发现汉武帝喜欢仙道，就又写了一篇描写仙人的《大人赋》，皇帝读完非常高兴，感觉自己都有凌驾云上、遨游天地的爽快之情。

司马相如患有糖尿病，还患有口吃病。和卓文君婚后因为有钱，也不愿意与公卿们一起商量国家大事，而是经常借着养病在家待着。后来因病免官，住在茂陵。汉武帝认为司马相如写文多，怕他去世后文章就失传，派使者去他家取。等使者到司马相如家，没想到却没有一本书。使者询问司马相如的妻子，妻子回答说："长卿本来就没有书啊，他经常写书又被人取走，所以家里一直是空的。不过长卿去世前写过一卷书，说是要等皇上使者来才献上。"妻子把这卷书给使者，使者献给武帝，原来是一篇讲封禅的《封禅书》。司马相如去世五年后，汉武帝开始祭祀土地神。去世八年后，汉武帝开始祭祀中岳嵩山，然后开始了封禅泰山、梁父山、肃然山活动。

其实司马相如还写了不少著作，如《遗平陵侯书》《与五公子相难》《草木书》等，没有收录在《史记·司马相如列传》中，后来也就失传了。《汉书·艺文志》著录司马相如赋二十九篇，现存《子虚赋》《天子游猎赋》(即《上林赋》)《大人赋》《长门赋》《美人赋》《哀秦二世赋》六篇。

在太史公看来，司马相如的辞赋虽然经常有假托的言辞和夸张的说法，但主旨都归于劝武帝节俭，这倒与《诗经》进行讽谏的主旨是一样的。

触摸历史

■ ［成语］

· 家徒四壁

出自《史记·司马相如列传》，说的是卓文君到司马相如家中，发现家里什么都没有，只有四面墙壁。比喻家境贫寒，穷得一无所有。

· 子虚乌有

出自司马相如《子虚赋》《上林赋》，子虚和乌有先生是赋中虚构的两个人物，比喻假设而非实有的事物，多用于贬义。

■ ［遗迹］

· 文君井公园

在四川邛崃临邛镇里仁街，相传为司马相如与卓文君卖酒处，有文君井、琴台、文君梳妆台、当垆亭、酒肆、听雨轩等景点，文君井现为四川省重点文物保护单位。

原典

是时卓王孙[1]有女文君新寡，好音，故相如缪[2]与令[3]相重[4]，而以琴心挑之。相如之临邛，从车骑，雍容间雅甚都[5]；及饮卓氏，弄琴，文君窃从户窥之，心悦而好之，恐不得当[6]也。既罢，相如乃使人重赐文君侍者通殷勤。文君夜亡奔[7]相如，相如乃与驰归成都。

——《史记·司马相如列传》

注释：

1.卓王孙：临邛冶铁富户，有一子二女。

2.缪：假装。

3.令：县令，即临邛县令王吉。

4.相重：相互敬重。

5.都：美丽。

6.当：相当，相配。

7.亡奔：逃奔。

大意

　　这个时候，卓王孙的女儿卓文君刚刚守寡，卓文君喜好音乐，所以司马相如假装与县令王吉互相敬重，而把心意寄托在琴声中挑逗卓文君。司马相如到临邛时，车马随从，雍容典雅又优美；等到他在卓家饮食时，在席间弹琴，卓文君偷偷从窗户中看他，心里喜欢上了他，又怕配不上他。饮食完毕后，司马相如就派人重重赏赐卓文君的侍者，让侍者传达自己殷切的情意。卓文君连夜就逃奔到司马相如住处，司马相如就带她一起回到成都家里。

098

神奇的『仙人』：东方朔的故事

《史记·滑稽列传》
《汉书·东方朔传》
《列仙传》

东方朔（前154年—前93年），字曼倩，西汉中期文学家，平原厌次（今山东惠民东，一说德州陵城区东北）人。初为汉武帝郎官，滑稽诙谐、能言善辩，深受汉武帝的宠爱。他敢直言纳谏，到临终仍然劝谏汉武帝远离小人。但汉武帝一直把他当作仅供取乐的小臣，所以东方朔终身只出任郎官，后世把他传说为仙人。《汉书·东方朔传》与《史记·滑稽列传》的东方朔故事完全不同，可以作为补充故事。

东方朔喜欢儒家古籍和诸子百家著作。刚到长安时，东方朔在公车府给汉武帝上书，足足用了三千片木简。两个人一起才抬走他的全部奏章，汉武帝用了两个月才读完，之后就任命他为郎官，经常和他谈话。汉武帝虽然经常诛杀大臣，连自己的太子都不放过，却对东方朔一直很好，每次和他说话都很开心。

汉武帝经常赐东方朔用饭，每次吃完饭，东方朔就把剩下的肉揣在怀里带走，衣服被油弄脏了也不在意。汉武帝还经常赐给他钱财绸绢，他也是用肩膀扛着、手提着就带走，完全不拘小节。然后东方朔把这些赏赐都用来娶长安城的美女为妻，但大多过一年就休弃，接着又续娶一个。他还推荐自己儿子为郎官，升任侍中的谒者，成为自己一样的内臣。因此汉武帝的不少侍臣都认为东方朔是疯子。汉武帝却说："如果东方朔没有这些荒唐事，你们又有谁能比得上他呢？"

有一天，东方朔经过殿中，郎官们对他说："人们都认为您是狂人。"东方朔说："古时候的人，都隐居在深山，而我这样的人，隐居在朝廷。"他有时候坐在酒席中，喝酒畅快时，就趴在地上唱歌，说自己隐居在金马门。金马门就是宦者官府大门，因为门前有铜马，所以被称作金马门。

不少博士不喜欢东方朔，有一次议事的时候，他们就说："苏秦、张仪遇到大国国君，就能位居卿相，泽被后世。老先生您研究治国之道，又熟读诗书和百家言论，还自以为文章著作天下无双。但您这样竭尽全力侍奉圣上，数十年之久，也只是个侍郎而已，是不是因为有不检点的行为呢？"

东方朔却说："这就不是你们能理解的了！苏秦和张仪的时代，天下有十二诸侯，为了争霸，对士人言听计从。现在圣上恩泽天下，诸侯归顺，四海归一，献策的士人多得数也数不清。假如苏秦和张仪活到今天，大概连一个博士都做不到，怎么能和我并列？而且齐太公七十二岁才遇到周文王，隐士不被重用本来就很平常。你们为什么会对这事有疑虑？"众人面面相觑，无言以对。

有一次，建章宫后院的栏杆里，有一只动物跑出来，长得像麋鹿。汉武帝问群臣这是什么动物，没人认识，就叫东方朔来看。东方朔说："我知道这是什么，不过请赐给我美酒好饭菜，我才说！"吃完饭，东方朔又索要田地和鱼塘，汉武帝仍然耐心同意了。

最后东方朔才说，这种动物叫驺（zōu）牙，因为牙齿前后一样，大小相等而得名。它的出现就代表远方有投诚来的人。神奇的是，过了一年左右，匈奴浑邪王果然带领十万人归顺汉朝。汉武帝就又赏赐东方朔不少钱财。

当然，东方朔并非只是嘴皮子厉害，他在临终时，还引用《诗经》的话规劝汉武帝。"营营青蝇，止于樊。岂弟君子，无信谗言……谗人罔极，交乱四国。"意思是说，苍蝇落在篱笆上，君子不要听谗言，只要谗言不休止，四方国家不安宁。希望汉武帝能够远离巧言谄媚之徒，不要听信他们的谗言。

汉武帝感叹说："现在回头看东方朔，可不是仅仅会插科打诨呀！"不久后，东方朔就病逝了。

太史公评价东方朔说，"鸟之将死，其鸣也哀；人之将死，其言也善"，鸟到临死时叫声特别悲哀，人到临死时言语非常善良。看来，东方朔并非一味靠言谈迎合取悦武帝，他也有劝谏武帝希望武帝积极向上的心理，只不过他的处世之道更多是明哲保身罢了。

《汉书》与《史记》不同，《史记》把东方朔放在《滑稽列传》中，而《汉书》把东方朔单独列为一传，大大增加了他的重要性。而且《汉书·东方朔传》的东方朔故事和《史记·滑稽列传》的基本不同，为我们补充了不少东方朔的故事，还让我们看到，实际上东方朔在生前对皇帝就多有劝谏了。

《汉书·东方朔传》说因为汉武帝征召天下贤士，东方朔就来到长安向汉武帝上书，自称："我自幼双亲去世，由兄嫂养大，十三岁读书，十五岁会击剑，十六岁学习《诗经》《尚书》，十九岁学习《孙子》《吴子》，背诵了四十四万字。今年二十二岁，身高九尺三寸（约2.1米），眼如悬挂的珍珠一样明亮，牙如编串的贝壳一样洁白，勇猛又敏捷，清廉而有信誉，完全可以胜任天子的大臣！"

当时上书的人多以千计，但只有东方朔一人自吹自擂，汉武帝被他上书的内容吸引住了，觉得这人非常有意思，命令他在公车府等待诏书，却一直没有接见他。

后来有一次，东方朔哄骗管理御马的侏儒说："皇上认为你们这些人毫无用处，要把你们全部杀掉呢！"这些人非常害怕，大声哭泣。东方朔说："不如等皇上经过，你们去求情吧！"后来汉武帝经过，他们就跪下来哭着叩头。汉武帝非常奇怪，他们就复述了东方朔的话。汉武帝召见东方朔，责问他说："你为什么要恐吓他们？"

东方朔不紧不慢地说："我活着要说，死了也要说。侏儒身高三尺，俸禄一袋粟米，二百四十钱；我身高九尺，俸禄也和他们一样。他们饱得要死，我饿得要死。如果陛下采纳我的话，就改变我的待遇吧；如果不采纳，就让我回家，不要浪费长安的米了！"汉武帝听完哈哈大笑，这才命他在金马门待诏。

汉武帝很喜欢东方朔，封他为大中大夫、给事中，赏黄金百斤，但其实不把他当成治国之才。后来，东方朔因为喝醉了酒在宫殿小便，被贬为平民。但不久，东方朔又凭借才智，被汉武帝任命为中郎，赐帛一百匹。

东方朔虽然是小臣，但敢于直言进谏，不惜触犯权贵。汉武帝的姑母馆陶公主宠幸一个叫董偃的年轻人，因为这层关系，董偃经常跟随汉武帝在上林苑游猎。后来汉武帝在宣室宴请馆陶公主，召董偃一起进宫。东方朔就站出来列举董偃三条该杀之罪，汉武帝听完沉默良久，说："朕已经设下酒宴了，下次再说吧！"可东方朔坚决不让，说宣室是先帝的正殿，怎么能让不合礼法的事发生呢？最后汉武帝无可奈何，将酒席改在北宫，又赏赐了东方朔黄金三十斤。但从此之后，汉武帝也就对董偃疏远了。

当时天下崇尚奢侈，不少农民都荒废农耕，争着从事工商业。汉武帝问东方朔如何教化民众。东方朔说："当年汉文帝贵有四海，以道德为美，以仁

义为准。天下都仰望他的风范。陛下您自己奢侈无度，却希望老百姓不要弃农经商，这是难以做到的。"

东方朔就是这样，虽然经常讲话滑稽调侃，但也善于察言观色、直言纳谏。他的劝谏经常能得到汉武帝的采用。至于公卿群臣，东方朔对他们讲话更是常常轻视嘲弄，不把他们放在眼里，也没有人能让他屈服。

因为东方朔机智多变，所以当时社会上流传着不少他的故事，牧童之间都喜欢讲他的传说，后来竟然还传说他是神仙。这样一来，他的事迹也就真真假假。在《列仙传》里，东方朔就被神化为仙人，说他到汉昭帝时仍然在世，可能是天上的岁星下凡。《西京杂记》也有提到，东方朔自称只有掌管天文历法的太史知道自己的身世，暗示东方朔是岁星变的。东汉末年应劭的《风俗通义》则说东方朔是太白金星变的，《历世真仙体道通鉴》又说他有一日骑着龙飞升而去。不过这些应该都是传说演绎，《史记·滑稽列传》明确说他去世于汉武帝年间。

触摸历史

■［成语］

·谈何容易

出自《汉书·东方朔传》，东方朔在《非有先生论》中形容臣下向君主进言很不容易。后比喻事情做起来并不像说的那样简单。

·管窥蠡测

出自《汉书·东方朔传》，东方朔在《答客难》称"以管窥天，以蠡测海"，意为从竹管孔里张望天空，用贝壳做的瓢来测量海水。比喻对事物的观察和了解很狭窄浅薄。

·海内无双

出自《汉书·东方朔传》，东方朔在《答客难》称"自以为智能海内无双"，比喻独步天下，无人能及。

■［遗迹］

·东方朔墓

在山东德州陵城区神头镇，现为山东省重点文物保护单位，当为纪念性之衣冠冢。陵城区另有厌次故城遗址，现为山东省重点文物保护单位。

原典

朔行殿中，郎[1]谓之曰："人皆以先生为狂。"朔曰："如朔等，所谓避世于朝廷间者也。古之人，乃避世于深山中。"时坐席中，酒酣，据地[2]歌曰："陆沉[3]于俗，避世金马门[4]。宫殿中可以避世全身[5]，何必深山之中，蒿庐[6]之下。"金马门者，宦署门也，门傍[7]有铜马，故谓之曰"金马门"。

——《史记·滑稽列传》

注释：

1.郎：郎官，皇帝侍从官通称，汉朝有郎中、中郎、侍郎、外郎、仪郎、常侍郎等。

2.据地：趴在地上。

276

3.陆沉：陆地下沉，比喻沦落。

4.金马门：汉代宫门名，在未央宫内，据《三辅黄图》，因汉
武帝得大宛马，铸铜像于宦署门外而得名。

5.全身：保全生命或名节。

6.蒿（hāo）庐：草屋。

7.傍：通"旁"，旁边。

大意

东方朔在宫殿中行走，郎官们都对他说："人们
都认为先生是狂人。"东方朔说："我这样的人，就
是所谓隐居避世在朝廷中的人。像古时候的人，是
隐居避世在深山中的。"有时候坐在席间，酒酣畅快
时，他就趴在地上唱歌说："沦落到俗世，隐居金马
门。宫殿中可以隐居保全自身，何必要在深山之中，
草屋之下。"金马门，是官署的门，门旁有铜马，所
以被称作"金马门"。

277

099

史家之绝唱：司马谈与司马迁的故事

司马谈（？—前110年），西汉中期史学家，左冯翊夏阳（今陕西韩城）人，汉武帝时任太史令，开始《史记》的编撰。

　　司马迁（前145年或前135年—？），中国古代著名史学家、文学家、思想家，司马谈之子，继父亲为太史公，继续编撰《史记》。因替将军李陵辩护被处宫刑，担任中书令。司马迁能忍辱负重、身残志坚，铸造出《史记》这部"二十四史"之首，鲁迅先生称其为"史家之绝唱，无韵之《离骚》"。

《太史公自序》是《史记》的最后一篇，是太史公的自传，开篇介绍了司马家的来源，据说司马氏可以追溯到颛顼帝时，掌管天文历法的重黎。

　　周宣王时，重黎后代程伯休父立司马氏，又世代掌管周史。春秋周惠王、襄王时，司马氏到达晋国。晋国大夫士会逃往秦国，司马氏的一支也跟随他到达少梁，并在此处安家落户。灭蜀的秦将司马错就是少梁司马氏，他的孙子司马靳是白起部下，与白起一起被赐死。司马靳孙子司马昌，在秦始皇时是主管冶铁的官员。司马昌之子司马无泽，担任汉朝长安城管理集市的市长。司马无泽之子司马喜，封爵五大夫。司马喜之子就是司马谈了。

　　司马谈担任太史公，准确称呼是太史令，"公"为敬称。而太史令本职工作并非书写历史，而是掌管天文。司马谈先后跟随唐都学习天文、杨何学习《易经》、黄子学习道家典籍。他在汉武帝建元至元封年间做官，当时他担心学者不能了解先秦学说本意，盲目信奉荒谬的说法，就作了一篇《论六家要旨》，专门论述阴阳、儒、墨、名、法和道德（道）六家的优劣。在他看来，阴阳、儒、墨、名、法五家都各有利弊，只有道家博采众长，是最完美的。

注意，这里的"太史公"是司马谈，并非他的儿子司马迁。实际上，《史记》也是司马谈、司马迁父子两人先后书写的作品。在《史记·刺客列传》里，太史公同夏无且的朋友公孙季功、董生有交往，这个太史公从年代看，就应该是司马谈而非司马迁。

司马迁二十岁时开始游历生涯。他经过江淮，到达位于今天浙江的会稽山，探寻大禹陵；又游览位于今天湖南的九嶷山，并在沅水、湘水上泛舟；接着北上位于今天山东的齐、鲁两国故都。不过旅途不是一帆风顺，他在位于今天山东南部的蕃、薛、彭城一带遇到困难，最后经过位于今天河南的梁国、楚国返回家乡。这些经历极大开阔了他的眼界，并为他后来编撰《史记》提供了重要的素材，之后司马迁就正式步入仕途，担任汉武帝身边的郎中一职，并奉命出使西南夷。

前110年，汉武帝举办泰山封禅，司马谈本可随行，但因病情滞留洛阳。封禅是西汉建国以来最隆重的事件，司马谈因为不能参加，非常愤懑，导致病情越来越重。当时司马迁正好从西南夷回来，连忙去探望父亲。

司马谈拉着他的手，哭着说："我们的先祖是周朝太史，虞夏之时就职掌天文，今天会断绝在我手中吗？你应该继续做太史，接替祖先的事业。天子继承汉朝大业，去泰山举行封禅，我不能随行，那是命运啊！我去世后，你做了太史令，别忘记我想要撰写的著述。孝道始于奉养双亲，进而侍奉君主，终于立身扬名。天下称道周公，之后又有孔子。现在汉朝兴起，作为太史令不能断绝修史传统！"

司马迁低下头，流着泪说："儿子虽然愚笨，但也会详细论述先人整理的旧闻，不敢有所缺漏。"父子就这样生死永别。

前108年，司马迁正式担任太史令，开始整理历史书籍和档案文献。根据学者统计，《史记》中涉及的书名有104种，这些都是太史公参考过的文献，而今天只剩下42种全本和8种残本，其余54种都已经灰飞烟灭了。

有一次，上大夫壶遂问司马迁："孔子为什么要作《春秋》呢？"司马迁说，周朝王道衰败，孔子担任鲁国司寇，因为意见不被采纳，政治主张又无法实现。所以作《春秋》，褒贬春秋史二百四十二年的是非。也就是说，《春秋》是用来论述道义的。

壶遂又问："孔子时因为没有圣主，他得不到任用，所以才留下《春秋》作为帝王法典。现在先生遇到圣明天子，又有自己的职务，那还想要通过论述阐明什么呢？"司马迁认为，《春秋》除了贬恶，也有扬善。自己担任太史令，不能不记录天子的圣德和功臣的功业，况且自己只是在整理，并非在著作，所以与《春秋》相比是错误的。

壶遂与太史公的这段对话，表明了司马迁创作《史记》的动机。实际上，太史公父子仍然是以周公、孔子的继承人自居。之后，司马迁就开始了《史记》

的创作。

前99年，李广的孙子李陵出征匈奴，战败被俘。有人说李陵投降匈奴，并为匈奴练兵。汉武帝大怒，司马迁挺身而出，为李陵说公道话，并且鄙视落井下石的小人。可汉武帝被愤怒蒙蔽了头脑，判处司马迁惨绝人寰的宫刑。

开始司马迁在监狱长叹，认为自己已经是个废人了，但后来又仔细考虑，认为《诗》《书》之所以含蓄隐约，正是因为作者借此表达深沉的思想。于是司马迁又继续创作《史记》，并且定好了《史记》的篇目次序。

后来司马迁又被任命为中书令，作为武帝身边的秘书官职。他的故友益州刺史任安给他写信，劝他用古贤臣的标准要求自己。大概在后来任安下狱，司马迁才给他回了一封信，这就是有名的《报任安书》。《报任安书》片段见于《史记·太史公自序》，全文则收入《汉书·司马迁传》。

在司马迁看来，古代富贵之家身名俱灭，只有著书立传的人流芳千古。周文王进监狱写了《周易》；孔子入困境写了《春秋》；屈原被放逐写了《离骚》；左丘明眼睛瞎写了《国语》；孙膑瘸腿写了《兵法》；吕不韦被放逐蜀地，《吕览》流传了下来；韩非被囚禁在秦国，《韩非子》至今被人称颂。《诗经》三百篇，大抵也是圣贤发愤制作。他们正是有一口气憋着，所以才需要写文章发泄。

司马迁说："我是个不自量力的人，用我并不高明的辞藻，收集天下的历史传闻，粗略考证它们的真实性，综述事情发展的始末，推求兴衰成败的道理，创作出一部究天人之际、通古今之变、成一家之言的作品啊！我痛惜这部书没完成，所以面对最大的耻辱也没有怨怒。只是想把这部书流传后世，那么我之前所受的屈辱可以全部抵消，并且即使再多一些屈辱，也不会后悔！"

《汉书·艺文志》还说司马迁作赋八首，但流传至今的只有《悲士不遇赋》。要了解司马迁的思想与

《史记》的创作，《汉书·司马迁传》与《悲士不遇赋》也是必读的。

司马迁什么时候去世的，《史记》《汉书》均未记录。东汉卫宏《汉书·旧仪注》则说，司马迁被处宫刑后有怨言，又被下狱处死。这种说法似乎不可信。

司马迁去世后，他的著作渐渐流传开来。汉宣帝时，司马迁的外孙杨恽最早整理他的著作，并且公布出来。王莽对司马迁还特别敬重，封他的后人为史通子一爵。

今天我们看到的《史记》，实际上还不只太史公父子两人创作，其中不少事件，明显是西汉元帝、成帝时期的事情；还有一些篇章可能也是后人续补，最典型的就是《史记·孝武本纪》，但主体创作毫无疑问是太史公父子。

《史记》开创的纪传体体裁也流传了下来。纪传体比其他体裁好在哪里呢？就《史记》来看，《本纪》《世家》《列传》是以人物为中心，《书》是以事物为重点，《表》又是以时间为线索了。这样就兼顾各种内容，将其融为一体，成为一部真正的百科全书。其他体裁编年体、纪事本末体、典章体的形式都比较单一，而纪传体正是综合了它们的优势。

《史记》又是上古学术的一次大总结，整理记录了百花齐放的百家争鸣，中国思想史的黄金时代。今天我们要复兴国学，必须认识到先秦学术是国学基础和文化源头，而先秦学术的集大成作，正是《史记》。学习国学，从《史记》入门最好不过。

从《汉书》的《司马迁传》开始，后人为太史公写下的评语连篇累牍。季镇淮先生为太史公作诗一首，现摘录于此，作为本篇及全书的结束语：

茫茫禹迹溯龙门，耕牧河山汉史村。
百世奇文悬日月，千秋孤愤诉晨昏。
绘心历历英雄谱，奋笔铮铮血泪魂。
岂道名山事业重，是非终峙后贤论！

触摸历史

■ ［成语］

· **重于泰山，轻于鸿毛**

　　出自司马迁《报任安书》"人固有一死，或重于泰山，或轻于鸿毛"，表示人生价值的轻重悬殊。

■ ［遗迹］

· **司马迁祠景区**

　　在陕西韩城芝川镇韩奕坡悬崖上，由司马迁墓与司马迁祠组成，始建于西晋。现为全国重点文物保护单位。

原典

　　迁生龙门[1]，耕牧河山之阳[2]。年十岁则诵古文[3]。二十而南游江、淮，上会稽，探禹穴[4]，窥九疑，浮于沅[5]、湘；北涉汶[6]、泗[7]，讲业齐、鲁之都，观孔子之遗风，乡射[8]邹、峄；厄困鄱[9]、薛[10]、彭城[11]，过梁[12]、楚[13]以归。

　　　　　　　　　　——《史记·太史公自序》

注释：

　　1.龙门：山名，在今陕西韩城东北，据说为大禹治水所凿。

　　2.河山之阳：河之北，山之南。

　　3.古文：先秦文字抄写的古书。

　　4.禹穴：即位于浙江绍兴会稽山的大禹陵葬地。

　　5.沅：即沅水，在今湖南省境内，注入洞庭湖。

　　6.汶：即古汶水，在山东省境内，注入济水。

　　7.泗：即古泗水，源于今山东泗水蒙山南麓，从今江苏淮安注入淮河。

8. 乡射：古代射礼，一为州长在春秋于州的学校（序）以礼会民习射，一为乡大夫于三年大比贡士之后，与乡老、乡人习射。

9. 鄱：通"蕃"，在今山东滕州。

10. 薛：在今山东枣庄薛城区。

11. 彭城：在今山东徐州。

12. 梁：西汉诸侯国名，都睢阳，在今河南商丘。

13. 楚：西汉诸侯国名，都彭城。

大意

　　司马迁出生于龙门一个在河北山南的耕作畜牧之家。司马迁十岁时就能诵读古书，二十岁往南方游览长江、淮河，登上会稽山，探访大禹陵，视察九嶷山，渡过沅水、湘水。他又向北经过汶水、泗水，在齐国都城临淄、鲁国都城曲阜讲学，考察孔子的遗风，并在邹县峄山参加乡射。他经过蕃、薛、彭城一带时窘迫困难，经过梁国、楚国才返回。

图书在版编目（CIP）数据

少年读史记.秦汉雄风 / 林屋著；刘均绘. -- 北京：天天出版社，2023.5
ISBN 978-7-5016-2051-7

Ⅰ.①少… Ⅱ.①林… ②刘… Ⅲ.①中国历史—古代史—纪传体②《史记》—少年读物 Ⅳ.①K204.2-49

中国国家版本馆CIP数据核字(2023)第066791号